中国社会科学院研究生重点教材
MAJOR TEXTBOOKS FOR POSTGRADUATE STUDENTS
CHINESE ACADEMY OF SOCIAL SCIENCES

俄罗斯东欧中亚经济概论

An Introduction to Economy
of Russia, Eastern Europe
and the Central Asian Countries

李建民 等 著

中国社会科学出版社

图书在版编目(CIP)数据

俄罗斯东欧中亚经济概论／李建民等著．—北京：中国社会科学出版社，2014.12

ISBN 978-7-5004-9127-9

Ⅰ.①俄… Ⅱ.①李… Ⅲ.①经济-概论-俄罗斯②经济-概论-东欧、中亚③经济-概论-中亚 Ⅳ.①F112

中国版本图书馆 CIP 数据核字(2010)第 185961 号

出 版 人	赵剑英	
责任编辑	许 琳	
责任校对	闫 萃	
责任印制	何 艳	
出　　版	中国社会科学出版社	
社　　址	北京鼓楼西大街甲 158 号	
邮　　编	100720	
网　　址	http://www.csspw.cn	
发 行 部	010-84083685	
门 市 部	010-84029450	
经　　销	新华书店及其他书店	
印刷装订	北京市兴怀印刷厂	
版　　次	2014 年 12 月第 1 版	
印　　次	2014 年 12 月第 1 次印刷	
开　　本	710×1000　1/16	
印　　张	29	
插　　页	2	
字　　数	505 千字	
定　　价	79.00 元	

凡购买中国社会科学出版社图书，如有质量问题请与本社联系调换
电话：010-84083683
版权所有　侵权必究

中国社会科学院
研究生重点教材工程领导小组

组　　长：陈佳贵
副组长：武　寅
成　　员：陈佳贵　武　寅　黄浩涛　施鹤安　刘迎秋
秘书长：刘迎秋

中国社会科学院
研究生重点教材编审委员会

(按姓氏笔画排序)

主　任：刘迎秋
副主任：王　巍　　王逸舟　　李培林　　金　碚　　侯惠勤
　　　　党圣元
委　员：于　沛　　牛凤瑞　　王　巍　　王国刚　　王建朗
　　　　王逸舟　　任宗哲　　刘迎秋　　朱　玲　　江时学
　　　　邢广程　　张车伟　　张汉亚　　张星星　　张宇燕
　　　　李　扬　　李　周　　李　林　　李国强　　李培林
　　　　杨　光　　汪同三　　沈家煊　　陆建德　　陈祖武
　　　　陈　淮　　陈光金　　房　宁　　罗红波　　金　泽
　　　　金　碚　　侯惠勤　　姚喜双　　洪银兴　　胡国成
　　　　逄锦聚　　党圣元　　唐绪军　　袁　卫　　顾海良
　　　　高培勇　　曹宏举　　黄　行　　朝戈金　　舒　元
　　　　蒋立峰　　谢地坤　　靳　诺　　蔡　昉

总　　序

　　中国社会科学院研究生院是经邓小平等国家领导人批准于1978年建立的我国第一所人文和社会科学研究生院，其主要任务是培养人文和社会科学的博士研究生和硕士研究生。1998年江泽民同志又题词强调要"把中国社会科学院研究生院办成一流的人文社会科学人才培养基地"。在党中央的关怀和各相关部门的支持下，在院党组的正确领导下，中国社会科学院研究生院持续健康发展。目前已拥有理论经济学、应用经济学、哲学、法学、社会学、中国语言文学、历史学等9个博士学位一级学科授权、68个博士学位授权点和78个硕士学位授权点以及自主设置硕士学位授权点5个、硕士专业学位2个，是目前我国人文和社会科学学科设置最完整的一所研究生院。建院以来，她已为国家培养出了一大批优秀人才，其中绝大多数已成为各条战线的骨干，有的已成长为国家高级干部，有的已成长为学术带头人。实践证明，办好研究生院，培养大批高素质人文和社会科学人才，不仅要有一流的导师和老师队伍、丰富的图书报刊资料、完善高效的后勤服务系统，而且要有高质量的教材。

　　20多年来，围绕研究生教学是否要有教材的问题，曾经有过争论。随着研究生教育的迅速发展，研究生的课程体系迈上了规范化轨道，故而教材建设也随之提上议事日程。研究生院虽然一直重视教材建设，但由于主客观条件限制，研究生教材建设未能跟上研究生教育事业发展的需要。因此，组织和实施具有研究生院特色的

"中国社会科学院研究生重点教材"工程,是摆在我们面前的一项重要任务。

"中国社会科学院研究生重点教材"工程的一项基本任务,就是经过几年的努力,先期研究、编写和出版 100 部左右研究生专业基础课和专业课教材,力争使全院教材达到"门类较为齐全、结构较为合理"、"国内同行认可、学生比较满意"、"国内最具权威性和系统性"的要求。这一套研究生重点教材的研究与编写将与国务院学位委员会的学科分类相衔接,以二级学科为主,适当扩展到三级学科。其中,二级学科的教材主要面向硕士研究生,三级学科的教材主要面向博士研究生。

中国社会科学院研究生重点教材的研究与编写要站在学科前沿,综合本学科共同的学术研究成果,注重知识的系统性和完整性,坚持学术性和应用性的统一,强调原创性和前沿性,既坚持理论体系的稳定性又反映学术研究的最新成果,既照顾研究生教材自身的规律与特点又不恪守过于僵化的教材范式,坚决避免出现将教材的研究与编写同科研论著相混淆,甚至用学术专著或论文代替教材的现象。教材的研究与编写要全面坚持胡锦涛总书记在 2005 年 5 月 19 日研究生院向中央常委汇报工作时对研究生院和我国哲学社会科学研究工作提出的要求,即"必须把握好两条:一是要毫不动摇地坚持马克思主义基本原理,坚持正确的政治方向。马克思主义是我国哲学社会科学的根本指导思想。老祖宗不能丢。必须把马克思主义的基本原理同中国具体实际相结合,把马克思主义的立场观点方法贯穿到哲学社会科学工作中,用发展着的马克思主义指导哲学社会科学。二是要坚持解放思想、实事求是、与时俱进,积极推进理论创新"。

为加强对中国社会科学院研究生重点教材工程的领导,院里专门成立了教材编审领导小组,负责统揽教材总体规划、立项与资助审批、教材编写成果验收等。教材编审领导小组下设教材编审委员会。教材编审委员会负责立项审核和组织与监管工作,并按规定特邀请国内2—3位同行专家，负责对每个立项申请进行严格审议和鉴定以及对已经批准立项的同一项目的最后成稿进行质量审查、提出修改意见和是否同意送交出版社正式出版等鉴定意见。各所（系）要根据教材编审委员会的要求和有关规定，负责选好教材及其编写主持人，做好教材的研究与编写工作。

为加强对教材编写与出版工作的管理与监督，领导小组专门制定了《中国社会科学院研究生重点教材工程实施和管理办法（暂行）》和《中国社会科学院研究生重点教材工程编写规范和体例》。《办法》和《编写规范和体例》既是各所（系）领导和教材研究与编写主持人的一个遵循，也是教材研究与编写质量的一个保证。整套教材，从内容、体例到语言文字，从案例选择和运用到逻辑结构和论证，从篇章划分到每章小结，从阅读参考书目到思考题的罗列等等，均要符合这些办法和规范的要求。

最后，需要指出的一点是，大批量组织研究和编写这样一套研究生教材，在研究生院是第一次，可资借鉴的经验不多。这就决定了目前奉献给大家的这套研究生教材还难免存在这样那样的缺点、不足、疏漏甚至错误。在此，我们既诚恳地希望得到广大研究生导师、学生和社会各界的理解和支持，更热切地欢迎大家对我们的组织工作以及教材本身提出批评、意见和改进建议，以便今后进一步修改提高。

陈佳贵

2005年9月1日于北京

前　言

本书为中国社会科学院研究生院重点教材工程的系列之一。

苏联解体、东欧剧变已满 20 年，在经济领域，改革（或转轨）与发展始终是贯穿这一历史阶段的两条主线，也是观察该地区各国经济的基本线索。本书主要内容包括这一时期俄罗斯、东欧、中亚各国经济转轨和经济发展的理论与实践，截稿时间为 2008 年。

作为重点教材，本书在写作过程中，力求做到史论结合，资料翔实，注重运用经济学基本理论来分析俄罗斯、东欧和中亚各国的经济转轨与发展，在客观陈述事实的基础上展开理论分析，做到理论与事实并重。同时本书吸收了国内外同类研究中的新理论、新成果，力图能够反映出学科最新发展的前沿问题。

在章节设计安排上，本书共包括 4 篇 22 章，分别为俄罗斯篇，中亚、外高加索国家篇，乌克兰等国家篇，中东欧国家篇。为便于读者了解和把握该地区各国经济演进发展背景，本书特设一章（放在俄罗斯篇），介绍了苏联东欧经济体制和经济发展的历史演变。

除第一章外，俄罗斯篇共包括 7 章（第二至八章），基本涵盖了当代俄罗斯经济转轨与发展的主要问题。第二章"经济转轨进程与经济绩效"概括性地介绍了国际学术界研究经济转轨的不同学说及其理论视角和分析框架，以俄罗斯为案例分析了经济转轨模式选择、转轨历程、转轨绩效评价，经济转轨与经济增长的关系以及转轨的经验教训等。

第三至八章，通过对俄罗斯国有企业改革、市场体系确立和宏观调控政策、农业改革、收入分配和社会保障制度改革、对外经济关系及产业结构调整等问题的分析介绍了俄经济体制转轨和经济运行的主要方面。第三章在对私有化的理论基础、含义与目标、推进方式全面介绍的基础上对该政策进行评价，指出了由此产生的主要问题，如国有资产大量流失、企业效益没有相应提高、国家政权"寡头化"等。

第四章从俄罗斯市场体系的建立入手，介绍微观经济主体的确立和市场机制的形成以及国家从直接调控向间接调控的转变过程，指出俄罗斯市场经济的微观基础和宏观环境随着改革的深入而不断完善，与市场经济相适应的法律法规相继出台，市场体系逐步建立。

第五章介绍俄罗斯的农业改革，主要涉及两个方面，一是土地私有化过程中出现的问题与解决途径；二是俄罗斯农业发展方向与前景。强调从长远来看，俄罗斯农业要取得稳定的发展，从发展道路的选择与具体农业政策的调整看，还有诸多工作要做。

第六章主要分析1991年以来俄罗斯收入分配现状、特点、收入分配差距扩大的原因，以及调节收入分配的主要措施。本章还对俄罗斯社会保障制度改革的主要内容、模式特点进行评介，重点介绍了养老保险改革、医疗保险改革和社会福利的货币化改革。

第七章以国际贸易和国际投资理论为基础探讨俄罗斯对外贸易、吸引外资和加入世界贸易组织问题。强调外贸政策自由化是外贸体制改革的总体方向，但改革目标缺乏长期性和连贯性；在吸引外资方面，由于外资规模小，资本结构、部门结构和地区结构不合理，对俄罗斯经济增长和经济结构的调整所起的实际性作用十分有限。

第八章在现代产业理论框架下对俄罗斯的产业结构调整以及产业结构调整与经济增长的关系进行分析，指出俄经济结构调整滞后于经济增长，经济发展中的一些深层次的问题远未解决。在全球化经济条件下，俄罗斯传统产业的优势还可以继续保持相当长一段时间，同时将通过战略产业的发展来带动国民经济各部门的发展。

中亚、外高加索国家篇共包括4章（第九至十二章），分别介绍中亚经济发展、市场化改革、社会保障和对外经济关系四大问题。其中第九章对中亚国家独立后经济发展的三个阶段做了明确界定，认为中亚国家独立后，其经济经历了克服危机、恢复发展和再上新台阶的三个时期。进入21世纪后，中亚国家经济发展的路径是加快区域一体化进程，突破"内陆国"限制，通过多种国际合作机制，扩大对外交往，拓展发展空间。

第十章对中亚国家市场化改革进程及成果进行较全面评介，中亚五国依据自身国情选择了不同的改革模式。通过20年的改革，各国取得了不同的成果。总体看，中亚国家经过近20年的发展，已经基本建立了市场经济体系，但距成熟市场经济体制还有相当大的差距，许多改革措施需进一步深入。

第十一章重点介绍了中亚国家社会保障事业的发展历程和现状。除土库曼斯坦继续沿袭苏联的国家保障体制外，其他四国经过十多年的努力，通过市场化和社会化方式，已经建立起包括社会救助、社会保险和社会福利三大部分组成的较为完整的社会保障体系，成为这些国家进行政治经济改革和维持社会稳定的安全阀。

第十二章对独立以来的中亚对外经济关系做了全面分析。苏联解体后，中亚国家对外贸易政策进行较大调整，但并不能马上摆脱苏联时期固有的产业和地区分工格局限制。现阶段对外经贸政策的主要特点是：将保持和发展与独联体各国合作作为对外经贸关系的优先方向；重视同本地区国家以及周边国家的合作；积极发展同非独联体国家的经贸往来；积极参与地区和多边经贸合作。

乌克兰等国家篇共包括5章（第十三至十七章），其覆盖面除乌克兰、白俄罗斯、摩尔多瓦外，还包括已经加入欧盟的苏联波罗的海三国。这些国家曾是苏联版图中重要的经济区块，率先宣布独立，地处欧洲，具有重要的地缘战略地位。第十三章首先对这些国家的资源、经济基础做了较为系统的介绍。

第十四章对乌克兰等国家的产业结构特点、调整和改造过程做了全面介绍。在产业结构调整过程中，乌克兰等国除继续保持和发展各自的优势产业外，还大力发展高科技产业、日用消费品生产和第三产业，加快军转民步伐。但原产业结构中的一些缺陷尚未得到根本性的改变。

第十五章主要分析乌克兰等国的私有化。乌克兰等六国的私有化规模、方式、速度不尽相同，其效果各异。表明在经济转型中，同一的政策并不适应所有的国家。本章为读者提供了一种视角，可对乌克兰等国私有化进行比较研究。

第十六章分析乌克兰等国的对外经济关系。转轨初期，乌克兰等国经贸关系重点逐步由东方转向西方。但受地缘经济和产业合作因素的制约，这种调整并不能完全摆脱原有的经济关系和相互依存度的制约，目前俄罗斯仍然是这些国家的主要或重要经贸伙伴。本章还对上述国家的投资环境、特区建设、参与地区合作等情况进行分析。

第十七章对乌克兰等国的经济转轨进行小结，对各国转轨的理论基础、基本要素、主要特点及外部因素进行总体把握和分析，并在这一基础上提炼出有关结论和启示：经济转轨必须正确处理政治改革与经济改革的关系；经济转轨必须选择恰当的速度；转轨时必须正确处理经济发展与社会发展的关系；宏观经济稳定是确保经济转轨顺利进行的必要条件之一；

经济转轨同时仍需保留政府的宏观调控功能。

中东欧国家篇共包括5章（第十八至二十二章），重点分析中东欧国家的经济转轨。第十八章对东欧国家经济转轨的国际条件、社会政治条件和经济条件进行了考察，阐述了东欧经济转轨的目标模式，指出了经济转轨的要素，分析了两种典型的转轨战略即休克疗法与渐进改革的理论渊源和政策主张，并以波兰和匈牙利为案例对两种转轨战略进行了比较分析。

第十九章主要介绍东欧国家向市场经济过渡中宏观经济稳定化的初步经验。东欧的宏观经济稳定化具有紧迫性。宏观经济的稳定化不仅有助于消除宏观经济的不稳定，而且有助于为其他领域的改革创造有利的宏观经济环境。本章还对经济稳定化中的一些具体的改革措施如财政体制、金融体制的改革进行简要的探讨。可以看到，转轨后东欧的财税体制和金融体制均发生了结构性变化，但距建立公共财政制度和现代金融部门的目标仍相去甚远。

第二十章在经济自由化的框架内介绍东欧经济转轨的重要组成部分——价格自由化和外贸自由化。价格和外贸体制改革是中央计划经济向市场经济过渡不可逾越的阶段，经济自由化的主要作用在于可以解决长期困扰计划经济激励问题和信息问题，为资源有效配置创造有利条件。阅读本章使读者能够深入了解东欧国家如何在国内和国际两个层面解决市场资源配置问题。

第二十一章全面深入总结了东欧国家推进私有化中的经验和教训。东欧各国私有化战略的制定都考虑到了经济转轨时本国的政治、经济和社会状况，因而各国的私有化各具特色。然而东欧私有化中一些共性问题仍值得关注。东欧的经验表明，私有化并不是一个孤立的政策问题，它需要其他政策的配套。仓促的私有化不会明显改进效率，国有企业私有化后仍面临如何建立适当的公司治理结构的问题。对东欧国家来说，最重要的是要形成竞争性的产权结构，多种所有制之间相互竞争的产权结构有助于经济效绩的提高。

第二十二章对东欧经济转轨进行了阶段性总结。经过20年的经济转轨，东欧国家经济转轨取得了重大进展，市场经济的基本框架已经建立。在经济转轨过程中，欧盟的扩大对中东欧国家的政治和经济转轨具有重要意义，从一定意义上说，东欧转轨所面临的国际环境比俄罗斯等国更为有利。进入21世纪，东欧国家在经历了转轨性衰退后，已率先走上经济恢复和增长之路。

前言

本书由长期从事俄罗斯东欧中亚经济问题研究的专家学者集体完成，具体分工如下：李建民（中国社会科学院俄罗斯东欧中亚研究所研究员，博士生导师）负责全书写作思路和章节设计，撰写前言，第二、八章；陆南泉（中国社会科学院俄罗斯东欧中亚研究所研究员，中国社会科学院荣誉学部委员、博士生导师）撰写第一、三、五章；高晓慧（中国社会科学院俄罗斯东欧中亚研究所研究员，《俄罗斯东欧中亚市场研究》杂志编辑部主任）撰写第四章；高际香（中国社会科学院俄罗斯东欧中亚研究所副研究员）撰写第七章；张中华（中国社会科学院俄罗斯东欧中亚研究所博士）撰写第六章；吴宏伟（中国社会科学院俄罗斯东欧中亚研究所研究员、中亚研究室主任）、张宁（中国社会科学院俄罗斯东欧中亚研究所副研究员）撰写第九至十二章；何卫（中国社会科学院俄罗斯东欧中亚研究所研究员、乌克兰研究室主任）撰写第十三至十七章；孔田平（中国社会科学院欧洲研究所研究员、东欧研究室主任）撰写第十八至二十二章。

本书在写作过程中得到中国社会科学院研究生院、中国社会科学院俄罗斯东欧中亚研究所领导及学术同人、中国社会科学出版社的大力支持，在此表示感谢。

目　录

俄 罗 斯 篇

第一章　苏联东欧经济的历史演变 ……………………………………（3）
　第一节　苏联经济概况 ………………………………………………（3）
　　一　经济上具有很强的自立能力 …………………………………（4）
　　二　经济增长速度快但效率低 ……………………………………（5）
　　三　国民经济结构严重畸形 ………………………………………（6）
　　四　资源丰富但分布不平衡 ………………………………………（6）
　　五　长期以来实行高度集中的经济管理体制 ……………………（7）
　第二节　传统计划经济体制模式形成的原因 ………………………（7）
　　一　教条地对待马克思主义有关商品经济理论 …………………（7）
　　二　把军事共产主义政策视为一种有效政策 ……………………（9）
　　三　过早地放弃新经济政策 ………………………………………（10）
　　四　超高速工业化大大加速了经济集中 …………………………（11）
　　五　农业全盘集体化 ………………………………………………（12）
　　六　"大清洗"使指令性计划经济体制日益巩固 …………………（13）
　　七　专制制度，集权与扩张等历史传统的影响 …………………（14）
　　八　斯大林个人品性特点的作用 …………………………………（14）
　第三节　传统计划经济体制的特点和弊端 …………………………（15）
　　一　主要特点 ………………………………………………………（15）
　　二　主要弊端 ………………………………………………………（16）

第四节　改革进程与未取得成功的主要原因 …………………… (19)
　　　一　与改革国有制有关的商品生产的主体问题 ………………… (20)
　　　二　计划与市场关系问题 ………………………………………… (20)
　　　三　价格改革问题 ………………………………………………… (21)
　　　四　忽视政治体制改革的严重后果 ……………………………… (21)
　　第五节　传统计划经济体制推行到东欧各国 …………………… (22)
　　　一　一步一步地加强控制 ………………………………………… (22)
　　　二　斯大林经济体制模式被移植到东欧国家 …………………… (25)
　　思考题 ……………………………………………………………… (27)
第二章　经济转轨进程与经济绩效 …………………………………… (29)
　　第一节　经济转轨问题研究的理论框架 ………………………… (29)
　　　一　新古典经济学理论 …………………………………………… (29)
　　　二　制度经济学理论 ……………………………………………… (30)
　　　三　比较经济学理论 ……………………………………………… (32)
　　第二节　俄罗斯经济转轨模式选择和改革历程 ………………… (33)
　　　一　苏联时期的经济体制改革 …………………………………… (33)
　　　二　"休克疗法"指导下的俄罗斯经济体制改革 ……………… (35)
　　第三节　经济转轨绩效评价 ……………………………………… (42)
　　　一　经济转轨绩效界定及评价方法 ……………………………… (43)
　　　二　俄罗斯经济转轨绩效评价 …………………………………… (43)
　　第四节　对俄罗斯经济转轨绩效不佳的反思 …………………… (50)
　　　一　转轨的初始条件约束 ………………………………………… (51)
　　　二　理论建设的薄弱导致照搬西方模式 ………………………… (51)
　　　三　转轨政策内在的矛盾 ………………………………………… (52)
　　　四　日益严重的"软政权化"使改革缺乏政治保证 …………… (54)
　　第五节　经济转轨的深化与经济增长 …………………………… (54)
　　　一　普京第一任期经济转轨战略调整 …………………………… (55)
　　　二　普京第二任期的经济改革和政策调整 ……………………… (56)

三　经济转轨完成程度 …………………………………………（57）
　　四　俄罗斯经济转轨的启示 ……………………………………（59）
　思考题 …………………………………………………………………（62）
第三章　俄罗斯国有企业改革 ……………………………………（64）
　第一节　国有企业改革的迫切性 ……………………………………（64）
　第二节　私有化的理论、含义与目标 ………………………………（67）
　　一　以西方产权理论为指导的私有化 …………………………（67）
　　二　私有化的含义与目标 ………………………………………（68）
　第三节　私有化进程与方式方法 ……………………………………（70）
　　一　私有化的基本方式 …………………………………………（70）
　　二　大私有化的发展阶段 ………………………………………（71）
　第四节　私有化的评价 ………………………………………………（74）
　　一　私有化的主要业绩 …………………………………………（74）
　　二　私有化的主要问题 …………………………………………（75）
　第五节　重新国有化问题 ……………………………………………（77）
　思考题 …………………………………………………………………（80）
第四章　市场体系的形成和宏观调控政策 ………………………（82）
　第一节　市场体系的建立 ……………………………………………（82）
　　一　微观经济主体的确立：企业成为市场经济的主体 ………（82）
　　二　价格机制的形成：价格在市场竞争中由供求关系决定 …（83）
　　三　政府对经济的宏观调控：由直接调控向间接调控转变 …（83）
　第二节　竞争和反垄断 ………………………………………………（84）
　　一　俄罗斯反垄断法律体系及修订情况 ………………………（84）
　　二　俄罗斯反垄断法的基本框架及主要内容 …………………（85）
　　三　俄罗斯的执法体系及机构 …………………………………（87）
　第三节　金融深化理论与政策 ………………………………………（88）
　　一　金融深化理论 ………………………………………………（88）
　　二　俄罗斯金融改革的背景 ……………………………………（89）

三　俄罗斯金融自由化改革 …………………………………………（90）

第四节　银行改革与资本市场的形成 ………………………………………（92）
　　一　俄罗斯银行体制的构架 …………………………………………（92）
　　二　俄罗斯银行体制的改革 …………………………………………（94）
　　三　证券市场的建立和发展 …………………………………………（97）

第五节　公共财政理论与政策 ………………………………………………（99）
　　一　公共财政理论 ……………………………………………………（99）
　　二　俄罗斯的预算体制 ………………………………………………（101）
　　三　俄罗斯的税收制度 ………………………………………………（101）

第六节　俄罗斯财政税收改革及其效应 ……………………………………（102）

思考题 ……………………………………………………………………………（104）

第五章　俄罗斯农业改革 ………………………………………………………（106）

第一节　曲折的土地私有化改革 ……………………………………………（107）
　　一　苏联时期的土地所有制形式 ……………………………………（107）
　　二　叶利钦时期的土地所有制改革 …………………………………（108）
　　三　普京时期的土地所有制改革进程 ………………………………（109）

第二节　集体农庄与国营农场经营组织形式的改组 ………………………（110）
　　一　叶利钦时期农业经营组织的改组 ………………………………（110）
　　二　制约农户经济发展的原因 ………………………………………（112）
　　三　普京时期大农业发展情况 ………………………………………（112）

第三节　农业发展状况与前景 ………………………………………………（113）
　　一　叶利钦时期农业状况恶化及其原因 ……………………………（113）
　　二　普京时期俄罗斯农业的发展 ……………………………………（115）

思考题 ……………………………………………………………………………（116）

第六章　收入分配与社会保障制度改革 ………………………………………（118）

第一节　收入分配理论 ………………………………………………………（118）
　　一　马克思主义收入分配理论：按劳分配 …………………………（118）
　　二　西方收入分配理论：效率、公平和自由 ………………………（119）

三　收入分配差异的测定：洛伦兹曲线和基尼系数 …………（120）
第二节　俄罗斯收入分配结构的变化 ………………………………（122）
　　一　俄罗斯收入分配现状 …………………………………………（122）
　　二　俄罗斯收入分配差距扩大的原因 ……………………………（123）
　　三　收入分配差距的调节 …………………………………………（125）
第三节　社会保障体制及其模式 ……………………………………（126）
　　一　社会保障制度的起源与基本功能 ……………………………（127）
　　二　社会保障制度体系 ……………………………………………（128）
　　三　社会保障制度的模式划分 ……………………………………（129）
第四节　俄罗斯社会保障制度改革 …………………………………（130）
　　一　苏联时期的遗产：俄罗斯社会保障制度改革的背景 ………（131）
　　二　俄罗斯社会保障制度改革的基本方向 ………………………（131）
　　三　养老保险改革 …………………………………………………（133）
　　四　医疗保险改革 …………………………………………………（136）
　　五　社会救济与福利的货币化改革 ………………………………（138）
　思考题 …………………………………………………………………（140）

第七章　对外经济关系 …………………………………………………（142）
　第一节　国际贸易和国际投资理论综述 ……………………………（142）
　　一　国际贸易理论综述 ……………………………………………（142）
　　二　国际投资理论综述 ……………………………………………（144）
　第二节　对外经贸发展战略 …………………………………………（146）
　　一　俄罗斯对外经贸发展战略的演变 ……………………………（147）
　　二　现阶段俄罗斯的对外经贸发展战略 …………………………（148）
　　三　俄罗斯对外经贸主要战略取向 ………………………………（150）
　第三节　对外贸易体制改革 …………………………………………（152）
　　一　俄罗斯对外贸易体制改革历程回顾 …………………………（153）
　　二　俄罗斯外贸体制改革的特点 …………………………………（154）
　　三　俄罗斯对外贸易管理体制与政策工具的调整趋势 …………（155）

第四节　外资引进和利用 (158)
　　一　外资规模 (158)
　　二　资本结构 (159)
　　三　部门结构 (159)
　　四　地区分布 (160)
　　五　主要投资国 (161)
　　六　主要投资国在俄罗斯投资的地区分布和产业分布 (162)
　　七　对俄罗斯外资利用的总体评价 (163)
第五节　俄罗斯入世进程 (163)
　　一　俄罗斯入世谈判进程 (164)
　　二　俄罗斯入世谈判最新进展与遗留问题 (168)
　　三　俄罗斯的主要入世承诺 (169)
思考题 (172)

第八章　产业结构调整与经济增长 (174)
第一节　产业结构理论发展综述 (174)
　　一　马克思的结构理论 (174)
　　二　西方的产业结构理论 (175)
第二节　俄罗斯产业结构特点及问题 (176)
　　一　加速军转民调整国民经济军事化格局 (176)
　　二　服务业在三次产业关系中迅速提高 (177)
　　三　工业内部结构进一步原材料化 (178)
第三节　俄罗斯产业调整政策及变动趋势 (178)
　　一　新时期产业结构调整的主要思路 (179)
　　二　优势产业扶持措施及其发展趋势 (180)
第四节　产业结构调整与经济增长 (187)
　　一　实施综合发展战略对经济增长的预期贡献率 (187)
　　二　俄罗斯产业结构调整与经济增长方式转变实证分析 (189)
第五节　俄罗斯产业结构演进的启示 (195)

一　立足基本国情逐步实现产业结构升级 …………………… (195)
　　二　政府应在产业结构调整中发挥积极作用 ………………… (196)
　　三　选择战略产业作为规划产业结构的基准 ………………… (197)
　　四　产业结构高级化和合理化是循序渐进和相辅相成
　　　　的过程 ……………………………………………………… (197)
　　五　充分发挥市场机制在资源配置过程中的基础性作用 …… (197)
　思考题 ……………………………………………………………… (199)

中亚、外高加索国家篇

第九章　中亚国家经济发展与现状 ………………………………… (203)
　第一节　独立前中亚国家经济概况 ……………………………… (203)
　　一　优势产业已形成一定规模但产业结构单一 ……………… (204)
　　二　基本上仍沿用指令性计划经济体制 ……………………… (205)
　第二节　独立以来中亚经济的发展 ……………………………… (206)
　　一　初步建立市场经济体系 …………………………………… (206)
　　二　确定适合本国国情的经济发展模式和发展战略 ………… (208)
　　三　加快参与区域一体化步伐 ………………………………… (210)
　第三节　独立后中亚国家的产业结构 …………………………… (212)
　　一　产业结构特点 ……………………………………………… (212)
　　二　产业结构调整难度 ………………………………………… (213)
　思考题 ……………………………………………………………… (215)

第十章　中亚国家市场化改革进程、成就与问题 ………………… (217)
　第一节　改革模式的选择 ………………………………………… (217)
　　一　激进改革模式 ……………………………………………… (217)
　　二　渐进改革模式 ……………………………………………… (218)
　第二节　改革的进程与成就 ……………………………………… (219)
　　一　实行价格自由化 …………………………………………… (219)

二　建立独立的金融体系和财税体系 …………………………… (219)
　　三　推行私有化，进行所有制改革 ……………………………… (220)
　第三节　市场化改革的进展 …………………………………………… (223)
　　一　多数国家都建立了以国家为主导的市场经济体制 ………… (223)
　　二　所有制形式和结构发生重大变化 …………………………… (223)
　　三　建立了比较健全的法律体系 ………………………………… (224)
　　四　支撑本国经济的优势产业得到发展 ………………………… (225)
　　五　经济复苏多数国家进入经济稳定发展阶段 ………………… (226)
　　六　国际组织对中亚改革的总体评价 …………………………… (227)
　思考题 …………………………………………………………………… (229)

第十一章　中亚国家社会保障体系与政策 ………………………………… (231)
　第一节　社会保障领域改革历程、手段和形式 ……………………… (231)
　　一　中亚国家独立初期的社会保障制度 ………………………… (231)
　　二　社会保障改革指导思想和实施手段 ………………………… (232)
　第二节　现行社会保障体系与政策 …………………………………… (234)
　　一　社会救助和补贴体系 ………………………………………… (235)
　　二　社会保险体系 ………………………………………………… (237)
　　三　社会福利体系 ………………………………………………… (239)
　　四　社会保障领域的主要问题及应对措施 ……………………… (240)
　思考题 …………………………………………………………………… (242)

第十二章　中亚国家对外经济关系 ………………………………………… (244)
　第一节　对外经济关系的发展与现状 ………………………………… (244)
　　一　外贸额增长迅速商品出口多以原材料为主 ………………… (244)
　　二　独联体国家特别是俄罗斯是主要贸易伙伴 ………………… (246)
　　三　吸引外资初见成效，对外经济合作方兴未艾 ……………… (246)
　第二节　对外经贸政策与发展战略 …………………………………… (247)
　　一　建立涉外经济管理机构制定和完善相关法律 ……………… (247)
　　二　对外经贸合作政策 …………………………………………… (248)

三　对外经贸政策特点 …………………………………………（249）
　第三节　中亚国家与中国的经贸关系 ………………………………（252）
　　一　中亚国家与中国经贸关系特点 …………………………………（253）
　　二　发展前景 …………………………………………………………（254）
　思考题 …………………………………………………………………（255）

乌克兰等国家篇

第十三章　新东欧六国独立前的经济概况 …………………………（261）
　第一节　独立前的乌克兰经济 ………………………………………（261）
　　一　资源储备和工业发展 ……………………………………………（261）
　　二　农业发展情况 ……………………………………………………（264）
　　三　基础设施 …………………………………………………………（264）
　第二节　独立前的白俄罗斯经济 ……………………………………（265）
　　一　自然资源 …………………………………………………………（265）
　　二　工业基础 …………………………………………………………（266）
　　三　农业发展 …………………………………………………………（267）
　　四　基础设施 …………………………………………………………（267）
　第三节　独立前的摩尔多瓦经济 ……………………………………（267）
　第四节　独立前的波罗的海三国经济 ………………………………（269）
　　一　工业发展基础 ……………………………………………………（269）
　　二　农业发展状况 ……………………………………………………（271）
　　三　交通运输 …………………………………………………………（272）
　思考题 …………………………………………………………………（273）
第十四章　新东欧六国的产业结构 …………………………………（274）
　第一节　乌克兰的产业结构 …………………………………………（274）
　　一　产业结构特点 ……………………………………………………（274）
　　二　调整措施 …………………………………………………………（275）

三　现存的问题……………………………………………（278）
　第二节　白俄罗斯的产业结构…………………………………（280）
　第三节　摩尔多瓦的产业结构…………………………………（281）
　第四节　波罗的海三国的产业结构……………………………（283）
　　一　爱沙尼亚的产业结构……………………………………（284）
　　二　拉脱维亚的产业结构……………………………………（286）
　　三　立陶宛的产业结构………………………………………（286）
　思考题………………………………………………………………（287）
第十五章　新东欧六国的私有化……………………………………（289）
　第一节　乌克兰的私有化………………………………………（289）
　　一　基本措施…………………………………………………（289）
　　二　私有化的基本内容………………………………………（290）
　第二节　白俄罗斯的私有化……………………………………（299）
　第三节　摩尔多瓦的私有化……………………………………（302）
　　一　国有财产私有化…………………………………………（302）
　　二　土地私有化………………………………………………（304）
　第四节　波罗的海三国的私有化………………………………（307）
　思考题………………………………………………………………（309）
第十六章　新东欧六国的对外经济关系……………………………（311）
　第一节　乌克兰的对外经济关系………………………………（311）
　　一　对外经济关系发展战略的主要内容……………………（311）
　　二　对外经贸特点……………………………………………（313）
　　三　吸引外资情况……………………………………………（315）
　　四　建立经济特区……………………………………………（318）
　第二节　白俄罗斯的对外经济关系……………………………（319）
　　一　对外贸易管理……………………………………………（319）
　　二　投资环境…………………………………………………（321）
　　三　特区建设…………………………………………………（322）

目 录

第三节　摩尔多瓦的对外经济关系 ……………………………（324）
　一　对外贸易 ……………………………………………………（324）
　二　投资环境和吸引外资情况 …………………………………（325）
第四节　波罗的海三国的对外经济关系 ………………………（326）
　一　对外贸易加快发展 …………………………………………（326）
　二　积极参与区域经济合作 ……………………………………（327）
　三　改善投资环境 ………………………………………………（328）
思考题 ………………………………………………………………（329）

第十七章　新东欧六国经济转轨的特点和启示 ………………（331）

第一节　新东欧六国经济转轨的特点 …………………………（331）
　一　转轨初期面临多方面的困难 ………………………………（331）
　二　以"华盛顿共识"作为转轨的理论基础 …………………（332）
　三　转轨的基本要素相同 ………………………………………（332）
　四　伴随严重的经济衰退或危机 ………………………………（332）
　五　在一定程度上受到了外部因素的影响 ……………………（333）
　六　非正规经济在转轨过程中快速发展 ………………………（334）
　七　经济转轨伴随着政治转轨 …………………………………（334）
　八　发展对外经济关系与谋求独立自主的外交政策相得
　　　益彰 …………………………………………………………（334）
第二节　新东欧六国经济转轨的启示 …………………………（335）
　一　经济转轨必须正确处理政治改革与经济改革的关系 ……（335）
　二　经济转轨必须选择恰当的速度 ……………………………（336）
　三　在实施转轨时必须正确处理经济发展与社会发展的
　　　关系 …………………………………………………………（336）
　四　宏观经济稳定是确保经济转轨顺利进行的必要条件
　　　之一 …………………………………………………………（337）
　五　经济转轨并不意味着政府的宏观调控作用可有可无 ……（338）
思考题 ………………………………………………………………（339）

中东欧国家篇

第十八章 东欧经济转轨的初始条件、目标模式与转轨战略 (343)

第一节 经济转轨的初始条件 (343)
一 国际条件 (343)
二 社会政治条件 (343)
三 经济条件 (345)

第二节 经济转轨的目标模式 (348)
一 目标模式的选择 (348)
二 市场经济体制的特点 (349)

第三节 经济转轨的要素 (350)
一 稳定化 (350)
二 自由化 (351)
三 私有化 (351)
四 制度化 (351)

第四节 经济转轨战略的选择 (352)
一 休克疗法 (353)
二 渐进改革 (356)
三 休克疗法与渐进改革之比较:波兰、匈牙利的案例 (359)

思考题 (366)

第十九章 东欧国家宏观经济的稳定化 (368)

第一节 宏观经济稳定化的初步经验 (368)
一 宏观经济稳定化的内容 (368)
二 宏观经济稳定化的实施 (370)
三 宏观经济稳定化的初步经验 (371)

第二节 东欧的财政体制改革 (375)
一 预算改革 (375)

二　税制改革 ……………………………………………… (378)
　第三节　东欧的金融改革 ………………………………………… (382)
　　一　中央计划经济下的金融体制 ………………………… (382)
　　二　东欧的金融改革 ……………………………………… (383)
　　三　对于东欧金融改革的评价 …………………………… (385)
　思考题 ……………………………………………………………… (386)

第二十章　东欧国家的经济自由化 ……………………………… (388)
　第一节　价格自由化与经济转轨 ………………………………… (388)
　　一　价格在不同经济体制中的作用 ……………………… (388)
　　二　东欧国家的价格自由化 ……………………………… (389)
　第二节　贸易自由化与经济转轨 ………………………………… (393)
　　一　东欧国家的贸易自由化 ……………………………… (393)
　　二　贸易自由化在转轨经济中的作用 …………………… (394)
　第三节　经济活动自由恢复的意义 ……………………………… (395)
　思考题 ……………………………………………………………… (397)

第二十一章　东欧国家的私有化 ………………………………… (399)
　第一节　东欧国家的私有化战略 ………………………………… (399)
　　一　经济转轨前的所有制状况 …………………………… (399)
　　二　东欧私有化的目标 …………………………………… (400)
　　三　东欧私有化的类型 …………………………………… (401)
　　四　东欧私有化的步骤 …………………………………… (404)
　　五　东欧国家的私有化战略 ……………………………… (405)
　第二节　私有化的进展、问题与经验 …………………………… (411)
　　一　东欧私有化的进展 …………………………………… (411)
　　二　东欧私有化的问题 …………………………………… (413)
　　三　东欧国家私有化的经验 ……………………………… (415)
　思考题 ……………………………………………………………… (417)

第二十二章　东欧经济转轨：进展、问题、经验与趋势 …………… (419)

第一节　东欧经济转轨的进展 ……………………………………… (419)
一　经济改革设计上更加现实 …………………………………… (420)
二　建立市场经济所需要的法律制度 …………………………… (420)
三　通过紧缩政策基本实现了宏观经济的稳定 ………………… (420)
四　通过放开价格、放开外贸实现了经济的自由化 …………… (421)
五　通过本国货币贬值实现了本国货币的国内可兑换性 ……… (421)
六　所有制改造取得了重大进展 ………………………………… (421)
七　金融改革取得重大进展 ……………………………………… (422)
八　实行了以所得税和增值税为核心的税制 …………………… (422)

第二节　东欧经济转轨的问题 ……………………………………… (422)
一　公共财政持续危机 …………………………………………… (422)
二　私有化存在许多问题 ………………………………………… (423)
三　通货膨胀与失业是东欧值得关注的宏观经济问题 ………… (423)
四　金融改革滞后一度成为转轨经济面临的突出问题 ………… (423)
五　社会保障体系不足以应付日益增加的失业和逐渐扩大的
　　贫富差距 ……………………………………………………… (424)
六　税收难以满足政府的财政需要 ……………………………… (424)

第三节　经济转轨的经验 …………………………………………… (425)
一　东欧经济转轨经验教训 ……………………………………… (425)
二　东欧经济转轨战略选择的启示 ……………………………… (425)
三　东欧实现宏观经济稳定化的启示 …………………………… (426)
四　经济自由化有助于促进资源合理配置 ……………………… (426)
五　东欧国有企业改造的启示 …………………………………… (427)
六　经济转轨需要建立适应市场经济的社会保障体制 ………… (427)
七　经济转轨无疑要付出一定的社会成本 ……………………… (427)
八　在向市场经济过渡中必须注重人才 ………………………… (428)

第四节　东欧经济转轨的趋势 ……………………………………… (428)

一　宏观经济管理从直接管理转向间接管理 …………………（428）

　　二　从管制价格走向自由价格 ………………………………（428）

　　三　从封闭贸易走向开放贸易 ………………………………（429）

　　四　从货币不可自由兑换转向货币自由兑换 ………………（429）

　　五　从国有制经济占主导地位的所有制结构向私有制为主导的
　　　　所有制结构转变 …………………………………………（429）

　　六　从以重工业为主的经济结构向以轻工业及服务业为主的经济
　　　　结构转换 …………………………………………………（430）

　　七　从不健全的金融财税体制向健全的金融财税体制转换 …（430）

　　八　从过于慷慨的全面的社会保障体制向严格的、目标导向的、
　　　　适度的、兼顾公平及效率原则的社会福利体制转换 ………（430）

　第五节　东欧经济的前景 ………………………………………（430）
　思考题 ……………………………………………………………（432）

俄罗斯篇

第一章 苏联东欧经济的历史演变

内容提要

俄罗斯是苏联的继承国。东欧各国在第二次世界大战后亦搬用了苏联经济体制模式。为了更好地了解俄罗斯、中东欧各国自经济转轨以来的发展情况，本章简要论述苏联、东欧经济的历史演变。集中分析的问题有：苏联经济的主要特点，传统经济体制模式形成的原因、特点，苏联经济体制模式弊端与历次改革未取得成功的主要原因。另外，对如何推行到东欧各国作了阐述。

俄罗斯是苏联的继承国。东欧各国在第二次世界大战后基本上搬用了苏联经济体制模式。20世纪80年代末90年代初，苏联东欧国家先后发生了剧变，都进行了经济体制根本性的转轨：从计划经济体制转向市场经济。为了更好地理解这些国家剧变之后的经济，对剧变前的经济有必要作一概述。

第一节 苏联经济概况

十月革命前的俄国，俄国资本主义经济的发展受封建农奴制的严重制约，与欧美资本主义兴起的进程和发展程度相比有很大的差距。虽在19世纪末20世纪初，与欧美资本主义国家一样，俄国已进入资本主义最后阶段的垄断资本主义，但它在经济方面具有自身的一些重要特点：有着浓厚的封建特色，列宁一再称俄国是"军事封建帝国主义"；垄断与集中程度高；对外国资本主义依赖程度高；经济落后。直到十月革命前的1914年，俄国仍是一个落后的农业国。1913年俄国的工业产值在世界工业产值中占5.3%，而美国占35.8%，德国占15.7%，英国占14.0%，法国占6.4%。①

十月革命胜利后的初期,列宁着手对经济实行革命性的改造,如:实行土地改革;经济国有化;工人监督与工业国家化;在流通领域对大型批发商业实行国有化,对重要的商品实行国家垄断。对外贸易实行垄断;在经济管理方面,成立具有广泛权力的最高国民经济委员会;制定电气化计划。

但十月革命后不久,苏维埃政权因遭到外国武装干涉与国内战争,不得不停止执行列宁1918年春天和平暂息时期拟定的经济政策,而实行带有军事性质的特殊的军事共产主义的政策,把全俄变成一个军营,使全国经济生活服从于战争的需要。苏维埃国家取得国内战争胜利后,转向新经济政策,但在1929年斯大林宣布"当它(指新经济政策——笔者注)不再为社会主义事业服务的时候,我们就把它抛开"。② 斯大林执政后,实行超高速工业化与农业全盘集体化政策。在这个过程中,斯大林加快了对经济的社会主义改造,到1937年,社会主义经济在全苏联生产固定基金、国民收入、工业与农业产值中的比重分别为99%、99.1%、99.8%与98.5%。③ 由于取得上述进展,1936年苏联公布了新宪法,斯大林指出,新宪法的基础是"我们已经基本上实现了共产主义第一阶段,即社会主义"。这样,在苏联建立的斯大林社会主义模式以法律形式固定下来。

从十月革命胜利后到苏联剧变,其经济发展经历了各个不同历史阶段。综合地考察,苏联时期的经济具有以下一些重要的特点。

一 经济上具有很强的自立能力

苏联是世界上自立能力很强的少数几个国家之一。这突出表现在以下三个方面:

第一,苏联经过70多年的努力,在国内已形成了部门齐全的国民经济体系。从大的方面讲,苏联国民经济包括工业、农业、交通运输、邮电、商业和服务行业。但各部门又形成了较完整的若干分支部门,如工业中又建立了采掘工业和加工工业,加工工业中又有机械、冶金、能源、轻

---

① [俄] A. H. 雅科夫列夫主编:《20世纪初的俄罗斯》,莫斯科2002年俄文版,第172页。
② 《斯大林全集》第十二卷,人民出版社1955年版,第151页。
③ [苏] 苏联部长会议中央统计局编:《苏联国民经济六十年》,陆南泉等译,生活·读书·新知三联书店1979年版,第5页。

工业和食品工业等部门；农业中又形成了较好物质技术基础的种植业和畜牧业；交通运输中又建立了铁路、公路、海运、航空及管道等运输网。因此，完整的经济体系，对保证苏联经济发展的稳定性起了不小的作用。

第二，苏联与经济上发达的大国相比，具有优越的资源条件，不仅资源储量丰富，而且品种齐全，经过几十年的开发，资源储量仍很充足。苏联资源自给程度很高。

第三，苏联对国外市场依赖程度要比西方一些经济发达的大国低得多。它虽早已成为世界性的经济大国，但长期以来基本上属于内向型国家，经济发展主要靠国内市场。对外经济关系的发展水平大大低于西方一些国家。例如，1988年，苏联对外贸易出口额占其国民生产总值的7.7%，而1980年，世界贸易出口额已占国民生产总值的21%以上。如果从苏联在国外的投资、国外在苏联的投资来看，那更无法与西方一些国家相比。

苏联的上述经济特点说明，虽然按人均计算的国民收入水平来分析，它远远落后于西方一些发达国家，但从综合国力来讲，特别是考虑到军事实力这一因素，只有苏联才能与美国相提并论。

苏联经济自立能力强这一特点，一方面使苏联经济的发展较少受外界影响，能保持较为稳定的局面；另一方面，也严重影响其竞争能力的提高，竞争机制难以起作用，使质量与效率长期处于落后状态，难以适应世界科技革命的挑战。

二 经济增长速度快但效率低

纵观苏联经济发展70多年的历史，尽管在某些时期出现经济增长速度下降甚至停滞的情况，但总的来说，发展速度还是比较快的。第二次世界大战到50年代末，增长速度一般在10%左右，例如1946—1950年，社会总产值年平均增长速度为14.2%，1951—1960年为10%。从60年代起，增长速度开始下降，但与美国相比，大多数经济指标还是快于美国。只是到了勃列日涅夫执政时期，出现了经济停滞，并于1990年出现负增长。

苏联经济增长速度虽高，但其经济效率低。长期以来，苏联是用大量消耗原材料，投入大量资金和劳动力来保持其计划规定的增长速度的，是一种粗放型经济。反映经济效率的一些指标日趋恶化，如1961—1966年，社会劳动生产率年平均增长速度为6.1%，1981—1985年降为3.1%。

1965—1985年的20年间，农业中职工人均占有的农业固定生产基金提高了4倍，而同期劳动生产率仅提高1倍。基金产值率也大幅度下降，1960年每卢布的固定生产基金生产的国民收入为72戈比，1980年下降为40戈比，1986年又下降为37戈比，这比1960年下降49%。苏联生产每单位的国民收入所需投资要比美国多50%，用钢量多90%，耗电量多20%，耗油量多100%，水泥用量多80%。

三　国民经济结构严重畸形

优先发展重工业，是苏联长期贯彻的一项基本经济政策。这项政策始于20世纪二三十年代工业化时期。后来，在第二次世界大战前，又考虑到当时面临战争威胁的国际环境，又加快了与军事工业密切相关的重工业的发展速度。在第二次世界大战后和平时期，重工业的发展速度仍一直领先。据西方估计，全苏电子工业产品的大部分，机器制造业和金属加工工业产品的1/3，冶金产品的1/5以及化工产品和能源的1/6是用于国防。苏联片面发展重工业的政策，导致国民经济其他部门，特别是农业、轻工业、食品工业的严重落后，市场供应长期处于紧张状态，影响着人民生活水平的提高。

四　资源丰富但分布不平衡

苏联资源的主要特点是：储量丰富、种类齐全、自给程度高，但分布极不平衡，产地与消费地之间的矛盾突出。

如果把苏联的领土和经济区划分为两大部分的话，即可分欧洲地区和东部地区。苏联的生产能力主要集中在欧洲地区，而资源主要集中在东部地区。以能源资源为例，过去很长一个时期，占工农业产值和能源消耗量4/5的欧洲地区，只拥有能源资源的1/10，而占工农业产值1/5的东部地区，却拥有能源资源的9/10。不少其他资源的分布情况亦类同。资源分布不均，必然影响生产力合理布局。很长一个时期以来，苏联一直在调整生产力的配置，使经济逐步向东部地区转移，并为此采取了一些措施。如：苏联规定，耗能、耗原材料大的工业企业，只允许建在东部地区；为了东部与西部地区运输的畅通，新建了长达3145公里的贝阿铁路，并在铁路沿线建设40—50个工业中心和新城市；增加对东部地区的投资等。由于采取这些措施，东部地区的作用大大提高，苏联解体前，其工业产值占全苏工业产值的20%左右。

五 长期以来实行高度集中的经济管理体制

苏联自斯大林时期形成和发展起来的高度集中的经济体制后,虽然经历了多次改革,但长期以来一直保持着传统的体制模式。苏联各个历史时期,发展经济的战略、政策虽有不同,但都是在高度集中的指令性计划经济体制条件下运行的。要对苏联经济有个深刻认识,就需要了解这种经济体制模式的形成、特点与改革过程等问题。

第二节 传统计划经济体制模式形成的原因

作为斯大林社会主义模式一个重要组成部分的、高度集中的指令性计划经济体制,有关其在苏联形成的原因,在过去很长一个时期,主要从客观因素去分析,如苏联是世界上第一个社会主义国家,如何建设社会主义,建立什么样的经济体制,无先例可循;当时苏联处于资本主义包围之中,受到严重的战争势力的威胁,为此,需要高度集中的经济体制,把具有国防意义的工业部门搞上去;等等。无疑,这些客观因素对形成苏联高度集中的计划经济体制模式有着重要的作用。但实际上,形成苏联高度集中的计划经济体制模式,有其十分复杂的原因,它涉及多方面的问题,是各种因素综合作用的结果,它有个历史发展过程。如果只是从客观因素去研究苏联经济体制形成问题,那就难以解释苏联长期坚持这种体制的原因。

如果对管理权限的高度集中化与管理方法高度行政化为基本特征的斯大林经济体制模式的形成,进行历史的考察,就会清楚地表明,这一模式的形成,最后确立、日益巩固与不断发展,是由以下8个相互紧密联系的因素作用的结果。

一 教条地对待马克思主义有关商品经济理论

坚持产品经济观,是人所共知的斯大林经济体制牢固的理论基础。生活在19世纪时期的马克思、恩格斯认为,要消除资本主义存在的基本矛盾,首先要消灭一切罪恶之源的私有制,即改变资本主义占有方式;其次,随着私有制的消灭,在未来社会商品生产也应消除,价值关系必将消失。这样,未来的社会主义社会是自觉调节的,即以生产资料公有制为基础有计划的、没有商品生产的与自治的社会。从而,社会可以十分简单地直接计划生产与计划分配。这就是计划经济理论的渊源。在这种产品经济观支配下，就出现了无产阶级取得政权后，可以立即、全面地实现"一个国家＝一个工厂"的设想，整个社会的生产与分配可以按照预先经过深思熟虑的计划来进行。

20世纪所有社会主义国家实践表明，马克思、恩格斯对未来社会主义提出的否定商品经济（市场经济）而实行计划经济模式的设想，是不符合社会发展实际的。马克思、恩格斯都未亲眼看到社会主义社会，因此，他们提出的有关未来社会的设想，是一种预测性的，在考察商品货币关系问题时往往带有一般的推论性质。我们不能要求他们在不具备解决这些问题的材料时做出明确无误的理论结论。

从思想理论上讲，列宁在实行新经济政策前一直赞成马克思、恩格斯有关社会主义社会是没有商品生产的观点。但列宁在实行新经济政策时期，在商品等问题上的看法有了很大的变化，认为，新经济政策就是要充分利用商品货币关系。而斯大林在20世纪20年代中期到20世纪30年代，不从俄国实际情况出发，教条地对待马克思主义的理论，一直坚持产品经济观，以此理论为基础，一步一步地建立起高度集中的指令性计划经济体制。斯大林之所以这样做，也是为其在这一时期推行的经济政策服务的。

第一，为了保证超高速工业化需要的财力、物力与人力资源，斯大林认为，必须利用高度集中的计划经济体制达到控制经济的目的。因此，就不能通过市场，不能通过批发贸易，而是要通过集中分配的办法来实现对整个经济的控制。在这样的条件下，商品货币关系、商业原则自然就受到最大限度的挤压。

第二，在很大程度上可以说，农业全盘集体化是超高速工业化合乎逻辑的产物，是从农村榨取资金与粮食的重要办法。如果在这个时期提出社会主义经济是商品经济，应该按照商品交换原则运行经济，重视市场的作用，那么，也就不允许对农庄这样的集体经济下达几百个指令性指标，更不允许工农业产品存在十分严重的剪刀差，就得承认价值规律的作用，并大幅度调高农产品收购价格。这样国家就难以从农村获得大量的粮食与资金，从而也就无法保证工业化的超高速发展。这是斯大林绝对不允许出现的情况。

第三，强化计划原则与计划权力是实现政治集权的保证。列宁逝世后，联共（布）党内展开的种种斗争，往往与权力之争密切相关，斯大林通过党内斗争，把各个反对派逐一击破，在这过程中把权力日益集中在自己手里，在政治权力集中的同时，必须牢牢地控制经济，其最重要的途径是建立高度集中的指令性计划经济体制。

二 把军事共产主义政策视为一种有效政策

列宁虽然对军事共产主义政策作了批判性的总结与认识，但以后的领导人往往把它视为一种有效的政策。在国内战争期间，列宁提出了"一切为了前线的口号"，把整个经济转向军事轨道，实行军事共产主义的政策。并在苏维埃俄国形成了军事共产主义的经济体制，这个体制对后来的苏联乃至其他社会主义国家构建经济体制与认识社会主义都产生了很大的影响。

军事共产主义时期经济体制模式的主要特点是：

第一，除了农业外，几乎对全部经济（包括对超过5人的小企业）都实行国有化，以此来达到最大限度地扩大国有制企业的目的。对农民，通过余粮征集制征收全部农业剩余产品集中在国家手里。

第二，对从生产到分配全部经济活动，其决策与管理权都集中在国家手里，实行强制的行政方法进行管理。

第三，在消灭商品、货币的条件下，经济关系实物化。

第四，国有企业与国家（总管理局）的关系是一种行政隶属关系，各企业从国家那里获得全部物资供应，而企业生产的全部产品上缴国家，是完全的"统收统支制"。

第五，分配上实行高度的平均主义。

第六，实行劳动力的强制分配和普遍劳动义务制。

第七，对当时很不发达的对外经济完全由国家控制，这与十月革命后不久列宁把对外贸实行国家垄断制的措施有关。

很明显，在军事共产主义时期采取的一系列经济政策，是在特殊的历史条件下被迫采取的特殊政策。列宁一再指出军事共产主义时期的不少政策超过了限度，多次加以批判性的总结，并指出，军事共产主义政策在军事上战胜了敌人，但在经济上没有取得成功。在执行政策过程中犯了错误："我们没有掌握好分寸，也不知道如何掌握这个分寸。"[①] 军事共产主义政策，超过了工农联盟的限度。但应看到，俄（共）领导层和一般党员干部中仍然

[①] 《列宁全集》第四十一卷，人民出版社1986年版，第56页。

有不少人把这个时期实行的高度集中的、用行政命令的、排斥商品货币关系的经济体制视为长期有效的。这也是后来以斯大林为首的新领导下决心取消新经济政策，向军事共产主义政策回归的一个不可忽视的因素。

三 过早地放弃新经济政策

对新经济政策在最高领导层未达成共识，斯大林过早地"把它抛开"。为实现由军事共产主义向新经济政策的过渡，俄共（布）十大通过的决议中采取以下一些重大经济政策，主要是：（1）取消余粮征集制，改行粮食税。（2）实行商品自由贸易。（3）在农村允许农民出租土地和雇工，在城市允许私人占有中、小企业，把原来收归国有的小企业归还私人，还允许私人开办不超过20人的工厂。（4）在工矿企业，实行经济核算制，发挥经济杠杆的作用。（5）以租让形式发展国家资本主义，即允许外国资本在苏维埃俄国开办工厂和开采自然资源。（6）进行货币改革，同时消灭预算赤字，这些都是为了稳定货币，为正常的商品流通打下基础。

新经济政策的实质是发展商品货币关系，要在社会主义发展过程中，必须运用市场机制，通过市场和贸易、工农业之间的经济交流，达到从经济上巩固工农联盟，活跃经济和迅速恢复濒于崩溃的经济的目的。

可以说，列宁从1921年提出新经济政策到1924年逝世这段时间，他用全部精力研究这一政策制定与如何有效地付诸实施。列宁由于过早的逝世，没有来得及在对新经济政策头几年实施的情况进行总结的基础上，进一步完善与发展他的设想，使其系统化。并且没有给列宁留下时间，去解决新经济政策与当时布尔什维克党及其其他一些领导人在社会主义观念及未来经济体制模式设想方面存在的矛盾乃至冲突。

列宁逝世后，随着新经济政策的推行，俄共（布）党内领导层的分歧与斗争日趋尖锐。1929年斯大林在击败布哈林之后，就全面停止了新经济政策。

从1924年到1929年俄共（布）[①]党内围绕新经济政策的争论与斗争，从斯大林体制模式形成这个角度来看，向我们说明很多问题：

第一，随着新经济政策的终止，布哈林被击败并清除出党，斯大林的主张逐步成了党的指导思想，这标志着斯大林的经济体制模式的初步确立，因为这时布哈林等人竭力维护的列宁提出的一系列正确主张已最后被

[①] 1925年12月15日俄共（布）改名为全苏联共产党（布尔什维克）——联共（布）。

否定，按照新经济政策建设社会主义，建立经济体制的可能性已被排除。也就是说，又回到了"军事共产主义"向社会主义"直接过渡"的方式上来了。

第二，1929年斯大林提出的"大转变"有着深刻的含义，涉及各个领域，也可以说全方位的"大转变"，包括经济、政治、意识形态领域的"大转变"。斯大林在1924—1929年党内斗争中的胜利，这个"大转变"的胜利，其影响十分深远，他在结束新经济政策的同时，就大胆地提出了自己发展社会主义的一套"左"倾路线，从而为建立斯大林体制模式开辟了道路。

第三，社会主义两种模式（军事共产主义模式与新经济政策模式）、两种社会主义观念的斗争，在这个时期显得特别明显，并在整个苏联历史发展过程中没有停止过，尽管表现的形式与斗争激烈的程度有很大不同。苏联各个阶段状况的变化一般都与两种模式斗争结果有关。但同时也不得不承认，斯大林的社会主义观，他逐步确立起来的体制模式，在苏联解体前，虽然遭到多次冲击，但长期居统治地位。

第四，也正是在这个时期，苏联社会主义开始变型。

四　超高速工业化大大加速了经济集中

超高速工业化大大加速了经济集中并促使斯大林模式的全面建立与巩固。从实际情况来看，苏联工业化作为一个运动的全面开展始于1928年，即第一个五年计划，结束于第三个五年计划，共花了13年左右的时间。

斯大林工业化方针的最主要特点是：强调高速度是工业化的灵魂；集中一切力量片面发展重工业；斯大林用高积累与剥夺农民的办法保证工业化所需的资金。据估计，第一个五年计划时期，从农民吸收的资金占用于发展工业化所需资金的1/3以上。

苏联工业化时期工业管理体制的主要变化反映在以下几个方面：

第一，形成指令性计划制度。这是苏联整个经济体制的一个基本内容。

第二，不论部还是总管理局作为国家行政组织，对企业生产经营活动的直接管理与指挥，都是通过行政方法实现的。

第三，与上述特点相关，企业实际上是上级行政机关的附属品或派出单位。

第四，形成部门管理原则，这有利于中央对分布在全国各地企业实行集中领导。

第五，由于工业管理体制的上述变化，使得工业化时期力图实现实行扩大企业权力和加强经济核算的目的实际上都落空了。企业在人、财、物方面基本上没有决定权的情况下，经济核算只能徒具形式。

第六，工业企业管理一长制得以实际执行。工业化时期斯大林推行的一长制，并没有建立在经济民主管理基础上，企业厂长独揽大权，成了企业真正的官僚独裁者，成了斯大林模式基层的组织基础。

第七，在工业化时期，企业国有化迅速发展。

以上分析说明，工业化运动对斯大林体制模式形成具有特别重要的意义。如果说，1929年全面中止新经济政策和斯大林思想占主导地位标志着斯大林经济体制模式得以初步确立，那么，斯大林工业化方针的全面贯彻到1941年，不只是斯大林工业管理体制、经济体制模式全面建立和已扎了根，而且，斯大林社会主义模式已全面建立并扎了根。这是因为：第一，在工业化运动期间，斯大林不只在苏联创造了"世界上所有一切工业中最大最集中的工业"，并且成为"按照计划领导"的"统一的工业经济"；① 第二，在工业化运动过程中，对整个经济的计划性管理大大加强了，行政指令的作用大大提高了；第三，1929年全盘农业集体化的快速推行，农业也受到斯大林经济体制的统制；第四，工业化运动时期，斯大林逐个击败了他的对手，接着是20世纪30年代的"大清洗"，最后形成了高度集权的政治体制模式，并把这一模式一步一步地推向极端，斯大林成了独揽大权的最高统治者，他凭借手中掌握的权力与专政机器，使全党、全国人民服从于他一个人，从而使社会主义遭到了极大的扭曲。

五 农业全盘集体化

农业全盘集体化使农业成为斯大林统治经济体制的一个重要内容。如果说，工业化时期形成的工业管理体制，在很大程度上反映了斯大林经济体制模式的一个重要内容的话，那么，以斯大林根本改变对农民的看法为起点，随之而来的是根本改变对农民的政策，推行农业全盘集体化运动，其结果是，不仅仅把占人口最多的农民与国民经济中居重要地位的农业，纳入了斯大林统治经济体制之中，而且意味着苏联在朝斯大林整个社会主

---

① 参见《斯大林全集》第十卷，人民出版社1954年版，第258页。

义模式迈进。

斯大林用强制乃至暴力的办法加速农业集体化的主要目的是：控制粮食与取得资金；全面建立社会主义的经济基础；消灭"最后一个资本主义阶级"的个体农民。斯大林对此解释说："为什么把个体农民看作是最后一个资本主义阶级呢？因为在构成我国社会的两个基本阶级中，农民是一个以私有制和小商品生产为经济基础的阶级。因为农民当他还是从事小商品生产的个体农民的时候，经常不断地从自己中间分泌出而且不能不分泌出资本家来。"[①] 就这样，把在苏联社会中人口众多的农民当作"最后一个资本主义阶级消灭了"。这样就在国内消灭了资本主义复辟的最后根源，[②] 最后形成了完整的斯大林经济体制。农业集体化完成过程中，苏联也逐步建立起高度集中的农业管理体制，并成为斯大林经济体制中的一个不可分割的有机组成部分。

苏联在农业集体化过程中形成的农庄计划体制具有以下特点：一是计划的指令性，即国家下达的指标，集体农庄必须执行；二是指标繁多；三是完全忽视集体农庄是集体经济的特点，实质上实行的是与国营企业同样的计划制度；四是从农业集体化时期开始一直到斯大林逝世前国家在规定集体农庄生产计划制度时，都以有利于国家控制粮食为基本出发点和原则。

六 "大清洗"使指令性计划经济体制日益巩固

"大清洗"是导致斯大林高度集权政治体制形成与巩固的一个极其重要的因素，这一政治体制又促使高度集中的指令性计划经济体制的日益巩固与发展。斯大林模式的形成过程，也是与围绕社会主义发展道路、方针与政策所展开的政治斗争紧密联系在一起的过程，也就是说，它是在苏联特殊历史条件下在复杂斗争过程中形成的。20世纪30年代的"大清洗"运动，与工业化、农业集体化运动一起，称为三大运动。"大清洗"运动不仅是实现工业化与农业集体化的重要政治保证的手段，也是最终形成斯大林模式的不可分割的重要因素。

斯大林的"大清洗"涉及各个阶层的人，既包括原反对派领导人及其成员，也包括苏联党、政、军的高层领导人与广大干部队伍与人民群众。不论是"大清洗"的规模还是手段之残酷，都可以说是苏联历史上最可怕

---

① 《斯大林全集》第十二卷，人民出版社1955年版，第37页。
② 参见《联共（布）党史简明教程》，人民出版社1975年版，第337页。

的悲剧。

"大清洗"运动结束了夺权过程。由于大规模的镇压,集中制发展到了专制主义,使全党全国服从于斯大林一个人的意志,按照他的思想在苏联建设斯大林模式的社会主义。

七 专制制度,集权与扩张等历史传统的影响

俄国长期在实行专制制度,集权与扩张等历史传统,对斯大林建立高度集中的经济体制,潜移默化地产生着影响。要对苏联十月革命之后出现的种种重大问题有个深刻理解,就必须把这些问题的研究,与十月革命前俄国在漫长的发展历史过程中形成的传统联系起来考察,特别是在分析斯大林模式形成原因问题,显得尤为重要。

革命前的俄国曾是一个长期集权统治的国家。在十月革命前,俄国的资本主义经济还带有浓厚的封建关系。这就是说,俄国虽已进入垄断资本主义即帝国主义阶段,但在经济与政治方面仍保留着浓厚的封建传统的特点。俄国的资本主义在相当的程度上是在封建主义体制中运行的。正如列宁所说的:俄国的"现代资本帝国主义可以说是被前资本主义关系的密网紧紧缠绕着"。[①] 在这种政治经济条件下,沙皇长期实行的是专制制度,国家最高权力操在沙皇一人手中。斯大林所继承的俄国历史传统,最主要是沙皇的集权与扩张。当然,这种扩张是在世界革命名义的扩张。而所有这些,都要求有个高度集中的经济体制,依靠它来建立军事经济或战备经济,并把经济权集中在少数人乃至斯大林一个人手里,成为其推行各种政策的财政经济基础。

八 斯大林个人品性特点的作用

斯大林个人品性的特点对形成经济体制模式的特点,不可能不起作用。斯大林作为苏联最高领导人执政长达30年,个人品性对体制形成的影响是不能不考虑的。

不少学者认为,坚毅、刚强和政治敏感反映了斯大林个人品性的一个方面;而强烈的权力欲,不惜一切的破坏民主集中制原则,独断专行,排除不同观点的人,甚至从肉体上加以消灭,则是反映斯大林个人品性的另一个方面。很显然,这种品性对极权制度是情有独钟的。

---

① 《列宁选集》第二卷,人民出版社1995年版,第644页。

斯大林个人品性严重地阻碍了社会主义理论的发展，使苏联经济体制模式僵化。

第三节　传统计划经济体制的特点和弊端

一　主要特点

（一）管理权限高度集中化，国家对整个经济实行统制

与整个高度集权的斯大林模式相适应，其经济体制的管理权限也是高度集中的，即集中在中央。具体说，在中央、地方和企业之间经济管理权限的相互关系方面，把管理经济的权力高度集中在按专业划分的中央经济管理部门，由它们来统治全国的经济。1936年全苏工业总产值中，中央管理的工业占90％，地方管理的工业只占10％。这是苏联长期实行的高度集中的部门管理体制，也是一种"条条专政"的体制。

（二）实行无所不包的计划经济管理体制

长期以来，在苏联对计划经济存在绝对化和片面的理解。这些因素，逐步形成了苏联国家实行的计划经济是一种包揽国民经济整个生产过程和分配过程的国家计划。这种计划不仅决定宏观经济，也决定微观经济。也就是说，中央计划定下来，基本上也等于企业计划定下来。另外，对外经济关系也严格实行计划控制和国家垄断。对企业经营活动成果，基本上实行由国家包下来的办法，即获得利润大部分上缴国家财政，亏损由财政补贴，企业所需要资金再由国家财政进行拨款。物资由国家统一分配，产品由国家商业部门统销，价格由国家统一规定，等等。在这种经济管理体制下，企业的权限很小，它的任务主要只是限于使国家计划具体化和寻找完成计划的方法。苏联的计划管理制度渗透到社会经济生活的各个领域。

（三）实行全面直接的指令性计划管理

赋予计划经济以指令性的特征，这是苏联传统经济体制的一个重要内容。中央制订的十分详细的计划，是通过国家下达几十项"指令性"指标的形式逐级下达的，而下级机关和企业必须执行。长期以来，在苏联一直把中央指令性与计划经济等同起来。计划的指令性是斯大林明确提出的。指令性就是：计划作为经济政治指令，具有法律的效力。不完成指令性计划，国家可以追究行政责任乃至法律责任。

（四）对经济的管理主要靠行政方法

既然计划是通过指令性的方式下达的，决策权主要集中在中央，因

此，管理经济主要靠行政方法，即整个经济的运转主要靠各种行政指令和指示，而不重视经济方法，忽视经济规律和经济刺激的作用，排斥市场机制经济的调节作用。

（五）实物计划占主要地位

高度集中的管理体制，其另一个重要特点是实物计划占主要地位。苏联在编制计划时，虽然一直是把产量计划与产值计划结合起来的，但由于国家下达大量的指令性指标，注重实物数量，因此，实际上在产品生产和分配中突出的是以实物单位计算的数量计划。从而企业经济核算往往徒具形式，并成为造成浪费和低效率的一个原因。

这种高度集中的斯大林经济体制模式，西方学者往往称其为"命令经济"。这指的是资源无论是短期的还是长期的分配，都主要由中央发指示（命令），而不是通过一般的市场机制运转的一种体制。

二 主要弊端

高度集中的指令性计划经济体制，在苏联特定的历史时期，曾对经济发展起过积极作用，这主要表现在：首先，利用这种体制，最大限度地集中全苏的人力、物力和财力，建设一些重大项目，特别在工业化时期，建成了大量具有重要意义的项目。在第二次世界大战前的三个五年计划时期，共建成了9000个大型工业企业。其次，利用这种体制，通过行政手段（往往是强制性的）调整经济结构，快速发展苏联基础工业，在工业化时期这一作用更为明显。再次，利用这种体制，通过对落后地区增大投资等办法，较快地实现了调整生产力布局的战略意图。加速对资源丰富但经济又十分落后的西伯利亚与远东地区的开发，就说明这一点。第二个五年计划时期，用于重工业新建项目的投资约有50%用于这一地区。1928—1937年，西伯利亚工业的总产值增长了8倍，几乎为全苏工业总产值增长速度的两倍。这一地区的加速发展，满足了工业化所需的原料，也使东部地区在卫国战争中发挥了后方基地的作用。最后，利用这种体制，对一些落后的民族地区的经济发展也起过一定的作用。

在谈到斯大林经济体制模式的积极作用的同时，应清醒地认识到，第一，它只是特定历史时期：如革命胜利后的初期，经济目标单一，在落后国家从事基础工业的发展和备战或战争时期（西方往往称苏联经济是备战经济）；第二，在这种体制发挥积极作用的同时，还潜藏着深刻的矛盾和存在着严重的问题，从而对今后的经济发展带来了一系列的困难；第三，借助于斯大林经济体制，苏联在20世纪30年代与40年代取得了成就，但苏联人民也为此付出极大的代价；第四，随着历史的发展，斯大林经济体制模式的弊端也在发展，越来越突出，越来越阻碍社会经济的发展，离科学社会主义也越来越远，最后，它与构成斯大林模式的其他各个因素联系在一起，成为导致苏联发生剧变的一个重要原因。有鉴于此，在这里，有必要对斯大林经济体制的弊端进行集中的分析，以便正确地总结经验教训。

（一）难以克服异化问题

斯大林经济体制模式的一个突出的弊端是，并未克服资本主义社会存在的异化。可以说，研究苏联社会异化问题的论著不多，特别在苏联国内更少。而从斯大林经济体制模式弊病这一角度，研究异化的论著更是少见。产生这一情况是有原因的。长期以来，苏联理论界否定在社会主义社会存在异化，异化作为一个哲学概念几乎没有合法存在的权利。苏联《简明哲学辞典》在1963年改为《哲学词典》出版时，第一次有了异化这一条目，而《苏联大百科全书》到1975年出版第3版时才收入异化这一条目。在这个时期苏联之所以不得不承认异化这个范畴，其主要是为了对国际上对苏联制度存在异化所进行的批判做出一种反应，尽管苏联一再力图证明，它对劳动成果的异化、人和人的异化以及人与社会的异化等，都已卓有成效地克服，而实际上，苏联在高度集中的指令性计划体制下，在生产活动中的异化处处都存在。例如，劳动者只按行政指令从事生产活动，实际只能充当"螺丝钉"的作用，并未感到自己是劳动的主人，广大劳动者并没有感到劳动成为"自己的"自由的劳动，他们并没有参加管理生产的权力，即在经济中没有民主管理权。因此，在工矿企业，旷工、怠工十分严重；又如，在对待劳动成果方面，劳动者并不感到自己是劳动产品的主人，因此，在生产中的浪费远远超过资本主义国家，这就毫不奇怪了。应该说，这是苏联高度集中体制的一个重大弱点，是阻碍生产力发展的一个重要因素。因为，人们对事业的积极性和主人翁感，是提高工作效率的最大潜力之一，限制这种潜力的发挥所带来的物质损失是无法计算的。

（二）国家、企业和个人三者利益难以结合

在高度集中的指令性计划经济体制条件下，由于企业缺乏经营自主权，只是完成上级规定计划的机械执行者，因此也就缺乏生产的积极性。企业和劳动者往往感到，对国家有利的，并不一定对企业和职工有利。这样，使国家、企业与个人三者利益难以结合。

（三）违背客观经济规律

在传统的计划经济体制下，经济的运行，主要靠由上级（主要是中央）下达的大量指令性计划指标，采用的是强制的行政手段。从企业来说，它一直是政府的附属品，不是独立的商品生产者，从而必然导致官僚主义的管理。这样市场的作用必然被排除在外，竞争机制也建立不起来，经济活动以上级领导者的意志为转移，这些，最终导致经济发展违背客观经济规律。

（四）浪费型经济

严重浪费，这是传统的计划经济体制模式的一大弊病。这种浪费表现在各个方面，包括资源、人才和时间等。在生产过程中，原材料和工时的耗费多少，与生产者无关，因此谁也不对原材料和工时的浪费表示关切。企业在生产经营活动中，往往采用牺牲消费者的利益来提高产值。如通过增加原材料的消耗、无根据地使用昂贵材料、生产利润高的产品等办法来提高产值。但这对社会、消费者没有任何好处，只是一种浪费。由于经济主管部门只关心在实物数量方面完成任务，产品的最终消费情况如何无人过问，结果造成大量产品积压在仓库里。决策失误造成的浪费也很大，如基本建设项目的安排缺乏经济根据，经济比例失调，产品不符合市场的要求等，都会造成严重浪费。而伴随浪费而来的则是低效率的经济。所以，在传统的计划经济体制模式下的经济，也可以说是一种浪费型经济。

（五）出现一批缺乏主动精神的"传声筒式"的经济领导干部

由于长期实行高度集中的管理体制，使苏联各级管理机关中，不可避免地出现一批"传声筒式"的干部，[①] 这些人只是机械地执行上级下达的任务，例行公事，而对承办的事情表现为不负责任，缺乏主动精神。这样一批"传声筒式"的干部的存在，加上普遍存在的广大生产者的惰性，这对苏联在政治和经济上产生的消极影响是极其严重的。

以上列举的高度集权体制的种种弊病，如果归结到一点，那就是广大劳动者与生产资料和政权难以相结合，从而不可能形成经济民主，而经济民主又是政治民主的基础，在这种条件下，就不可能发挥广大劳动群众对社会主义事业的主动性、创造性和负责精神。而正是这些，对社会主义社会来说是最宝贵的，否则，社会主义政治制度就缺乏生气，经济发展就缺乏活力和动力，就难以发挥应有的潜力，而体现出社会主义优越性的正是这些因素。

---

① ［苏］《苏维埃国家与法》1981年第5期。

第四节　改革进程与未取得成功的主要原因

高度集中的指令性计划经济体制虽在苏联建国初期起过重要的积极作用，但后来，特别在第二次世界大战后，传统的体制日益不符合经济发展的要求，通过体制反映出来的生产关系与生产力不相适应的情况日益明显，并且变得越来越尖锐。所以，邓小平讲"社会主义基本制度确立以后，还要从根本上改变束缚生产力发展的经济体制，促进生产力的发展，这是改革"。①

第二次世界大战后，斯大林不仅不思改革，痛失经济体制改革的良机，而且还继续强化战前的体制。赫鲁晓夫上台后，对传统的经济体制进行了多方面的改革，其中以 1957 年对工业与建筑业的大改组为其改革的主要内容，而改革的核心是取消部分领导经济的管理体制，实行地区管理体制，企图解决中央统一计划管理过分集中，统得过死，地方与企业权力过小的问题。改革的结果只是从一种行政手段转为另一种行政手段，即从中央的行政指令方法转向地方行政指令方法。改革的重点并没有放在调整国家与企业的关系上。勃列日涅夫上台执政 18 年，其间改革从未停止过，但由于改革是在不改变国家集中统一的计划原则这一指导思想下进行的，因此，改革并没有触动高度集中的计划经济体制，也不能成为反映生产力已发生重大的变化的根本性改革。到后来，改革处于停滞状态，改革的停滞也带来了经济的停滞。戈尔巴乔夫上台后，面临的苏联经济状况是：缓慢的经济增长速度达到了极点。1971—1985 年的三个五年计划期间，国民收入的增长速度下降了一半以上，勃列日涅夫逝世的 1982 年，国民收入的增长率为 2.6%，其他一些重要的综合性指标也出现了类似的情况。在此背景下，戈尔巴乔夫提出了根本改革经济体制的思路。改革的基本点是使企业具有内在动力。由于客观因素（如阻碍机制）的影响，加上改革过程中一系列的失误，戈尔巴乔夫的经济改革也未能取得成功，后来转向政治体制改革，企图以此来保证与促进经济体制改革的进行。但由于政治体制改革迷失方向，造成了对全国政局的失控，从而加快了苏联的解体进程。

苏联通过历次的改革，并没有建立起能充分调动生产者的积极性、提

---

① 《邓小平文选》第三卷，人民出版社 1993 年版，第 370 页。

高经济效益、促进经济结构合理化、实施符合客观实际的经济发展战略、适应世界科技革命、迅速增强综合国力和大大提高人民生活水平的经济体制模式。实践证明,经济改革都未取得成功,从而使国家经济状况日益恶化,陷入危机。苏联几十年的经济改革为什么未取得实效,以失败告终,最后成为导致剧变的一个重要因素?简单地说,可以归纳为:漫长的改革都没有从本质上触动以产品经济理论为基础的、以行政指令性为基本特征的中央计划经济体制模式,一直没有选择以市场经济体制为目标模式,并且长期以来一直批判"市场社会主义",结果是一些与形成市场经济密切相关的重要问题难以解决。

一 与改革国有制有关的商品生产的主体问题

形成市场经济的一个重要条件是,要使国有企业成为市场活动的主体,而要做到这一点,就要使企业成为一个独立的商品生产者,转换其经营机制,这样才能把企业推向市场。而要解决这个问题,就必然涉及所有制的改革。如果仍保持原来的国家所有制,那么要使企业成为真正的独立商品生产者,成为真正符合商品经济本质意义上的交换就不可能。因为在传统体制下,国有企业都从属于国家,其生产既不是为了交换,也不是为了直接满足社会需求,而只是为了完成国家下达的任务,即规定的各项指令性指标。在这种条件下,交换纯粹是一种形式,不是商品经济意义上的交换,等价原则不能起作用,而且还有不少产品由国家通过行政指令办法进行直接调拨。正是由于上述原因,越来越多的人提出,改革必然涉及所有制的问题。

二 计划与市场关系问题

长期以来,由于苏联一直没有明确以市场为取向的经济改革的总目标,因此,改革理论的研究与改革的实践,主要集中在使计划与市场两者结合问题上,而不是集中在如何建立与发育市场体系问题上。

计划与市场毕竟是两个根本不同的东西。在传统经济体制各个主要方面,特别是产权关系没有进行根本改革的情况下,往往实行的是行政指令性计划与竞争性市场的结合,而这种结合,在任何一个国家是不可能做到的。因此,我们在这里必须明确一个问题,即当我们谈到计划与市场能否结合时,首先要回答计划的含义。我们认为,只有以下性质的计划才能与市场相结合:一是这种计划不是行政指令性的,而只是一种预测性的、信息性的、政策性的和导向性的计划；二是计划只是作为调控经济的手段，调控的方法主要是利用各种经济杠杆；三是计划必须反映供求规律、价值规律的要求，它不是行政机关或行政长官主观意志的表现。

由于经济改革的目标模式不是建立市场经济，因此，长期以来市场发育不起来，市场极不健全。市场不只是商品市场，还需要有资金、劳动力、技术、信息等市场，市场本身是个体系。

国有企业没有成为独立的商品生产者，市场不健全，这两个因素，决定了企业摆脱不了对政府的从属地位，从而形成了强计划与弱市场的局面。

三　价格改革问题

苏联在提高市场调节作用问题上，碰到的一个难题是价格改革问题。而没有一个合理的价格形成体制，要发挥市场的调节作用是一句空话。从苏联经济改革的历史来看，价格改革遇到的困难有以下两方面。

首先，长期以来，苏联价格与价值是严重背离的，因此，价格既不能成为调节供求的信号，也不能成为考核企业的核算工具。由于价格严重扭曲，加速价格改革，又必然受到国家财政支持能力与社会承受能力两个方面的制约。这就大大增加了价格改革的难度。

其次，只要一触动价格的改革，毫无例外地碰到通货膨胀问题。面对这个问题，由于害怕出现社会、政治的大动荡而退缩，不再坚持价格改革，一再贻误时机，把价格改革拖下去，从而进一步加深了改革的难度，甚至是影响整个经济改革的进程。

四　忽视政治体制改革的严重后果

苏联在过去几十年的经济改革过程中，没有同时不断地推进政治体制改革，这样，不仅不能促进经济体制改革，而且还由于政治体制改革的滞后，在政治民主方面未取得实质性的进展，从而难以形成正常的理论讨论气氛。如果政治体制改革得以正常运行，不少学者多次提出的市场问题重要性、必要性等观点，也不致被"市场社会主义"这顶大帽子压住；也不致在如此漫长的岁月里使国家的经济受传统体制的折磨，也不致产品质量在国际上如此缺乏竞争能力。

由于经济体制改革未能取得实质性进展，苏联经济出现了以下一些严重问题：一是难以实现可持续与稳定发展，而是由于传统经济体制的功效日益衰退，苏联经济增长率出现了递减，即出现了由高速、低速、停滞到危机（1990年社会总产值与国民收入负增长率分别为2%与4%）；二是落后的增长方式长期不能改变。苏联一直到1991年年底解体，基本上仍是粗放型经济；三是长期解决不了经济结构严重畸形与比例失调的问题；四是长期以来，苏联经济处于半封闭状态；五是苏联发展经济的不少政策往往脱离人民的切身利益，其治国的主导思想是强国而不是富民。市场供应一直十分紧张。

第五节　传统计划经济体制推行到东欧各国

第二次世界大战后，斯大林不仅不对苏联国内的经济体制进行改革，并且随着社会主义阵营的形成，把他的模式推行到其他社会主义国家。

苏联把东欧纳入自己的势力范围，在当时的国际背景下，斯大林的出发点是：确保苏联在欧洲与世界政治格局中的安全、优势地位；挡住美英等西方国家对东欧地区的影响与干预；建立一个由以苏联为领导的社会主义国家组成的势力范围，这些国家应以相同的意识形态为基础。

一　一步一步地加强控制

苏联控制东欧各国的主要步骤与措施有：

第一，在政治上加强对东欧各国共产党的控制。为此，斯大林首先要做的是统一东欧各国党的政治思想。从1947年下半年开始到1948年上半年，苏联集中揭露与批判这些党内及其领导人所存在的反马克思主义的倾向，实际上主要是指民族社会主义道路的思想。指责一些领导人的反苏倾向。要求东欧各党按苏联布尔什维克的原则行事。其次，迫使东欧各国从第二次世界大战后初期的多党联合制向共产党一党制政权过渡。1948年先是强制性地实行共产党与社会民主党合并，后来，实现了向共产党一党政权的过渡。再次，为了加强联共（布）与东欧国家各党之间政策和行动的协调，创办情报机关刊物并设立常设编辑部。

第二，加强经济控制。1949年成立的经济互助委员会（以下简称"经互会"），实质上是苏联控制东欧国家经济的工具。"经互会"成员国之间经济关系的实现，实际上是苏联计划经济体制在东欧国家的延伸，即通过苏联的计划经济体制来实现各国之间的资源配置，竞争机制是很难起作用的。"经互会"成员国关起门来进行经济合作，苏联就利用自己的特权与经济优势,可以发号施令,让东欧各国按照苏联的需要进行国际分工和生产。苏联通过"经互会"对东欧国家经济控制的主要途径有:一是苏联加强与东欧各国的计划协调,协调的最终目的是使东欧国家的经济从属于或者说服从于苏联经济的需要;二是大搞国际分工与生产专业化协作等办法,迫使东欧各国实行生产"定向",使这些国家的一些部门成为苏联经济发展所需的生产基地,从而使东欧国家经济变得单一化与畸形;三是苏联利用东欧国家对其燃料与原材料的严重依赖,控制这些国家的经济;四是建立一些与"经互会"同时起作用的超国家经济组织,如"国际经济合作银行"、"国际投资银行"等,直接控制东欧各国的外贸动向与操纵银行的信贷。

在东欧国家1989年先后发生剧变之后,笔者对某些国家进行访问,在询问政府经济官员与一些著名经济学家有关"经互会"的作用时,普遍持否定态度,认为最大的副作用有两个:一是由于"经互会"成员国之间的经济关系缺乏竞争,因此,这些国家经济长期在低水平徘徊,无法提高经济素质;二是由于苏联通过行政命令乃至强制的办法搞经济分工,因此,各国难以实行与本国国情相符的政策,造成经济结构的严重不合理,市场供应困难,人民生活水平难以提高。斯大林往往不切实际地强调苏联对"经互会"其他成员国的援助而忽视"互助",似乎其他国家对苏联没有援助的作用。

现在回过头来看,如果放到当时世界经济发展的大背景下来考察,从深一层来分析,那么,"经互会"的消极作用,远不止上面提到的两个方面。不论对苏联还是对东欧各国,"经互会"对经济发展造成的危害还突出表现在:一是由于"经互会"是个封闭性的经济集团,经贸合作主要在这个范围内进行,如1950年苏联对外贸易总额的81.1%是与"经互会"成员国实现的。这样,这些国家必然与世界市场隔离,难以参与世界产业转移过程,这自然就影响各成员国的产业结构升级与经济增长方式的转变;二是难以对世界科技革命做出有效反应,去吸收世界科技革命的成果。第二次世界大战后,正逢世界科技迅速发展时期,它大大促进了西方国家生产力的发展。但由于"经互会"具有封闭性与排斥市场的特点,"经互会"成员国缺乏接受新技术与采用新技术的内在机制,从而导致经济的长期落后。

在谈到"经互会"与世界经济隔绝问题时,不能不提及斯大林的"两个平行市场的理论"。斯大林说:"两个对立阵营的存在所造成的经济结果，就是统一的无所不包的世界市场瓦解了，因而现在就有了两个平行的也是互相对立的世界市场。""这个情况决定了世界资本主义体系总危机的进一步加深。"① 斯大林把"两个平行市场"的出现，一方面视为两个对立阵营存在必然产生的经济结果，这样，把东欧各国框定在"经互会"范围内就有了理论根据，从而导致"经互会"国家经济长期难以融入世界经济体系，忽视世界市场的主导作用；另一方面，斯大林错误地估计了"两个平行市场出现"对世界经济的影响，他认为，这会使世界资本主义体系总危机进一步加深。斯大林忽视了资本主义生产关系自我调整的可能性与潜力，忽视了科技革命对其经济发展产生的巨大影响。斯大林在这里的另一个错误估计是，把第二次世界大战后资本主义在国外的剥削仍主要放在掠夺原材料这一狭隘的领域，而实际上，随着科技发展，对原材料等初级产品的需求大大降低了。而斯大林仍把资本主义总危机的加深主要归结为"市场的缩小"。从而他得出结论说："各主要资本主义国家（美、英、法）夺取世界资源的范围，将不会扩大而会缩小；世界销售市场的条件对于这些国家将会恶化，而这些国家的企业开工不足的现象将会增大。世界市场的瓦解所造成的世界资本主义体系总危机的加深就表现在这里。"② 与此同时，斯大林又错误地高估了"经互会"国家经济的发展，他认为，在苏联极度便宜的头等技术的帮助下，"可以满怀信心地说，在这样的工业发展速度之下，很快就会使得这些国家不仅不需要从资本主义国家输入商品，而且它们还会感到必须把自己生产的多余商品输往他国"③。遗憾的是，上述情况并未出现，"经互会"国家一直未能改变短缺经济的状况。

第三，在东欧国家驻军。第二次世界大战后，苏联对东欧的驻军，一方面根据形势发展的需要，始终保持一定的水平。

第四，严厉镇压"叛逆者"。在这方面最典型的例子是反映在南斯拉夫问题上。由于铁托不顺从斯大林，在内外政策方面有自己的主张，在20世纪40年代末50年代初，当时南斯拉夫提出改革的重要目标是建立不同于苏联的模式。在斯大林看来，意味着南共已由资产阶级民族主义转到法西斯主义，成为帝国主义侵略的工具和新战争挑拨者的帮凶。十分清楚，斯大林绝不允许任何其他社会主义国家脱离斯大林模式。正如他在1948年致铁托的信中说的："低估苏联经验，在政治上是极其危险的，而且对

---

① 《斯大林文集（1934—1952年）》，人民出版社1985年版，第620页。
② 同上书，第621页。
③ 同上书，第620页。

马克思主义者来说这是不允许的。"①

二 斯大林经济体制模式被移植到东欧国家

斯大林一步一步地加强了对东欧各国的控制,其最终目的是,要把斯大林模式移植到东欧国家。在这里,我们只是就构成斯大林模式一个主要内容的经济体制模式向东欧国家移植的问题,作些简要的分析。

(一)先搞国有化。第二次世界大战后,东欧各国共产党仿效苏联,对工业、交通运输业和银行等部门进行部分国有化,以建立国营企业。随着生产资料所有制改造的深化,国有经济成分在经济中的作用日益提高,并逐步确立了它的主导地位。如匈牙利,在1946年11月,就把最重要的重工业企业收归国家经营。到了1949年,匈牙利全国工矿企业都收归国家所有。②

(二)搬用苏联计划经济制度。搞计划经济是斯大林经济体制模式中的一个重要内容。因此,第二次世界大战后各东欧国家,为了恢复经济与国家着手从事经济的管理,普遍采用苏联计划管理经济的一套办法。在这方面起步最早的是南斯拉夫,1946年通过的新宪法就规定要实现计划经济,并从1947年开始实行发展国民经济的第一个五年计划。但后来因苏南关系突变,加上国内出现的经济困难,五年计划执行了一年就停止了,以后也不再制定苏联式的五年计划了。东欧其他国家先搞短期计划,有两年的也有三年的,都以恢复国民经济为计划的主要目标。从1949年或1950年开始,不少国家开始实行五年计划,并建立了国家计划委员会,负责编制与监督计划的执行。在实行计划过程中,都建立了从中央到地方的层层管理体制,逐级下达指令性计划指标加以控制。如匈牙利,1952年基本已形成了7个层次的计划管理体制,1953年由部长会议批准的计划指标有5899项,由各部规定的指标有11497项,而且在1951年11月已作出规定,主要指标的执行情况每10天甚至每天要上报一次。为了保证高度集中的指令性计划经济体制的贯彻,还广为宣传苏联有关"计划就是法律"的口号。③后来,苏联的计划经济体制在东欧各国(除南斯拉夫

---

① [英]斯蒂芬·克利索德编:《南苏关系(1939—1973)》,人民出版社1980年版,第357页。

② 参见姜琦等《悲剧悄悄来临——东欧政治大地震的征兆》,华东师范大学出版社2001年版,第111页。

③ 参见李宗禹等《斯大林模式研究》,中央编译出版社1999年版,第396页。

外）扎了根。

（三）搞苏联式的工业化。斯大林不顾东欧一些国家的国情,要他们搬用苏联工业化的那套政策与做法,如优先发展重工业,盲目追求高速度,提高积累率,榨取农民,把农民的"贡款"视为工业化资金的重要来源。在这方面真是亦步亦趋地走苏联道路。这种工业化道路造成的不良后果与苏联也是相同的。

（四）农业集体化是斯大林经济体制模式的一个重要组成部分,也是社会主义改造的一个主要内容。在1948年6月前,东欧国家并不急于搞农业集体化,强调当时不存在农业生产合作社代替个体经营的条件,转向合作社是一个缓慢的过程。但在批判南斯拉夫农业集体化缓慢,农业还掌握在富农手里之后,东欧各国被迫把农业集体化作为重要任务列入五年计划。农业集体化也是以行政命令用强迫的办法推行的。1956年波兰在第二次世界大战后第一次发生了社会政治危机,矛盾直指斯大林模式,其中包括农业集体化。因此,当时的领导人哥穆尔卡在详细分析各种农业生产组织的实际效果后,不得不得出结论说:在波兰目前情况下,农业集体化的时机根本不成熟,波兰没有能力组织大规模农业生产,农业生产应以个体农业为主。在以后的一年时间里,有8%以上被集体化的土地退回个体耕种,原有的9790个农业合作社解散了8280个。[①] 斯大林对东欧国家搬用其模式出现的问题如何对待呢?他还是以"阶级斗争尖锐化"的理论为武器,让东欧各国进行政治镇压与清洗运动。斯大林在东欧国家推行他的模式的决心是决不会动摇的,对东欧国家控制的决心也是坚定不移的。斯大林也绝不允许东欧各国根据自己的国情走自己的道路,而必须遵循由他审定的苏联政治经济学教科书中总结的"共同规律"。

苏联将斯大林模式强制性地移植到东欧各国,后来又不允许这些国家进行根本性的改革,严重束缚了这些国家社会经济的发展。我们前面谈到的苏联经济中出现的种种问题,几乎在东欧各国都存在。以这些国家综合计算,经济的年平均增长率由1960—1965年的4.1%下降到1979—1983年的0.3%（其中波兰是负增长1.2%）。如果斯大林不施加各种压力,允许东欧各国在第二次世界大战后根据本国国情建设社会主义,如果苏联允许东欧国家有了问题通过改革由自己来解决,那么20世纪80年代末90

[①] 参见姜琦等《悲剧悄悄来临——东欧政治大地震的征兆》,华东师范大学出版社2001年版,第44—45页。

年代初苏联、东欧各国一个接一个垮台的悲剧,也就不会出现。现今世界上就有可能存在丰富多彩、多种模式的社会主义,展示着相比资本主义的优越性,推动着人类历史滚滚向前。

本章小结

长期以来,苏联东欧国家的经济是在高度集中的指令性计划体制下运行的。这一体制的形成虽有其客观因素,但实际上也有它极其复杂的原因,是各种因素作用的结果。这一体制虽在特定的条件下对经济发展起过积极作用,但后来日益丧失推动经济发展的动力,并成为阻碍社会经济发展的重要因素。第二次世界大战后,斯大林不思改革,斯大林之后各个历史时期的改革又未能从根本上改变这一体制,这导致经济的日益衰退,一直发展到经济危机。东欧各国搬用了斯大林的经济体制模式,苏联又不允许其进行根本性的改革,从而使其经济出现严重困难。这是导致20世纪80年代末苏联东欧各国先后发生剧变的一个重要原因。

思 考 题

一 名词解释
   1. 军事共产主义
   2. 指令性计划
   3. 新经济政策
   4. 苏联超高速工业化
   5. 苏联农业全盘集体化

二 简答题
   1. 苏联经济的基本特点是什么?
   2. 苏联经济体制模式形成的原因是什么?
   3. 苏联历次体制改革未能取得成功的主要原因是什么?
   4. 苏联经济体制模式的主要弊端是什么?

三 论述题
   1. 论述斯大林把其经济体制模式移植到东欧各国的原因与做法。
   2. 如何评价苏联经济上具有很强的自立能力?

阅读参考文献

1. 陆南泉主编：《苏联经济简明教程》，中国财政经济出版社 1981 年版。

2. 陆南泉主编：《独联体国家向市场经济过渡研究》，中共中央党校出版社 1995 年版。

3. 陆南泉：《苏联经济体制改革史论——从列宁到普京》，人民出版社 2007 年版。

4. 王金存：《苏联经济结构调整》，中国财政经济出版社 1981 年版。

5. 陆南泉等：《苏联东欧社会主义国家经济体制改革》，重庆出版社 1986 年版。

6. 陆南泉等：《苏联东欧社会主义国家经济体制改革比较分析》，山东人民出版社 1987 年版。

7. 陆南泉主编：《苏联改革大思路》，沈阳出版社 1989 年版。

8. 陆南泉主编：《苏联经济》，人民出版社 1991 年版。

9. 姜琦等：《悲剧悄悄来临——东欧政治大地震的征兆》，华东师范大学出版社 2001 年版。

10. 陆南泉：《苏联经济史》，中国社会科学出版社 2009 年版。

第二章　经济转轨进程与经济绩效

内容提要

20世纪最后10年，在苏联、东欧及中国等国家进行了由传统的以国有制为基础的中央计划经济体制向市场经济转轨的进程。中央计划经济向市场经济的转轨是一种制度创新，没有现成的经验可循。在经济转轨这场制度变迁和制度创新中，传统的理论受到了新问题、新矛盾和新冲突的挑战，转轨经济学或转型经济学应运而生。对转轨经济的研究集中在不同国家的转轨方式和路径选择、经济绩效评价、转轨与经济增长等问题上。

第一节　经济转轨问题研究的理论框架

最近20年，国际学术界从不同的理论视角对转轨经济进行研究，其中主要有新古典经济学、制度经济学和比较经济学等。这些不同的学说成为转轨经济政策主张的主要依据和研究的理论框架。

一　新古典经济学理论

新古典经济学是在19世纪末边际革命的基础上，经由英国经济学家马歇尔整理提炼所形成的以效用价值论和均衡分析为主要工具的经济学理论体系。该学说继承了古典经济学的自由主义思想传统，强调社会分工和自由交换对社会进步、经济发展的促进作用和自由市场在实现资源有效配置方面的重要作用，同时在方法论上更强调归纳演绎和逻辑推理，通过把数学引入经济学分析以用更严谨的逻辑和方法来阐释古典经济学的自由主义思想。"华盛顿共识"是其在当代最具代表性的政策主张。

所谓"华盛顿共识"系指1989年出现的一整套针对陷入债务危机的拉美国家进行经济改革的政策主张。该共识包括十个方面：（1）加强财政纪律，压缩财政赤字，降低通货膨胀率，稳定宏观经济形势；（2）把政府开支的重点转向经济效益高的领域和有利于改善收入分配的领域（如文教卫生和基础设施）；（3）开展税制改革，降低边际税率，扩大税基；（4）实施利率市场化；（5）采用一种具有竞争力的汇率制度；（6）实施贸易自由化，开放市场；（7）放松对外资的限制；（8）对国有企业实施私有化；（9）放松政府的管制；（10）保护私人财产权。美国著名学者诺姆·乔姆斯基在其《新自由主义和全球秩序》一书中明确指出，"新自由主义的华盛顿共识指的是以市场经济为导向的一系列理论，它们由美国政府及其控制的国际经济组织所制定，并由它们通过各种方式进行实施"[①]。"华盛顿共识"的形成，标志着西方20世纪30年代大萧条时期形成的以凯恩斯为代表的国家干预的整套宏观经济政策的逆转。

20世纪90年代初期，以"华盛顿共识"为基础的"休克疗法"得以在苏联东欧地区广泛推行。按照新古典经济理论的推导，实行休克疗法式的激进改革计划，在经济增长上会有"J型曲线"效应，即在从计划经济向市场经济转轨的早期阶段，会出现混乱和无序、国内生产总值下降，之后随着新体制的建立和完善，经济将出现有力的恢复，呈现"J型曲线"效应。但现实是休克疗法给俄罗斯造成了急剧的经济衰退和超常规的恶性通货膨胀的结果，经济增长出现L曲线。俄罗斯经济转轨10年中，有7年经济为负增长，不仅不能与经济连续15年快速增长的中国相比，就是与同期改革的中东欧国家相比，其经济复苏也是姗姗来迟。实践与理论的巨大反差使新古典经济的转轨理论受到了各方面的批评，同时引发了经济学的变革潮流。

二 制度经济学理论

制度经济学起源于19世纪末的德国历史学派，强调经济发展中的历史性和过程性，强调从整体的角度分析经济现象，强调经济发展的演进性。新制度经济学于20世纪70年代迅速发展。为新制度经济学的形成和发展做出贡献的学者有哈耶克、布坎南、科斯、诺思、维克里、斯蒂格利茨等。与新古典经济学使用静止、机械的均衡方法研究社会经济关系不同，制度经济学把经济现象看成是进化和演进的，"制度学派思想的主要特点是它的整体主义和进化主义"[②]。

---

① [美]诺姆·乔姆斯基：《新自由主义和全球秩序》，徐海铭、季海宏译，江苏人民出版社2000年版，第1页。
② "制度经济学"条，《新帕尔格雷夫经济学大辞典》（中文版）第二册，经济科学出版社1996年版，第933页。

制度经济学理论认为,制度变迁决定了社会演进的方式。制度因素是经济增长的关键,一种能够对个人提供有效激励的制度是保证经济增长的决定性因素,其中产权最重要。但与产权学派特别强调产权的重要功能不同,制度经济学强调制度构建在经济转轨过程中的重要地位,认为应在一个比产权更大的制度内涵中考察经济转轨。

经济学意义上的制度,"是一系列被制定出来的规则、服从程序和道德、伦理的行为规范",即"制度安排"。制度安排指的是支配经济单位之间可能合作与竞争的方式的一种安排。制度构成的要素包括正式约束(指人们有意识创造出来并通过国家等组织正式确立的成文规则,例如法律)、非正式约束(指人们在长期的社会交往中逐步形成并得到社会认可的一系列约束性规则,例如伦理道德、习俗、宗教等)以及它们的实施,这三者共同界定了社会的尤其是经济的激励结构。[①] 制度可以被视为一种公共产品,它是由个人或组织生产出来的,这就是制度的供给。由于人们的有限理性和资源的稀缺性,制度的供给是有限的、稀缺的。随着外界环境的变化或自身理性程度的提高,人们会不断提出对新的制度的需求,以实现预期增加的收益。当制度的供给和需求基本均衡时,制度是稳定的;当现存制度不能使人们的需求满足时,就会发生制度的变迁。所谓的制度变迁指的是一种制度框架的创新和被打破。制度变迁理论的基本内容包括:制度变迁中的产权理论、制度变迁中的国家理论、制度变迁中的意识形态理论、制度变迁中的"路径依赖"问题等。

从制度层面看,经济转轨的实质是旧制度瓦解、新制度生成的过程。不同的国家、不同的初始条件决定一国制度演进道路和方式的选择。按照制度变迁理论,对不同转轨战略的选择完全取决于不同转轨方式下制度变迁方式的成本与收益分析。制度变迁具有内生性特点,从根本上说制度变迁是一个内生的自我演化的过程,不同的初始条件、不同的演进道路所带来的路径依赖是形成多样化制度安排的根本原因。

新制度经济学将国家和意识形态作为影响经济绩效和制度变迁的内生变量纳入分析框架,认为意识形态是减少提供其他制度安排的服务费用的最重要的制度安排,强调国家在制度变迁中的作用,同时也揭示了国家的内在矛盾,认为国家的存在是经济增长的关键,同时又是经济衰退的麻

---

① 参见[美]道格拉斯·C. 诺思《制度、制度变迁与经济绩效》(中文版),刘守英译,上海三联书店1994年版,第3—5页,制度与制度变迁绪论部分。

烦。国家权力是保护个人权利的最有效工具，同时又是个人权利最大和最危险的侵害者，这就是有名的诺思悖论。

新制度经济学对政治科学研究也产生了深刻的影响，其表现在如何把经济分析运用于政治市场的公共选择理论及集体行动理论等。

制度变迁理论对苏联东欧国家及中国的经济转轨有很强的解释和分析能力。在制度经济学看来，制度转轨方式有激进和渐进两种基本类型。激进式制度转轨是一次性的全面制度变革，在短期内实现计划经济向市场经济的全面过渡。渐进式制度转轨是指在向市场经济过渡时，采取累积性的边际演进的制度转换模式，强调经济制度变革可以分阶段逐步推进，最终建立市场经济体制。虽然既有的经济系统的演化经验不能提供制度转轨究竟应以激进的方式进行还是渐进的方式进行，但要注意的是两种转轨得以完成都需要一系列前提条件，需要付出代价。

三 比较经济学理论

比较经济学是以不同经济制度、不同经济发展道路、不同经济管理和决策方式作为研究对象的经济学分支学科。其理论体系包括比较经济学的性质、历史和方法论；经济制度比较理论，包括经济体制划分的标准和分类，不同社会制度或同一社会制度国家的经济体制的基本特征和利弊比较等；经济结构比较理论；经济政策比较理论；经济增长比较理论；经济机制与模式的比较理论等。比较经济学通过比较分析、衡量优劣、判明利弊、总结经验等方式方法，为一个国家的经济体制改革、经济结构调整，以及制定有关经济政策提供依据。比较经济学在研究方法上的特点是对不同体制存在的问题、解决前景等做静态的一般性比较分析。

比较经济学兴起于20世纪30年代，至今大体经历三个发展阶段：第二次世界大战前可视为比较经济学发展的第一阶段，第二次世界大战结束后最初20年为比较经济学发展的第二阶段，从20世纪60年代后期起，比较经济学的发展进入了第三阶段。比较经济学第一阶段的研究重点是将不同的经济模式、国家调节同传统的市场经济制度进行对比。第二阶段除了继续对不同经济模式和不同调节方式进行比较外，还对各国工业化、现代化过程进行广泛比较，试图找出一些有规律的东西，以影响各国特别是发展中国家的经济。第三阶段侧重把不同经济模式、不同经济发展道路的研究同不同经济政策目标、不同福利水平的研究紧密地结合在一起，并且就这些领域本身而言，研究也比过去深入得多。60年代后期以来，苏联和一些东欧国家实行了经济体制的部分改革或较大幅度的改革，对不同经济体制的比较成为研究的重点，比较经济学也达到其发展高潮。80年代末，随着东欧剧变和苏联解体，比较经济学研究一度由繁荣转向沉寂。

对比较经济学做出重要贡献的西方经济学家有庇古、熊彼特、勒纳、库兹涅茨、罗斯托、丹尼森、雷诺兹等。值得一提的是，20世纪五六十年代，随着苏联、东欧改革的兴起，出现了一大批有影响的理论著作，形成了著名的"东欧学派"，通过对计划经济体制和市场经济体制的比较研究，批判传统的主要计划经济体制，论证进行体制改革的合理性。其中主要的代表人物有匈牙利的雅诺什·科尔奈、捷克的奥塔·锡克、波兰的沃尔齐密尔兹·布鲁斯、南斯拉夫的勃朗科·霍尔瓦特等。

第二节 俄罗斯经济转轨模式选择和改革历程

一 苏联时期的经济体制改革

俄罗斯经济转轨有其深刻的历史背景和发展逻辑，中央计划经济体制则是研究转轨问题的历史起点和逻辑起点。从这一意义上说，经济转轨是特指20世纪末原计划经济国家向市场经济过渡的改革运动。尽管各国进行转型的初始经济条件有差异性，但是引发经济转型的基本原因是相同的，即长期的经济低效率和经济增长停滞。就经济转型的动因而言，制度调整只是手段，通过制度调整为经济发展提供新的激励和行为约束，实现经济快速增长是经济转型的根本目的。

苏联的计划经济体制是俄国特殊的历史条件与计划经济先驱者和追随者思想相结合的产物。作为一种经济体制，中央计划经济曾经有过辉煌的历史，它适应了当时生产力发展的要求，对苏联和其他社会主义国家的经济发展曾起过重要的作用。计划经济的最大优势在于它比较容易发挥国家的资源动员和调配作用，能够最大限度地动员稀缺资源服务于一些明确的目标，完成特定的重大任务，如国家的工业化、战时经济和第二次世界大战后经济的重建等，比较适合于粗放型增长方式，有助于经济落后国家迅速建立本国的工业基础。

计划经济体制也存在着严重的弊端，随着时间的推移，其历史局限性和弊端日益凸显。具体表现在：实行全面的指令性计划，忽视并排斥市场机制的作用；实行单一公有制，缺乏刺激经济发展的内在动力机制和竞争机制；采取粗放型经营方式，产业结构比例失衡，科技进步缓慢。在苏联剧变之前的1991年年初，苏联部长会议副主席、苏联经济改革委员会主席阿巴尔金院士主持制定了《联盟共和国所有制非国有化和企业私有化立法基础（草案）》。这一草案不仅提出了当时苏联官方对国有企业实行"非国有化改革"的总体构想，而且也对苏联经济体制的特征进行了较为系统的概括。草案承认："现行社会制度在经济方面的特征是：社会经济和经营形式单一化和简单化；强制性的集中联合取代市场经济联系；剥夺广大劳动者阶层的所有者地位，形成了以国家名义进行活动的支配者阶层；劳动具有了雇佣和强制性质，劳动者与生产资料相脱离；以基于政权力量的外部推动取代社会经济发展的内在动因和刺激；形成了管理国民经济的行政指令体系。"他们的结论认为："国有化与行政性的集中是苏联现行社会制度两个不可分割的基本特征，它们使国家和社会经济失去了人民性。"① 从某种意义上讲，这一概括可以称为苏联官方对原有的经济体制特征的最终认识。

为了解决经济体制与生产力的发展不相适应的矛盾，苏联东欧国家从20世纪50年代起就对中央计划经济体制进行了数次改革。以领导人为代表，苏联历史上在赫鲁晓夫时期、勃列日涅夫时期和戈尔巴乔夫时期进行过三次大的改革。但苏联历史上的历次改革都没有从根本上解决问题，对旧体制只起了某种修补作用。由于这些改革是在行政协调的范围内试图改善经济运行效果，因而并没有削弱行政性管理，甚至在一定程度上还强化了行政管理，同时还由于有些时候有些方面缓和了利益矛盾，这些措施反而有助于巩固传统体制的地位，拖延了根本性问题的解决，致使矛盾不断积累激化，使苏联社会经济发展由停滞走向危机。

苏联改革失败主要受到以下一些因素的制约。

1. 思想的僵化和理论的陈旧阻碍了改革。这突出表现在三方面：将计划经济与商品经济对立起来、对公有制教条主义的理解、将所谓要素收入问题视为理论禁区。

2. 教条主义地对待马克思主义基本原理和社会主义建设中的经验。长期以来，苏联将其在特定历史条件下形成的经济体制凝固化、神圣化，将中央计划经济等同于社会主义，把特定时期采取的一些政策、措施上升到社会主义基本原则和其他社会主义国家都必须遵守的"共同规律"。

---

① 转引自王金存《前苏联和俄罗斯"私有化"思想的起源和演化》，载《马克思主义研究》1995年第1期。

3. 对第二次世界大战后时代变化的认识和判断失误使苏联长期坚持高度集中的计划经济体制。第二次世界大战后，苏联仍然坚持资本主义总危机不断深化的理论，长期奉行与美国争夺世界霸权地位和大搞军备竞赛的战略方针。苏联在经济力量远远不及美国的情况下，只能依靠高度集中的经济体制来保证有限的资源用于工业特别是重工业，这使苏联领导人不愿冒深入改革带来急剧变化的风险。

4. 党和政府的各级干部缺乏改革的愿望。苏联多年实行的行政集权体制和缺乏竞争性的干部选拔制度，造就了一大批头脑僵化、因循守旧的官僚主义者，出于自身利益的考虑，不仅是高级干部，甚至中层干部也担心失去权力而对改革不满或反对改革。

5. 长期实行的传统体制使全社会养成一种惰性，劳动群众也不例外。这个因素往往为人们所低估，实际上这是传统体制造成的最恶劣的社会后果，也是导致改革失败的最主要原因之一。

二 "休克疗法"指导下的俄罗斯经济体制改革

俄罗斯独立后的17年可以分为两个时期：1992年1月—1999年年底为叶利钦时期，2000年至今为普京时期。改革与发展始终是贯穿两个时期的两条主线，但却有不同的表现。叶利钦时期首要的任务是要保证俄罗斯经济市场化改革的方向不可逆转，转轨是这一时期经济政策的基本内容。普京上任后，提出千方百计加快发展经济成为国家首要的任务，发展的特点更为突出。如果从经济政策及其实施效果的角度对俄罗斯经济转轨历程进行粗线条勾勒的话，以1998年金融危机为分水岭大体可以分为两个大的阶段：1991—1998年为市场经济基本制度建设与转型性经济危机阶段，1999年至今为继续市场化改革与经济增长阶段。俄罗斯选择激进的"休克疗法"对经济体制进行根本性改革主要在发生在叶利钦时期，因此对"休克疗法"的评价主要限于这一时期。

（一）休克疗法及其理论渊源

所谓休克疗法，本是医学上的一种治疗方法，后来经济学家借用来喻指治疗恶性通货膨胀的一系列严厉的经济措施，即以严厉的金融政策与财政政策强行弥合总供给与总需求之间的缺口，达到遏制恶性通货膨胀的目的。由于上述措施具有强烈的冲击性，整个经济和社会在短期内会受到极大震荡而处于"休克状态"。

休克疗法又被称为"大爆炸"（big bang）的改革理论，或"一揽子过渡"的政策主张,其创始人为美国哈佛大学教授杰佛里·萨克斯。1985年,萨克斯担任玻利维亚总统的经济顾问。针对该国存在的恶性通货膨胀现状,萨克斯制定了一个激进的稳定经济的纲领。这一纲领的主导思想是采取"快刀斩乱麻"的办法,即以"休克疗法"制止通货膨胀。玻利维亚实施这一纲领取得成功,萨克斯也因倡导"休克疗法"而出名。

1989年东欧国家和俄罗斯发生剧变后,面临着摆脱经济危机和实现由计划经济向市场经济转轨的双重任务,究竟采取何种方式完成以上任务,在这些国家引起了激烈的争论。这时,包括萨克斯在内的数以千计的各国经济学家来到东欧和俄罗斯,参与其体制改革的设计与政策制定。由于这些国家面临着与玻利维亚相同的宏观经济问题,萨克斯决定把在玻利维亚的经验应用到东欧。1990年年初,萨克斯在英国《经济学家》杂志上发表了关于东欧改革的《怎么办》,提出东欧国家从计划经济向市场经济转轨应当采取果敢而迅速的行动,实行一步到位的激进转轨战略即"休克疗法"。1990年,波兰、南斯拉夫、捷克斯洛伐克、保加利亚等国相继实施"休克疗法"。1992年,俄罗斯也实施了类似的激进改革。

"休克疗法"被认为具有理论上的完善性和可行性,其理论依据是以货币主义为核心的新自由主义经济学说。新自由主义的经济理论逻辑是:界定清晰的私有产权会自动带来有效配置资源的强烈激励,市场会为这种有效的资源配置提供最佳的信息结构,国家应尽量减少对经济活动的干预,以防止出现与政府干预伴生的特殊利益集团的寻租活动,从而为经济的充分竞争提供足够的空间,而竞争是市场经济活力的源泉。在一个比较静态的分析环境里,在一个成熟完美的理想的自由市场经济制度结构中,新自由主义经济学的上述逻辑可以说是无懈可击的。[1] 根据新自由主义经济学说,通货膨胀归根结底是一种货币现象,对付它的办法不是实行严厉的价格控制,或加强国家对经济活动的干预和控制,而是由市场自由决定价格,同时,实行严厉的货币政策和财政政策,紧缩银根,减少货币供应,增加税收,并减少政府开支。

"休克疗法"政策设计的出发点是,经济体制的各个组成部分之间是有机地联系在一起的,任何局部地或逐步地改革经济体制的努力和策略都是不可行的。市场制度是一完整的有机整体,清晰界定的私有产权和完全

---

[1] 徐坡岭:《俄罗斯经济转轨的路径选择与转型性经济危机》,《俄罗斯研究》2003年第3期。

的价格自由化是一个市场经济真正运作的前提。对市场制度的各种成分，不能一个一个地采用，或以渐进方式采用，市场制度中的各种重要结构和规范只有同时就位，才能发挥作用。所以改革只能是激进性的一次到位，而不能分步走或进行局部改良。第二次世界大战之后，日本、德国从战时的统制经济向市场经济复归的事后总结，20世纪80年代中期玻利维亚从恶性通货膨胀回到稳定的市场经济预定计划的实现，表明了这种改革方式的现实意义。

后来萨克斯又将休克疗法概括为稳定化、自由化、私有化三个内容。他强调，休克疗法的真正意义是，较快地创造稳定、创造市场体系、创造游戏规则，这样在几年，甚至几十年的进程中，可以有一个以经济自由和市场力量为基础的正常、人道的结构调整，可以让市场的力量去决定结构变化的步伐。[1] 1994年，萨克斯在解释休克疗法时又强调，宏观经济的稳定、制度变革和结构调整三者在经济中的平衡状况决定着经济过渡的具体道路，休克疗法的内容与此密切相关。[2]

（二）俄罗斯选择激进经济转轨模式的必然性

1991年10月，俄罗斯政府提出了在"休克疗法"创始人萨克斯指导下制定的激进经济改革方案。围绕经济转轨目标模式、过渡方式、微观经济基础构建、宏观经济调控等问题，俄罗斯经济理论界和政治界主张激进改革和主张渐进改革的两派进行了激烈的争论。尽管激进改革方案从一开始就受到非议，事后更是有许多争论和批评，但结果是俄政府最终仍选择激进的"休克疗法"启动转轨。这一结果是由当时具体的历史条件和俄罗斯经济转轨的约束条件所决定的。

1. 选择激进经济改革既是对以往长期改革无效和失败的一种反应，也是当政的民主派实现其改革思想的逻辑结果。如前所述，从赫鲁晓夫到戈尔巴乔夫，苏联一直都在进行完善社会主义计划经济体制的改革，但这些局部和渐进的改革都没有能够扭转经济发展停滞、经济效率日益低下的局面，选择激进经济改革无疑是对以往长期改革无效和失败的一种反应。与其延续旧体制的无效率，使经济病越拖越重，不如速战速决，迅速过渡到新体制。

2. "休克疗法"式的激进改革在一定意义上是应对危机的策略选择。

---

[1] 参见《休克疗法与中国经济改革——与萨克斯对话》，载吴敬琏等《渐进与激进——中国改革道路的选择》，经济科学出版社1996年版，第160页。

[2] 同上。

俄罗斯在改革的起步阶段，已处于严重的政治危机和经济危机状态。1990年苏联经济首次出现负增长，国民生产总值同比下降2%，财政状况恶化，通货膨胀加剧，内债达500多亿卢布，外债近700亿美元，均创历史最高水平。国家财政已到崩溃边缘；对外贸易状况恶化，出口大幅度下降，外贸赤字达100多亿外汇卢布；生产供应体系瓦解，商品极度短缺，价格大幅上涨，人民生活水平明显下降。1991年，苏联经济状况进一步恶化，国家已处于严重危机当中。[①] 俄罗斯"休克疗法"之父盖达尔认为，90年代初期，在危机和革命一触即发的情况下，"有秩序的改革是根本不可能的，唯一剩下的就是如何对付危机"。[②]

3. 动荡的政局使俄罗斯丧失了实施渐进改革的条件。苏共在1989年人代会选举和1990年地方立法选举中失利，影响经济政策的特殊利益集团日益强大，新的改革方案不断出台，但是都不能得到贯彻，"8·19"事件中激进民主派取得了对保守派的全面胜利，严重削弱了中央政府控制局面的能力。激进民主派上台执政后选择激进经济转轨是顺理成章之事。俄罗斯政府国民经济科学院院长弗拉基米尔·毛在论证"为什么俄罗斯不能像中国那样通过渐进的方式启动和实现经济转轨"时指出："中国模式的关键是，（转轨开始时，）中国的党政集权制度仍然有效地控制着全国局势……而俄罗斯的自由化改革开始时，不仅没有一个强大的政府，而是根本就没有政府——苏联已经解体，俄罗斯作为一个主权国家仍只是停留在纸上。"[③]

4. 激进改革是民主派保证改革进程不可逆转的需要。根据转轨经济学的研究，在大爆炸和渐进主义之间存在可能的事前/事后[④]权衡取舍。与大爆炸相比，渐进主义有较高的事前可接受性，但其事后不可逆转性较低。为了通过创造改革的不可逆转性来巩固政治权力，激进民主派需要"休克疗法"式的激进改革。1991年下半年苏联发生剧变后，俄罗斯处于一个"特殊政治"时期：已经掌握国家权利的民主派取得了全面的胜利，新上

[①] [俄] 科萨尔斯、雷芙金娜：《俄罗斯：转型时期的经济与社会》，石天等译，经济科学出版社2000年中文版。

[②] 转引自[美]丹尼尔·耶金、约瑟夫·斯坦尼斯罗《制高点：重建现代世界的政府与市场之争》，段宏等译，外文出版社2000年版，第397—398页。

[③] V. Mau (2000), Russian Economic Reforms as Perceived by Western Critics. http://www.iet.ru/archiv-fre.htm

[④] [比] 热若尔·罗兰：《转型与经济学》，张帆译，北京大学出版社2002年版，第40—41页。

台的政治力量急于利用政权变更后的特殊政治时期,在最短的时间内打破原有的体制,迅速推行不受欢迎但又非常必要的改革,并使改革不可逆转。而从宪政转轨的角度分析,东欧和俄罗斯的市场导向型改革只是整个宪政规则转轨的一小部分,① 它不是要通过经济转轨来改善经济业绩,进而证明既定政治制度的合理性和先进性,而是要从根基上彻底摧毁既有的政治制度和经济制度。在俄罗斯转型启动前后,叶利钦和盖达尔等在不同场合多次声称,俄罗斯经济转型在当时的根本任务之一就是使改革进程不可逆转。为了使改革进程不可逆转,需要大规模的迅速私有化和经济的完全自由化。

5. 选择激进转轨方式拥有强大的社会基础。20 世纪 80 年代末 90 年代初,苏联政治上的日益保守和经济形势的持续恶化使社会积聚了巨大的要求变革的压力。无论是处于新生状态的企业家阶层、充满理想主义色彩的知识分子、国家的政治经济特权阶层乃至广大的民众,都拥护对社会政治经济制度进行根本性变革。其中,第一部分力量的主要诉求是扩大私人企业的活动范围并增加其行动自由,"休克疗法"式的激进改革符合他们的利益和要求。第二部分力量富有探索和叛逆精神,相当多的知识分子对自由市场经济和资本主义充满理想化的幻想,由于社会文化水平普遍提高,知识分子的价值取向在很大程度上影响到社会主流意识的形成。第三部分力量对俄罗斯社会发展起着决定性和长期的作用。此时他们不仅需要通过激进改革使原来利用手中权力和专制制度获取的物质利益合法化,更需要通过主导变革,使自己继续在新政权中拥有权力。第四部分力量——广大的民众是苏联集权制度下的官僚腐败和经济发展停滞最大的受害者,他们对苏联的专制制度和历次改革结果已极度失望,激进改革的政策设计符合大多数民众的心理期待。正是上述各种力量的广泛参与使"休克疗法"的选择具有了强大的社会基础和民意基础。

6. 西方和国际金融组织的影响。在决定俄罗斯经济转型方式选择的诸种因素中,外部力量也起了重要的作用。在苏联晚期、苏联解体之初(到 1994 年之前),俄罗斯实行了全面倒向西方的政策,对西方援助寄予厚望。当时,主要西方大国和由它们控制的国际金融组织(如 IMF 等),以巨额外援为诱饵,要求苏联及其继承国采纳它们的建议,实行"休克疗

---

① [美]杰弗里·萨克斯、[马来西亚]胡永泰、杨小凯:《经济改革与宪政转轨》,载《当代中国研究》2000 年第 3 期。

法",建立自由市场制度和自由资本主义制度。通常国际货币基金组织在提供贷款时,都会提出严格的限制性条件,要求成员国在使用贷款时必须采取一定的经济调整政策。为得到国际货币基金组织贷款,1995年之前俄罗斯必须每季度、1995年之后每个月向由各国财政部、中央银行和国际货币基金组织专家组成的专门的工作组通报国内经济情况。1998年金融危机之后,俄罗斯国内对此有深刻反思,认为俄罗斯经济转轨方案正是在国际金融组织专家(来自国际货币基金组织的美国专家一直是俄罗斯政府的经济顾问)参与下制定的,由于国际金融组织把适用于一些国家的做法作为普遍经验强加于俄罗斯,导致俄罗斯经济转轨失败。[①]

(三)俄罗斯"休克疗法"的主要内容

俄罗斯"休克疗法"是以自由化、稳定化和私有化为核心的一整套改革政策组合,主要内容体现在1992年由盖达尔政府制定、向国际货币基金组织提交的《俄罗斯联邦经济政策备忘录》[②]和之后制定的《深化经济改革纲领》[③]中,具体为:

1. 经济自由化。共包括三项措施:

(1) 实行价格自由化。一次性全面放开物价,由市场供求关系决定价格。俄政府规定从1992年1月2日起放开90%的零售商品价格和85%的工业品批发价格,到3月底全面放开消费品价格,4月中旬放开燃料价格。在放开价格的同时对居民实行社会保护,取消对个人收入增长的一切限制。

(2) 实行卢布国内自由兑换。1992年4月20日前由原来的多重汇率制过渡到双重汇率制,即在经常项目下实行统一浮动汇率制,在资本项目下实行个别固定汇率制。将来在经济稳定和具有充足外汇储备的情况下,进一步过渡到统一固定汇率制。

(3) 实行对外贸易自由化。进一步放开外贸经营,从外贸经营审批制过渡到外贸经营依法登记制。俄罗斯境内所有的生产和经营单位均有权从事进出口业务,在商品进出口管理方面,取消非关税限制,以关税调节代替各种限额,在1992年7月1日前取消所有商品的出口限额和出口许可证取消。逐步降低和取消出口关税。对于进口,在1992年6月以前一直实行免征进口关税的政策。后来才恢复进口关税,实行统一关税与开征单

[①] М. Магомаева, Влияние Международного Валютного Фонда на трансофрмацию российского общества, http://www.sovmu.spbu.ru.
[②] 载[俄]《Экономика и жизнь》, №10, 1992г.
[③] 载[俄]《Экономика и жизнь》, №30, 1992г.

项税相结合的原则,规范关税制度。同时,减少和取消进口许可证和配额;对统一进口的商品不再实行行政分配,其价格改为由市场汇率和供求关系决定。

2. 宏观经济稳定化。实行双紧宏观政策,即紧缩财政政策和紧缩货币政策。

(1) 紧缩财政。政策目标是压缩预算赤字,尽快实现预算平衡,使预算赤字在 GDP 中的比重从 1991 年的 21% 下降到 1993 年的 3%。政策手段是增加预算收入减少预算支出,具体为启动新税制,提高税率,使各种税收收入在国内生产总值中的比重达到 45%。削减各类财政补贴(价格补贴、企业亏损补贴、国家投资、军费开支和管理机关经费)。规定靠预算支付的工资不实行与通货膨胀挂钩的指数化,其增长率不得超过物质生产部门工资基金增长率的 90%。与此同时,对预算实行严格监督。

(2) 紧缩货币。政策目标是控制通货膨胀率,使通胀率下降到月均 2%—3%,最多不超过 5%,为转轨创造稳定的宏观经济环境。政策手段是严格限制货币发行量和限制信贷规模,具体为控制财政透支(中央银行为预算赤字提供的贷款数额不得超过 GDP 的 2%);防止信用膨胀,政府的目标是使信贷额的增长速度与通货膨胀率和净外汇储备增长速度相适应。俄罗斯中央银行将向商业银行贷款的利率从 2% 提高到 9%,放开商业银行利率,实行商业银行存款准备金制。中央银行加强对商业银行的管理;建立、培育和发展各种金融市场。

3. 实行大规模私有化。在"休克疗法"的政策设计中,私有化被认为是最重要的制度改革,是经济转轨的中心环节。私有化的目标是:形成广泛的私有者阶层,提高生产效率,形成市场经济和民主社会的强大社会基础。按照俄罗斯的私有化计划,要在 3—4 年的时间内完成私有化的任务。1992—1995 年基本解决加速私有化任务。通过实行大私有化和小私有化,对原来国有资产实现全部或部分的产权转让,到 1993 年年底,通过私有化使私人手中掌握的生产性资产不少于国内全部生产性资产的 30%,到 1994 年年底不少于 50%,到 1995 年年底不少于 60%。

概括起来,"休克疗法"主要内容是:放开价格,取消价格补贴,形成由市场供求决定的价格体系;实现货币的可自由兑换,取消对外贸易限制,建立自由贸易体制,从而由国外"进口"一个真实的价格体系;采取货币紧缩政策,严格控制货币和信贷规模;削减财政补贴,减少财政赤字,从而抑制社会总需求,强制性消除社会总供给和总需求的缺口,制止通货膨胀的发展；取消经济控制，尽快打破某些行业的经济垄断，放弃对私有部门的各种限制；尽快实行私有化，改造国有企业，建立以私有制为基础的混合经济。就向市场经济转轨而言，私有化是基础，经济自由化是核心，稳定宏观经济是必要条件。

根据俄罗斯政府《深化经济改革纲领》提出的设想和安排，俄罗斯的激进转轨将分为三个阶段：1992—1993年，主要实行经济自由化政策；1994—1995年，重点是继续实行大规模私有化及其他制度改革。俄罗斯行政当局和激进民主派宣称，随着激进改革计划的实施，俄罗斯将于1992年秋季取得经济稳定、市场供应改善和人民生活水平提高的实际效果。到第二阶段结束，市场经济体制框架将基本确立，国内生产总值将恢复到危机前水平。1995年之后，俄罗斯经济转轨将进入以结构改造为主的第三阶段。

1992年，盖达尔政府实行了"休克疗法"方案提出的放开物价、紧缩财政政策和货币政策、大规模私有化、对外贸易自由化和卢布自由兑换等项改革，但实施结果难以令人满意。俄罗斯经济危机的局面并没有被克服，而是继续发展。当局不得不对改革政策进行调整，政府班子也进行相应的变动，1992年12月切尔诺梅尔金取代盖达尔担任政府总理。他宣称"经济的浪漫主义时代已经过去，到了用非货币主义政策来解决问题的时候了"。这一阶段的主要任务是应付前一阶段实行"休克疗法"和各种政治斗争造成的影响和危机，同时继续进行市场经济改革，但改革的政策和方式有所调整。从1996年起，俄罗斯政府提出全面调整改革政策，经济转轨的目标模式转向追求建立混合市场经济制度，在许多领域基本停止或放缓了过于激进的改革措施，开始强化国家在调控经济转轨进程和各项制度改革中的作用。但从实践看，由于经济政策受制于西方国际经济组织（特别是IMF），而政策调整又是在国内各派政治力量的较量中缓慢进行的，实际上转轨政策调整余地很小，调整的难度也很大。从其主导思想来看，虽然也启用凯恩斯国家干预学说来指导经济转轨，但并没有完全摆脱"休克疗法"的阴影。在很多俄罗斯著作和文章中，把这一时期的改革称作"不叫'休克疗法'的'休克疗法'"。

第三节　经济转轨绩效评价

1996年年底，俄政府宣布俄建立市场经济体制框架第一阶段的改革已经结束，从1997年起，俄经济改革将进入以结构调整和经济增长为标志的新时期。① 1998 年，叶利钦在总统国情咨文中宣称，俄罗斯已经建立起了市场经济。对于俄罗斯在这一时期的经济转轨效果特别是"休克疗法"国际学术界一直褒贬不一，早期评价是褒少贬多，近年来，随着俄罗斯经济的复兴，又有人出来替"休克疗法"辩护。然而考察俄罗斯的转轨历程，无论从其制度建设的结果，还是转型性危机的深化和持续程度、经济转轨付出的成本和代价看，都很难说"休克疗法"式的激进改革取得了成功。

一 经济转轨绩效界定及评价方法

欧洲复兴开发银行、世界银行、国际货币基金组织、原中国国家计委国民经济综合司等均提出了经济转轨绩效的概念，来考察经济转轨的结果及其成效。在研究转轨经济时，对这一概念有各种不同的理解，大体有四种认识，即：（1）是指转轨过程结束时所实现的市场经济制度结构的状态以及这一制度结构对经济运行的影响。（2）是指为实现转轨的预期目标付出的代价。（3）是指经济转轨带来的净收益。（4）是指经济转轨过程启动后市场经济制度结构的实现程度和新制度组合的行为能力，以及制度变动引起的经济增长、经济总量变动和社会发展的轨迹。② 本章倾向于第四种认识，概括讲，经济转轨绩效是指经济转轨的结果及其成效，包括目标模式的实现程度、新制度结构的行为能力和特定制度结构调整后的经济增长、经济总量变动和社会发展轨迹。对俄罗斯经济转轨的成效可从制度建设、经济发展和社会发展三方面来考察。对经济转轨绩效主要采取定性分析和定量分析两种方法。在经济转轨的初始阶段，定性分析是评价转轨绩效的主要方法。随着转轨的逐步深入，定量分析研究已成为评价转轨绩效的主要方法。

二 俄罗斯经济转轨绩效评价

（一）制度建设的进展与负面影响

俄罗斯市场经济制度建设包括五大领域：所有制和企业改革、市场建设、宏观调控体制建设、社会保障体制重建、经济法律制度建设等。从单项制度建设看，其提出的转轨目标已基本实现。

---

① 《1997—2000 年政府中期纲要构想：结构改革和经济增长》，[俄]《经济问题》1997 年第 1 期。

② 冯舜华、杨哲英、徐坡岭等：《经济转轨的国际比较》，经济科学出版社 2001 年版。

1. 所有制和国企改革。俄罗斯的所有制和国企改革是在私有化的概念下进行的，分为"大私有化"和"小私有化"两种基本形式，基本实施过程在1992—1996年。其中小企业的私有化经过1年基本完成。大企业大规模私有化则经过两个阶段完成："证券私有化"（1992年7月1日—1994年6月30日），该阶段的特点是通过发放私有化证券无偿转让国有资。"现金私有化"（1994年7月1日—1996年年底），该阶段的特点是由以私有化证券无偿转让国有资产过渡到按市场价格出售国有资产。从1997年开始，私有化进入了第三阶段，这一阶段的私有化是为了结构调整需要。与前期相比，其特点是：私有化的规模不断减小；私有化重点转向对企业内部的改造；对已经私有化了的企业，通过引入投资者实现企业股权的重新分配和所有制结构再组合。通过实施大、小私有化的结果是，俄罗斯所有制结构和产权结构发生了重大变化，形成了以私有经济为主体，国有、集体、合伙制、股份制、私营、个体、合资、独资等多种经济成分并存的多元化的所有制格局。到大规模私有化结束的1996年年底，实现私有化的企业共12.46万家，占私有化初期国有企业总数的60%。非国有企业在GDP中所占的比重从1991年的15%上升到72%，其中私营经济成分占28%。[1] 在整个"大私有化"过程中，共建立起股份公司约2.7万家（其中20%属于股份有限公司，80%属于有限责任公司），其中国家控股的公司（包括控股和黄金股）为4849家，占总量的18%；国家参股的股份公司为1.02万家，占总量的37.6%，完全私有化（国家没有股份）的股份公司为1.2万家，占总量的44.4%。[2] 从就业人数在不同所有制部门的分配情况看，在国有经济部门中的就业人数减少了50%，而纯私营和混合所有制部门的就业人数则相应增加了50%。[3]

2. 市场体系建设。系指通过"休克疗法"中经济自由化的三项政策，即放开物价、实行统一汇率下的卢布自由兑换和贸易自由化培育市场体系。转轨之初，俄罗斯以一步到位的激进方式放开了商品和劳务的价格，国内商品比价关系经过1年调整基本稳定。目前，90%的商品和劳务价格已经放开，商品价格由市场供求关系决定并按市场机制的要求进行调整这一市场经济的核心已经确立，价格开始在资源配置中起主导作用。

在汇率管理体制方面，俄罗斯在转轨伊始就实行了卢布经常项目下的

---

[1] 《俄罗斯经济杂志》1997年第11—12期。
[2] 俄罗斯国家统计委员会：《俄罗斯统计年鉴》，1998年版，第369页。
[3] 俄罗斯国家统计委员会：《俄罗斯统计数字汇编》，1997年版、2001年版。

可自由兑换，从1992年7月1日开始宣布统一汇率并实行经常项目下的统一浮动汇率制。从1993年9月开始，多种汇率机制最终演变为统一汇率。之后俄罗斯开始实行有管理的浮动汇率体制。

贸易自由化的实行使外贸体制发生了重大变化，对外经济活动放开经营，减少了按许可证和配额进口的商品数量，减免关税，调整了进出口税，对外经济活动逐步与国际接轨。

3. 宏观调控体系建设。包括金融体系建设和财税体系建设两部分。从金融体系建设看，俄罗斯建立了以中央银行为主体、商业银行与多种金融机构并存的二级银行体制。通过立法，明确了中央银行的独立地位，实现了利率市场化。积极发展和培育了资金和资本市场，金融、保险、信贷、外汇、证券、股票等市场已初具雏形。汇率已成为政府和中央银行进行宏观调控的有力杠杆和宏观经济的稳定器，汇率及国内外汇市场的稳定对于宏观经济的稳定和优化资源配置起到了重要的作用。

在财税体制方面，通过改革基本实现了国家财政向社会公共财政转化，按照市场与财政所满足的不同需要重新界定了财政的职能范围，按照市场经济国家通行的格局调整了税制结构。建立了以增值税和利润税为双主体的新税收制度，以分税制为原则的分级预算体制，实行了复式预算和国库制。

4. 社会保障体制改革。随着改革的深化，建立适合市场经济所需的社会保障体制改革，已被视为经济转轨中继宏观经济稳定化、经济自由化和国有资产私有化三大支柱后的第四大支柱。与从头开始创建社会保障体系的发展中国家不同，俄罗斯社会保障体制改革的性质是重建，即由以往那种国家"大包大揽"式的普遍保障模式向普遍保障与收入相联系的选择保障制过渡，资金来源从全预算保障向多元化和社会化过渡，在运作上实行现收现付制。

5. 法律法规建设。在市场法制化方面，俄罗斯政府和立法当局借鉴西方国家的经验和做法，制定了大量的法律法规条文，市场化立法工作已经取得了实质性进展。

尽管从单项制度建设看，俄罗斯已经建立了市场经济的基本框架，但从新制度结构的行为能力看，而这一机制尚不健全，经济中的扭曲和投机现象十分严重。在单项制度建设的每一方面，都还存在许多消极后果。表现在如下方面：

在私有化过程中，为了实行私有化的政治目标，俄采取了强制的方法来改造国有企业，造成了国有资产的大量流失和财富分配的差距拉大，加剧了社会的两极分化乃至对立，还产生了腐败、犯罪等大量消极现象，寡头垄断和寡头政治的形成与私有化也有不可分割的联系。私有化完成后，实质性的企业重组和企业经营机制的市场化转型并没有发生，大众私有化导致"内部人控制"型公司治理结构阻碍重组和机制转型，私有化企业仍像计划经济时期一样，靠对资源和市场的垄断来进行经营，脱离国家控制的企业缺乏通过增加生产来谋取利润的积极性；私有化的投资潜力没有转化为现实，很少有资金投入生产领域，有限的资本主要用于金融投机交易。

在经济自由化过程中，在通货膨胀加剧、国家财政不平衡、外汇储备少、政局不稳的条件下，一步到位地实现价格自由化和实现卢布的自由兑换，除加剧了国内的通货膨胀外，还加剧了经济的美元化过程，使国际收支状况恶化、资本外逃、金融投机泛滥、投资结构更加不合理。据世界银行统计，1992—1993年俄罗斯经济美元化程度高达30%—45%，这一状况一直持续了近10年。

外贸自由化中过度的开放政策使原本不合理的经济结构更加失衡、出口原材料化和国内市场的丧失。俄罗斯出口构成中，原材料、能源等占70%—80%，对外部市场行情依赖极大。1992年进口商品市场占有率为12%，到20世纪90年代中期一度达到70%，目前仍保持在50%左右。

俄罗斯银行业的发展在转轨国家中也是特例，银行业的私有化是在大规模私有化开始前自发完成的，尽管成立了2000多家银行，但银行体系不健全，小银行数量偏多，规模偏小；监管能力薄弱，新老银行都累积了大量不良贷款和债务，银行不能有效承担将储蓄转化为投资的功能，同时由于银行资本大量参与金融投机活动，导致了资本运营的低效率和高投机性。

俄罗斯宏观调控体系基本框架虽然早已建立，但转轨期间一系列因素阻碍其对经济的有效调控：经济总量缩小、经济活动非货币化和美元化使国家税收任务难以完成，政府可支配资源匮乏，国家干预配套设施不健全，运行机制不完善；行政和司法腐败影响国家宏观经济调控体系运行的质量和效率。大量法律法规流于文本，得不到有效贯彻执行，对正常的经济活动造成了极其恶劣的影响。

在转轨中，由于经济与财政状况面临严峻的形势，使社会保障体制的改革处于十分复杂的局面，遇到严峻的挑战。

以上表明，通过激进改革，俄罗斯已初步建立一套新的经济体制框架，提高了经济市场化程度，但这并不意味着资源配置效率的提高和社会经济的发展。俄罗斯出现了新的"市场失灵"，说明其市场经济制度存在严重缺陷。这些问题包括经济结构失衡、私有化过程中的内部治理、经济秩序紊乱、收入分配差距扩大等。俄罗斯新的市场经济体制要发挥作用，还需要进一步完善，经历逐步与俄罗斯经济相互磨合的过程。

（二）转轨与经济发展

经济转轨的直接目的是建立市场经济制度框架，经济转轨的根本目的是革除无效率的制度基础，实现资源的优化配置，促进经济的快速增长和社会福利水平的较大提高。俄罗斯为推进经济市场化进程付出了沉重的社会代价和成本，1998年以前，俄罗斯的经济改革造成了经济大衰退。按照这一标准衡量，其经济转轨是不成功的。以下主要从经济增长、经济总量变动和社会发展三个方面考察。

1. 经济增长指标。按照理论推导，实行"休克疗法"式的激进改革计划，在经济增长上会有"J型曲线"效应，即在改革之初国内生产总值出现下降，随后将出现有力的恢复，但现实是"休克疗法"给俄罗斯造成了急剧的经济衰退和超常规的恶性通货膨胀的结果。1991—1998年，除1997年外，俄罗斯经济有7年为负增长，不仅不能与经济连续快速增长的中国相比，就是与同期改革的中东欧国家相比，其经济复苏也是姗姗来迟。按照国际货币基金组织对经济转轨绩效的评估口径和标准，俄罗斯是所有转轨国家中经济增长表现最差的国家之一。1992年国内生产总值下降14.5%，1993年为-8.7%，1994年为-12.7%，1995年为-4.1%，1996年为-3.4%，1997年停止下降并出现微弱增长（0.4%，欧洲复兴开发银行和世界银行统计数字），1998年因金融危机而再度下降4.9%。这样，转轨以来，俄罗斯国内生产总值累计下降近40%[①]、工业下降46%、农业下降40%，其中国内生产总值下降不仅超过俄国历史上下降幅度最大的三个时期（第一次世界大战时期下降25%，国内战争时期下降23%，卫国战争时期下降21%），也超过1929—1933年世界资本主义经济大危机。

2. 经济总量指标。以俄罗斯、美国、中国的国内生产总值横向比较：按汇率计算，1990年GDP的总额，俄罗斯为10390亿美元，美国为

---

① 俄罗斯统计委员会：《2000年俄罗斯统计年鉴》，2000年版，第16页。

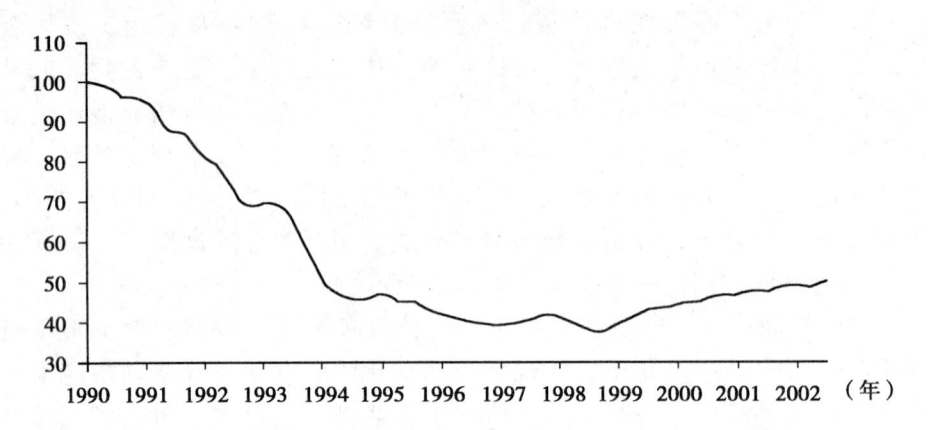

图 2-1 俄罗斯工业生产变化动态图 (1990年=100%)

资料来源：Институт экономического анализа, См. http://www.iea.ru/。

55000多亿美元，中国为3700亿美元；俄罗斯为美国的18.8%，为中国的2.8倍。1997年GDP总额，俄罗斯为4284亿美元，美国为80000亿美元，中国为9000亿美元；俄罗斯约为美国的5.4%，为中国的近50%。1998年金融危机以后，俄罗斯按汇率计算的GDP总量大大下降，1999年仅1871亿美元，2000年回升至2469亿美元，相当于美国的2.6%，为中国的20%—25%。2000年俄罗斯按汇率计算的GDP只占世界的0.78%[①]。经过10年的衰退，俄罗斯的经济倒退了25年，其经济总量在世界上的排名已从转轨前的第3位降到第20位以后。

表 2-1　　　中国、美国、俄罗斯不同时期的 GDP 总量比较　　（单位：亿美元）

国家\年份	1990	1997	1999
中国	3700	9000	9911
美国	55000	80000	87599
俄罗斯	10390 相当于美国的18.8%、中国的2.8倍	4284 相当于美国的5.4%、中国的近50%	1871 相当于美国的2.1%、中国的19%

资料来源：《联合国世界发展报告》相应年度；《中华人民共和国2002年国民经济和社会发展统计公报》；《俄罗斯国家统计委员会社会经济统计年鉴》相应年度。

---

① ［俄］《经济问题》2001年第4期。

表 2-2　　俄罗斯主要经济指标在国际排行中的位置（1998 年）

国内生产总值（实际汇率值）	第 17 位
人均国内生产总值（实际汇率值）	第 46 位
国内生产总值（购买力平价值）	第 14 位
人均国内生产总值（购买力平价值）	第 48 位
1993—1998 年 GDP 实际增长	第 54 位
国内投资总额	第 52 位
外国直接投资占 GDP 的比重	第 43 位
通货膨胀率	第 59 位
信贷等级评定	第 52 位
失业率	第 42 位

资料来源：根据世界银行、国际货币基金组织报告汇总。

（三）经济转轨与社会发展

经济形势的长期恶化阻碍了俄罗斯的社会发展进程。经济转轨中牺牲了至少两代人的利益，尤其是私有化对财产再分配过程中的经济犯罪和投机，引发了社会严重两极分化，导致了社会的不安定。转轨以来，普通居民的生活水平平均下降了 50%—70%，出现了一个占人口 1/3 左右的庞大的贫困者阶层。占人口 5% 的富人阶层与贫困线以下的人群相比，其收入差距达 100 多倍。根据俄罗斯国家统计委员会的数据，1992—1999 年，俄罗斯的基尼系数一直保持在 0.289—0.399（1992 年/0.289、1995 年/0.381、1996 年/0.375、1997 年/0.381、1998 年/0.398、1999 年/0.399）[①]。由于科研和教育经费不足，国民教育受到冲击，在转轨期间，俄罗斯在建国 60 年后重新出现了文盲，国民素质受到影响，人均寿命自 1992 年以来逐年下降，1997 年男女公民的平均寿命分别为 60 岁和 73 岁，下降到 60 年代的水平；人口出生率多年来负增长，危及国家安全。

正是由于上述问题的存在，俄罗斯的市场经济制度被认为是一种用"休克疗法"手段建立起来的"似是而非"的自由市场经济制度。在这一制度结构中起主导作用的是从旧的计划官僚制度中蜕变出来的新的社会政治经济精英，他们主宰着经济政策的走向和利益分配格局。计划经济时期的国家垄断被新时期的寡头垄断所代替，国家从最初主动放弃干预经济活动演变成实际上丧失了有效干预经济活动的能力（国家的财政资源和财政

---

① 俄罗斯国家统计委员会：《2001 年俄罗斯数字》，第 108 页。

能力丧失，行政效率因为官僚腐败和受寡头力量制约非常低下）。这样一种制度结构是俄罗斯转型时期特殊利益集团的自身利益最大化行为的结果，它使俄罗斯经济缺乏基本的投资激励和创新激励，失去了必要的资本形成能力。① 俄罗斯社会学家科萨尔斯和雷芙金娜总结了这一时期俄罗斯市场制度形成的九大特征：第一，这一市场是摆脱80年代末至90年代初俄罗斯陷入的深刻经济危机的唯一出路；第二，俄罗斯市场经济的建立实际上是从零开始的；第三，俄罗斯市场经济是在极短的时间内建立的；第四，俄罗斯市场是在苏联经济的行政命令体制崩溃的过程中产生的；第五，俄罗斯市场经济形成的主要社会基础是各级官员——原来的党务工作者和政府部门领导人；第六，这一市场是一种违法犯罪盛行的市场；第七，俄罗斯市场经济的形成过程中伴随着政治斗争，具有尖锐的冲突性；第八，俄罗斯市场的形成付出了高昂的社会代价；第九，社会对市场的形成准备不足。②

以上情况表明，俄罗斯通过转轨已经确立了市场经济的基本制度框架，但转轨付出了沉重的代价。俄罗斯选择了"休克疗法"向市场经济转轨，试图同时完成稳定经济和体制转换双重任务，结果是事与愿违，导致经济衰退、有组织犯罪活动猖獗、社会动荡不安、国有资产被鲸吞等不良后果。如同普京在其著名的《千年之交的俄罗斯》一文中所说：俄罗斯在政治和社会经济动荡、剧变和激进改革中已经精疲力竭。"俄罗斯已不属于代表着当代世界最高经济和社会发展水平的国家；俄罗斯正处于数百年来最困难的一个历史时期，大概这是俄罗斯近200—300年来首次真正面临沦为世界第二流国家，抑或三流国家的危险。"③

第四节 对俄罗斯经济转轨绩效不佳的反思

激进改革在俄罗斯不成功主要缘于以下原因：

---

① 徐坡岭：《俄罗斯经济转轨的路径选择与转型性经济危机》，《俄罗斯研究》2003年第3期。

② 详见［俄］科萨尔斯、雷芙金娜《俄罗斯：转型时期的经济与社会》中文版，石天译，经济科学出版社2000年版，第27—33页。

③ ［俄］弗拉基米尔·普京：《千年之交的俄罗斯》，俄罗斯《独立报》1999年12月30日。

一　转轨的初始条件约束

转轨的路径选择是受到转轨初始条件制约的。影响路径选择的初始条件主要有以下几个方面：第一，生产力发展水平和所处的经济发展阶段不同；第二，原有的经济制度和经济运行机制的特点不同；第三，政治体制和社会习惯的差别；第四，在世界经济和世界格局中所处的地位的区别。这些条件的差别会制约着经济转轨的起步和发展轨迹。只有将转轨路径选择的效益最大化原则与本国具体国情相结合，才能取得最初的预期效益。

苏联的经济遗产是制约俄罗斯经济转轨的初始条件之一。普京在《千年之交的俄罗斯》一文中谈到这一问题时写道："目前这种困难的经济和社会状况在很大程度上是苏联式的经济造成的后果。要知道在改革开始之前我们没有其他经济。不得不在完全不同的基础上，在笨重的畸形结构的基础上实施市场机制。这不能不对改革进程产生影响。"[1] 从转轨的起始条件看，有四个客观的因素使俄罗斯的转轨难度比其他转轨国家更大：一是社会主义制度存在的时期最长，而且这种制度是内生的；二是苏联经济长期走粗放型发展道路，明显影响了经济增长的速度与效益的提高；三是经互会解散，苏联解体，使统一经济空间和市场链条遭到破坏，加大了转轨的难度；四是国民经济军事化程度过高，军工部门过于庞大，80%的工业与军工有关，严重制约了苏联和俄罗斯经济的发展。从转轨阶段面对的三位一体的任务来看，俄罗斯面对的挑战比其他国家都大，这就是：苏联解体后转向建立民族国家、建立民主制度、在计划经济体制基础上建立市场经济和进行广泛的结构调整，即立国、政治体制改革和经济体制转轨。"休克疗法"的创始人萨克斯本人承认：这三项任务中的任何一项都会对社会的稳定和忍耐提出挑战，而三者合在一起时，挑战的规模和程度更是史无前例。[2]

二　理论建设的薄弱导致照搬西方模式

简单地照搬西方模式，把新古典经济学的推论演绎成政策组合来指导俄罗斯的经济转型实践，这是"休克疗法"在俄罗斯失败的基本原因。按照2001年诺贝尔经济学奖得主斯蒂格利茨的说法，俄罗斯经济转轨失败

---

[1] 俄罗斯《独立报》1999年12月30日。
[2] 参见《休克疗法与中国经济改革——与萨克斯对话》，载吴敬琏等《渐进与激进——中国改革道路的选择》，经济科学出版社1996年版，第163—164页。

更深层的原因是对市场经济的基本概念的误解。他指出,"最初俄罗斯知识分子真诚地信仰资本主义,其中很多人所迷信的是那种理想主义的、充满了十九世纪色彩的资本主义"。在对10年转轨进行反思时,俄罗斯科学院经济学部提出的观点同样值得重视。他们认为,这一时期经济理论建设的薄弱是经济改革失败的重要原因,"不能把改革失败的全部过失归咎于俄罗斯当今的改革派。不管情愿与否,必须承认,改革失败的重要原因之一在于经济学对于改革的总体理论准备不足"。"苏联时期的经济科学长期处于意识形态的重压下,在苏联的经济体系中缺乏那些作为现代经济科学基本研究对象的机制,如:竞争(尽管不完善)的市场、复杂的银行体系、外汇交易所、金融工具等等。俄罗斯的经济学家只是发展了计划经济理论。苏联与西方在经济思想研究水平方面的差距日益扩大。""改革之初,苏联缺乏现代宏观经济学、资本市场和劳动市场、国际金融、生产组织理论方面的专家和理论家。这些无疑是俄罗斯的经济改革缺乏理论准备的重要原因之一。""经济学对于改革进程的作用弱化的重要原因还在于,西方有影响的学术团体和政府团体积极地将经济改革的所谓标准模式强加于俄国内领导层。"这首先是指在国际金融组织范围内和美国经济学界创立的"华盛顿共识"的学说。他们认为,"华盛顿共识"的思想体系特点在于最大限度地简化经济政策的任务,并将其归结为三个基准公式:通过严格的对货币量的形式上的计划化来实现自由化、私有化和稳定化。同时最大限度地限制作为积极的经济影响主体的国家的作用,限制国家对于货币量动态指标的监督功能。"经济学作用弱化的第三个原因是,尽管经济理论已取得了明显的进步,但理论研究的成果并不能用于及时分析现实的经济实践。"可以认为,改革理论准备不足是导致俄罗斯照搬西方模式的深层次原因。

相关的还有俄罗斯思想文化传统对转轨的影响。历史学家和人类学家研究表明,俄罗斯思想文化观念和传统习俗中有着浓厚的轻商业重实业的特点,市场观念在俄罗斯从未获得过充分发展,在这方面,俄罗斯需要用更多的时间使其社会大众去接受商业观念。

三 转轨政策内在的矛盾

分析俄罗斯的转轨计划,不难发现存在许多内在的矛盾,其中最主要的矛盾有:

第一,稳定化与刺激生产的矛盾。争取宏观经济稳定化要求政府放弃扩张性的货币政策和财政政策，转而实行限制性的货币政策和财政政策。紧缩是经济转轨初期宏观经济政策的核心，其主要内容包括政府大幅度削减补贴，不再通过预算赤字向经营不佳的国有企业提供补贴；大幅度提高利率，改变长期存在的名义正利率、实际负利率的状况；限制工资的过快增长，控制通货膨胀；压缩国家集中生产性投资。过分的紧缩势必影响经济的发展，紧缩政策使得维持国民经济正常运转所必需的货币量严重不足，企业不能进行正常周转和结算，约 1/3 的营业额不得不采用易货或相互拖欠来实现，在转轨期间，俄罗斯经济几乎一直未能摆脱通货膨胀—紧缩银根—生产停滞—通货膨胀的怪圈，其危机的性质也从当初的财政危机与生产危机并存演变成财政危机、金融危机、债务危机、拖欠危机、投资危机并存。

第二，放开价格与启动市场刺激生产的矛盾。俄罗斯放开价格的目的一是平衡供求，减少补贴，弥补向原各加盟共和国低价提供能源和原料所遭受的巨额损失，同时防止贬值的卢布回流冲击俄罗斯市场。二是启动市场刺激生产。但俄罗斯放开价格是在生产下降，货币过剩，供求严重不平衡的情况下进行的，这势必使价格急剧上涨，使原本就很严重的通货膨胀恶性发展。在企业并不适应市场经济的运作规律，事实上也不存在市场环境的情况下，通过放开价格来启动市场刺激生产是不能奏效的。在缺乏竞争机制的环境中，垄断企业主要靠提高价格而不是靠增加生产来获得利润。如同波兰学者博齐克所指出的："对生产结构单一，资金缺乏，企业家精神低下，长期国际收支逆差，国际竞争力低下的国家来说，采用新自由主义经济政策只能造成国内工业崩溃、大量失业、国际收支逆差进一步恶化和其他许多变态。"[①]

第三，私有化受阻，与休克疗法的其他措施不同步，使激进改革陷入两难境地。私有化一直被认为是整个经济转轨的核心，私有化的目的之一是创造独立的商品生产者，促使企业提高生产和经营的效益。对于经济转轨而言，没有以私有制为基础的市场主体，休克疗法的一整套措施就难以真正实行，市场机制、市场体系以及与此相适应的财政信贷制度就难以建立；没有相应的市场环境，缺乏竞争机制，自由价格只能带来市场的混乱，导致经济的恶化。但私有化过程从一开始就受阻。为了实现私有化的

[①] ［波］博齐克：《东欧经济转轨：偏离性评价》，载《比较共产主义问题研究》1992 年 9 月号。

政治目标，俄罗斯采取了强制的方法来改造国有企业，在条件不成熟的情况下把企业推向市场，由于这些企业不具备适应市场的应变能力，并不能对市场信号做出正确的反应，没有解决国有企业的管理机制问题，也没有达到提高企业生产效率的目的。私有化的阻力并不完全是人为的，即使以西方经济学的观点看，私有化也是一个长期的过程，仅靠改变所有制形式是不能创造奇迹的。

四　日益严重的"软政权化"使改革缺乏政治保证

"软政权化"指的是国家在经济转轨中，行政命令贯彻能力的退化、行政实施效率的低下和法律规则被任意破坏而引起的综合现象。俄罗斯在转轨初期，片面强调削弱政府的经济职能，放弃对经济生活的必要干预，对市场机制的期望值过高，带来了宏观经济失控的严重后果。正如美国学者麦克福尔所言："宏观经济稳定和私有化需要持久的政治支持和有效的国家政府机构，而俄罗斯在1992年这两样都不存在。"[①]

激烈的社会对抗和政治对抗影响了对经济政策的选择和实施。俄罗斯转轨的特点是全面的民主化和大规模的经济转轨同时展开，其初衷是民主政治与市场经济相互推动，以民主政治促进经济的发展，以自由市场经济保障民主政治的稳固。在社会主义苏联发生剧变的背景下，俄罗斯开始了"民主政治"过程。从一开始，"新"与"旧"的冲突就十分激烈。最高决策部门在权力分配问题上争执不下，双重政权并存。三权分立和多党制的实行对政府实施各项计划造成了牵制，各种职能机构功能之间缺乏协调，失控现象十分严重。它使政府的经济政策顾此失彼，摇摆不定，难以形成一个在实际生活中能贯彻执行的经济纲领，在各种相互矛盾和对立的利益和要求中难以找到平衡点和结合点，结果是经济政策服从政治斗争的需要，成为政治斗争的附属物和牺牲品。民主政治并未对经济转轨起到预期的推动作用，反而成为经济转轨的羁绊。

第五节　经济转轨的深化与经济增长

1999年年末，随着叶利钦总统辞职，俄罗斯的历史进入普京时期，其

[①] ［美］麦克尔·麦克福尔：《为什么俄罗斯政治至关重要》，载［美］《外交》1995年第1—2期。

经济转轨面临着新的阶段性跨越。为消除持续已久的危机，给未来经济和社会快速和稳定发展创造适宜的制度环境，普京在总结"休克疗法"失败教训的基础上，全面调整了经济政策，对已建立的经济体制进行了完善。

一 普京第一任期经济转轨战略调整

这一时期的调整要点是：

1. 在转轨模式上不照搬西方模式，走自己的改革道路。在经济转轨方向性问题上坚持继续走市场经济道路，提出既不能回到计划经济体制，也不能照搬西方模式，而应走自己的改革道路——"将人类社会经济发展的共同方向与本国的具体实践相结合的改革模式和发展道路"。

2. 在转轨方式上强调改革必须稳步推进，保证社会稳定。针对前一时期激进民主派推行的休克疗法，普京提出：现在"只能采用渐进的、逐步的和审慎的方法。要保证社会稳定，不使俄罗斯人民的生活恶化"。

3. 在政府职能方面加强国家宏观调控，建立社会市场经济。要"让俄罗斯国家政权体系成为国家经济和社会力量的有效协调员，使它们的利益保持平衡，确立合理的社会发展目标和规模、为目标的实现创造条件的机制"。要建立强有力的国家，采取果断措施整顿国家秩序，以树立国家的权威，建立严格和公认的规则，以防止出现经济和社会政策在贯彻过程中出现间断现象。

4. 在产权改革方面反对重新国有化，强调完善已形成的市场微观基础。提出"不应该谈重新分配俄罗斯资产问题"，私有化的重心从注重速度转向注重企业的经济效益，同时加强对公司治理制度的建设并加快企业重组的步伐。

5. 调整宏观运行机制，建立有效的财政金融体系。坚持向社会公共财政方向转变，保证财政本身的稳定。转变政府职能，调整财政收支结构，取消国家对企业的财政补贴，实现预算主体与投资主体的分离。调整和完善现行金融体制，建立文明的金融市场和合理的融资渠道，恢复和发展各种证券市场；继续降低通胀率，保持相对稳定的卢布汇率，处理好稳定货币与稳定生产的关系，实行有管理的浮动汇率制度。

6. 更加注重社会政策，完善社会保障体制。除制定新的收入政策，保证在增加居民实际收入的基础上确保居民的富裕程度稳步提高外，开始从整体上规划社会保障体制的框架，加强各领域制度安排的相互协调，其内容涉及失业、养老、医疗卫生、贫困救济等领域。

7. 积极稳妥地融入世界经济体系。建立现代市场经济，融入世界经济体系是衡量转轨是否成功的一个重要标志。普京强调，如果不参与世界经济一体化过程，俄罗斯不可能达到先进国家经济和社会进步所达到的那种高度；同时也强调，俄罗斯参与一体化过程必须循序渐进，必须保护本国民族经济的发展。参与经济一体化的基本方针是：主动加强区域经济合作，在区域经济合作的基础上积极参与更大范围的国际经济合作。

可以说，普京上任后，俄罗斯开始了一个社会经济政策全面调整、探索符合本国国情的发展道路、实施强国战略重振俄罗斯经济的新时期。

二 普京第二任期的经济改革和政策调整

2004年3月，普京在总统大选中获胜，开始了其第二任期。与第一任期相比，普京第二任期内，俄罗斯政治舞台力量对比和政治局势发生了重大变化。普京第一任期内提出的建立一个强有力的国家政权体系，实行中央集权，强化国家权威的目标已经实现。通过打击地方分立势力、整肃寡头、控制媒体、压制反对派、掌握议会多数和改组政府等措施，俄罗斯形成了过去10年来未曾有过的高度集权的新型权力结构，即以总统权力为核心的国家政治体系，这一权力结构的形成为普京第二任期内加快推行强国战略做好了政治上的准备。与此同时，普京开始着手解决一系列长期制约俄罗斯社会经济发展的棘手问题，对俄罗斯的经济政策进行了较大调整。

1. 继续实施明确的经济翻番战略目标。2003年5月16日，普京发表国情咨文，在总结最近3年取得的经济和社会成就的基础上，提出在到2010年的10年内使国内生产总值翻一番的目标。2004年5月26日，普京在其连任后的第一部国情咨文中，再次重申了俄罗斯当前所面临的三大任务：GDP翻番、贫困减半和军队现代化。

2. 用国家资本主义取代寡头资本主义。与政治上的集权相适应，经济领域中强化中央控制的趋势日益加强，最终形成了与政治集权相适应的中央集权经济结构。自2005年开始，俄罗斯最大的国有银行"对外贸易银行"、国有的"俄罗斯石油"公司、国家控股的"天然气工业公司"、国有的军火出口公司等完成了一系列重大并购行为，标志着国家不仅收回了对石油天然气等战略性资源，同时也在收回对银行、汽车制造、航空等重要装备工业的控制权。而非国有部门资产占GDP的比重也从1999—2004年的70%下降至65%。2007年，俄罗斯对战略性资源和企业的国有化浪潮进一步加强，其范围进一步扩展到住房建设、核能、纳米技术等高技术产业。当局还通过任命政府高官直接到战略性企业兼职，控制经济命脉，力图通过国家控制资源主导发展的方式来确保战略性企业的增长。

在中央与地方税权划分和财政关系上，与强化政治上的中央集权相适应，按照税权与事权一致的原则，重新划分税权和预算比重，加强中央对经济的调控能力。中央与地方预算划分比例已从转轨时期的 4∶6 重新上升为 6∶4—7∶3。①

3. 宏观政策从中性转向积极。保证各级财政预算收支的长期平衡，2006—2008 年，预算支出按照社会、安全和长期发展三大优先战略方向保持稳定的分配结构。政府积极扩大公共投资，2006 年建立投资基金主要用于具有特殊意义的投资和创新项目，联邦预算对经济部门的扶持将集中在发展全国性和跨地区的基础设施、刺激发展高技术部门、推广创新，"预算政策将对国家经济发展做出主要贡献"；税收政策从注重国库功能转向经济调整功能，通过减少税种和简化税制来降低企业税负。货币信贷政策的首要目标是保证本币在外部和内部市场的稳定，将通货膨胀率控制在较低水平，为经济稳定增长创造条件。在现阶段，中央银行仍将实施可控制的浮动汇率政策，为降低汇率风险，储备货币篮子从单一美元改为美元欧元多币种，必要时将继续调整货币篮子。汇率政策从引导"投机"转向引导投资，从 2006 年 7 月 1 日起，卢布提前实现完全自由兑换，外债政策从举债到重组外债和提前偿还外债。

4. 切实解决人口问题。回归传统，尊崇传统价值观，重视家庭，树立养育子女光荣的观念，强调个人对家庭、对子女，进而对国家和社会的责任感。实行更加积极的婚育政策，用经济补偿的方式来引导和鼓励青年人多生多育，提高人口出生率；实行有效的移民政策，引进外来劳务，缓解劳动力不足。移民政策首先考虑引进境外的俄罗斯人，其次是吸纳"有专业技能的""受过良好教育和守法的"其他民族人口。实施医疗、教育、住房和农业四大国家优先工程，发展人力资本，提高居民生活质量、延长预期寿命。

三　经济转轨完成程度

普京时期，经过完善制度和调整政策，俄罗斯转轨期间面临的政治动

---

① 俄罗斯过渡经济研究所年度报告：《2005 年的俄罗斯经济——趋势与前景》，莫斯科，2006 年，http://www.iet.ru。

荡和宏观经济失控问题已经得到解决，转轨的重心已从新制度的构建、完善转向保证经济的快速稳定增长。面对俄罗斯的快速发展态势，人们提出以下问题：俄罗斯是否已经完成经济转轨？如果完成其判定标准又是什么？新制度对经济增长有哪些促进作用？对包括俄罗斯在内的原计划经济国家是否已经完成转轨，国内外有多种看法，对这一问题的回答实际上涉及判断的标准问题。目前有关国际组织和学术界一般根据经济发展水平、产权制度、市场体制发育水平等多个角度来衡量经济转轨的完成程度。

从1990年启动转轨至今，中央计划经济国家向市场经济转轨的历程已经延续16—17年。目前，多数国家的市场经济制度已经确立，资源按照市场原则进行分配，企业的经理人基本适应了在市场条件下开展独立经营，这些因素都对近年来这些国家的经济增长发挥越来越重要的作用。2001年12月11日中国正式加入世界贸易组织；2002年5月29日和6月6日，欧盟和美国先后正式承认俄罗斯为市场经济国家；2004年5月1日，波兰、匈牙利、捷克、斯洛文尼亚、斯洛伐克、爱沙尼亚、拉脱维亚和立陶宛正式加入欧盟。以上事件表明，这些国家的社会经济转轨取得了重大进展，它们已经建立起为西方发达国家所承认的市场经济的基本框架，在完成转轨攻坚阶段的跨越之后，转轨国家将进入一个更加成熟的市场经济阶段，即后转轨时期。

2005年世界银行发表了题为《从经济转型到经济发展》的报告，宣告俄罗斯进入了经济发展时期。对于俄罗斯来说，若从市场体制基本确立、经济保持持续增长的态势、经济实力的恢复程度的判定标准看，其经济转型已基本结束。1999—2007年，俄经济连续八年保持较快增长。2007年俄罗斯GDP规模总量已达到1.3万亿美元，名义GDP是1999年的6倍，实际GDP已恢复到1990年苏联解体前的水平，相当于葡萄牙的40%。俄罗斯已经彻底摆脱苏联解体后经济衰退的影响，进入全球GDP总量超过1万亿美元的最大的10个经济体行列，按购买力平价计算的经济规模世界排名第八。但多数观点认为，仅有这些显然还不够。《转型经济学》[①]在综合各种观点的基础上，提出转轨国家到达转轨完成点的标志有三点：

1. 从制度环境看，形成了支持市场经济的政治文明与法治环境。
2. 从经济体制看，支持市场经济运行的基础性制度比较稳固（产权制

---

① 景维民、孙景宇等编著：《转型经济学》，经济管理出版社2008年版。

度、交易制度和宏观管理制度），市场经济的各项制度安排协调、有效运转，市场主体（企业、金融机构、政府）的行为发生明显变化，能够有效应对市场竞争和外部冲击。

3. 从经济发展看，形成了经济持续、稳定增长的机制；经济结构发生根本转变（工业化基本完成，信息化和经济虚拟化程度大大提高）；实现了经济与社会、人与自然的协调发展。

按照上述标准综合考察，显然俄罗斯距离成熟和完善的市场经济体制还有一段距离，其市场经济体制还需要进一步调整，只是这种调整不再是20世纪90年代那种革命性的变革，而是在现有的市场经济体制框架内进行局部性调整。从制度层面看，俄罗斯的私人产权尚未得到充分保护，企业制度特别是公司治理制度建设有待加强。在宏观经济体制方面，其金融部门整体发展水平还比较低，资本市场尚未起到拓宽经济融资渠道的作用。在市场秩序方面，恶劣的市场竞争环境仍是影响投资和生产的一大障碍。从外部发展看，俄罗斯还面临加入世界贸易组织，融入世界经济的任务。在完善制度的同时，俄罗斯还面临着经济结构调整，转变经济增长方式，保持经济长期稳定增长的任务。俄罗斯经济增长对国际资源型产品价格有较高的依赖，由于国际市场价格行情的不确定性，其经济发展还存在较高的系统性风险。俄罗斯要完成从资源出口型经济增长向创新型经济增长的转变，完成从工业化向后工业化过渡，从传统工业向以信息技术为代表的高科技产业过渡还需要一个长期和艰难的过程。

四 俄罗斯经济转轨的启示

1. 从中央计划经济向市场经济转轨是一项复杂的系统工程，既涉及整个经济体制的变革，又涉及财产关系的深刻变革，既需要建立市场经济所必需的社会基础设施，又需要形成竞争的市场环境，现代市场经济制度的含义是：健全的市场体系、完善的市场机制、发达的市场组织、行为规范的市场主体、内容齐全的市场规则等，由此可见，转轨将是一项长期和繁重的任务，不可能在短期内完成。同时，从计划经济向市场经济转轨必须进行全面配套的改革，这是由经济转轨的整体性、系统性和复杂性所决定的。

2. 向市场经济转轨是原中央计划经济国家的共同选择，对转轨的各个国家来说，其转轨的途径和方式是由转轨的初始条件所决定的。每个国家必须根据自己的国情选择和制定自己的转轨战略，不存在统一的转轨模式和途径,脱离本国国情和实际,完全照搬或移植他国模式,只能取得适得其反的结果。苏联传统的计划经济体制在集中程度和产业结构畸形程度方面在世界上都是独一无二的,这决定其经济不可能在短期内转入正常的市场经济轨道。而俄罗斯却不顾本国国情,"教条主义地搬用别国理论和做法,摧毁性地破坏了本国经济"。① 普京执政后,提出走符合俄罗斯国情的改革道路和发展道路是对激进转轨模式的修正。

3. 经济转轨的目标模式是现代市场经济,而现代市场经济在一定程度上都是国家干预型的。在当今世界上,搞得比较成功的不同类型的市场经济都不是自由放任的,而是有政府宏观调控的,是国家干预型的,那种纯粹的自由市场经济在现实中并不存在。从计划经济向市场经济转轨是一个特殊的时期,在这一时期必须有一个有权威的政府,这是转轨成功的必要前提。在向市场经济过渡转轨中,国家和政府面临着职能转换的任务,必须摆脱计划经济下的事无巨细全面干预的做法,但这并不意味着国家作用的降低。国家和政府在转轨经济中起着独特的作用,必须加强政府在掌握转轨进程和保持经济稳定发展方面的权威性。如同英国学者彼德·诺兰所说:对原斯大林式经济来说,正确的经济建议应该是,强调他们的体制转换需要在一个很长的时期内由国家进行广泛干预,以解决在众多领域可能发生的市场失败。②

4. 经济自由化对于消除短缺和引进竞争机制具有重要的作用,但也有不可低估的负面影响。在经济转轨中,俄罗斯在缺乏明确的产业政策和保护国内产品和市场的政策的条件下,采取了过度的开放政策,结果导致原有的产业结构更加畸形,进出口结构的原材料化和国内市场的丧失。对此,俄罗斯学者指出,在经济自由化的口号下放弃国家干预只能导致比较优势的丧失。③

5. 私有化并非体制转换的关键,国有企业私有化后仍然面临如何建立适当的公司治理结构的问题。私有化曾被认为是向市场经济过渡的首要问题,在转轨中,对私有化的理解陷入了一种误区:似乎只要财产私有了,市场经济就会立即建立起来,效率也会马上提高,私有化被赋予了多种功能。私有化对于促进结构改造、提高经济效益方面虽有一定成效,但也存

---

① [俄]《俄罗斯经济杂志》1997年第2期。
② [英]彼德·诺兰:《民主化、人权与经济改革:中国与俄罗斯的比较》,刘海泉译,载《战略与管理》1995年第1期。
③ [俄]《俄罗斯经济杂志》1997年第2期。

在诸多问题：国有资产大量流失、效率和资金并未随之而来。私有化不是解决计划经济低效的万应灵药，也不能代替其他方面的改革，这已为包括原苏东国家在内的世界私有化现实所证明。

6. 经济转轨必须处理好改革、发展与稳定的关系。从长远看，经济体制的转换是经济持续发展的制度保障，如果市场经济体制迟迟不能确立，长期实行双轨制，将导致许多疏漏与摩擦，增加制度运行的成本。但如果在转轨中不能妥善处理改革与发展的关系，忽略经济增长，势必导致出现经济和生产大幅度下降、高通货膨胀率、社会动荡不安和人民生活水平下降。在这一问题上，中国和俄罗斯是两种不同的例子。俄罗斯从自身教训中得出的一个启示是，在选择有关杠杆和方法时，有一种相当可靠的标准：凡是能够保障经济健康长久地增长的方法就是好方法。[①]

7. 在向市场经济转轨中，必须处理好效率与公平的关系。转轨国家社会保障体制改革的任务一是要为社会提供转轨的安全网，二是要建立与市场经济要求相适应的效率机制。在转轨中，如果不能采取有效的社会公正政策遏制收入差距的过分悬殊，势必导致社会成员收入分配的两极分化扩大，一部分社会成员陷入贫困，破坏社会和谐，导致社会的不安定，使市场经济秩序遭到破坏。对于转轨来说，这显然是一种潜在的威胁。

8. 从制度变迁的角度看，经济转轨可以被理解为一种效益更高的制度（即所谓"目标模式"）对另一种制度（"起点模式"）的替代过程。经济转轨现实表明，随着时间的推移，一些在特定时期有效率的制度安排随着制度环境的变化会失去效率，要求去寻找新的更有效的制度安排。

本章小结

经济转轨是特指20世纪末原计划经济国家向市场经济过渡的改革运动。经济转轨是一种制度创新，没有现成的经验可循。国际学术界从不同的理论视角对转轨经济进行研究，其中主要有新古典经济学、制度经济学和比较经济学等。这些不同的学说成为转轨经济政策主张的主要依据和研究的理论框架。

尽管原计划经济国家进行转型的初始经济条件有差异性，但是引发经济转型的基本原因是相同的，即长期的经济低效率和经济增长停滞。经济

[①] [俄] 阿巴尔金：《经济增长的战略与通货膨胀》，孟秀云译，载《战略与管理》1998年第1期。

转轨的直接目的是建立市场经济制度框架，经济转轨的根本目的是革除无效率的制度基础，实现资源的优化配置，促进经济的快速增长和社会福利水平的较大提高。

经历艰难的转轨进程后，俄罗斯已经建立了市场经济的基本框架，但从新制度结构的行为能力看，这一机制尚不健全，距离成熟和完善的市场经济体制还有一段距离。进入21世纪，俄罗斯转轨的重心已从新制度的构建、完善转向保证经济的快速稳定增长。在完善制度的同时，俄罗斯还面临着经济结构调整，转变经济增长方式，保持经济长期稳定增长的任务。

思 考 题

一 名词解释
1. "华盛顿共识"
2. 制度安排
3. 休克疗法
4. 经济转轨绩效
5. "软政权化"

二 简答题
1. 简答新古典经济学、制度经济学、比较经济学理论的基本要点。
2. 简答计划经济体制解体的根本原因。
3. 简答经济转轨绩效含义。
4. 简答经济转轨与经济增长的关系。

三 论述题
1. "休克疗法"的主要内容和理论依据是什么？
2. 如何评价俄罗斯经济转轨绩效？
3. 俄罗斯经济转轨有哪些启示？

阅读参考文献

1. ［美］罗纳德·麦金农：《经济自由化的顺序》，李若谷、吴红卫译，中国金融出版社1993年版。

2. ［美］道格拉斯·C.诺斯：《制度、制度变迁与经济绩效》，刘守英译，上海三联书店1994年版。

3.［美］道格拉斯·C.诺斯：《经济史中的结构与变迁》，上海三联书店1995年版。

4.［比］热若尔·罗兰：《转型与经济学》，张帆译，北京大学出版社2002年版。

5.［日］青木昌彦：《比较制度分析》，周黎安译，上海远东出版社2001年版。

6.［俄］弗拉基米尔·普京：《千年之交的俄罗斯》，俄罗斯《独立报》1999年12月30日。

7.［俄］叶戈尔·盖达尔：《当代世界中的俄罗斯——经济史概论》俄文版，莫斯科事业出版社2005年版。

8.樊纲：《渐进改革的政治经济学分析》，上海远东出版社1996年版。

9.张军：《中国过渡经济导论》，立信会计出版社1996年版。

10.吴敬琏等：《渐进与激进——中国改革道路的选择》，经济科学出版社1996年版。

11.冯舜华、杨哲英、徐坡岭：《经济转轨的国际比较》，经济科学出版社2001年版。

12.景维民、孙景宇等：《转型经济学》，经济管理出版社2008年版。

第三章　俄罗斯国有企业改革

内容提要

由计划经济体制向市场经济转轨，都无例外地要涉及所有制的改革，而国有企业改革是所有制改革的关键。本章研究的主要问题是：俄罗斯国企改革的理论、目标、进程与方式；私有化的发展阶段；对私有化的评价与普京执政后重新国有化的缘由。

所有由传统计划经济体制向市场经济体制转轨的国家，不论其转轨方式与最后达到的目标模式有何不同，都无例外会涉及所有制的改革。可以说，所有制的改革是经济转轨的核心问题，而国有企业改革又是所有制转轨的关键。这也决定了所有转轨国家都把国有企业改革置于十分重要的地位。

第一节　国有企业改革的迫切性

苏联解体后，独立执政的俄罗斯，在转轨起步阶段实施的是激进"休克疗法"过渡方式，目的是在短时期内形成市场经济体制模式。但为此，必须尽快实现国有企业的改革，形成多种所有制结构，使企业成为真正意义上的独立商品生产者主体。但是，对苏联继承国的俄罗斯来说，国有企业改革的迫切性比其他转轨国家更为突出。

苏联时期建立了以国家所有制为主体的、单一的公有制结构，并认为国家所有制是全民所有制经济，是社会主义经济的高级形式。斯大林执政期间，以这一理论为指导，在超高速工业化与全盘农业集体化过程中，加速了生产资料所有制的改造。在完成第二个五年计划时，苏联完成了从多种经济成分变成了单一的生产资料公有制经济（见表3-1）。

表 3-1　　社会主义经济在整个国民经济中所占比重（%）

	1924 年	1928 年	1937 年
生产性固定资产①			
包括牲畜	35.0	35.1	99.0
不包括牲畜	58.9	65.7	99.6
国民收入①	35.0	44.0	99.1
工业产值	76.3	82.4	99.8
农业产值①	1.5	3.3	98.5
零售商品周转额（包括公共饮食品）	47.3	76.4	100.0

资料来源：苏联部长会议中央统计局编《苏联国民经济六十年》，陆南泉等译，生活·读书·新知三联书店 1979 年版，第 5 页。

① 包括集体农庄庄员、工人和职员的个人副业。

在后来的经济发展过程中，虽然经历多次经济体制改革，但单一的公有制结构不仅未能改变，而且国家所有制进一步发展。苏联剧变前的 1990 年在所有制结构中，国有制的比重为 92%，各部门的所有制结构详见表 3-2。

表 3-2　　　　　　1990 年苏联固定资产所有制结构

部门	总计（亿卢布）	其中（%）			
		国家所有制	合作社	集体经济	其他
固定资产	18287	92	1	5	2
工业	6149	99		1	
建筑	974	99		1	
农业	2977.8	66		30	
运输	2437	100			
通信	190	96		4	
批发贸易	116	100			
零售贸易	419	80	14	1	
住宅	3401	83	4	1	
服务业	852	98		2	

资料来源：参见张森主编《俄罗斯经济转轨与中国经济改革》，当代世界出版社 2003 年版，第 34 页。

从表 3-2 可以看出，苏联在剧变前的国有制经济占绝对的统治地位，真正地体现了"一大二公三纯"的特点。为何经过多次经济体制改革,苏联不仅未能建立起多元化的所有制结构,而是不断地、快速地向经济国有化方向迈进,这与长期存在的以下一个理论误区有关:苏联一直认为,国有企业是全民所有制经济,是社会主义经济的高级形式,并把这个理论说成是马克思主义重要理论。实际上,这并不是马克思主义理论,而是苏联化了的社会主义所有制理论。而马克思认为:取代资本主义的新的社会主义生产方式将是实现劳动者与生产资料所有权的统一,它是"联合起来的社会个人所有制",是建立在协作和共同占有生产资料基础上的个人所有制。这也是马克思所说的:"在协作和对土地及靠劳动本身生产的生产资料的共同占有的基础上,重新建立个人所有制。"[①] 马克思在《1861—1863年经济学手稿》中,把这种所有制称为"非独立的单个人的所有制",也就是"联合起来的社会个人的所有制"。[②] 这些都说明,社会主义所有制形式的一个重要特征是:以劳动者在联合占有的生产资料中享有一定的所有权。进一步说,这种所有制具有以下两个密切相关的本质内含:一是劳动者集体共同占有和使用生产资料,任何个人均无权分割生产资料;二是在用于集体劳动的生产资料中,每个劳动者都享有一定的生产资料所有权。这就是"在自由联合的劳动条件下"实现劳动者与生产资料所有权相统一的具体形式。[③]

在国有企业是全民所有制经济,是社会主义公有制的高级形式这一理论误区的影响下,长期以来影响着经济改革的深化。在苏联时期的历次改革,有两个问题是不允许触及的:一是市场经济;二是国家所有制经济。在勃列日涅夫显得尤为突出,这个时期是批"市场社会主义"最起劲的,认为搞市场经济就会冲垮国有制经济,会"走向资本主义"。产生上述问题亦是合乎逻辑的:既然国家所有制是高级形式,或者像由斯大林亲自审定的、1954年出版的苏联《政治经济学》教科书所说的,国有企业是社会主义生产关系"最成熟、最彻底的",[④] 那么,任何对这种所有制形式的改革必然意味着是一种倒退。

苏联国有经济占统治地位这一所有制结构的特点,它在一定的历史条

[①] 马克思:《资本论》第一卷,人民出版社2004年版,第874页。
[②] 《马克思恩格斯全集》第四十八卷,人民出版社1985年版,第21页。
[③] 关于这一问题,杜光教授作过比较系统和深入的研究。参见《转轨通信》2003年第1期。
[④] 苏联《政治经济学》教科书,人民出版社1955年版,第428页。

件下与传统的计划经济体制一起,对苏联经济的发展起过积极的作用。首先,十月革命后,无产阶级必须通过生产资料的改造,建立必要的国有企业,以保证社会主义经济基础的建立;其次,通过国有企业的建立,国家直接控制这些企业及财政资源,可以发展新的经济部门与建设一些重大的具有全国经济意义的重大项目;再次,往往具有较大规模,在保证量的增长与较快发展速度方面起到较为有效的作用;最后,国家直接控制大量的国有企业,比较容易适应战备的要求。

但是,苏联这种全盘国有化的所有制结构,与传统的计划经济体制一样,随着经济的发展,其局限性日益明显,它不可能改变企业是政府的一个附属单位的地位,也不可能使企业成为独立的商品生产者,企业的经济运行全靠上级行政指令,物资由国家统一调拨,国家对企业在财政上实行统收统支,价格由国家统一规定。这样排斥了市场的作用,也就决定了企业在资源有效配置中不可能发挥作用。

这里可以看到,全盘国有化的所有制结构是传统计划经济体制的经济基础,而传统计划经济体制又在体制上保证了国有经济的巩固与不断强化。这也说明国有企业作为政府的附属品,完全听从政府的指令,它与传统计划经济体制是完全合拍的,互为条件的。所以,当苏联剧变后,俄罗斯在向市场经济体制方向转轨时,即要实现从原来的以国有制经济为基础的计划经济体制向以非国有化和私有化为基础的市场经济体制过渡,形成市场经济体制,一个重要条件是,要把过去统一的、过分集中的以国家所有制为基础的经济变为与市场经济相适应的所有制关系。所以,对从计划经济体制向市场经济转型的国家来说,改革国有企业是必不可少的步骤。

第二节 私有化的理论、含义与目标

一 以西方产权理论为指导的私有化

俄罗斯对国有企业的改革,其主要途径是私有化。俄罗斯在 20 世纪 90 年代推行的私有化,并不是一个孤立的现象。80 年代初以来,可以说,私有化作为一种经济思潮已波及全世界。之所以出现这种情况,一方面由于以市场经济运行为主要研究内容的西方经济学日趋成熟,对如何处理市场与政府的关系有了广泛的认同;另一方面,历史证明市场经济要优于传统的计划经济。在苏联解体前的 1991 年年底,各政治派别与学术界虽在不少问题上有纷争,但普遍认识到"人类还没有创造出比市场经济更有效的东西",

"市场经济是人类在经济运行方面所取得的成果，不应把它拒之门外"。

俄罗斯私有化的构想是以西方产权理论设计的。西方产权理论的著作与代表人物不少，但普遍以科斯定理为代表，其基本观点是：市场经济本质上是一种以私人占有权为主要基础来实现产权交易与重组的机制；私人产权是最有效的产权，私有产权制度是最具效率的产权制度形式；只有私有产权才能保证给个人行动提供最大的激励与必要的成本约束。很明显，科斯产权理论最重要倾向是产权的私有制，或者说其制度偏好是私有制。上述西方产权理论，符合20世纪90年代初刚上台的俄罗斯民主派国有制企业改革思路。当时以盖达尔为首的俄罗斯政府，国有企业改革政策的实质，是建立在国家应不管经济和国家所有制绝对没有效率这个总的思想基础上的。盖达尔一再主张，要最大限度地限制国家对经济的调节作用，国家应最大限度地离开市场经济。1994年盖达尔还撰文强调："要尽最大可能减少国家对经济的管理。"①

在上述理论与指导思想的基础上，俄罗斯政府制定了私有化纲要。

二　私有化的含义与目标

关于私有化的含义，一直有不同的理解。一些经济学家认为，私有化是一种产权在不同主体之间交易而不受国家垄断的制度安排；另一些学者则认为，只有把财产分给自然人个人时，才算是实现了真正的私有，即才能称为私有化。实际上，对私有化一直存在两种理解：即狭义理解的私有化是指所有权的转化；而广义理解的私有化不只包括所有权的转化，还应包括经营权的转化与经营方式的改变。

弄清俄罗斯私有化概念，是个重要的问题。如果只从字面上去理解，就容易把私有化仅仅简单地理解为变公有制为私有制。1992年俄罗斯公布的用于指导私有化的法律文件《俄罗斯联邦和地方企业私有化法》规定："国营企业和地方企业私有化，是指公民、股份公司（合伙公司）把向国家和地方人民代表苏维埃购置的下列资产变为私有：企业、车间、生产部门、工段和从这些企业划分为独立企业的其他部分；现有企业和撤销企业（根据有权以所有者的名义做出这种决定的机构的决议）的设备、厂房、设施、许可证、专利和其他物质的与非物质的资产；国家和地方人民代表苏维埃在股份公司（合伙公司）资本中的份额（股份、股票）；在其

---

① [俄]《消息报》1994年2月10日。

他股份公司（合伙公司），以及合资企业、商业银行、联合企业、康采恩、联合会和其他企业联合公司资本中属于私有化企业的份额（股金、股票）。"俄罗斯推行一个时期私有化政策之后，在总结过去私有化的经验教训上，从1996年起政府着手调整私有化政策，从而在1997年7月21日俄罗斯通过了新的私有化法，即《俄罗斯联邦国家资产私有化和市政资产私有化原则法》。该法第1条规定的私有化概念是："对于本联邦法律的目标来说，国有资产和市政资产的私有化，应理解为把属于俄罗斯联邦、俄罗斯联邦主体或市政机构所有的财产（私有化对象）有偿转让，变为自然人和法人所有制。"新旧私有化法都把私有化的概念归结为"把国有资产与市政资产有偿转让给自然人和法人所有。"但在旧的私有化法中有关"变为私有"的提法在新私有化法中取消了。1999年俄国家统计委员会对国家与地方所有的财产私有化进行再次界定："把俄罗斯联邦、各联邦主体和地方机构的财产有偿让渡给自然人和法人所有。"这些变化进一步明确了俄罗斯私有化既包括把国有资产转让为私人所有，也包括把它转为法人（股份公司、集体企业）所有。在中东欧国家，把私有化也分为狭义与广义两种，前者是指通过出售把国有企业的全部或部分资产转为私人所有，后者既包括将国有企业的资产转为私人所有、非国有成分的法人所有，也包括将国有资产的所有权与经营权分离等。这些都说明，在俄罗斯等经济转轨国家，私有化实际上是指国有经济的非国有化过程，所有非国有化的形式（包括个体、合作、股份等），都属于私有化的范畴。从俄罗斯的实际情况及有关文件看，俄罗斯有时单独用私有化（Приватизация）一词，有时单独用非国有化（Разгосударствление）一词，有时把这两词并列使用。所以私有化是一个内容很广泛的概念，不能只归结为把国有资产转为私人所有。

以上是从法律文件来界定私有化的含义的。笔者在20世纪90年代中期对苏东国家私有化问题进行过专门的考察，与不少学者以及一些负责推行私有化的政府机构进行了沟通，他们对推行私有化的政策与理论一般归纳为以下几点：（1）所有制改革的基本出发点是取消国家的直接经济职能，把权力交给企业。（2）改革所有制政策的理论基础，是建立在国家所有制绝对没有效率这个总的想法的基础上的。（3）私有化是市场化的必由之路。一些学者指出：私有化是为市场经济创造条件。过去东欧国家几十年经济改革的特点是在国家所有制基础上寻找计划与市场的正确结合点，但公有制或国家所有制起决定性作用的条件下，市场就难以发挥作用。

(4) 把小型企业,特别是商业、服务行业、饮食业,通过转让、出售等途径变为私有。(5) 实行私有化的形式是多种多样的,但不论何种所有制形式,都必须实行自由经营,即使企业作为独立商品生产者出现在市场。各种所有制一律平等,在同一基础上发展,都在竞争中求生存与发展。(6) 不再人为地规定以哪种所有制形式为主,哪种所有制对经济发展有利就发展哪种所有制,即不坚持以公有制经济为主体。

俄罗斯通过私有化要达到的目标是:首先要使所有制结构符合市场经济的要求,使企业不再受政府的直接控制;其次,还包括一系列的经济目标,如使国家摆脱亏损国营企业的包袱,减少财政补贴,回收资金以弥补财政赤字;另一个目标是提高企业经营效益,为整个经济注入活力;最终要达到的目标是,建立起以私有制经济为基础的市场经济。《俄罗斯私有化纲要》对其要达到的目标作了以下规定:(1) 形成一个广泛的私有化阶层;(2) 提高企业的生产效率;(3) 用私有化收入对居民进行社会保护和发展社会性基础设施;(4) 促进国家财政稳定;(5) 创造竞争环境,打破经济中的垄断;(6) 吸引外国投资;(7) 为扩大私有化创造条件,并建立组织机构。

第三节 私有化进程与方式方法

一 私有化的基本方式

经济转轨国家私有化的一个特点是,都采取了先易后难的做法,即都从小私有化开始,然后再逐步对大中型国家企业推行私有化。所以,俄罗斯的私有化也是分为小私有化与大私有化两种基本方式。

小私有化是指对小型工商企业、饮食业、服务业及一些小型的建筑企业实行私有化。对实行小私有化的小企业的标准,各国都有一些规定,俄罗斯规定的标准是:到 1992 年 1 月 1 日,固定资产净值不超过 100 万卢布,工作人员不超过 200 人。小私有化一般采取三种办法进行:公开拍卖、租赁和出售[①]。俄罗斯在 1993 年的小私有化中,采取赎买租赁财产办法的占 42.8%,商业投标占 44%,拍卖占 9.2%,股份制占 3.9%。匈牙利主要采取直接出售与拍卖的形式,对没有出售和未被拍卖的企业实行私

[①] 在东欧一些国家还采用退赔的方式,系指依法将国有化时期被没收的财产归还原主。俄罗斯没有实行这一做法。

有化租赁。波兰的办法是，先把国有企业撤销，即使其不再存在，之后再出售其全部或部分资产。一些国家在出售小企业时允许同时出售企业的不动产和经营场地，但采用这一做法的并不很多，在波兰、匈牙利和捷克等国只占12%，而75%的小私有化过程中出售的只是企业不动产的租用权。

小私有化进展较顺利，速度也较快，一般在2—3年完成。俄罗斯从1992年起实际起步到1993年年底，小私有化基本完成：实现了小私有化的企业已达6万家，占商业、服务业企业的70%，占轻工、食品和建材企业的54%—56%，建筑企业的43%，运输企业的45%。到1994年，俄罗斯零售商品流转额中非国有成分已占85%。

大私有化是指大中型国有企业的私有化。这比小私有化复杂得多，进展也较慢，出现的问题也较多。大私有化的具体办法分无偿分配和有偿转让，采取的主要形式是股份制。考虑到大私有化难度大，因此大多数国家对大私有化实行分阶段进行，俄罗斯先实行并非国有化，之后逐步使产权转移。

俄罗斯确定的大企业标准是：截至1992年1月1日，固定资产超过5000万卢布或工作人员人数超过1000人。它采取的步骤是，先将大型国有企业改造为股份公司或集团，即首先改变其所有权。之后，使股份公司的股票进入资本市场，具体办法有无偿分发和出售转让。

二 大私有化的发展阶段

俄罗斯大私有化的第一阶段，从1992年7月开始到1994年6月，①经历了两年。这一阶段私有化的主要特点是，通过发放私有化证券无偿转让国有资产，通常称为"证券私有化"阶段。证券发放的具体做法是：俄罗斯政府从1992年10月1日起，向每个公民无偿发放私有化证券，所以是一次大规模的群众性私有化运动，也叫做大众私有化。按照规定，每个公民不分民族、性别、年龄、收入水平、社会地位，从刚出生的婴儿到年迈的老者，均可获得面值为1万卢布的私有化证券。按当时黑市汇率计算，一张私有化证券相当于150美元，或4个月的平均工资。俄罗斯公民得到了14605.5万张私有化证券。每个持有者使用私有化证券的方法有4种：（1）以自己的证券内部认购本企业的股票（在认购过程中共吸收了

---

① 主管俄罗斯私有化的重要人物之一阿尔弗雷德·科赫认为，1994年年初，俄罗斯已完成了证券私有化。

2600万张证券）；（2）参与证券拍卖；（3）购买证券投资基金会的股票（这样的投资基金会共640个），它们共收集了6000多万张私有化证券；（4）出售证券（总共有1/4左右的证券被卖掉）。另据有关材料，分给居民的证券，25％流向证券投资基金；25％的证券被出售；余下的5％证券被劳动集体的成员作为资金投到自己的企业中去了。在私有化过程中，总共有95％—96％的发给的证券得到了利用。

在股票上市前，俄罗斯对股份制的企业职工，规定用三种优惠的方案向本企业职工出售股票。企业职工根据全体会议做出的决定，从三种方案中选择一种。这三种方案之间的主要区别在于赋予企业职工的种种优惠不同。

第一种方案：企业职工可以一次性无偿获得企业法定资本25％的优先股（无投票权）。

第二种方案：企业职工有权按国有资产委员会规定的价格，购买占企业法定资本51％的普通股票（有投票权），即使职工的股票达到控股额，以体现企业归职工控制的要求。

第三种方案：企业职工可购买企业40％的股份（有投票权）。

从第一阶段私有化的发展情况看，大部分企业选择了第二种方案（约占70％），选择第一种方案的约占20％，而选择第三种方案的仅为2％。

俄罗斯在1996年6月底之前，为何采用无偿的证券私有化或大众私有化，其主要原因有四：一是为了加快私有化的进程。二是俄罗斯缺乏资金。当时俄罗斯存有的资金只属于国家，并且数额有限，把资产卖给外国人，对此时的叶利钦来说意味着政治上的自杀，而企业、居民个人普遍没有资金，在此情况下，尽管俄罗斯政府当时亦考虑到，无偿私有化并不是最佳方案，但实际上又不得不实行这一方案。三是无偿的证券私有化，从当时的条件来看，也较为公平。在广大公民中发放人人有份的证券，比用货币购买股票平均得多。因为，在推行证券私有化时，不只居民货币持有量很少，而仅有的货币亦集中在5％的居民手中。所以，当时无偿的证券私有化要比货币私有化具有明显的优势，居民容易接受。四是政治需要。对此，被称为俄罗斯私有化之父的丘拜斯毫不隐讳，他说："俄罗斯实行的整个私有化是一种享有优惠政策的私有化。对我们来说，重要的是要获得各种政治力量和社会力量的支持，获得企业经理们、工人们、地方当权派和广大人民的支持。我们需要把上述这些人都变成自己的同盟者。正是这种状况在很大程度上决定了我们对私有化战略的选择。"不得不采用优惠的办法,"把很不错的一块财产给予企业的经理们和职工们"。他还说:考虑到当时执政当局在政治上还不够强大,刚刚组织起来的政府组织能力很弱等,这些情况,"我们得出这样一个结论:要'正确地'按照经典标准推行私有化,使它自始至终绝对符合国家的利益,这是不可能的。为了使私有化得以进行,它必须在政治上是可以被大家接受的,在实践上是可行的"[①]。

俄罗斯私有化的第二阶段,从1994年7月1日开始到1996年年底。这一阶段称为货币(或称现金)私有化。第二阶段的私有化与第一阶段的证券私有化其根本性的区别在于:前者是无偿转让国有资产,而后者主要是按市场价格出售国有资产。此外,两者区别还在于:证券私有化通过国有资产平均分配来形成广泛的私有化阶层,而货币私有化重点是解决投资与改造两者的结合;货币私有化与证券私有化相比,私有化范围大大扩大,除了30%的企业禁止私有化外,其他企业均可私有化;货币私有化比证券私有化对企业劳动集体与领导人的优惠大大减少。货币私有化要实现的战略任务有以下三方面:

(1)形成控股的投资者,以期提高他们对长期投资的兴趣;
(2)为推行私有化改革的企业进行结构变革提供必要现金;
(3)促进增加国家预算收入。

俄罗斯在推行货币私有化阶段期间,搞了"抵押拍卖"。在抵押拍卖过程中,出现了不少问题。被进行抵押拍卖的一般是俄罗斯带有战略性的骨干企业,又是"肥肉",因此争夺很激烈。而这些竞拍项目往往需要上亿美元的资金,所以有力量参与拍卖的亦只能是几个大财团。抵押拍卖的结果是,使一些大型的具有重要全俄经济意义的企业落到一些财团手里,特别是一些金融集团手里。另外,由于抵押拍卖过程中缺乏透明度,使这一私有化方式往往变成"内部人之间的分配"。这也是引起国内对抵押拍卖激烈争论与强烈不满的原因。

到1996年,俄罗斯以转让国有资产为主要内容的大规模的产权私有化已基本结束。私有化企业在俄罗斯企业总数中的比重与其生产的产值占GDP的比重均约为70%。但正如前面已指出的,由于私有化是个广义的概念,因此,俄罗斯统计上使用的"私有化企业"所含内容很杂,它不只

[①] [俄]阿纳托利·丘拜斯主编:《俄罗斯式的私有化》,乔木森等译,新华出版社2004年版,第35页。

包括真正意义的私有化企业与个体经济,还包括租赁企业、承包企业、股份制企业、各种形式的合营、合伙与合作制企业。据有关材料估计,1996年真正的私有经济大约只占俄GDP的25%。私营部门、混合所有制和集体所有制部门的就业人数占俄罗斯就业总人数的63%。另外,针对前两个阶段私有化过程中出现的问题,俄罗斯需要总结与整顿,因此,宣布"今后不再搞大规模的拍卖"。时任俄罗斯总理的切尔诺梅尔金提出,从1997年起俄罗斯经济体制转轨进入一个新阶段,即结构改革阶段,其主要任务是恢复经济增长,提高经济效益。在此背景下,在1996年下半年俄政府制定了《1997—2000年俄罗斯政府中期纲要构想:结构改革与经济增长》。根据该纲要构想,从1997年起,俄罗斯私有化将从大规模私有化转向有选择地对个别国有企业的私有化,即进入私有化的第三阶段——"个案私有化"。在这一阶段,对进行股份制改造的企业名单,要由俄联邦政府根据国有资产管理委员会的提议并在制定的私有化计划中批准,还需呈交国家杜马。之后,才逐个地对企业制订私有化方案。

第四节 私有化的评价

经济转轨国家的私有化,在不同国家的业绩与问题存有差别,但有些问题是相同的。总的情况看,中东欧国家私有化的效果要比以俄罗斯为代表的独联体国家好。下面集中对俄罗斯私有化的主要业绩与问题进行分析。

一 私有化的主要业绩

(一)由于俄罗斯以较快速度实现了私有化,从而打破了国家对不动产与生产设备所有权的垄断,形成了私营、个体、集体、合资、股份制与国有经济多种经济成分并存和经营多元化的新格局,为多元市场经济奠定了基础。

(二)在俄罗斯政府看来,较为顺利地实现了私有化的政治目标:一是铲除了社会主义的计划经济体制的经济基础,从而使经济转轨朝向市场经济体制模式变得不可逆转;二是培育与形成了一个私有者阶层,成为新社会制度的社会基础和政治保证。

(三)私有化企业经营中决策的自由度增大与开发新产品的积极性提高。这样,使企业生产经营活动有可能更符合市场的要求。根据俄罗斯学者1994年对426名企业经理所进行的调查材料来看，经理们认为企业私有化后主要的积极变化也表现在以上两个方面。在这426名企业经理中，认为决策自由度有改善的占61%，有利于刺激企业开发新产品的占52%。[1] 私有化企业的经理普遍认识到，与国有企业相比，他们只能更多地利用市场方式去解决自己面临的各种问题，只能通过开发新产品，提高竞争力，吸引外资，寻找新的销售市场等途径求生存和求发展。

（四）小私有化都取得较为明显的效果：（1）由于商业、服务业、小型工业企业转换了所有制形式，提高了适应市场经济的能力，从而得到较快发展。1994年在俄罗斯零售商品流转总额中，非国有成分已占80%以上。（2）活跃了消费市场与促进了流通领域发展。（3）对调整苏联长期存在的不合理的经济结构产生了积极影响，特别是在促进第三产业的发展方面作用更大，如俄罗斯，1991年服务业占GDP的24%，而到1994年已上升为50%。

二　私有化的主要问题

（一）俄罗斯私有化首先考虑的是政治目的。换言之，是在私有化之父丘拜斯下述经济转轨思想主导下进行的，即尽快摧垮社会主义经济的基础。丘拜斯明确地说："我们需要解决的是一个问题：凡是有助于使国家脱离共产主义，有助于在国内消除共产主义意识形态和共产主义制度的基础的东西，就应该能做多少，就做多少。"[2] 因此，俄罗斯私有化在指导思想与方法等方面，都存在严重失误。例如：（1）俄罗斯改革国营企业，采取强制的方法，人为地确定在每个时期要把国有经济成分在整个国民经济中的比重降低到多少，等等。（2）为了尽快培植起一个广泛的私有者和企业家阶层，形成一个资产阶级，就实行无偿的证券私有化，力图用相当于当时俄罗斯国有资产总值的1/3的证券，让公司购买私有化后企业的股票。但实际上，由于严重的通胀因素，原值可购买一辆小汽车，变成只能购买一箱啤酒，后来甚至只值5美元，只能买一瓶"伏特加"酒。更为严重的是，广大居民手中持的私有化证券大部分落入领导人手中。或者落入MMM那样的搞欺诈和投机的公司手中。据一项调查，俄罗斯61%的新企

---

[1] 参见［俄］科萨尔斯、雷芙金娜《俄罗斯：转型时期的经济与社会》，石天等译，经济科学出版社2000年版，第81页。

[2] ［俄］阿纳托利·丘拜斯主编：《俄罗斯式的私有化》，乔木森等译，新华出版社2004年版，第282页。

业主曾经被列为党、政府、企业的精英成员。就是说，私有化为原领导人和投机者大量侵吞国有资产大开方便之门。他们从事投机，大发横财。（3）与上述问题有关，俄罗斯在私有化过程中，公司治理实行的是经理人员控股的"内部人控制"的模式。据调查，1994年，私有化的企业中，65％的股权为内部人所掌握，13％仍在国家手中，而外部人与法人总共只控股21％。这样。企业内部人主要是经理人员的利益得到了充分的体现。（4）与上述因素相联系，在改造国有企业过程中，没有考虑如何保护国有企业已经形成的潜力，并使其继续发挥，而是在条件不具备的情况下，匆匆把国营企业推向市场。在改革国有企业的同时，也并没有去研究和解决如何改变国有企业的经营管理机制问题。这些因素也是导致俄罗斯在转轨初期产生严重经济危机的重要原因之一。

（二）国有资产大量流失。这是经济转轨国家普遍存在的一个严重问题。主要原因有：（1）向居民无偿发放"私有化证券"以及向职工按优惠价格转让股权，这造成国有资产的直接流失；（2）问题的复杂性在于资产评估。例如，俄罗斯国有资产按1992年1月1日会计报表上的账面价值出售与转让的，并没有充分考虑到通胀因素，例如，1992年1月物价上涨了26倍，而大部分企业在私有化时，允许以股票面值的1.7倍价格出售。更重要的是出现了资产评估的价值与会计核算中的资产价值的严重脱节。如俄罗斯500家最大的私有化企业按现价至少值2000亿美元，而实际以72亿美元出售。

（三）国有大中型工业企业私有化后，经济效益没有提高或者变化不明显。这由多种因素决定：（1）私有化的一个重要目标是使企业成为独立的商品生产者，成为市场的主体，以此来促使企业尽快转换经营机制，提高经营效率与竞争能力。但实现这一目标，对长期在计划经济体制条件下从事生产经营活动的国有企业来说，需要有个过程，绝不是某些人所想象的，只要所有制一变，经营机制立即会变，经营效果立即会提高。（2）对部分以股份制形式实现私有化并是国家控股的企业来说，企业的产权与责任并不十分清楚，一个重要原因是，这类私有化企业，更多的是考虑国有财产的处理问题，不顾及企业管理机制的改革问题。（3）经济转轨国家的大中型国有工业企业，在传统体制下，都忽视设备的更新，生产技术十分落后，急需更新设备与技术，而私有化后的新企业主往往缺乏资金，没有新的投入。"根据全俄社会舆论研究中心的材料，当原班管理人员当领导时，74%的新投资者拒绝为自己拥有的项目投资。"① 这样就难以提高产品质量与生产效益。(4)一个重要的因素是，俄罗斯私有化尽管是打着科斯定理的旗号进行的，即国家财产一旦私有化，最终会落入效率最高的生产者手中，而俄罗斯实际上没有按科斯定理推行私有化。(5)大私有化打破了国家的垄断，但在俄罗斯又出现私人垄断和行业垄断。这在西方如英国也出现过这种情况，如英国供排水公司，私有化初期效果较好，后来因存在行业垄断，该公司价格上涨幅度大于利润上涨幅度。俄罗斯推行私有化政策后，由七个银行家和商人联合起来控制俄罗斯50%财产的成员之一的鲍里斯·别列佐夫斯基供认，② 这些大财团，控制某个行业是十分容易的事。垄断不打破，就不能通过竞争达到提高效率的目的。(6)从客观条件来讲，较为完善的发达的市场经济条件尚未形成。

（四）产生的社会问题甚多。主要有失业人数增加；经济犯罪日益严重；对整个社会经济犯罪起着推动的作用；加速了社会的两极分化。如在俄罗斯一方面出现了暴发的"新俄罗斯人"；另一方面出现了大量的生活在贫困线以下的广大居民阶层。这必然导致社会大多数人的不满和社会处于紧张状态。

（五）通过私有化也没有达到大量增加预算收入的目的。普里马科夫指出："从1992—1998年，预算从大量的、全面的私有化中仅仅得到相当于国内生产总值1%的收入。其余所有的全落入人数很少的所谓'寡头'集团腰包。"③

（六）国家政权的"寡头化"。俄罗斯经济转轨进程中，出现了金融资本与工业资本的互相融合与发展过程，因此，也可称金融工业集团。

金融寡头的出现，从其大环境来讲，是俄罗斯社会经济的转轨；从具体条件来讲，最直接与重要的是俄罗斯国家实行的私有化政策与采取的全权委托银行制度。这些条件为俄罗斯在私有化过程中已握有财权和管理权的大企业与大银行，通过与权力的结合，成为更快集聚资本的最有效的途径。

第五节 重新国有化问题

普京第二任期以来，在国民经济的一些主要部门出现了明显的重新国

---

① 刘美珣等主编：《中国与俄罗斯两种改革道路》，清华大学出版社2004年版，第352页。
② 参见［美］《挑战》1997年第5—6月号。
③ ［俄］叶夫根尼·普里马科夫：《临危受命》，高增训等译，东方出版社2002年版，第33、183页。

有化现象。这主要涉及油气、军工、飞机制造、重型机械、汽车、核能、矿产开采、海洋运输、民运机场、银行与造船等领域。

俄罗斯重新国有化主要是通过企业兼并与重组方式达到国家控股的目的。近几年来，一些重要部门企业兼并与重组都有明显进展。

在能源领域，最具规模的国有企业之一——俄罗斯统一电力公司，在2005年以1亿美元从国际俄罗斯公司手中收购了电力设备公司。2004年12月，国家全资的俄罗斯石油公司以93.5亿美元收购了尤科斯石油天然气公司76.79%的股票。该公司还在继续扩张，下一步计划收购苏尔古特石油天然气公司。2005年9月，俄罗斯天然气工业股份公司以131亿美元收购了俄罗斯第五大石油公司——西伯利亚石油公司72.66%的股份。2006年12月，它又以74.5亿美元的价格获得了萨哈林能源公司51%的股份与萨哈林2号油气项目的控股权。

在军工领域，2000年俄罗斯在重整国防工业时，建立了国防工业联合公司，它是一个综合性的工业和投资公司，股东是俄罗斯联邦财产管理局，拥有51%的股份。俄罗斯还将武器出口统一由俄罗斯国防出口公司进行，公司董事会主席由当时任国防部长（现任政府第一副总理）伊万诺夫担任。该公司不断扩充实力，2005年它以3亿美元收购了俄罗斯最大的汽车制造厂之一的伏尔加汽车制造厂。2006年10月，又以70亿美元的价格获得了俄罗斯最大的钛锰制造商集团66%的股票。2006年俄罗斯国防出口公司，还宣布了一项以俄罗斯国内主要的特种冶金企业为基础组建一个庞大的冶金控股公司计划，该公司将由国家控制。国防出口公司在不断扩张与实现了主要由国家直接控制之后，2006年2月，普京总统签署了一项总统令，赋予该公司为俄罗斯唯一有权进行出口武器的垄断性集团地位。

在金融领域，现俄罗斯国家控股的银行与信贷机构已有20多个。国有股份银行与信贷机构在总资产中所占的比重已接近40%。从发展趋势看，国家控股的银行在增加，并且规模也在扩大，向银行集团公司发展。还应指出的是，这些银行不仅扩张金融业务，而且还向其他行业推进，如房地产行业，等等。

在其他一些重要部门都出现了上述企业兼并与重组的现象。

重新国有化的主要目的有以下方面：

第一，增强国家对经济的主导作用，特别是对影响国家重要经济战略利益的领域加强调控力度。例如，在石油部门通过重新国有化的措施，国家对石油的控制率已达到31%。大型国有企业在俄罗斯经济中的作用已大大提高（见表 3 - 3）。

表 3 - 3　2005 年俄罗斯 10 个大型国有公司销售额及其对 GDP 增长的贡献度

公司名称	销售额（亿美元）	销售额占 GDP 的比重（%）
天然气股份公司	489	6.4
统一电力公司	270	3.5
俄罗斯铁路公司	265	3.5
俄罗斯石油公司	177	2.3
天然气工业石油公司	145	1.9
储蓄银行	110	1.4
通信投资公司	75	1.0
石油运输公司	64	0.8
俄罗斯国防出口公司	56	0.7
伏尔加汽车制造厂股份公司	47	0.6
总计	1698	22.1

资料来源：Деловой еженедельник《Компания》№444，25 декабря，2006г.

从表 3 - 3 可以看到，10 家最大的国有公司其 2005 年的销售额已达到俄罗斯 GDP 的 22.1%。

第二，进一步打击与削弱寡头势力，防止国家政权寡头化，剥离寡头与政治的关系，不允许寡头参政，对国家经济政策指手画脚。

第三，在一些重要经济部门培植一些大型国有控股企业，目的是保证国家重要的产业政策得以实现。俄罗斯在重新国有化时，并不要求 100% 的股份，而是保持在 51% 的股份。

在谈到这几年来俄罗斯重新国有化现象时，必须指出以下两点：一是原规定的进一步私有化的进程不会中断，按规定，2008 年以前，俄罗斯将国家不需要的国有资产全部售完；二是重新国有化，并不构成一个大规模运动，而只是在某些具有重要战略意义的领域的某些企业中进行，采取"个案"处理的办法。至于重新国有化后，形成的大型企业集团，就有可能在某个行业与部门产生垄断，从而阻碍正常竞争的环境的发展，出现有国家背景的腐败，从而对社会经济的发展与效率的提高产生不利的影响，这些问题值得关注与研究。

本章小结

由传统的计划经济体制向市场经济体制转轨，都必然要涉及所有制的改革，这是经济转轨的核心问题。而国企改革又是所有制转轨的关键。俄罗斯独立执政后，国企改革比其他转轨国家更为迫切，因在苏联时期国有制经济占绝对统治地位，真正体现了"一大二公三纯"的特点。俄罗斯在快速向市场经济过渡时，为了建立多元化的所有制结构，也要求加速国有制经济的改革。俄罗斯对国有企业改革是以西方产权理论为指导的私有化方式进行的。私有化在取得进展的同时亦产生了一系列社会经济问题。普京执政后，为了增强国家对经济的主导作用，保证国家重要产业政策得以实现，在一些主要部门实行重新国有化政策，这主要是通过企业兼并与重组方式进行的。

思 考 题

一　名词解释
1. 小私有化
2. 大私有化
3. 证券私有化
4. 货币私有化
5. 混合所有制

二　简答题
1. 简答俄罗斯经济转轨过程所有制改革的必要性。
2. 简述国企改革绩效分析。
3. 简答普京执政后重新国有化的缘由。
4. 简答苏联时期所有制结构的特点。

三　论述题
1. 论述俄罗斯私有化政策的理论、方式与进程。
2. 论述俄罗斯私有化的业绩与问题以及重新国有化的目的。

阅读参考文献

1. 陆南泉：《俄罗斯经济转轨过程中的私有化问题》，载王跃生等主编《市场经济发展：国际视角与中国经验》，社会科学文献出版社2006年版。

2. 李建民：《中俄国有企业改革比较》，载张森主编《俄罗斯经济转轨与中国近年国企改革》，当代世界出版社 2003 年版。

3. 陆南泉：《苏联经济体制改革史论——从列宁到普京》，人民出版社 2007 年版。

4. ［俄］阿纳托利·丘拜斯主编：《俄罗斯式的私有化》，乔木森等译，新华出版社 2004 年版。

5. 刘美珣等主编：《中国与俄罗斯两种改革道路》，清华大学出版社 2004 年版。

6. 张树华：《私有化是祸？是福？》，经济科学出版社 1998 年版。

7. 陆南泉主编：《独联体国际向市场经济过渡研究》，中共中央党校出版社 1995 年版。

8. 李中海主编：《普京八年：俄罗斯复兴之路（2000—2008）》（经济卷），经济管理出版社 2008 年版。

9. 李双林等主编：《中国与俄罗斯经济改革比较》，中国社会科学出版社 2007 年版。

10. 科萨尔斯、雷芙金娜：《俄罗斯：转型时期的经济与社会》，经济科学出版社 2000 年版。

第四章 市场体系的形成和宏观调控政策

内容提要

本章共分六节。首先，从俄罗斯市场体系的建立入手，分析了微观经济主体的确立和市场机制的形成以及国家从直接调控向间接调控的转变；其次，俄罗斯《反垄断法》的形成和完善，为市场经济条件下经济主体的活动提供了法律保障；最后，重点分析了俄罗斯金融改革和资本市场的形成，并从财政税收两方面说明了俄罗斯由计划经济向市场经济转轨的演变。

第一节 市场体系的建立

1991年12月25日苏联解体，俄罗斯作为苏联的继承国成为一个独立的国家，1992年1月迈出了由计划经济向市场经济转轨的步伐。尽管先前对俄罗斯经济转轨模式进行了激烈的理论争论，但俄罗斯政府最终采纳了"休克式"激进经济改革方案。这当中新自由主义和现代货币主义对俄罗斯经济改革产生了重要影响，成为俄罗斯经济转轨初期的理论基础。随着"休克疗法"的失效，俄罗斯转轨的目标模式由自由市场经济转变为社会市场经济。

一 微观经济主体的确立：企业成为市场经济的主体

俄罗斯微观经济主体的确立是通过私有化实现的。俄罗斯政府认为，私有化是最重要的制度改革，是经济改革的中心环节。私有化的目标是形成广泛的私有者阶层，提高生产效率，形成市场经济和民主社会的强大社会基础。俄罗斯的私有化包括小私有化和大私有化，而大私有化又经历了证券私有化、现金私有化和个案私有化三个阶段。在私有化过程中，俄罗斯所有制改革的目标模式是建立以非国有经济为主体、重视国有经济重要地位的混合所有制结构。俄罗斯的私有化总的来讲是不成功的，最突出的问题是国有资产的严重流失。尽管如此，私有化毕竟为构建市场经济的微观主体奠定了基础。1998年俄罗斯金融危机后，重新国有化的倾向开始出现，一些战略性的大企业纷纷转为国家控制，这在石油工业和银行业表现得十分突出。这表明国家在整个经济生活中的作用在不断加强。但重新国有化作为俄罗斯私有化的一股"逆流"仅仅局限在战略性行业，俄罗斯私有化的主流并没有改变，所有制结构仍呈现混合所有制的格局。

二 价格机制的形成：价格在市场竞争中由供求关系决定

俄罗斯价格形成机制的构建是通过一次性全面放开价格的方式开始的。按照俄罗斯政府关于放开价格的决定，除煤、石油、天然气、电力、货物运输等重要生产资料和服务以及面包、乳制品、油、盐、糖、客运等保障人民基本生活需要的消费品和服务由政府规定涨价限额之外，其余的商品和服务的价格完全放开，由市场供求关系决定。价格全面放开后，俄罗斯经济形势急剧恶化，价格飞涨。虽然日用消费品价格和公共服务价格上涨幅度受到限制，但基本生活消费品和食品价格仍然大幅度上涨。1992年俄罗斯年通货膨胀率达到创纪录的2510%[①]。俄罗斯政府放开价格的初衷是通过价格上涨来抑制由于短缺经济造成的过度需求，并为生产结构的调整和生产的回升创造条件，发挥价格杠杆对经济的调节作用。由于与之配套的私有化计划和企业改造未能跟上价格放开的步伐，大部分企业依然按照原有的计划经济体制运转，效率低下，又因价格上涨，工人工资不断提高，造成企业成本增加，许多企业资金周转不灵，"三角债"大增，不少企业濒于破产。尽管俄罗斯以放开价格为先导的激进改革的第一战役并不成功，但为俄罗斯市场体系的建立和供求决定价格机制的形成提供了前提。

三 政府对经济的宏观调控：由直接调控向间接调控转变

俄罗斯政府认为，在市场机制充分发挥作用的条件下，"看不见的手"就可以实现经济均衡发展，而国家经济干预只能产生短期效应，长期反而会导致经济失衡。因此，强调自由竞争，主张尽可能减少国家对经济的干预，宏观调控由直接调控向间接调控转变。

俄罗斯的宏观调控是通过财政政策、货币政策、对外贸易政策实现

[①] 许新主编：《叶利钦时代的俄罗斯·经济卷》，人民出版社2001年版，第509页。

的。在转轨初期,为了遏制恶性通货膨胀,俄罗斯政府决定实行紧缩的财政政策,以尽快平衡预算,稳定财政。财政紧缩在预算收入方面主要采取提高税率的方式,努力"开源",同时注重"节流",在预算支出方面压缩开支,主要是削减价格补贴、企业亏损补贴、国家投资、军费开支和管理机关的经费。在货币政策方面,在实行价格自由化阶段,其主要任务是抑制通货膨胀。俄罗斯政府采取的措施是:第一,控制货币发行量,主要是平衡预算,控制财政透支;第二,紧缩银行信贷,控制信贷投放量,防止信用膨胀。在对外贸易政策方面主要是进一步放开外贸经营权,实行外贸经营的依法登记制。在商品进出口管理方面,取消非关税限制(配额和许可证),以关税调节代替各种限制。实行卢布内部可自由兑换,即在经常项目下实行统一浮动汇率制,在资本项目下实行个别固定汇率制。

俄罗斯政府在经济转轨过程中,宏观调控方式由直接的计划统一管理向间接方式转变,大方向应该是正确的,但由于具体政策的失误,转轨初期的结果并不令人满意。经过对金融危机和私有化消极后果的反思,俄罗斯改革的目标模式从"自由市场经济"向"社会市场经济"转变,逐步加强政府在经济运行中的作用,但政府采取的更多的是按市场经济的要求所应行使的法律手段和经济手段。

第二节 竞争和反垄断[①]

一 俄罗斯反垄断法律体系及修订情况

俄罗斯反垄断法体系形成于苏联解体后的20世纪90年代。1990年颁布了《关于在商品市场中竞争和限制垄断活动的法律》(以下称《反垄断法》),1991年开始生效,是俄罗斯第一部反垄断法律。当时的《反垄断法》只是规范生产流通及劳动力市场的垄断行为,没有涉及保险、金融和社会保障等领域。1992年颁布实施了《保护消费者权益法》,1995年颁布实施了《国家保护中小企业免受垄断和不正当竞争的法律》和《反自然垄断法案》。1995年颁布的《反自然垄断法案》与《反垄断法》对企业的规制和处罚不同,调整机制也不同。关于消费者利益和劳动力服务市场等其他各个经济领域的垄断行为包括对自然垄断行业签订合同的管理等,在《反垄断法》中已有规定。《反自然垄断法案》规定了国家对自然垄断行

---

① 中国竞争法网,http://www.competitionlaw.cn/show.aspx?id=78&cid=40。

业进行特殊监管,如对价格、税率的监督等。1996年颁布的《广告法》对广告行为中的不正当竞争进行了规制。1999年颁布的《保护在金融市场竞争的法律》,对涉及保险、金融和社会保障等领域的垄断行为进行规范。2001年颁布的《关于在对外经贸活动中保护消费者利益的法律》,又在对外经贸领域对保护合理竞争进行了规定。俄罗斯行政性垄断随着私有化的进程虽然已开始逐步得到解决,国家对企业也没有特别的保护,但是行政性垄断仍然存在。根据OECD的建议,俄罗斯已在2000年着手制定《限制行政性垄断法案》,目前草案正在讨论之中。俄罗斯与欧盟有反垄断协议,国内立法正考虑与欧盟竞争法接轨。

《反垄断法》自1991年实施后,根据俄罗斯政治经济形势的变化,又先后于1995年、1998年、2000年进行了三次修改。1995年修改的主要内容一是关于检查经济活动的标准的变化,二是在行政垄断方面,国家禁止地方行政部门干预地方经济活动,地方管理部门不能从被管理的企业中收取费用。1998年的修改中引入了"卡特尔"概念。2000年的修改侧重于企业合并控制方面,加强了对企业合并过程中企业资金来源的监督,着重监督哪个企业是企业合并后的法人代表,合并资金来源于一个企业还是多个企业。目前,立法委员会已向国家杜马提出要对《反垄断法》进行第四次修改,不久将公布最新的修改法案。经过十年的努力,俄罗斯形成了以《关于在商品市场中竞争和限制垄断活动的法律》为基础和核心,《保护在金融市场竞争的法律》《保护消费者权益法》《广告法》《关于在对外经贸活动中保护消费者利益的法律》《国家保护中小企业免受垄断和不正当竞争的法律》和《反自然垄断法案》等法律相配套的反垄断法律体系。

二 俄罗斯反垄断法的基本框架及主要内容

(一)基本框架。俄罗斯现行的《反垄断法》是2000年修订的,共七章29条。第一章总则,规定了立法的目的、适用范围、反垄断机构以及对商品、替代商品、商品市场、竞争、市场支配地位等概念的解释。第二章垄断活动,规定了法律所禁止的各种垄断行为,如滥用市场支配地位的行为、限制竞争的协议、行政性垄断等。第三章不公平竞争,列举了应予禁止的各种不公平竞争行为。第四章规定了联邦反垄断执法机关的任务、职能和权力。第五章对企业合并的控制作了规定。第六章规定了违犯反垄断法的法律责任。第七章规定了采纳、执行联邦反垄断当局(或其地方代表机构)的决定和处理意见的程序及其上诉程序。由此可见,这是一部广义的竞争法,内容既涉及反垄断又涉及反不正当竞争。

(二)主要内容。俄罗斯《反垄断法》的实体内容主要是第二章、第三章和第五章。

第二章的内容包括禁止滥用市场支配地位、禁止限制竞争的协议、禁止政府及其所属部门的行政性垄断行为等。

禁止滥用市场支配地位。该法第4条对市场支配地位作了明确规定,即一个或若干企业在特定市场中拥有排他性地位,对相关市场中的一般商品流通条件可以施加决定性影响,或有可能阻碍其他实体进入这一市场。市场份额超过65%的企业视为具有市场支配地位。由此可见65%的市场份额是衡量一个企业市场支配地位的临界值。第5条第一款列举了企业市场支配地位的五种行为:出于制造或维持商品短缺或抬高价格的目的而从流通市场上撤回商品;向契约对方强加于其不利的契约条款或者强加与契约标的物无关的条款;以不平等条件向契约对方强加歧视性条款;维持垄断性高价或低价;妨碍其他经济主体进出市场。

禁止限制竞争的协议。该法第4条将垄断行为界定为:经济主体或行政机关违反该法,旨在阻止、限制或排除竞争并损害消费者利益的作为或不作为。第6条明文禁止旨在限制竞争的横向协议和纵向协议。相互竞争的经济主体之间就共同占有一市场份额35%以上所达成的任何协议(协同行动),如果导致或可能导致对竞争的限制,则这些协议将被依法禁止。主要包括下列协议:确定或维持价格、折扣和红利的协议(固定价格);提高、降低或维持拍卖价或投标价的协议(串通招投标);依据所销售商品的买主或卖主的类型,按地区划分市场的协议(划分市场范围);限制其他经济实体作为卖方或买方进入市场,或者将他们排除出市场;拒绝与特定卖方或买方缔结契约等。

禁止行政性垄断。该法第7条至第9条规定了有关政府机关和管理机关的活动。第7条明文禁止行政管理机关从事限制企业独立性或区别对待个别企业的行为,如果该行为事实上构成限制竞争或者损害企业、公民的利益。并具体列举了禁止行政管理机关从事的活动:没有法律依据地禁止生产某种产品;阻止企业在联邦境内某些地区的经营活动,或者以一定的方式限制企业的商品销售权、获取权、购买权和交换权;指示企业优惠或优先供应商品给特定消费者。第8条明文禁止行政管理机关之间缔结横向协议。第9条进一步对行政管理机关的工作人员做出限制性规定,禁止他们从事经商活动,不得自办企业等。

第三章规定了禁止不正当竞争行为：散布损害其他企业及其商誉的虚假、不准确以及失真的信息；在商品性质、生产方式、产地以及质量方面误导消费者；在广告中对自己的商品与他人商品作不正当比较；未经允许使用他人商标或商号以及模仿他人商品的形状、包装和外观；未经允许获取、使用或泄露他人的科技、生产或商业信息，侵犯商业秘密。

第五章是关于企业合并。该法第 10 条规定对联盟、协会、商会和跨地区、跨部门联合体的设立、合并和接管，对股份公司的设立、合并、接管和清算进行控制，上述行为应当获得联邦反垄断主管机关的同意。并规定了企业合并的条件以及合并企业的申报、主管机关的调查处理程序等。

三　俄罗斯的执法体系及机构

俄罗斯《反垄断法》规定，联邦反垄断当局负责制定和实施有关培育商品市场和促进竞争，以及预防、限制、排除垄断活动和不公平竞争的国家政策。联邦反垄断当局的负责人由俄罗斯联邦政府总理提名，俄罗斯联邦总统任免。联邦反垄断当局可建立地方代表机构，在其权限之内向地方代表机构授权。

其职能是：（1）向俄罗斯联邦政府提供有关完善反垄断法规及其实施的建议，并对有关发挥市场功能的发展竞争的法律草案和其他正式法令提出评价意见；（2）在实施促进商品市场发展和竞争的措施方面向联邦行政权力机构、俄罗斯联邦各部门的行政权力机构和各市政当局提供建议；（3）制定并实施消除生产和贸易中垄断现象的措施；（4）在经济实体的创建、重组和停业过程中确保反垄断要求得到遵守；（5）对影响市场竞争的收购进行监督。

俄罗斯反垄断执法由联邦反垄断政策与企业扶持部及其分支机构承担。反垄断政策与企业扶持部是俄罗斯反垄断的立法、执法和行政裁决机关，负责解决有关反垄断的行政管理争端，但不涉及经济纠纷。如果当事人不服，有权向一般法庭或经济法庭起诉，要求部分或全部撤销联邦反垄断部门的决定，或者要求取消或更改由联邦反垄断部门做出的行政处罚或课收罚金的决定。反垄断政策与企业扶持部每年要处理 1500—2000 件反垄断案件。

反垄断政策与企业扶持部包括总部和 71 个分支机构。在反垄断职能上是垂直的，各分支机构和总部按各自职责分别承担反垄断任务。有关企业垄断和不正当竞争的案件既可以向总部投诉，也可以向各地分支机构投诉解决，但涉案金额超过500万卢布和涉及几个地区的垄断案件只能由总部解决。总部有1名部长、6名副部长，下设交通领域垄断行为部门、价格委员会、保护中小企业反垄断部门、法规局、商品流通市场反垄断部门、保护消费者权益委员会、反广告垄断部门、反证券交易市场垄断部门、国际关系部门、信息技术部门、财务人事等保障部门。

第三节　金融深化理论与政策

一　金融深化理论

金融深化理论是美国经济学家罗纳德·麦金农和爱德华·肖在20世纪70年代，针对当时发展中国家普遍存在的金融市场不完全、资本市场严重扭曲和政府患有对金融的"干预综合征"影响经济发展的状况首次提出的。他们严密地论证了金融深化与储蓄、就业和经济增长的正向关系，深刻地指出金融抑制的危害，认为发展中国家经济欠发达是因为存在着金融抑制现象，因此，主张发展中国家以金融自由化的方式实现金融深化，促进经济增长。金融抑制是指中央银行或货币管理当局对各种金融机构的市场准入、市场经营流程和市场退出按照法律和货币政策实施严格管理，通过行政手段严格控制各金融机构设置和其资金运营的方式、方向、结构及空间布局。根据麦金农和肖的观点，如果政府过分干预金融市场，实行管制的金融政策，不但不能有效地控制通货膨胀，而且会使金融市场特别是国内资本市场发生扭曲，利率和汇率不足以反映资本的稀缺程度，发生金融抑制现象。金融抑制现象在发展中国家普遍存在，其表现形式主要有：严格的利率管制、高额存款准备金、信贷配给、本币汇率高估等。金融抑制现象的出现不是发展中国家政府的目标和主观愿望，而是其管制和干预金融的必然结果，致使金融体系的实际规模缩小，实际增长率降低，从而阻碍和破坏经济的发展。

金融自由化就是针对金融抑制这种现象，减少政府干预，确立市场机制的基础作用。从内容上看，金融自由化包括国内金融自由化——废除利率管制和信贷配给，以及国际金融自由化——废除资本流动管制和外汇兑换限制。金融自由化的本质是政府在金融领域行为方式的转变。麦金农和肖认为金融自由化就是通过改革金融制度，改变政府对金融的过度干预，放松对金融机构和金融市场的限制，增强国内的筹资功能以改变对外资的过分依赖，放松对利率和汇率的管制使之市场化，从而使利率反映资金供求，使汇率反映外汇供求，促进国内储蓄率的提高，减少对外资的依赖，最终达到充分动员金融资源，促进经济增长的目的。1998年威廉姆森将金融自由化扩展为放松利率管制、消除贷款控制、金融服务业的自由进入、尊重金融机构自主权、银行私有化及国际资本流动的自由化六个方面。

金融自由化在不同时期其内涵不尽相同。20世纪80年代的重点是推行国内的利率自由化。进入20世纪90年代，随着国际金融市场的迅速壮大以及国际经贸一体化进程的推进，金融自由化的内涵进一步扩展。按照世界银行和国际货币基金组织一些经济学家的看法，完全的金融自由化包括：对公共金融机构的私有化；允许外资银行进入；促进金融市场的发展，加强市场竞争；减少存款准备金要求；取消指导性贷款；利率市场化和开放资本市场等。但从各国的实践看，金融自由化具体表现为以下四个方面：一是价格自由化，即取消对利率、汇率的限制，充分发挥公开市场操作、央行再贴现率和法定准备率等货币政策工具的市场调节作用；二是业务自由化，即允许各类金融机构从事交叉业务，进行公平竞争，即所谓混业经营；三是金融市场自由化，即放松各类金融机构进入金融市场的限制，完善金融市场的融资工具和技术，完善金融市场的管理；四是资本流动自由化，即放宽外国资本、外国金融机构进入本国金融市场的限制，同时也放宽本国资本和金融机构进入外国市场的限制。

二 俄罗斯金融改革的背景

20世纪80—90年代的显著标志是新自由主义意识形态高涨，西方多数经济学家和政治领袖都将新自由主义经济理论奉为圭臬。许多西方学者认为俄罗斯的经济转轨应该以新自由主义为指导。20世纪80年代中期苏联社会出现的问题给新自由主义的兴起提供了一个契机。

首先，从社会经济发展来看，戈尔巴乔夫的经济改革未见成效，并且带来了严重的经济危机。残酷的生活现实深刻地影响着人们的政治信仰和情感，这为自由化思想在苏联的滋生和发展提供了土壤。

其次，从社会结构来看，进入20世纪80年代，苏联社会结构已经发生了重大变化。苏联人的年龄结构开始年轻化，半数以上的人年龄在30岁以下，这表明大多数人对斯大林时期极权主义统治的认识是模糊的。社会结构的变化使整个苏联社会更多的人容易接受西方的自由主义思想，他们对民主自由的要求也逐步提高。

最后，戈尔巴乔夫公开性和新思维的提出起到了推波助澜的作用。

总之，20世纪80年代末的苏联已经孕育了新自由主义的思想，特别是戈氏改革的彻底失败使即将掌权的叶利钦等激进民主派产生了一种理念：既然苏联70年的社会主义制度在与西方的竞赛中败北，既然苏共改革和改善这种制度的努力也未奏效，那么对于未来的俄罗斯唯一的做法就是抛弃这种"错误"的选择，全面照搬和推行西方社会行之有效的体制。这就是俄罗斯跻身于西方文明社会的唯一正确之路。这种偏激的政治理念正是当时俄罗斯社会主流思想的真实写照。

俄罗斯自1992年1月开始由计划经济体制走上了向市场经济体制全面转轨的道路。俄罗斯的决策者们不仅认为他们所采纳的新自由主义战略会引导俄罗斯根除计划经济体制的弊病，迅速走出发展速度多年徘徊的低谷，进而很快缩短与西方发达国家的差距，使俄罗斯最终跻身于世界富国行列，而且认为这种战略最适合俄罗斯社会经济初始条件，是改变俄罗斯现有的经济结构、实现体制全面转轨的最佳和唯一的选择。俄罗斯的激进民主派认为，俄罗斯的经济危机与欧美在20世纪70年代出现的"滞胀"危机具有很大的相似性：恶性通货膨胀、赤字扩大，失业人数剧增，并认为，既然新自由主义能够拯救西方，那么，新自由主义也应是改变俄罗斯的经济结构、实现体制全面转轨的最佳选择。正是出于这样的理论思考，俄罗斯最终决定采用新自由主义自由放任的办法，全面放开价格和市场，同时把国有企业私有化，以此来达到经济自由化的目的；采用货币主义的紧缩政策来消除财政赤字，以达到抑制通货膨胀的目标。一句话，俄罗斯新自由主义战略的意图就是想利用取消国有制和国家对经济监督的方法，把国家计划经济体制改造成市场经济体制，并期望市场在以后的经济活动中担负起国家原来所起的促进和协调作用。

三　俄罗斯金融自由化改革

俄罗斯金融自由化改革是在原来银行法律体系的基础上颁布新的银行法，建立起与计划经济时代有所不同的银行体系，形成以中央银行为主导、商业银行为主体、多种金融机构并存和分工协作的金融体系。毋庸讳言，金融自由化对俄罗斯金融体系的构建起到了一定的积极作用，但是纵览俄罗斯银行体系，可以发现，在金融自由化过程中，其不稳定因素也在不断地积累。1998年金融危机爆发以前，俄罗斯金融体系的脆弱性因素主要体现在以下几个方面。

（一）商业银行发展失控，不正当竞争严重，成为危机爆发的潜在不稳定因素。1990年8月，俄罗斯共有3家专业银行和202家商业银行，1991年以后，俄罗斯商业银行数量激增，资本市场上出现了不正常的过度繁荣景象。1992年10月，商业银行超过1600家，1995年商业银行数量约为2500家。可是，到1996年年底，这2500家商业银行就有80%面临困境。1997年俄罗斯的商业银行开始了自发的调整、清理和淘汰过程。1997年7月1日俄罗斯商业银行的数量为1841家，到1998年4月1日为1641家。

俄罗斯银行数量偏多而规模又很小，很多银行的资本金都严重不足，而且银行的业务范围很窄，大多数商业银行的业务雷同，银行之间的不正当竞争激烈。各银行争相提高存款利率或变相提高存款利率，甚至放松现金和账户管理以拉拢顾客，这使得银行内部的自律系统即自我监控机制甚为松懈，为危机的爆发打开方便之门。

（二）国债成为俄罗斯金融体系中的软肋。国债早已被俄罗斯经济界称作国家的"金融金字塔"，即借新债还旧债，以高于银行存款利率数倍的年收益率，吸引本国和外国投资者的游资，弥补财政赤字；与此同时，还要为前期发行的国债还本付息。尽管俄罗斯中央银行意识到此举并不明智，1997年几经努力，已把国债的收益率降到央行再贴现率之下，但金融界一有风吹草动，首先动荡的仍是国债市场。例如，1997年11月初，央行曾有黄金外汇储备225亿美元，而外国人手中的俄罗斯国家发行的有价证券就有200亿美元，如若抛售风止不住，央行储备则有告急之险。俄罗斯为了遏制抛售短期债券的势头，又不得不提高其收益率。

（三）中央银行对金融体系监管不力。俄罗斯虽然已在形式上进行了中央银行和商业银行的分离，但是中央银行根本没有建立起对商业银行进行监控的机制与措施，根本未按国际清算银行的规定，对商业银行的资本充足率进行严格监督。虽然经中央银行调整，已撤销了一些商业银行的经营许可证，但是，目前对商业银行的监管仍不够有力，也就是监督体系不健全，金融体系防范和化解金融风险的能力低下。中央银行监管不够，货币市场及资本市场因此而无序地进行有关业务活动，尤其是汇市外的黑市交易猖獗，资金外逃得不到控制，据统计每年约有200亿美元的资金流出到国外。金融体系的不健全使得金融犯罪活动不能得以有效控制，有些投机者借金融市场的风波营私舞弊，获取暴利，并将大量外汇资金输送到国外，严重地影响了金融秩序，加剧了金融危机。有些金融机构的人员与外部投机分子勾结,利用职务之便钻监管不力的空子进行犯罪活动。这些在很大程度上影响了金融业务的正常进行。

第四节 银行改革与资本市场的形成

一 俄罗斯银行体制的构架

(一)二级银行体制的建立。俄罗斯金融自由化的重要内容之一,就是打破苏联实行的单一银行体制,建立二级银行体制。自20世纪80年代中期以来,由于苏联在政治、经济、社会方面发生了急剧的变革,特别是在其经济准备向市场经济全面过渡的情况下,苏联的银行体制发生了根本性的变化,总的来说,就是由原来的"单一银行制度"全面向"二级银行制度"演变。苏联在1988年的金融体制改革中,废除了沿用了几十年的大统一银行制度,对原来几乎包揽全部银行业务的国家银行进行了改组。除建立了中央银行外,还新建和改建了五家大型国家专业银行[①],这些专业银行实行对口服务,职能主要是拨款、信贷、结算、出纳和卢布监督。这次改革中,虽然划分了国家银行和专业银行的职能,类似二级银行体制,但是无论国家银行的地位和执行职能的方式,还是专业银行的经营目标和企业化程度,都与市场经济的二级银行体制相差甚远。1990年12月公布了《苏联国家银行法》和《银行及银行活动法》,这是苏联全面向市场经济转变过程中的一部重要的金融立法,与1988年进行的金融体制改革相比,这是第一次从立法上确定了中央银行的性质、地位、职能、作用与经营管理手段,从法律上进一步明确了二级银行体制的建立,并对中央银行和商业银行的职能进行了区分。到1991年中期,苏联已经有1000多家商业银行,这些商业银行大多是由企业、商业机构等共同建立的。这些银行后来成为俄罗斯二级银行体制的基础。但是,当时这个体制无论从中央银行的地位、履行的职责和与政府、企业的关系等方面都与市场经济条件下的二级银行体制有较大区别。1991年12月25日,苏联解体,俄罗斯作为独立的国家成为其主要继承人。虽然早在1990年12月苏联就通过了银行改革的基本法律并建立起二级银行体制的基本框架,但真正开始向二级银行体制过渡并取得实质性进展,还是始于1992年俄罗斯向市场经济

[①] 即苏联外经银行、苏联工业建筑业银行、苏联农工银行、苏联住宅公用事业和社会发展银行、苏联储蓄银行。

过渡，实行经济转轨的时期。1992年1月，俄罗斯开始全面的市场经济改革，其中就包括银行体制的重大变革。俄罗斯银行体制的改革目标是建立以中央银行为主导，商业银行为主体，多种金融机构并存的分工协作的金融体系。为此，在组织机构和运行机制等方面都要实行改革。中央银行直接对议会负责，而商业银行又主要受中央银行的监督管理，从而使整个金融系统能保持一种相对独立的地位。

（二）俄罗斯银行体制的框架。根据1995年4月俄罗斯国家杜马通过的《俄罗斯中央银行法》和《俄罗斯银行和银行活动法》的规定，俄罗斯银行体制为非集中的二级银行体制。二级银行体制的建立是金融体系与市场经济接轨的基本标志之一。只有建立了二级银行体制，才能在制度上满足市场经济的要求，才能在金融自由化的进程中不断完善银行体制。

1. 中央银行。俄罗斯中央银行是1991年在改造苏联国家银行基础上建立的，当时的法律依据为《俄罗斯苏维埃联邦社会主义共和国中央银行法》。在二级银行体制中，第一级：中央银行——制定信贷政策，不涉足二级银行的独立业务，确保信贷体系的稳定，避免银行领域危机和破产的发生。中央银行的职能主要体现在两个方面：一是维持国内商品和劳务价格的稳定；二是维持卢布汇率稳定。中央银行的重要特征是其具有独立性，表现为：独立于政府，自主地制定和执行货币政策；独立于财政，堵住财政赤字向银行透支的口子，保证货币币值稳定和经济需求；独立于商业银行，不直接经营一般商业银行业务。在组织机构上，实现中央银行职能的转变，使其从政府财政的出纳和具体的信贷和金融服务中摆脱出来，成为"发行的银行""国家的银行""银行的银行"。

2. 商业银行和非银行金融信贷机构。在二级银行体制中，第二级：商业银行和非银行金融信贷机构。商业银行大部分是由原来的国家专业银行及其分支机构改造成的。在二级银行体制中，商业银行专门执行金融微观经营的职能，是中央银行宏观金融调控的微观基础。对中央银行而言，商业银行是货币政策意向的接收者；对工商企业而言，商业银行是货币政策的传导者。商业银行的传统职能是：集中短期自由资产、存款等，组织国民经济的结算和支付，向法人和自然人提供信贷和其他信贷金融服务，票据的贴现和经营，财政和物质财富的保值，信托业务等。俄罗斯商业银行实行的是混业经营体制，即银行不但可以从事传统的商业银行业务，而且可以从事证券承销、代理、投资等业务，商业银行的经营方针是追求最大限度的利润和保持清偿能力。根据注册资本的组成形式，俄罗斯商业银行主要分为股份制和合伙制两类。非银行金融信贷机构是指具有从事银行业务许可的其他信贷组织，主要是在市场经济条件下形成的保险公司、金融建设公司、投资基金、退休养老基金等。

二　俄罗斯银行体制的改革

俄罗斯银行体制的进一步改革是从1998年金融危机之后开始的，此次改革分为两个步骤。第一阶段是1998年9月—2000年，主要任务是进行银行重组。第二阶段始于2001年，主要任务是巩固信贷机构的金融资产，剔除银行服务市场中缺乏生命力的信贷组织，提高信贷机构资本化程度和资本质量，在信贷机构的经营活动中建立和发展竞争机制，并且加强银行体系与实体经济的相互促进作用。

（一）俄罗斯银行体制的改革及银行业的重构。1998年金融危机后，俄罗斯经济面临的是一个更为复杂、困难的局面。俄罗斯支付体系暂时中断、无风险高利润资产消失（国家债券市场）、卢布汇率下跌，导致远期外汇交易损失惨重、银行系统崩溃。金融危机后，1999年初俄罗斯有商业银行1473家，其中1032家属于财务基本稳定，通过整顿能恢复正常营业的银行，它们占银行总数的70%，其资产和吸收居民存款占银行体系的30%；397家属于有严重问题的银行，已没有挽救的可能和必要，将实行破产；44家属于社会经济影响大的有问题银行，国家需要支持。这44家银行包括18家最大的商业银行，它们的资产和吸收的居民存款分别占银行体系的50%和45%，拯救它们约需750亿卢布。面对银行体系中非常严峻的现实情况，俄罗斯政府和中央银行于1998年11月出台了重组俄罗斯银行体系的计划。计划指出俄罗斯重组银行体系的目的是：（1）区分出有生存能力的银行，增加这些银行的资本金，改善其资产质量，为银行满足实际经济部门的需求建立长期储备；（2）改组失去支付能力的大型银行，因为清除这些银行会带来巨大的社会和经济成本；（3）恢复私人储户、公司客户和外国客商对银行的信任，恢复银行的结算能力，保护居民的银行存款；（4）吸收包括外国投资者在内的新股东注资银行资本；（5）吸收专业能力强且能够保护所有债权人和银行股东的银行经理人员进入银行管理层；（6）恢复正常的金融市场秩序，包括银行间信贷市场、外汇市场、有价证券市场、金融衍生工具市场等。计划还指出，在银行体系的重组过程中，俄罗斯政府、中央银行和商业银行所应遵循的原则是：优先保护私人储户的利益；平等对待包括外国投资者在内的公司债权人；在债权人、储户和银行监督机构面前保持重组过程的透明度和公开性；吸收债权人参与管理应该重组的银行；吸引老的银行股东通过补充银行资本金参与银行重组；对那些力争独立解决自己的问题、采取措施并能成功实施其金融健康化的银行提供国家支持。

（二）1998年金融危机后俄罗斯银行业的变化。在1998年的金融危机中，俄罗斯的银行业受到重创，许多中小银行被金融危机的风暴所吞没，商业银行的数量由最高峰时的2500家减少到1312家，有16.7%的银行破产或被兼并。经历了1998年金融危机的洗礼后，在俄罗斯中央银行的主导下，银行业主动进行了调整，中央银行开始收回一些不符合要求的银行营业执照，同时要求银行增加资本金，到2000年10月，俄罗斯银行体系的总资本增加了749亿卢布，比1999年增长了45%，整个银行体系的资本充足率达到了22.6%。随着俄罗斯经济从1999年开始好转，银行业也随之发生了一系列较大的变化。

1. 俄罗斯银行的实力在逐步增强。银行实力增强的主要表现之一是银行资产和规模的增加。截至2003年3月初，在俄罗斯联邦领土上有权经营银行业务的信贷组织1332家（危机后新建20多家），分支机构3308家。据俄罗斯中央银行公布的资料，截至2004年8月1日俄罗斯银行系统的总资产达到6.23万亿卢布。银行资本从危机前1998年7月的1163亿卢布增加到2001年年初的2864亿卢布，到2003年3月达到6771亿卢布。

2. 银行业的集中度进一步加大。在零售银行业方面，俄罗斯储蓄银行占据的市场份额进一步加大。由于在危机时期，几家大的私人银行倒闭，其零售业务都转移到了俄罗斯储蓄银行。在贷款业务方面，银行对实业部门的贷款较低（整个银行体系对实业部门的贷款大约不到30%），大部分集中在政府贷款和政府债券上。但是，对政府部门的贷款又主要由俄罗斯储蓄银行和对外贸易银行这两家大的国有银行控制。其中，俄罗斯储蓄银行控制了70%以上的政府部门贷款，70%以上的政府债券由该行承销，资本集中度也进一步加强。危机过后，俄罗斯中央银行给所控制的两家国有银行注入资本，并且冲销了一部分坏账损失。1999年年末，俄罗斯储蓄银行的资本总额相当于俄罗斯排名第3位至第20位的18家银行的总和。2000年，俄罗斯中央银行给俄罗斯对外贸易银行注入资本约7亿美元。从1998年7月以来，俄罗斯银行体系资产集中的趋势在逐步提高。截至

2003年3月，前5家最大银行的资产为2.016353万亿卢布，占银行体系总资产的45.6%，前50家大银行的资产占银行体系总资产的74.2%，其余1000多家银行资产只占25.8%。

3. 社会对银行的信任度得到恢复。由于银行体制改革和银行业重组，企业和居民对银行的信任度逐渐得到恢复，从而使银行存款有了较大增加。

4. 银行与实体经济的关系日益密切。1998年金融危机前，银行将大量金融资产用于国债投资，除此之外，商业银行还有大量资金用于外汇投机业务。银行的外汇业务和向国债的大量投资从根本上动摇了为实体经济提供金融支持的基础。危机后，俄罗斯实体经济对贷款的需求迅速增长，银行也有闲置的资源用于贷款，银行对实体经济的贷款占资产的比重也迅速增加。在贷款增加的同时，贷款的利率却呈现逐步降低的趋势，这又刺激了企业对贷款的需求。贷款银行对实体经济的贷款增长为俄罗斯经济的复苏提供了必要的金融支持。

5. 国家资本参股银行的方式有所转变。银行体制改革和银行业重组后，国家通过资本入股方式参与银行管理和对银行施加直接影响的做法已有很大改变。在有国家资本参股的银行，俄罗斯已决定缩减国家参与份额或从银行的资本中完全退出。第一步是从国家参股份额为25%及其以下的那些银行的资本中退出。而对于国家资本参股超过25%的银行，要先对国家资本参股的合理性做出评价，再决定国家是否从这些银行资本中退出以及如何退出。2001年12月30日俄罗斯联邦政府和中央银行共同制定的《俄罗斯联邦银行部门发展战略》规定，俄罗斯中央银行应在2003年1月1日前从对外贸易银行和俄罗斯驻外银行的资本中退出。央行从对外贸易银行资本中退出后，俄罗斯政府应保证国家在对外贸易银行资本中占有能够对银行政策产生足够影响的份额。今后，国家对银行部门的影响和作用主要通过提供法律和制度保障、规范银行在市场经济条件下的经营行为等形式来实现。具体来说，国家要为调节银行体系和银行活动监督体系提供法律基础；不干涉现行法律允许的银行业务活动；不允许为任何银行或其客户提供任何特权；严格遵守法律规定的反垄断调节原则，鼓励金融市场的竞争[1]。

---

[1] Остратегии развития банковского сектора Российской Федерации, Деньги и кредит, 2002, №1, c.9.

三 证券市场的建立和发展

（一）俄罗斯证券市场的发展历程。俄罗斯证券市场的建立和发展是俄罗斯实行经济转轨的必然要求，俄罗斯市场经济体制的建立，需要发育的证券市场，以通过对货币资本的筹集和调节，满足国家和企业投资需求。1991年12月28日，俄罗斯联邦政府通过了《关于有价证券及证券交易所的规定》，这是第一个有关证券市场的比较正式的法规。1992年2月20日颁布了《有关商品交易所和股票交易所的法律》。这些法律法规为俄罗斯证券市场的建立奠定了初步的法律基础，并使证券市场得以逐步发展。1992年5月，在俄罗斯中央银行有价证券业务处基础上成立了有价证券管理局，下辖国债发放服务、二级市场和结算三个处。1992年6月，俄罗斯中央银行有价证券管理局在竞标基础上选定莫斯科银行间外汇交易所为俄罗斯证券市场的操作中心，建立交易、结算和存储系统，并指定莫斯科地区的26家商业银行和中介公司为证券市场的官方经纪人。1992年年末，俄罗斯共有98家交易所获得俄罗斯财政部颁发的从事有价证券业务的许可证；同时，出现了与组织二级证券市场有关的专门机构——投资公司、受托人、注册员和结算所联合会。此后，包括莫斯科中央证券交易所和外汇交易所在内的各类专业证券交易所纷纷建立。而国家有价证券市场也在1993年和1994年间建立起来。各市和州的债券市场作为新的有价证券市场已占有一席之地。地方权力机关的目的在于通过发行债券弥补地方预算不足，恢复和发展地方有价证券市场。1996年4月22日，俄罗斯又通过了《有价证券市场法》，从而进一步规范了有价证券市场的发展和运作机制。从1997年10月3日起，俄罗斯采用了类似美国道琼斯指数的俄罗斯证券综合指数，与俄罗斯交易系统指数一起作为挂牌证券交易的主要参数。到1997年年末，俄罗斯证券市场的发展规模和程度在独联体国家居于首位。2001年，俄罗斯重新修订了《股份公司法》，并通过了《投资基金法》。2002年3月，普京总统签署了《俄罗斯联邦刑法典修改与补充法》，其中规定对有价证券市场上的犯罪行为追究刑事责任，进而从法律上进一步规范证券市场行为。不仅如此，近年来俄罗斯还对《有价证券市场法》等法规作了多次修改，其目的一方面是为了不断改进有价证券发行程序，完善发行机构的信息披露制度；另一方面是降低有价证券市场参与者的风险，降低有价证券发行机构和集体投资制度的风险。通过以上法规，我们可以看到俄罗斯为证券市场的建立和发展所提供的法律框架和制度保证。

俄罗斯证券市场的监管者是总统直接管辖的俄罗斯联邦证券市场委员会（1996年7月1日建立），俄罗斯最大的证券交易中心有莫斯科（莫斯科国际证券交易所、莫斯科中央证券交易所、俄罗斯证券交易所、俄罗斯商品原料交易所）、圣彼得堡（圣彼得堡证券交易所）、叶卡捷琳堡（叶卡捷琳堡证券交易所）、新西伯利亚（新西伯利亚证券交易所）。此外，俄罗斯正在全力发展交易所外的电脑证券交易系统。

（二）俄罗斯股票市场的形成和发展。1991年12月28日，俄罗斯通过了《关于有价证券及证券交易所的规定》，这是第一个比较正式的有关股票市场的法规。1992年俄罗斯独立后，随着企业私有化、公司化改革的推行，股票市场正式诞生。俄罗斯股票市场的发展与国有企业私有化进程直接相关。1994年1月1日，时任俄罗斯总统叶利钦签署的《关于国有企业必须进行私有化》和《在国有企业和地方政府所有企业私有化过程组织有价证券市场》的两个总统令，奠定了俄罗斯股票市场的制度基础和市场的主体，推动了俄罗斯股票市场的发展。1994年6月底以前，国有企业的股份化是通过发放私有化证券无偿转让国有资产，当时共发放1.5亿卢布的证券，占国有资产总量的35%[①]。股票的初次分配是在专门的拍卖市场上以购买私有化证券的方式进行，在整个证券私有化期间，俄罗斯共建立了690多家证券投资基金会，收集居民的私有化证券，蓄积起来参与企业私有化的拍卖。1993年和1994年两年，俄罗斯共建立股份有限公司2.34万家，发行股票18.24亿股。其中在企业职工中分配7.82亿股，占42.9%，社会公众购买2.53亿股，占13.9%，留在国家手中7.82亿股，占42.9%。尽管由于企业经营状况不景气，这些股票能上二级股票市场流通的并不多，但是股票市场的交易还是十分活跃。由于股票持有人从未获得股息和红利，职工和居民手中的股票逐渐被企业领导人和银行家在市场外收购，一些企业的股票越来越集中在少数人手中，企业的发展也被少数人控制。1994年7月1日，俄罗斯政府又宣布调整私有化方针。从此，俄罗斯转入现金私有化阶段，政府有意识扩大出售那些经营状况好或者有发展前途的企业的股票，如卢克石油公司和俄罗斯天然气工业股份公司的股票，股票市场呈现出迅速发展的趋势。

1997年亚洲金融危机对俄罗斯股票市场形成巨大冲击。一方面东南亚

[①] 参见汪宁《俄罗斯私有化评说》，上海外语教育出版社2001年版，第83页。

国家货币大幅度贬值,整个亚洲基金指数下跌,投资新兴市场包括俄罗斯的投资公司财务状况恶化;另一方面世界石油价格的下跌,也使俄罗斯市场上具有龙头地位的石油公司的股价波动剧烈,俄罗斯外汇市场和国债市场的动荡也对股票市场从经济和心理方面构成双重打击,加上外国资本在危机期间的大举抽逃,致使俄罗斯股票市场在1998年5月27日的金融危机中遭受崩溃性打击。在经历了1999年、2000年两年的恢复后,俄罗斯股票市场在2001年得到长足发展,交易量、股票价格和股票指数都得到了快速增长。俄罗斯股票市场2002年的交易量达到了400亿—410亿美元。

（三）俄罗斯公司债券市场。公司债券是公司依照法定程序发行、约定在一定期限内还本付息的有价证券。公司债券种类繁多,包括公司债券、金融债券、市政债券中的收入债券、资产支持证券、可转换公司债券、垃圾债券等。公司债券市场是公司债券发行和交易的场所。公司债券市场是一国金融体系的重要组成部分,是一个成熟的金融市场结构中不可缺少的一环。

1998年俄罗斯金融危机以前,俄罗斯债券市场基本被国债所垄断,公司债券未得到发展。公司债券市场在危机后表现较为活跃,不仅数量指标上抢眼,而且债券质量也很高,在这个市场上发行债券的企业都是俄罗斯近几年来效益不错的企业,像俄罗斯天然气工业股份公司、俄罗斯统一电力系统股份公司等都是在危机之后头一批发行债券的企业。公司债券主要在莫斯科银行间外汇交易所内交易,与国家短期债券和联邦债务债券及变现能力较高的股票一起流通,因而清偿能力较高。

公司债券市场拥有众多的发行人,其中一部分发行人定期在该市场发行公司债券。公司债券的年收益率因发行人以及发行规模和偿还期限等的不同而存在着很大的差异。2001—2002年,公司债券以俄罗斯卢布计算的年收益率在15%—27%不等。公司债券的发行人更青睐于发行期限相对较长的债券,一般偿还期在3年以内。2003年年初时,俄罗斯公司债券市场的容量为716亿卢布,发行主体77个,共发行债券100只。

第五节　公共财政理论与政策

一　公共财政理论

（一）公共财政的含义：公共财政是指以国家（政府）为主体,通过政府的收支活动,集中一部分社会资源,用于履行政府职能、提供公共产品以满足社会公共需要的经济活动。公共财政就是市场经济下的财政，而财政的主体从来都是国家（政府），因而公共财政实际上也就是国家财政或政府财政在市场经济条件下的运行模式。

公共财政是与市场经济紧密联系的，实质上是市场经济财政，突出表现在公共财政理论的核心是市场失灵理论。在市场经济条件下，社会资源的主要配置者是市场，而不是政府。只有在市场失灵的领域，政府部门的介入才是必要的，即市场失灵决定着公共财政存在的必要性及其职能范围，而只有市场经济才有所谓的市场失灵。正是因为市场经济条件下财政存在和职能范围确定的主要依据是弥补市场失灵，满足社会公共需要，所以市场经济条件下的财政被称为公共财政，而公共财政实质上就是市场经济财政。

（二）公共财政的职能：公共财政的职能是指公共财政在社会经济生活中所具有的职责和功能，它是公共财政这一经济范畴本质的反映，在任何情况下组织收入都是财政的最基本职能。公共财政职能可以概括为以下三方面：资源配置职能、收入分配职能、经济稳定和发展职能。

1. 资源配置职能。众所周知，市场配置资源是有效率的，但市场并不是完美无缺的，单靠市场机制并非在任何情况下都能实现资源的合理配置，因为许多社会公共需要和公共产品无法通过市场配置来实现，因此，在市场经济条件下需要政府从全社会的整体利益出发，市场配置资源和财政配置资源相结合，运用财政配置等手段，对资源进行有计划的分配和调节，才能达到整个社会资源优化配置的目标。

2. 收入分配职能。通过财政收支活动，对市场机制形成的初次分配进行再分配调节，包括个人收入调节和地区收入调节，以更好地实现社会公平分配的目标。公平分配包括经济公平和社会公平。经济公平是市场经济的内在要求，强调的是要素投入和要素收入相对称，它是在平等竞争条件下由等价交换来实现的。而社会公平很难用某个指标来衡量。通常是收入差距维持在现阶段各阶层居民所能接受的合理范围内，一些国家通过规定最低工资收入和确定贫困线的办法关注社会中的低收入阶层。

3. 经济稳定和发展职能。运用财税手段，通过干预、调节国民经济运行，达到物价稳定、充分就业、经济增长、国际收支平衡等目标，使经济运行和人民生活质量得到改善，包括产业结构优化、贫困差距缩小，生产生活环境改善、人民医疗教育文化生活质量得到提高等。

二 俄罗斯的预算体制[①]

预算体制是一个国家财政制度的重要组成部分。按照俄罗斯法律，俄罗斯联邦预算体制是以国家的联邦体制和国家的行政管理体制为依据的。俄罗斯联邦的预算体制由三级构成：联邦预算；联邦主体预算或地区预算，共89个，包括21个联邦所属共和国预算、55个州和边疆区预算、10个自治区预算、1个自治州预算和两个直辖市预算（莫斯科和圣彼得堡）；地方预算，即区、市、镇、乡预算，约2.9万个。俄罗斯采取预算联邦主义作为预算体制的基本模式。财政收入划分的基本原则是实行三级分税制，即实施联邦税、地区税和地方税三级税制，使每一级预算都有自己固定的收入来源。但是由于地区预算和地方预算的自有收入来源较小，其大部分财政收入来自上级预算的财政援助和调节收入提成。因此，预算调节成为实现预算联邦主义的重要工具。

俄罗斯的预算体制是适应市场经济公共财政要求建立的，预算草案的编制工作由联邦财政部、地区和地方财政机关负责。联邦议会、地区和地方代表机关负责各级预算的审核和批准。而俄罗斯联邦财政机关和税务机关则承担预算的执行。俄罗斯联邦1992年在财政部内新成立联邦国库是专职负责联邦预算的执行机构。联邦国库总管理局及其地区管理局负责联邦预算的组织、实施和监督，根据出纳统一的原则，管理联邦预算的收支。国家所有的非现金形式的财政资金业务，均由联邦国库系统进行核算。预算的执行包括收入部分的执行和支出部分的执行。预算执行的最重要任务是保证各项税收和其他缴款足额、及时地上缴预算。同时，保证在预算规定的数额范围内和预算规定的时间内拨款。

三 俄罗斯的税收制度

在税收制度方面，俄罗斯采取分税制来处理中央和地方之间的财权分配关系。《俄罗斯税法典》规定了联邦政权国家机关和地区国家政权机关在规定和征收税收方面的职能和权限。俄罗斯的税收分为三级：联邦税（16种）、地区税（7种）和地方税（5种）。

联邦税包括增值税、消费税、企业利润税、资本收入税、国家预算外社会基金缴费、国家规费、关税和海关收费、矿产资源使用税、矿物原料

---

① 参见张养志《俄罗斯体制转轨的经济学分析》，甘肃人民出版社2002年版。

基地再生产税、开采碳氢化合物额外收入税、动物资源和生物水资源使用权缴费、森林资源税、水资源税、生态保护税和联邦发放许可证缴费。联邦税的税种、税率、征收对象、纳税人、优惠办法、上缴预算的程序等均由联邦法律规定,其征税范围是俄罗斯联邦所有区域。

地区税包括企业财产税、不动产税、道路税、交通税、销售税、博彩税、地区发放许可证缴费。地区所征收的税种的最高税率由联邦法律规定,具体税率由地区法律文件规定。

地方税包括土地税、自然人财产税、广告税、财产继承和赠与税、地方发放许可证缴费。地方政府只能在联邦规定的税率内制定税率,而无权设立新税种。

第六节 俄罗斯财政税收改革及其效应

20世纪90年代初,俄罗斯由计划经济向市场经济转轨,相应的财政模式也发生变化,与市场经济相适应的公共财政开始建立。俄罗斯财政税收政策的变化可以概括为五个阶段[①]。

1992—1993年,是严格紧缩阶段,通过增加税收和缩减预算支出来控制通货膨胀。激进改革开始后,俄罗斯政府的《经济政策备忘录》要求税收总额占国内生产总值的55%,后来调整为45%。这样的高税收不仅高于一般发展中国家(20%—30%),也高于发达国家(德国40%,美国30%左右)。而主要税种增值税的一般适用税率为28%,俄联邦规定的税种多达39种。缩减开支主要是削减价格补贴、企业亏损补贴、国家投资、军费开支和国家机关管理经费。1992年和1993年联邦统一预算支出减少到国内生产总值的33%和36%。这一时期俄罗斯主要宏观经济指标均出现恶化:生产大幅度下降,工业产值分别下降18%和16.2%,预算赤字占国内生产总值的比重分别为3.4%和4.6%,远远高出预期水平,通货膨胀率为2510%和930%,居民实际生活水平分别比1991年年底下降了50%和60%。

1994—1996年年底,是适度紧缩阶段,国债增长较快,不再强调无赤字预算,反通货膨胀仍是主要目标。这一时期主要是克服经济转轨带来的不良后果,力求宏观经济的稳定。1992年11月俄罗斯颁布了《俄罗斯联邦国内债务法》,并从1993年开始启动国家债券。从1995年开始,为了缓解预

---

① 参见刘微《转型时期的俄罗斯财政》,中国财政经济出版社2005年版。

算压力，政府开始实行软赤字政策，预算赤字改为发行国家债券和从外国贷款。1996年，一年期的国家长期债券的发行规模增加了2.8倍，联邦债券增加了3.3倍，国家内债总额增加了3倍。预算政策不再追求无赤字，而是着眼于将赤字规模稳定在上年水平。继续缩小预算支出，1994年预算支出占国内生产总值的37%，而1995年和1996年则分别降至29%和30%。

经过3年的努力，俄罗斯经济出现很多积极方面，例如所有制结构发生了重大变化，市场主体基本实现了多元化，价格已经放开，稳定货币政策收到了良好效果，通货膨胀得到基本控制，新的预算税收体制进入运行，二级银行体制基本形成，金融市场开始发育等。但是经济危机并没有完全摆脱。1996年各项指标继续走低，国内生产总值比1995年下降6%，工业生产下降5%，农业产值下降7%。国家预算赤字加大，占国内生产总值的4.2%，企业财务状况不佳，亏损面达到43%。

1997—1998年3月，是开始显示"积极"迹象阶段，规范税制、压缩支出和继续扩大国债规模。在这一时期，克服经济危机的任务已经完成，重点转向经济结构改革和恢复经济增长，提高生产效率。在财政制度方面，开始立法规范预算税收制度，制定颁布了《俄罗斯联邦预算法典》和《俄罗斯联邦税法典》。在财政政策方面，一是规范税制，减少税种，收缩税收优惠范围。1997年取消了各地的200多种税费，并收回地方的税收立法权，至1998年《俄罗斯联邦税法典》颁布，税种减少为28种。二是继续压缩预算支出，但1997年和1998年统一预算支出仍占国内生产总值的30%左右。三是国债规模不断扩大，1998年内债余额4360亿卢布，基本用于弥补预算赤字和以新债还旧债。债券结构以三个月的短期债券为主，收益率一直保持在30%以上。1998年俄罗斯联邦财政用于偿还债务的支出相当于预算支出的31.5%。

1998年3月—1999年8月，为了克服金融危机，财政政策仍以紧缩为主，但为了发展经济，也采取了刺激供给、降低税率、扩大税基和重组债务等措施。需要重组的外债约为80亿美元，主要通过延期偿还和再借新债的办法实现；内债达2500亿卢布，采取的是部分偿还、部分延期、本金和利息分批偿还等办法。

1999年8月至今，是松紧配合阶段，以刺激供给为主，追求投资增长和经济增长速度。目前俄罗斯财政政策调整的整体思路是全面贯彻公共财政的理念，进一步完善税收体系，继续降低税负，营造良好的投资环境，加大对基础设施和人力资本的投入力度，逐步完善政府间财政关系。

本章小结

俄罗斯向市场经济过渡虽然采取了强制性的制度变迁模式，但市场体系的建立却是一个长期的不断完善的过程。盖达尔之后的几届政府都不同程度地对"休克疗法"进行反思：切尔诺梅尔金政府开始实施"从自由市场经济向社会市场经济倾斜"，基里延科政府"强调要加强国家经济调控"，普里马科夫政府"走加强国家经济干预的社会市场经济模式"，普京总统也主张在俄罗斯建立"社会市场经济"。不管是自由市场经济还是社会市场经济，其本质都是市场经济，俄罗斯市场经济的微观基础和宏观环境也随着改革的深入而不断完善，与市场经济相适应的法律法规相继出台，市场体系逐步建立，股票市场、债券市场、银行改革、财政税收体制都随着经济的转轨而得到相当大的发展。

思 考 题

一 名词解释
　　1. 价格自由化
　　2. 金融抑制
　　3. 二级银行体制
　　4. 预算联邦主义
　　5. 三级分税制

二 简答题
　1. 俄罗斯市场体系建立的标志是什么？
　2. 俄罗斯反垄断法的主要内容是什么？
　3. 1998年金融危机后俄罗斯银行业的变化是什么？
　4. 俄罗斯金融改革的背景是什么？

三 论述题
　1. 如何评价俄罗斯金融自由化改革？
　2. 论述俄罗斯财政税收改革的效应分析。

阅读参考文献

　　1. 许新主编：《叶利钦时代的俄罗斯·经济卷》，人民出版社2001

年版。

2. 高晓慧、陈柳钦:《俄罗斯金融制度研究》,社会科学文献出版社2005年版。

3. 范敬春:《迈向自由化道路的俄罗斯金融改革》,经济科学出版社2004年版。

4. 刘微:《转型时期的俄罗斯财政》,中国财政经济出版社2005年版。

5. 张养志:《俄罗斯体制转轨的经济学分析》,甘肃人民出版社2002年版。

6. 汪宁:《俄罗斯私有化评说》,上海外语教育出版社2001年版。

7. 李立凡:《试论新形势下的俄罗斯银行和证券体系》,《社会科学》2004年第10期。

8. О стратегии развития банковского сектора Российской Федерации, Деньги и кредит, 2002, №1.

9. С. Синельников-Мурылев, И. Трунин, Проблемы налогообложения некоммерческих организаций в России, М.: ИЭПП, 2007.

10. В. Л. Тамбовцева, Реформа бюджетного процесса в России 2004—2005, РЕЦЭП, 2005.

第五章 俄罗斯农业改革

内容提要

　　苏联时期农业长期处于落后状态,是一个十分脆弱的部门,它与斯大林的农业政策与管理体制密切相关。俄罗斯在向市场经济转轨过程中,力图通过改革振兴农业。这一领域改革俄罗斯的一项重要政策是实行土地私有化。但这一改革不顺利,面临不少矛盾,各政治派别间的斗争也很激烈。因此,本章着力分析两个重要问题:一是土地私有化过程中出现的问题与解决途径;二是俄罗斯农业发展方向与前景。

　　农业一直是苏联经济的一个薄弱部门。斯大林执政时期大规模的饥荒就发生两次,一次是30年代初集体化时期,另一次是第二次世界大战后。每次饥荒饿死的人数数以百万计。1950年苏联谷物总产量为6480万吨,1913年沙俄时期为7250万吨,同期,肉类分别为490万吨与500万吨,人均谷物为447公斤与540公斤,畜产品为27公斤与31公斤。到斯大林逝世的1953年,牛、马、绵羊的头数仍未达到集体化前的水平,粮食产量甚至还低于1913年的水平。

　　赫鲁晓夫一上台之所以首先抓农业,是因为斯大林逝世时苏联农业处于严重落后状态,苏联尚未解决粮食问题。赫鲁晓夫执政时期农业虽有一定的发展,但仍处于不稳定状态。勃列日涅夫一上台,亦不得不首先推行加强农业的政策。但同样出现经常性的农业歉收。1979—1982年出现连续4年歉收。1973年苏联历史上第一次成为粮食净进口国。这一年净进口1904万吨。后来,粮食进口上了瘾,就像吸毒者上了海洛因的瘾一样,[①]震惊了世界市场,引起了各国愤怒。1985年进口粮食4420万吨,1989年

---

　　① 参见[俄]格·阿尔巴托夫《苏联政治内幕:知情者的见证》,徐葵等译,新华出版社1998年版,第239页。

为3700万吨。① 长期以来，苏联农业劳动生产率只及美国的20%—25%。

　　苏联时期一直改变不了农业的落后状态，有其多方面的原因，如由于为了实现超高速的工业化，片面发展重工业，一直实行对农民剥夺的政策。但最为重要的原因是，苏联在超越社会发展阶段的思想指导下，把解决农业问题着力点放在不顾生产力发展水平不停顿地改变与折腾生产关系上。斯大林时期搞农业全盘集体化是明显的例子。这对农业造成了很大的破坏。在斯大林之后的苏联领导人，还继续实行合并农庄与把农庄集体所有制向全民所有制过渡的政策。这些做法完全是违反马克思主义的。马克思讲过："无论哪一个社会形态，在它所能容纳的全部生产力发挥出来以前，是决不会灭亡的；而新的更高的生产关系，在它的物质存在条件在旧社会的胎胞里成熟以前，是决不会出现的。"② 与此同时，不顾农业生产的特点，也不顾集体农庄集体所有制的特点，在经营管理上也全面推行与全民所有制企业一样的指令性计划那一套做法。

　　苏联剧变后，俄罗斯新执政者为了构建市场经济体制，不仅对城市的国有企业实行私有化，并且也对农业进行改革，农业领域的改革，涉及两个相互紧密联系但又有区别的内容，即农业土地所有制与农业生产经营组织的改组问题。

第一节　曲折的土地私有化改革

一　苏联时期的土地所有制形式

　　苏联十月革命胜利后，列宁就宣布一切土地归国家所有。1970年7月1日批准的《俄罗斯联邦土地法典》也明确规定，土地归国家所有，农业企业、其他企业、社会组织和机构以及公民有权无限期使用。俄罗斯为了向市场经济转轨，认为不能在国民经济其他部门进行私有化时，而在农业中对最重要的生产资料土地，仍保持单一的国有制。为此，1991年4月25日，俄罗斯联邦议会通过了《俄罗斯联邦土地法典》。该法典为"根本改革俄罗斯联邦土地关系，保护土地所有者、土地占有者和土地使用者的权利，组织合理使用土地资源，提供了法律保证"。根据这一法典，在俄

---

①　苏联国家统计委员会：《1990年苏联国民经济》，莫斯科财政与统计出版社1991年俄文版，第653页。

②　《马克思恩格斯选集》第二卷，人民出版社1995年版，第33页。

罗斯取消了土地的单一形式，确定了多种土地所有制形式，包括：国家所有制，它分为联邦所有制和共和国所有制；集体所有制，土地可作为集体共同所有的财产，但不为其中的每个公民确定具体的土地份额；集体股份所有制，在确定每个公民的具体土地份额后，土地所有权转交给公民，并可作为集体股份制；公民所有制，公民在从事家庭农场、个人副业、个人住宅与别墅建设等活动时，有权获得土地所有权，并终身继承占有权或租赁权。

二 叶利钦时期的土地所有制改革

1991年底，叶利钦签发了《关于俄罗斯联邦实施土地改革的紧急措施》的总统令，它不只规定了土地改革的一般原则，并要求在一年内完成集体农庄和国营农场的改组与重新登记，预定要在俄罗斯农村发展100万个家庭农场，以形成一个中产者阶层。1993年10月27日，叶利钦又签署了《关于调节土地关系和发展土地改革》的总统令。这道总统令的一项重要内容是，规定土地所有者有权出售为自己所有的土地。接着，又分别于1994年和1995年颁布了俄罗斯政府《关于借鉴下诺夫戈德州实际经验改革农业企业》的决议和《关于实现土地份额和财产份额所有者权利的方式》的决议。根据这两个决议，在改组农业企业的过程中，使这些企业的工作人员和农民得到归自己所有的一份土地和一份财产。1996年3月7日，叶利钦又签署了《关于实现宪法规定的公民土地权利》的总统令，重申土地所有者有权自由支配自己的土地份额，包括出售、出租和赠送土地份额。

随着农业改革的发展和一系列总统令的实施，俄罗斯在调节土地关系的政策、法规上与1991年4月25日通过的《俄罗斯联邦土地法典》存在一些矛盾的地方，加上俄罗斯社会各界人士对土地所有制改革的看法亦不一致，因此，决定制定新的土地法典。但从拟定草案、多次审议，经过不断反复，一直到叶利钦1999年底辞职，包括土地私有化特别是土地自由买卖内容的土地法典也未最后获得通过。

虽然俄罗斯在执行有关土地所有制改革的总统令方面存在不少阻力，但土地私有化的改革还是取得了不少进展。到1997年1月1日，国营农业企业占用的农业用地占俄罗斯农业用地的比重已下降到13.4%，其中耕地为12.5%。到1999年，约有63%的农业用地转为私人所有。土地使用结构也发生了大的变化，农业企业和组织使用土地为1.6亿公顷，占农用土地的 81.9%。①

在叶利钦时期，有关土地私有化的改革，虽然通过了有关法典，并签署了一系列总统令，但并没有解决一个关键性问题——农用土地可以自由买卖。后来叶利钦总统与杜马为此闹得很僵。1997 年 8 月，俄罗斯杜马通过的新土地法典没有规定农用土地可自由买卖的内容，从而遭到叶利钦的否决，他还明确地说：只要新土地法典没有规定农用土地可以自由买卖的内容，他就不会在上面签字。

三　普京时期的土地所有制改革进程

普京上台后，在农业问题上强调指出，要解决俄罗斯农业中存在的大量问题，急需尽快通过长期争论不休的新土地法典。2000 年 1 月，他在国家杜马发表讲话时就呼吁尽快通过土地法典。在他执政初期，对土地自由买卖问题的态度并不十分明朗，比较谨慎，但实际上是同意土地自由买卖的。2001 年 1 月 30 日，普京在俄罗斯国务委员会主席团会议上要求：必须通过明确的土地法。认为缺乏对土地的调节，是影响投资的一个很大障碍。接着他在 2001 年 2 月 21 日的俄罗斯联邦国务委员会会上讲："土地关系领域需要解决三个关键问题：第一，在所有制领域制定出各种法律关系的规定；第二，清点土地数量；第三，建立土地资源有效管理的体系。""新的土地法典应该成为推进这方面工作的出发点。"他还接着说，在农业方面俄罗斯"最尖锐的问题是农业用土的流转问题。在土地资源的构成中，农业用地占了四分之一。在今天的讨论中我们应该对此予以特别的关注"②。2001 年 4 月 3 日普京发表的总统国情咨文中专门谈了土地问题。他说："现在的主要问题是，在那些已有土地市场的地方，不要去阻挠土地市场的发展。把关于调节土地关系的形式和方法的最现代的概念写入法典。还应该承认，现在非农用土地在民间交易中已不受限制。对农用土地的交易调控显然需要专门的联邦法律，大概还应当赋予联邦主体独立决定何时进行农用土地交易的权限。"③

经过激烈争论，2001 年 9 月 20 日，国家杜马三读通过了拖了 7 年之

---

①　在经济转轨前的 1991 年底，国营农场占用农业用地为 1.06 亿公顷，集体农庄占用 7910 万公顷，分别占全部农业用地的 47.7% 和 35.6%。
②　《普京文集》，中国社会科学出版社 2002 年版，第 257 页。
③　《普京全集》，中国社会科学出版社 2002 年版，第 284 页。

久的新的俄罗斯联邦土地法典草案，10 月 10 日，俄罗斯联邦议会以 103 票赞成、29 票反对、9 票弃权的表决结果最后通过了《俄罗斯联邦新土地法典》，并由普京总统签发生效。但这一法典并未解决农用土地私有化与自由买卖问题。为了解决这个问题，2002 年 6 月 26 日，俄罗斯国家杜马最终通过了《俄罗斯联邦农业用土地流通法》。7 月 9 日俄罗斯联邦委员会批准，并由总统签发，自正式公布之日起 6 个月后生效。应该说，这项法律的出台，标志着俄罗斯土地私有化有了重大发展，即最后解决了农用土地可以自由买卖的问题。《俄罗斯联邦农用土地流通法》明确规定了农用土地地块和具有共同所有权的土地份额的流转（交易）规则和限制条件，完成交易的结果，是产生或者中止农用土地地块和具有共同所有权的农用地份额的各种权力。还规定，"不允许俄联邦主体通过法律法规包括附加条款，对农用土地地块的流转进行限制"。这里要指出的是，有关农用土地自由买卖还是需要遵循一些原则。《俄罗斯联邦农用土地流通法》作了以下一些限制性的规定：为了保证农用土地的专项用途，在出售股份所有制的土地份额时，其他土地股份所有者有权优先购买；出卖农用土地地块时，俄罗斯联邦主体或联邦主体法律规定的地方自治机构有优先购买这些土地地块；禁止将农用土地卖给外国人、无国籍人士和外国人的股份超过 50% 的法人。从杜马讨论农用土地进入流通问题的情况看，总的看法是比较一致，即不能把农用土地卖给外国人。[①] 这主要是担心俄罗斯农业和农村被外国企业与外籍人士控制。关于这个问题，2002 年 6 月 19 日普京在俄罗斯工商会第 4 次代表大会上说："我理解那些主张不急于赋予外国人购土地的人。""解决这个问题需要平衡、斟酌和非常谨慎。"但他还说："随着土地市场和必要基础设施的发展，这个问题还会被提到日程上来。"至于农用土地自由买卖的改革，虽已通过了法律，但在实施过程中不同观点的争论不会停止，而土地私有化改革的进程也不会因有争论而停滞不前，还会不断深化。

第二节　集体农庄与国营农场经营组织形式的改组

一　叶利钦时期农业经营组织的改组

在叶利钦时期，与土地私有化相适应，决定把在农业中占绝对统治地

[①] 外国人可购买工业和建筑用地。农用土地只能租赁，租赁期不得超过 49 年。

位的国营农场与集体农庄加以改组。规定必须在一年内（在1993年1月1日前），完成国营农场与集体农庄重新登记工作，并对那些无力支付劳动报酬和偿还贷款债务的农场、农庄，应在1992年第一季度加以取消与改组。1992年9月4日，俄罗斯政府正式批准了农场、农庄与国营农业的条例。该条例确定的经营形式改革与产权改造的基本原则是：按生产单位劳动集体成员的意愿，将农庄、农场改组为合伙公司、股份公司、农业生产合作社、家庭农场及其联合体。到1993年底，俄罗斯已有2.4万个农庄、农场进行了改组与重新登记，这占农庄、农场总数的95%，其中1/3的农庄、农场根据劳动集体的决定保留了原来的经营形式，其余的2/3改组为1.15万个合伙公司、300个股份公司、2000个农业合作社和3000个其他新的经营形式。它们的成员成为具有自己土地和股份的商品生产者。[①] 农庄、农场改组后的详细情况见表5-1。

表5-1　　　　　　　　俄罗斯农庄、农场的改组情况

	1993年	1994年	1995年
重新登记的集体农庄和国营农场占原有的比重（%）	77	95	—
其中：保留原有法律地位的占已重新登记的集体农庄和国营农场的比重（%）	35	34	32
改组为下列企业形式的占已重新登记的集体农庄和国营农场的比重（%）			
开放型股份公司	1.5	1.3	1.0
有限责任公司，合营公司	43.7	47.3	42.6
农业合作社	8.6	7.8	7.2
农民经济联合体	3.6	3.7	2.5
被工业企业和其他企业买断的	1.8	1.7	—

资料来源：俄罗斯过渡经济问题研究所：《过渡时期经济》，莫斯科，1998年俄文版，第579页。

这里要指出的是，在叶利钦时期，特别重视发展农户（农场）经济（或称私人农场）。这与当时叶利钦、盖达尔等人接受西方模式来改造成俄罗斯农业的战略有关。这个模式就是以土地私有化和经营组织农场化为基础的。在他们看来，美国与西方其他一些国家在土地私有制基础上发展家庭农场能获得良好的经济效益。但在俄罗斯，这种农户（农场）经济并没

---

① 陆南泉主编：《独联体国家向市场经济过渡研究》，中共中央党校出版社1995年版，第134页。

有得到很大发展,更没有成为农业生产的主力军。1992年农户(农场)经济为4.9万个,1993年为18.28万个,从1994年至1999年,一直保持在27万—28万个的水平。占用土地面积一般在1200万—1300万公顷,平均每个农户经济占用土地为40—50公顷。1999年农户(农场)经济生产的粮食占俄罗斯粮食总产量的7.1%,而在畜牧业中的比重很小,如在大牲畜中饲养头数中只占1.8%,其中奶牛占1.9%,猪占2.2%,羊占5.5%,在整个农业产值中仅占2.5%。

二 制约农户经济发展的原因

在俄罗斯,农户(农场)经济之所以难以发展,因它受到一系列条件的制约:第一,俄罗斯不像在美国,有发达的、及时能得到的农业社会化服务。美国家庭农场之所以能发展并有巩固的地位,一个十分重要的条件就是具有高水平的社会化服务,而这一套服务体系绝不是在短期内可建立起来的。第二,长期以来,在俄罗斯搞的是大农业,国营农场和集体农庄的生产规模都很大,使用的是大型农业机械,机械化水平已达到一定程度,粮食作物的种植与收获已全部机械化,畜牧业综合机械化水平已达到70%—80%。而搞小规模的农户经济,需要小型的农业机械。在当时的俄罗斯,财政极其困难,国家不可能投入资金来及时地发展小型农机,以满足农户经济的需要。第三,在苏联,大型农业已搞了几十年,农业生产中的劳动分工已形成,这样,能够掌握农业生产全过程的典型的农民已不存在,这对搞一家一户的农业经济在客观上就有很多困难。第四,农户缺乏必要的启动资金,他们既得不到财政帮助,又得不到必要的银行贷款,这种情况下,使得组建来的农户经济难以维持,出现大量解体的情况。第五,农用生产资料如化肥等得不到保障。看来,叶利钦时期推行的小农业经济政策并不适合俄罗斯国情,未能取得应有的效益。

三 普京时期大农业发展情况

普京上台执政后,不得不改变农业发展政策,变革农业发展道路。普京强调要搞大农业,具体说要搞大型的农业综合体,把它视为发展农业的重要途径之一,要使俄罗斯农业在今后成为"大的商品生产者"。从西方发达国家的情况看,大型农业企业是农业生产经营的一种基本形式。目前美国50%的商品农产品是由占4.7%的大农场生产的,而欧盟国家50%的商品农产品是由10%—15%的大农场生产的。大型农业在俄罗斯农业中起着重要的作用，它们生产92%的粮食、94%的甜菜、86%的向日葵籽、70%的蛋、49%的奶、39%的肉、38%的羊毛、21%的蔬菜和90%的饲料。在这些大企业中，已有300个大型龙头企业，俄罗斯还在组建15个大型农工集团。这些大型农业企业的经营效益也较好，如300个大型龙头企业，虽仅占农业企业总数的1.1%，但在2000年生产的商品农产品占其总量的16.1%，所得收入占农业总收入的28%，所得利润占农业总利润的47.2%。[1]

第三节 农业发展状况与前景

一 叶利钦时期农业状况恶化及其原因

俄罗斯农业领域进行以土地私有化和改组集体农庄与国营农场为主要内容的改革，其目的是促进农业的发展，但并没有取得预期的成效，特别在叶利钦时期，农业与国民经济一样，出现了连续多年的大幅度滑坡（见表5-2）。

表5-2　　　　　　　1991—1999年俄罗斯农业状况

年份	1991	1992	1993	1994	1995	1996	1997	1998	1999
农业总产值（为上年的%）	95.5	90.6	95.6	88.0	92.0	94.9	100.1	86.8	104.1
粮食产量（万吨）	8910	10690	9910	8130	6340	6930	8860	4790	5470

资料来源：根据俄罗斯有关年份统计年鉴资料汇编。

从表5-2可以看到，叶利钦执政时期农业总产值除了1997年与1999年两年有所增长外，其余年份均为负增长。粮食产量与上年相比，有4年增产，5年减产。1998年发生严重旱灾，粮食产量仅为4790万吨，比上年骤减4070万吨，减产达46%，是1952年以来粮食产量最低的一年。畜牧业的衰退亦很明显，大牲畜存栏头数大幅度减少，如牛的存栏头数1999年1月1日为2860万头，比1991年减少了2840万头，减少了近50%，其中奶牛为1350万头，相应减少了700万头，减少了34%。猪相应减少了56.4%，绵羊与山羊减少了72.5%。由于牲畜存栏头数大量减少，1999年肉类产量为430万吨，这比1991年减少了496万吨。

---

[1] 以上资料转引自乔木森2003年10月撰写的题为《俄罗斯农业发展道路》的研究报告。

叶利钦时期农业状况恶化有多方面的因素。从客观情况来说，在俄罗斯急剧向市场经济转轨时期，整个经济出现了严重的转轨危机，这在客观上势必对农业产生严重影响。从历史上来看，苏联农业经过70多年的发展，由于管理体制与自然条件的影响，一直处于不稳定状态，是个脆弱的部门。但是，应该看到，叶利钦执政时期农业状况进一步恶化，还与这一时期的农业政策直接有关，这主要表现在：第一，正如我们在前面指出的，力图通过土地私有化与建立农户（农场）经营组织的模式来解决农业的基本政策，并不符合俄罗斯国家的实情，未能取得实效。第二，在经济与财政严重危机的情况，大幅度减少对农业的投资。1992年俄罗斯对农业的投资在整个国民经济投资总额中占10.8%，而到1998年下降为3.3%。脆弱的农业，不仅技术装备落后，而且其生产效率很低，没有大量的投资很难维持农业一定的增长率。第三，对农业投资大幅度减少，农业企业技术装备状况不断恶化。据俄罗斯官方统计资料，1999年，198公顷耕地才合一台联合收割机，而同时，德国为31.3公顷/台，美国为62.5公顷/台。农业部门农用机器设备量急剧减少，使得农机的生产量大量减少。拖拉机产量从1990年的21.4万台降到1998年的9800台，康拜因联合收割机产量相应从6.57万台降到1000万台。[①] 第四，剥夺农民的政策没有发生实质性变化。苏联时期特别是斯大林执政时期，通过高征购、工农业产品剪刀差和税收等政策榨取农民。俄罗斯经济转轨初期，在一次性大范围放开价格时，工农业产品价格都出现了飞涨，但工业与农业产品上涨速度有很大差距，如1991—1997年，农业企业购买的工业品价格涨幅为8847倍，而农产品销售价格的涨幅为2002倍。[②] 其结果是导致农业企业出现严重亏损。1996年农产品生产的亏损率为16.8%，1997年为20.3%，其中畜牧业尤为严重，1996年与1997年亏损率分别为32%与35%。亏损企业在农业企业总数中的比重由1992年的5%增加到1997年的82%[③]，与此同时，在转轨初期，俄罗斯农民还要缴纳各种税收，1993年农民缴纳的税款与其他款项要占农业企业账面利润的47.5%。后来，不得不降低农业的税收，以减轻农民的税负。

---

① 参见刘美珣等主编《中国与俄罗斯两种改革道路》，清华大学出版社2004年版，第405页。
② ［俄］《俄罗斯农业经济》1998年第10期。
③ ［俄］《农工综合体：经济与管理》1999年第1期。

二 普京时期俄罗斯农业的发展

普京执政后，随着政局的日趋稳定，整个经济形势的好转，以及农业政策的调整，俄罗斯农业出现好转（见表5-3）。

表5-3　　　　　　　　　2000—2006年俄罗斯农业状况

年份	2000	2001	2002	2003	2004	2005	2006
农业总产值（为上年的%）	107.7	107.5	101.5	101.4	103.1	104.0	102.8
粮食产量（万吨）	6550	8520	8660	6720	7800	7800	7840
肉与肉制品（万吨）	440		731.6	767.7	776.2	759.9	790.0

资料来源：根据俄罗斯有关年份统计年鉴资料汇编。

从表5-3可以看到，2000—2006年的7年间，俄罗斯农业总产值每年都有一定的增长，粮食产量除2000年与2003年下降外，其他5年基本上保持在8000万吨左右这一水平上（7年粮食年均产量为7699万吨）。但农业与整个国民经济相比而言，有其明显的弱点，表现为：一是增速低；二是不稳定性。不论从增长速度还是从粮食产量与肉制品产量来看，波动情况时常出现。

从长远来看，俄罗斯发展农业要解决的主要问题有：借鉴国内的经验，在改革过程中，寻觅一条符合俄罗斯国情的农业经营组织形式与发展道路；俄罗斯政府要加强对农业的支撑。所有工业发达国家的农业都处于国家庇护之下，因农业是受自然因素影响最大的一个部门。因此，没有国家的干预，农业的落后状况就难以改变；增加对农业的投入，缩小工农业产品的剪刀差，减轻农民的负担，增加对农业部门农机供应，帮助农业设备更新，以此来加强农业物质技术基础，这些对俄罗斯农业来说，是十分迫切的问题；提高农业劳动者的生活水平，改善农村生活条件，只有这样才能保证农业劳动者稳定性与提高其积极性。

本章小结

农业一直是苏联时期一个薄弱的产业。斯大林逝世后的各届领导人都力图加快农业发展，但并没有改变农业的落后状态。苏联解体后俄罗斯执政者，在农业领域推行了改革政策，主要内容是农业土地私有化与农业生产经营组织的改组。土地私有化的改革经历了一个曲折的过程，涉及很多复杂的问题。至于集体农庄与国营农物经营组织形式的改组问题，在叶利钦时期强调发展农户（农场）经济（或称私人农场）。但在俄罗斯由于受各种条件的制约，这种农业经营组织形式难以取得应有的效益。普京执政后，强调要搞大农业，发展农工综合体，即以大型农业为农业生产经营的一种基本形式。从长远来看，俄罗斯农业要取得稳定的发展，在发展道路的选择与具体农业政策的调整等方面，还有很多工作要做。

思 考 题

一 名词解释
    1. 土地私有化
    2. 农户经济
    3. 集体经济
    4. 国营农场
    5. 农工综合体

二 简答题
    1. 评价俄罗斯农业改革成效。
    2. 简答对俄罗斯土地私有化不同观点的分析。
    3. 简答俄罗斯农业发展前景。
    4. 简答普京时期的土地所有制改革进程。

三 论述题
    1. 论述俄罗斯农业改革的基本内容。
    2. 分析俄罗斯农业现状。

阅读参考文献

    1. 陆南泉：《俄罗斯经济转轨过程中的私有化问题》，载王跃生等主编：《市场经济发展：国际视角与中国经验》，社会科学文献出版社 2005 年版。

    2. 乔木森：《中俄农业改革比较》，载张森主编《俄罗斯经济转轨与中国经济改革》第四章，当代世界出版社 2003 年版。

    3. 陆南泉：《苏联经济体制改革史论——从列宁到普京》，人民出版社 2007 年版。

    4. 李新主编：《转轨经济研究》，上海财经大学出版社 2007 年版。

    5. 陆南泉主编：《独联体国际向市场经济过渡研究》，中共中央党校出版社 1995 年版。

6. 李中海主编：《普京八年：俄罗斯复兴之路（2000—2008）》（经济卷），经济管理出版社 2008 年版。

7. 刘美珣等主编：《中国与俄罗斯两种改革道路》，清华大学出版社 2004 年版。

8. 张森主编：《俄罗斯经济转轨与中国经济改革》，当代世界出版社 2003 年版。

9. 《阿巴尔金经济学文集》，清华大学出版社 2004 年版。

10. 李双林等主编：《中国与俄罗斯经济改革比较》，中国社会科学出版社 2007 年版。

11. ［俄］阿纳托利·丘拜斯主编：《俄罗斯式的私有化》，新华出版社 2004 年版。

第六章 收入分配与社会保障制度改革

内容提要

经济转型以来，随着经济社会现实的巨大变化，俄罗斯展开了全面的收入分配和社会保障体制改革。本章主要分析1991年以来俄罗斯收入分配现状、特点、收入分配差距扩大的原因，以及调节收入分配俄罗斯所采取的主要措施。同时，社会保障体制是调节个人收入分配的一项重要制度，本章也分析了俄罗斯社会保障制度改革的主要内容、模式特点，重点介绍了养老保险改革、医疗保险改革和社会福利的货币化改革。

第一节 收入分配理论

收入分配包括要素收入分配和个人收入分配，它归根结底涉及的是一个为谁生产的问题。在经济思想史上，要素收入分配的研究起源于古典经济学时期的李嘉图，个人收入分配的研究起源于帕累托。从20世纪50年代起，个人收入分配日益成为收入分配理论研究的中心。

一 马克思主义收入分配理论：按劳分配

马克思主义经济学认为，人类社会的再生产循环包括四个基本环节，即：生产、分配、交换和消费，其中生产是起点，消费是终点，分配和交换是中间环节。分配本身由生产决定，反过来它又影响着生产，并决定着交换和消费。

按照马克思和恩格斯的设想，当资本主义被共产主义代替之后，消灭了生产资料的资本主义私有制，全部生产条件归全社会占有，不存在商品和货币，消费品的分配应该实行按需分配。但是，在共产主义的第一阶段即社会主义阶段，物质尚未极大丰富，劳动尚未成为人们自觉活动，还只是谋生手段的时候，个人消费品只能进行按劳分配，才能极大地激励劳动者的积极性以提高效率。只有发展到共产主义高级阶段，当生产极大发展、物质财富极大丰富、劳动已经成为人们的一大乐趣时,社会才能实行"各尽所能,按需分配"。

需要指出,马克思所提出的按劳分配有四个前提条件:一是生产力前提,即高度发达的生产力;二是所有制前提,即完全的全民所有制;三是社会经济形式的前提,即产品经济;四是政治前提,即无产阶级专政。正是按照马克思的收入分配设想,包括苏联和中国在内的社会主义国家纷纷实行了按劳分配的原则,但是在实践中,由于并不能完全满足马克思所提出的四个前提条件,传统社会主义国家实行的按劳分配制度实际上演变为一种异化的计划分配制度,最终沦为平均主义的分配,结果不但没有按照马克思的设想极大地调动劳动者的积极性,而且也没有极大地促进社会生产力的发展。[①]

二 西方收入分配理论:效率、公平和自由

现代西方收入分配理论主要强调的是效率与公平之间的关系,其核心是研究企业生产者、经营管理者与投资共同分享剩余的问题。现代西方收入分配理论主要包括:

1. 人力资本分享剩余理论。人力资本理论由美国经济学家西奥多·舒尔茨在20世纪60年代提出。舒尔茨认为,任何使人力资本增值的活动就是人力资本投资,它包括教育、保健和人口流动投资,这种投资形成的"人力资本"为个人所有,它应当和物质资本一样,在补偿其实际消耗后,继续享有企业剩余索取权,以体现投资回报的公平性、合理性。舒尔茨指出,人力资本在社会财富创造中从附属地位向人力资本与物质资本平等地位方向发展,人力资本逐步起决定性作用。在现代市场经济条件下,不是简单的企业物质资本的存在,使人力资本得以生存,而是企业的人力资本保证了企业物质资本的保值、增值和扩张。因此,人力资本应与物质资本一同分享剩余。

2. 委托代理理论。委托代理理论由经济学家密西尔·詹森和威廉姆·麦克林于1976年提出。委托代理理论认为,委托人和代理人之间存在着两个方面的不对称:一是利益的不对称;二是信息的不对称。委托人为了防止代理人损害自己的利益,客观上要求对代理人进行监督,但监督是要

---

① 更详尽的论述参见丁任重主编《转型与发展:中国市场经济进程分析》,中国经济出版社2004年版,第434—436页。

付出成本的,如果监督过于严厉,不仅成本过高而且对公司的正常经营也会产生不利影响;如果监督过于松懈,则所有者的权利得不到很好的保护。因此,需要建立一套既能够有效地约束代理人的行动,又能激励代理人按委托人的目标和为委托人利益而努力工作的机制或制度安排。这一制度安排就是让代理人成为剩余收益权利的拥有者,基本途径是把经理的报酬与股东事后看到的利润联系起来,经理的报酬是利润的函数。

3. 分享经济理论。20世纪70年代,美国经济学家 M. L. 威茨曼提出了由劳资共享收益分配的分享经济理论。这一理论认为,经济滞胀的根本原因在于资本主义现存工资制度的不合理,应通过改变劳动报酬和性质来触及现代资本主义经济运行方式的缺陷,用分享制度对付经济滞胀。通过分享制,将工人的工资与企业经济效益的相关指数挂钩,并能自动按照这些指数的变动而调整。在分享制下,通过劳资协调确定工人和雇主在企业收入中各占多少分享的比率。这一制度的优点主要是:理论上可以无限扩大就业和产量;有利于解决通货膨胀;有利于产生激励效应和劳资相融效应。

4. 社会保障理论。社会保障理论包括新旧福利经济学、凯恩斯主义、贝弗里奇计划等。目前世界各国社会保障制度选择的模式尽管有所不同,但基本上都是以这些理论为指导。这些理论都提出了资本主义分配存在不合理性,因此需要实行社会保障制度,调整和改变不合理的收入分配。

随着经济学研究的不断深入和拓展,收入分配理论不仅仅继续关注传统意义上的收入或者商品的分配,自由、权利、能力等非收入和非商品信息日益受到经济学家们的青睐,开始越来越注重经济伦理问题的研究。所以,在现代西方收入分配理论的研究中,集中表现出两大鲜明的特征:一是对非收入因素的关注,二是对社会最底层成员的关注。[1]

三 收入分配差异的测定:洛伦兹曲线和基尼系数

现实经济中,社会成员在国民收入的初次分配和除社会保障外的再分配中形成的收入水平存在着很大差异。对于收入分配差异的测定,通常使用洛伦兹曲线与基尼系数这两大工具。

洛伦兹曲线是由美国统计学家洛伦兹于1905年提出的。它先将一国

---

[1] 参见秦岭《收入分配理论与中国收入分配现实》,《辽宁大学学报》(哲学社会科学版) 2004年第2期。

人口按收入由低到高排列，然后考虑收入最低的任意百分比人口所得到的收入百分比，最后将这样得到的人口累计百分比和收入累计百分比的对应关系描绘在图形上，即得到图6-1中的洛伦兹曲线。洛伦兹曲线的弯曲程度即反映了收入分配的不平等程度，弯曲程度越大，收入分配程度越不平等，反之亦然。连接两对角线的直线LP表示收入分配绝对平均，而如果所有收入都集中在某一个人手中，其他人口均一无所有，收入分配就表现为完全不平等，洛伦兹曲线成为折线c。曲线a和c当然是两种极端情况下的洛伦兹曲线，在实际生活中都不存在，通常，一个国家居民的实际收入分配曲线界于绝对平均线a与绝对不平均线c之间，如曲线b。

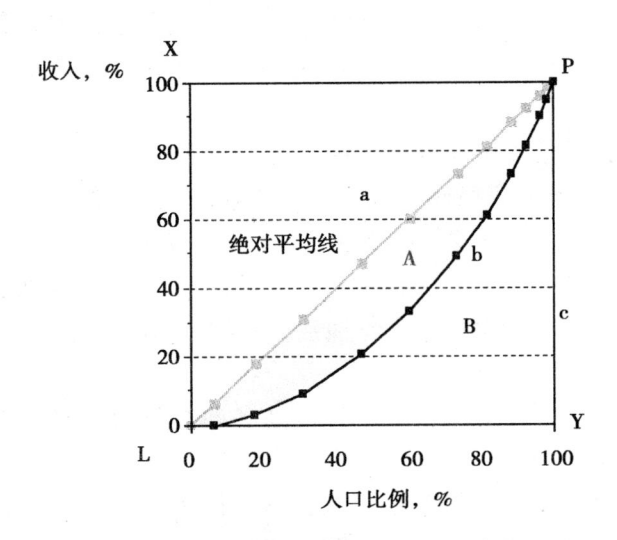

图6-1 反映收入分配差异的洛伦兹曲线

基尼系数是意大利统计学家基尼在20世纪初提出的用来测度居民收入分配差异程度的指标，该系数通过测定洛伦兹曲线背离完全平均状况的程度来表明不平等的比率。如图6-1所示，设A为洛伦兹曲线b与绝对平等线a围成的面积，B为完全不平等线c与绝对平等线a围成的面积，面积A与面积B之间的比率就是基尼系数。当收入分配完全平等时，A=0，则基尼系数为零；当收入分配完全不平等时，A=B，则基尼系数为1。基尼系数越小，表明收入分配越趋于平均化，基尼系数越大，表明收入分配越不平等。在现实生活中，基尼系数总是大于0而小于1，基尼系数的国际警戒线为0.4。

第二节 俄罗斯收入分配结构的变化

在计划经济体制下,苏联收入分配制度是国家集中管理的单一收入分配制度,它主要由按劳分配制度和社会消费基金分配制度两部分组成。这种收入分配制度的最大特点是广大居民的收入差距很小,同时收入对劳动激励的程度也很低。

一 俄罗斯收入分配现状

1990年以来,随着经济体制由计划经济向市场经济过渡,俄罗斯的产权结构发生了很大变化,因此收入分配结构也发生了明显改变。居民收入结构的变化特点主要有:

第一,居民货币收入增长较快,收入来源逐渐多元化。

随着1999年以来俄罗斯经济持续高速增长,居民实际可支配收入也不断增加。据统计,2001—2006年俄罗斯居民实际可支配收入增加了88%,实际工资上涨了118%,实际养老金增加了48%。据俄罗斯经济发展部公布的总结资料,2008年俄罗斯居民的月平均工资为17112卢布,平均养老金为4286卢布①。

居民收入的增加主要来源于工资的提高和各类社会保障的支付,同时收入结构呈现日益多元化的趋势。尽管工资收入仍然是居民最主要的收入来源,但居民收入开始出现多元化,经营活动收入、社会支付、产权收入在整个居民收入结构中所占的比重也越来越重要。

第二,不同经济部门职工之间的工资收入严重不平衡。

由于特殊的资源型经济结构,各经济部门的经济竞争力表现不同,因此职工工资收入的差异很大。按照俄罗斯经济发展部公布的数字,2008年俄罗斯职工月平均工资为17112卢布,名义工资比2005年增长25.2%,扣除强制性支付并经过通货膨胀指数修正后,2008年俄罗斯居民实际可支配货币收入比2007年增长9.7%。从各个不同的经济部门来看,金融领域职工的工资最高,月平均工资达到39681卢布,是全国平均水平的2.4倍;其次是矿产资源开采性行业,职工月平均工资为37680卢布,是全国

---

① Минэкономразвития России: "об итогах социально-экономического развития российской федерации в 2008 году", Москва, Февраль, 2009 г.

平均水平的2.2倍。农林渔业职工工资最低，只有8022卢布，是全国平均水平的48%；皮包生产和制鞋业职工工资为9328卢布，是全国平均水平的55%。教育部门职工工资比全国平均水平低30%，卫生和社会服务部门的工资比全国平均水平低20%。[①]

第三，贫困问题有所缓解，但贫富差距进一步拉大，出现了两极分化的趋势。

20世纪90年代的经济危机使俄罗斯居民平均工资和养老金下降了一半以上，贫困人口急剧增加。到90年代末，约有60%的居民的实际收入只有它们在90年代初的20%—25%。自2000年以来，随着俄罗斯加速经济增长和国内宏观经济环境的改善，居民货币收入的快速增加，直接引起贫困人口下降。如果说2000年处于贫困线以内的居民比重超过30%，那么到2008年，这一比重已经降至13.2%，贫困人口总计1860万人。

虽然随着经济的快速增长，居民收入普遍增加，但是收入差距却有逐渐扩大的趋势，10%最富有的居民收入增长123%，而10%最贫困的居民收入增长只有富人的一半，居民的收入差距还在越拉越大。如果说1992年俄罗斯的基尼系数还只有0.289的话，那么到了2004年，这一系数就急剧上升到了0.407。基尼系数的扩大反映了俄罗斯收入分配差距的扩大，收入的不平等增加，说明经济增长所带来的收益在各类居民之间分配的不均衡。

二 俄罗斯收入分配差距扩大的原因

一般认为，"橄榄形"的以中产阶级为主体的社会结构才是比较合理的。但是，俄罗斯的收入分配呈现的却是一个明显的金字塔形，居于塔尖的是极少数暴富的高收入者，位于塔底的是广大的低收入者，这是收入分配不合理的一种表现。俄罗斯收入分配差距扩大的原因主要有以下几个方面。

第一，收入结构变化和收入分配差距扩大是引入市场经济体制的必然结果。

计划经济体制下的收入分配制度名义上是按劳分配，实际上是平均主义分配。俄罗斯开始市场经济转型后，平均主义的分配制度被打破，一方

---

① Минэкономразвития России: «об итогах социально-экономического развития российской федерации в 2008 году», Москва, Февраль, 2009 г.

面，俄罗斯公民获得了自由择业、自由开展合法经营以获取收入的权利；另一方面，企业开始独立成为经营主体，获得了面对市场压力根据成本最小化和激励最大化、采取工资差别政策自由聘用员工的权利。在这种前提下，要素开始与劳动一起参与收入分配，居民收入结构因此逐渐趋于多元化。所以，从这个角度看，俄罗斯收入分配差距扩大的过程也是从计划经济向市场经济转型所导致的长期被压抑的收入差别能量释放的过程[1]。

第二，激进经济改革时期不公正的私有化和垄断加剧了俄罗斯收入分配差距的扩大。

俄罗斯的产权改造——私有化不但造就了一大批暴富的阶层，而且，在私有化的过程中，寡头势力通过各种手段谋求政治利益。不公正私有化对收入分配的影响表现在两个方面：一方面，私有化从一开始就是远离普通民众的，暴富阶层的出现本身导致了收入差别的急剧扩大。另一方面，寡头控制经济后，通过他们所掌握的垄断企业获取高额利润，这些企业中职工的收入大大高于普通行业，进一步使收入差距的范围扩大。尽管普京执政以来对寡头势力进行了严厉打击，逐步推进战略性行业的国有化重组，但是经济中地区、行业和部门垄断的问题没有得到根本解决。所以，虽然居民收入都有较大幅度的提高，但是分配差距却没有缩小的趋势。

第三，俄罗斯收入分配差距扩大与自身经济结构发展的不平衡有关。

经济结构的不平衡主要表现在，俄罗斯经济增长的主要推动力是能源原材料出口部门。近年来，随着国际能源价格的上涨，石油开采等部门的收入快速增加，虽然该部门中就业的人口只有全俄罗斯总人口的3%，但是分配的却是全国30%的总收入。如果说传统的加工工业部门的收入为全国平均收入，那么矿产资源开采部门职工的收入超过平均收入的2.5—2.8倍，而农业部门的收入则比全国平均水平少一半。

第四，正常范围内的收入分配差距是经济发展的必然结果。

按照库兹涅茨"倒U型曲线"假说，收入差别与经济发展水平之间存在"倒U型"关系，即在经济发展的最初阶段，收入分配差距扩大可能存在合理性。一定程度上的收入分配差距是市场经济发展的必然要求，同时，适当的收入分配差距有利于经济增长。当然，适当的收入分配差距不是指两极分化，更不是说相当一部分人收入的获取需要通过不公平和非法的手段获得。

---

[1] 王永兴：《转型期俄罗斯收入分配演进研究》，《俄罗斯中亚东欧研究》2006年第2期。

第五，受教育程度也与居民的收入分配状况直接相关。

据统计，在极端贫困的居民中，受过高等教育的只有11.4%，受过职业教育的占39.8%，受过中等教育的占47.8%，受过初等和根本没有受过教育的占0.8%；在比较贫困的家庭中，受过高等教育的占16.5%，受过职业教育的占42.1%，受过中等教育的占40.8%，受过初等和根本没有受过教育的占0.6%。在收入超过最低生活保障线的居民中，受过高等教育的占32.4%，受过职业教育的占39.9%，受过中等教育的占27.3%，受过初等和根本没有受过教育的占0.4%。[①]

第六，通货膨胀对各类居民之间的收入分配也产生了不同程度的影响。

开始经济转型以来，俄罗斯经济一直受到通货膨胀的困扰，20世纪90年代曾经多次出现恶性通货膨胀。通常而言，通货膨胀具有两个效应，即再分配效应和支出效应。通货膨胀对收入差距的影响主要是通过再分配效应体现出来的，通货膨胀首先不利于靠固定货币收入维持生活的人，而且对储蓄者不利。同时，通货膨胀还可以在债权人和债务人之间发生收入再分配的作用。俄罗斯通货膨胀特别是恶性通货膨胀使不少居民的储蓄化为灰烬，拉大了收入分配的差距。

三　收入分配差距的调节

收入分配差距的扩大对俄罗斯经济实际上产生了三个方面的不利影响：首先，收入的两极分化使得大部分居民购买力不高，不利于市场的形成和中产阶级的壮大，也不利于扩大国内需求和拉动经济增长；其次，尽管由于良好的国际市场行情，俄罗斯经济近年来持续增长，但是收入差距的扩大可能会对经济增长产生反作用，弱化经济增长对减少贫困的影响；最后，更为重要的是，严重的收入两极分化将会导致社会的不稳定，导致交易成本的增加，影响经济的长期发展。

收入分配的调节实际上属于政府宏观调控的范畴，为了调节不断拉大的收入分配差距，使各类人群能够均衡地享受到经济增长给俄罗斯带来的收益，俄罗斯政府先后也采取了相应的措施，主要包括：

第一，通过确定最低生活保障线与最低工资进行调节。

为了保障居民的最低生活标准，从1992年起，俄罗斯就开始效仿西

---

① Шварёва Н. В., Влияние экономического роста на преодоление бедности: российский опыт 2001—2005.

方发达国家确定了居民最低生活保障线。2008年俄罗斯全国最低生活保障线平均为4593卢布,其中有劳动力的居民最低生活保障线为4971卢布,退休人员为3644卢布,儿童为4389卢布。

第二,通过社会保障措施调节。

对收入分配的调节是社会保障的一项基本功能,为了保障居民的基本生活水平和福利,近年来,俄罗斯一直在进行社会保障制度改革,先后实行了养老金的指数化、提高养老金的数额、进行福利货币化改革、完善社会救助、提高妇女生育补助等措施调节收入分配。

第三,通过税收杠杆进行调节。

经济改革之初,俄罗斯借鉴了发达国家的经验,按照累进原则征收个人所得税,最低税率为12%,同时,规定了一些税收优惠。实行累进税率和税收优惠实际上起到了公平再分配的作用,但是,由于偷税和逃税现象严重,个人所得税的征收遇到了很大的困难,征收率不到50%。为了改变大规模的影子经济,增加税收收入,从2001年1月1日起,个人所得税改为按照13%的统一税率征收。实行统一税率后,俄罗斯个人所得税的税收收入快速增加,但是对高收入与低收入者之间的收入再分配的功能有所弱化。[1]

第四,通过完善社会政策调节。

2005年9月,俄罗斯提出实施医疗、教育、住宅和农业四大领域的国家优先发展计划。政府所提出的目标,要在优先发展计划实施的两年内,使每一位俄罗斯公民都能切身体会到实施社会工程所产生的积极效应:在教育领域,保证全国一半以上的中小学能够上网,向中小学配备近万名各类优秀青年教师;在卫生保健领域,将高科技的急救车数量增加三倍;全面充实各医疗机构的医生和护士配备,保证必需的医疗设备;在住房领域,保证定点资助农村青年家庭和青年专家的住房建设,保证大规模建设新的住宅小区。这些社会政策的实施无疑会进一步改善俄罗斯的收入分配状况,提高人民的生活水平。

第三节 社会保障体制及其模式

社会保障制度是指国家和社会为了维护社会成员的基本生存权利,保

---

[1] 马蔚云:《俄罗斯个人所得税改革对收入再分配的影响》,《俄罗斯中亚东欧研究》2006年第2期。

证和促进社会稳定与经济发展，对由于各种原因而失去生活保障的社会成员给予一定物质帮助的社会安全制度。它是国家关于社会保障的法律、规定及其实施办法的总称，是国家社会经济制度的重要组成部分。[①]

一　社会保障制度的起源与基本功能

19世纪的英国和德国是社会保障制度形成中两个最重要的历史渊源。英国《济贫法》和友谊社的出现，标志着社会保障制度的萌芽，而1889年德国议会以立法形式批准的强制缴费社会保障计划则是现代工业社会第一个正式的社会保障制度。此后，自20世纪20年代以来，西方发达国家纷纷建立起各具特色的社会保障制度。

应该说，社会保障是经济社会发展的必然产物，它的经济理论基础主要有社会市场经济理论、福利经济学和凯恩斯主义。社会市场经济理论主张"经济自由"和"国家干预"相结合，实现大众福利和社会公平，让绝大多数人在经济繁荣时得到好处。德国的社会保障体制就直接来源于弗莱堡学派的社会市场经济理论。英国经济学家庇古以边际效用价值论为基础创立了福利经济学，为英国社会保障制度的建立奠定了理论基础。凯恩斯主义主张国家应该积极干预经济，认为有效需求不足是造成经济危机的主要原因，因此国家要实现社会保障，刺激有效需求，凯恩斯主义因此为美国社会保障制度建立提供了理论依据。

从社会保障的经济运行效应看，社会保障制度具有三个基本的功能，即再分配功能、储蓄和投资功能、"稳定器"的功能。

首先，社会保障是社会收入再分配的方式之一。

与其他收入再分配方式相比，社会保障有自身的资金收缴、给付渠道和形式。社会保障资金的缴费与给付是社会保障经济运行的两个主要方面，这两个方面的不同组合可以实现社会保障的不同程度、不同形式的收入再分配功能。社会保障收入再分配的实现形式主要有劳动者个人的纵向收入再分配、劳动者代际间的收入再分配和同代劳动者之间的收入再分配。

其次，社会保障对储蓄和投资会产生重要影响。

一方面，保障资金的筹集，无论是采取税收的形式，还是采取基金征集的形式，或是实行现收现付的成本列支，都具有减少个人和企业收入的

---

① 郑秉文主编：《社会保障制度的国际比较》，法律出版社2001年版，第1页。

效果，从而影响个人和企业的消费倾向和储蓄倾向；而且，社会保障资金的储存过程本身就是储蓄的过程，这种储蓄意味着减少即期消费，增加未来消费，因而产生时期替代效应；另一方面，社会保障基金在储存过程中，在保值和增值的基础上积极参与基本没有风险的投资，从而对社会总投资产生直接影响。

最后，社会保障制度的实施具有"稳定器"的功能。

这一功能一方面体现在稳定社会情绪、实现政治稳定的"社会稳定器"方面。事实上，社会保障制度建立的初衷正是出于社会安宁和社会稳定的目的。另一方面，"稳定器"的功能还体现在实现经济稳定上。政府可以通过社会保障基金的统筹制度，根据经济周期自动调节经济波动，即在经济高涨时期自动缓解需求压力，抑制增长速度，而在经济萧条时期自动释放需求，改善需求不足，促进经济增长。

二 社会保障制度体系

在较广泛的意义上，社会保障制度是国家以再分配为手段而达到社会安宁的目标的一种正式的制度安排，它的主要内容包括社会保险、社会福利、社会救济与社会优抚制度。[①]

社会保险是指国家通过立法形式、为依靠劳动收入生活的工作人员及其家庭成员保持基本生活条件、促进社会安定而举办的保险。社会保险在整个社会保障体系中居于核心地位，它主要包括养老社会保险、医疗保险、失业保险、工伤事故保险、生育社会保险等。社会福利是指国家和社会根据需要与可能，通过一定形式向人民提供的物质利益。社会福利的内容主要包括社会津贴、职业福利、社会服务等。社会救济也叫社会救助，是国家通过国民收入再分配，对因自然灾害或经济、社会原因而无法维持最低生活水平的社会成员给予救助，以保障其最低生活水平的一种社会保障制度。社会救济主要分为贫困救济和灾害救济。社会救济的对象大体上可以分为三类：一是无依无靠、完全没有生活来源的人，主要是孤儿、孤寡老人、领社会津贴但仍不能维持最低生活的人；二是有劳动能力，也有收入，但因意外灾害而遭受沉重财产甚至人身损失、一时生活困难的人；三是有收入来源，但是生活水平低于或仅相当于国家法定最低标准的个人

[①] 王元月、游桂云、李然编著：《社会保障：理论、工具、制度、操作》，企业管理出版社2004年版，第16—40页。

或者家庭。社会优抚是"优待"和"抚恤"的简称，它是国家和社会依照法律规定对为人民利益做出牺牲和特殊贡献者通过优待、抚恤和安置，确保他们的生活水平不低于当地群众平均水平并带有褒扬性质的一种特殊的社会保障制度。

三 社会保障制度的模式划分

随着经济和社会的发展，无论是发达国家还是发展中国家，基本都建立起了各式各样的社会保障制度。从发达国家的经验看，目前，世界各国社会保障模式大体可以分为四种[①]：

第一种是投保资助型社会保障模式。这种模式的特点主要有：社会保障资金的筹集主要以雇员和雇主缴纳社会保险税为主，国家财政给予适当的支持；劳动者享受社会保险的权利与履行社会保险缴费的义务相联系，社会保险的给付取决于个人缴纳社会保险税的多少和个人的收入状况；财政转移支付的资金较少；社会保障资金在社会成员之间相互调剂使用；社会保障的水平不高。采用这种保障模式的国家主要有日本、德国、美国等许多发达的资本主义国家。

第二种是福利国家型社会保障模式。这种模式的特点主要有：雇主缴费，雇员不缴费或者低缴费；权利和义务不对称，国家为全体社会成员提供保障，社会保障的受益者未必就是社会保险税的纳税者；国家财政转移支付的资金较多；社会保障资金实行有利于劳动者的再分配；社会保障的水平较高，实行"从摇篮到坟墓"的高保障。采用这种保障模式的国家主要有瑞典、英国等西欧国家。

第三种是国家保障型社会保障模式。这种模式是指国家举办社会保险事业，给予暂时和永久丧失劳动能力的社会成员提供保障的社会保障制度，它的特点主要有：雇主和雇员都不缴费，由国家举办社会保障事业；权利和义务不对称；财政转移支付资金较多，职工对政府的依赖性比较强；社会保障的水平较高。采用这种保障模式的国家主要有澳大利亚和新西兰等国。

第四种是储蓄型社会保障模式。这种保障模式又称强制储蓄模式，是一种通过国家立法，强制雇主、雇员按照工资收入的一定比例向社会保险

[①] 对这四种社会保障模式的详细论述参见刘钧《社会保障理论与实务》，清华大学出版社 2005 年版，第 11—17 页。

基金缴费的社会保障模式，它的特点主要有：雇主、雇员共同缴费或只由雇员缴费；权利和义务高度对称；财政转移支付的资金比较少；保障水平取决于社会保险基金的实际投资收益率；社会保险基金有国家运营和私人运营两种方式。采用这种保障模式的国家主要有新加坡和智利等国。

就社会保障制度对经济的影响而言，实际上，主流经济学关注的最重要因素是社会保障制度的财务机制。按照财务机制的不同，社会保障制度的模式又可以划分为现收现付制和基金积累制两种。

现收现付制是多数西方国家社会保障制度所采用的一种财务机制，它是指政府根据当前一定时期内社会保障经费支出需要，确定社会保障税率或缴纳比例以支定收，不作结余。如果一个社会的人口结构保持稳定，采用这种体系实际上意味着实行代际转移支付，即由当前一代劳动人口负担上一代的社会保障费用，而当代劳动人口的社会保障费用将由下一代劳动者负担。因此，现收现付制以代际转移支付，即代际收入再分配为其经济内涵。

基金积累制又可以分为完全积累制和部分积累制。完全积累制是用预先积累的社会保障基金给付保险金。完全积累制与现收现付制的最大区别是，现收现付制实行的是代际间的转移支付，而完全积累制的实质是受益人在工作期间的部分收入转移到退休期间使用。部分积累制实质上是现收现付制和完全积累制的混合模式，一般以现收现付为主，同时留有一定比例的基金积累，其特点是费率分阶段调整，相对稳定。

虽然各国的社会保障制度存在多种模式，但是从整体上看，无论是欧洲大陆国家，还是盎格鲁—撒克逊国家，它们所采用的社会保障制度均为多种保障计划的综合体。

第四节 俄罗斯社会保障制度改革

苏联解体后，俄罗斯政治经济转型的一个重要任务是由社会主义国家转变成宪法规定的社会国家[1]。与此相适应，社会保障体制也开始进行根本性的变革。

---

[1] 按照俄罗斯宪法的规定，俄罗斯联邦是一个社会国家，其政策旨在创造保障人的正当生活和自由发展的条件；每个公民都享有在年老、疾病、致残、丧失劳动能力、失去赡养人以及法律规定的其他情况下获得社会保障的权利。

一 苏联时期的遗产：俄罗斯社会保障制度改革的背景

与西方发达国家不同，苏联的社会保障制度属于典型的国家保障型模式，它的突出特点有两个：一是社会保障资金全部由国家和企业承担，个人不须缴纳任何费用，并由国家通过工会实行高度集中的管理；二是全民均可享受社会保障的福利待遇和社会服务，是一种普遍保障式或基于公民权的分配模式的社会保障制度。

苏联社会保障制度主要由社会保险和社会福利两部分组成。社会保险包括养老金、伤残抚恤金、遗属抚恤金、疾病补助、医疗补助、生育补助、贫困家庭补助；社会福利包括养老、残疾人职业教育、残疾人优惠服务、交通服务、休假疗养等等。应该承认，在苏联的特定时期，这一制度曾经起过促进本国经济发展和社会稳定的作用，在世界范围内也产生过一定的影响。但是，20世纪60年代后期以来，由于苏联经济的停滞和人口的老化，苏联社会保障制度的不适应性越来越明显地暴露出来。

苏联社会保障制度的主要问题有：实行全民性的优抚金制度和高社会福利制度，而且社会保障资金全部由国家承担，加重了国家的财政负担，脱离了苏联实际的生产力发展水平；社会保障资金的支付存在严重的平均主义倾向，没有对劳动产生应有的激励，造成了分配上的不公平；国家对社会保障资金拨款的不足，特别是医疗经费不足，使得社会保障基础设施发展滞后，影响了居民获取社会保障服务特别是医疗服务质量的提高；企业办社会的现象加重了企业的负担，不利于企业自身的发展；社会保障项目设置不全，尤其是没有失业保险，实行充分就业政策，因此导致全社会处于低收入、高就业和低效率的状况；社会保障资金实行高度集中化管理，资金分配不透明，不但浪费严重，而且为该领域内滋生腐败制造了沃土。

二 俄罗斯社会保障制度改革的基本方向

随着计划经济向市场经济的转型，政治经济制度中的根本变化特别是产权制度的变化使得传统的社会保障制度失去了赖以存在的经济基础。因此，改革传统的社会保障制度已经成为俄罗斯市场经济体制发育和成熟不可缺少的前提和保证。

从总体上看，俄罗斯社会保障制度改革的内容包括两个方面：一方面是改革苏联时期计划经济体制下形成的高社会福利制度和社会保障的融资机制，从社会保障事业的国家保障模式向西方的社会保险模式转变，提高社会保障的效率和公平性；另一方面是重建市场经济条件下的、包括失业保险在内的新的社会保障体系，构建普遍的"社会安全网"。

具体而言，社会保障制度改革的总体趋向主要包括：

第一，改变社会保障资金的融资方式，由现收现付制转向基金积累制。

苏联社会保障制度的融资机制是一种现收现付制，个人不需要缴款。苏联解体后，在社会保障市场化的改革方向指导下，俄罗斯先后建立了强制医疗保险基金、社会保险基金和养老保险基金这三项预算外基金，并在这三项基金中开设个人基金积累账户，实行强制性基金积累，社会保障的资金来源开始实现由国家预算、企业和个人缴款，以及基金投资收益等多部分组成。

第二，改变社会保障事业的政府单一管理，实现社会保障管理模式的多元化，由国家保障向社会保险模式转变。

苏联时期的社会保障主要由政府和工会管理，苏联解体后，一方面，设立强制医疗保险基金会、社会保险基金会和养老保险基金会三个专门的公众管理机关负责实施各类社会保障，俄罗斯联邦卫生和社会发展部负责监督和协调这三个隶属于政府的基金会的活动；另一方面，俄罗斯还出台了相关法律，允许成立非国家的医疗保险公司和养老保险基金，企业和个人根据自愿可以参加此类非国家的商业性补充保险，社会保障领域因此出现了国家管理、企业管理和社会管理的多元化模式。

第三，变"暗补"为"明补"，实现社会福利的货币化，并且提高社会救助的针对性。

高福利制度不但给俄罗斯经济带来了沉重的财政负担，而且为俄罗斯社会保障制度的市场化运行造成了问题。为了提高社会福利的透明度和效率，以及社会救助实施的针对性，从2003年开始，俄罗斯开始着手改变提供社会福利的形式，即由提供直接的商品和服务转变为对居民的货币补偿。2004年8月28日，普京总统正式签署了关于福利货币化改革的法律，规定从2005年1月1日起实施。由于这一改革遭到了俄罗斯民众普遍的反对，改革被迫暂停，但是可以认为，俄罗斯坚持福利货币化的基本方向将不会改变。

第四，打破平均主义的分配倾向，增强社会保障对劳动的激励。

多年来，俄罗斯的社会保障体制基本还是一种分配式的体制。在这种体制下，社会保障资金仅仅是不同收入人群和不同地区之间的再分配，平均主义分配倾向严重，对劳动产生不出应有的激励效应。改革社会保障体制特别是养老保险体制，将养老金与工作期间的工资收入和缴费相挂钩，加强了养老金给付水平与工作期间工资的联系，多缴费后才能多得养老金，从而对劳动产生出相应的激励。

三 养老保险改革

俄罗斯的养老保险制度是在苏联老残恤金制度的基础上形成和发展起来的。从1965年开始，苏联开始对全民实行养老保障制度；70年代以后，随着经济发展的停滞，这种国家大包大揽型的社会保障模式遭遇到了越来越大的困难。开始市场经济转型以来，俄罗斯的经济和社会结构发生了重大变化，因此，原有的养老保障制度逐渐失去了存在的基础。从1990年开始，俄罗斯就开始着手进行养老保险改革。迄今为止，改革主要经历了四个阶段：

1990—1995年为第一阶段。1990年11月20日，俄罗斯通过了《俄罗斯联邦国家养老金法》，确立了国家社会保障的新原则。1991年12月27日，俄罗斯通过了独立以后的第一部《养老金基金法》，成立了预算外养老基金会。这一阶段俄罗斯养老保险改革的主要内容是：将养老保险同国家预算相脱钩，通过联邦预算外养老基金进行管理；从完全由国家拨款的养老金分配制逐渐过渡到由国家、企业和个人三方共同承担；改革养老金的计算方式，养老金给付额根据职工参保年限和工资水平确定，提高养老金最低标准，按季度根据通货膨胀的速度对养老金实行指数化。

1995—1997年为第二阶段。随着激进市场化改革的开始，宏观经济状况恶化导致养老金缴费人数的减少和养老金给付水平的下降，同时，财政赤字的扩大削弱了财政对养老金的转移支付能力，因此，养老金的给付出现了严重困难，不但经常出现拖欠的现象，而且养老金的给付水平很低，许多地区的退休人员领取的养老金低于最低生活保障线。这一时期改革的主要内容是：着手准备按照世界银行提出的"多支柱"模式对养老保险体制进行改革，为此，在养老保险基金中对被保险人设立个人账户，通过了《非国家养老基金法》，设立了第一批非国家养老基金。但是这一阶段的改革对于养老保障制度而言还只能算是名义上的变革，在财务机制上延续的仍然是苏联时期的现收现付制，以代际赡养为主，并没有从根本上改变养老资金缺口的难题。

1997—2001年为第三阶段。由于面临着严峻的经济危机和人口老龄化的形势,现收现付养老保险制度已经失去了继续存在的可能性。1997年,俄罗斯开始着手按照世界银行提出的"三支柱"模式对养老金体制进行根本性的改革,尤其在财务机制上准备由现收现付制过渡到完全基金积累制。采用完全基金积累制意味着所有30岁以下的职工都要加入积累制,工资额的11%将用来向这一制度供款。但是,鉴于当时俄罗斯国内市场体制不完善,完全放手私人管理退休养老基金存在巨大的风险,而且完全基金积累制还会让在职职工背负双重压力,因此,这项激进的提议最终未获政府批准。1998年8月俄罗斯金融危机爆发后,由于税收征缴下降和养老金给付量增多,公共养老金给付延迟在金融危机产生后的几周内开始增加。养老金领取者在这场危机中极受损害,由于通货膨胀和卢布贬值,平均的真实养老金价值损失过半,金融危机在更深层次上否定了激进改革的前景。

在这种背景下,1998年俄罗斯政府经反复讨论研究后达成一项妥协方案,决定将现收现付制和部分积累制相结合,渐进地实现向完全积累制的过渡,这一方案最终获得了政府的批准。与以激进改革方案相比,新方案的主要变化在于第二支柱"强制性养老保险",包括现收现付和积累成分,后者占工资缴费的比例将从2000年的1%逐渐增至2008年的8%,最后现收现付和积累两种成分所占份额将各占一半。积累部分组成供款确定型(DC)账户,而非积累部分形成名义供款确定型(NDC)账户,达到退休年龄后个人"半名义"养老金账户的积累总额(DC+NDC)将转化为年金,按月发放。新的方案由于遭到议会的抵制,所以一直推迟到2001年年底。

2001年年底至今为改革的第四个阶段。普京执政后,国内政治经济形势稳定为重启养老保险改革提供了条件。2001年年底,俄罗斯开始正式落实1998年提出的"三支柱"型养老保险新方案,先后出台了四部有关养老保险改革的法律[①]。从2002年1月1日起,新的《养老保险法》开始实施,决定采用包含现收现付制和基金制二者特点的混合型财务模式,而且,养老保险的缴费形式也发生了新的变化,规定养老保险由缴费形式变为按统一社会税的形式缴纳,这些都标志着俄罗斯对原有现收现付的养老

---

① 这四项法律文件分别是:《俄罗斯联邦国家养老保险法》《俄罗斯联邦强制养老保险法》《俄罗斯联邦劳动保险法》和《俄罗斯联邦税法及关于税收和保险缴纳金规定的增补与修正》。

保险制度进行了根本性的变革。

"三支柱"型养老保险制度是指养老保险由基础养老金、保险养老金及积累养老金三个支柱构成。其中基础部分的养老金为固定给付制，即每月给付1950卢布[1]；保险部分和积累部分的养老金给付与工作期所缴纳的保险费的数额相关联[2]，多缴费者多得养老金，因此加强了养老金给付水平与工作期间工资的联系，有利于劳动人口真实收入的申报。积累部分的养老金则根据个人账户基金的运用情况确定给付水平。基础部分和保险部分的养老金采用物价调整指数加以调整，在特殊情况下也允许保险部分的养老金采用工资调整指数。新法还规定，自2004年1月1日后，根据被保险者的意愿，可将积累部分的资金移交给私营养老金基金部门加以运用[3]。

虽然自2002年以来俄罗斯完成了养老保险制度改革的关键性调整，即在财务机制上从原来的现收现付制过渡到了部分积累制，但是迄今为止，还不能说改革取得了巨大的成功。原因主要体现在：

第一，历史原因造成的养老金巨额空账问题一时不能解决。实行基金积累制以后，大量已经退休和临近退休的职工在旧养老金制度模式下积累的养老金权利已经转为了养老金负债。实际上，这笔隐性债务是政府对这些职工的历史欠账，而如何正确承担历史责任，合理弥补巨额空账是目前摆在俄罗斯政府面前的一道难题。

第二，养老保险基金的赤字严重。由于人口老龄化和出生率降低，退休人口与在职职工构成的赡养比攀升，现有职工的缴费满足不了养老金的给付。而且，养老金的资金主要来源于企事业单位为职工上缴的统一社会税，因此给企业带来了沉重的负担，企业拖欠逃避缴费的现象也时有发生。2005年统一社会税由原来的35.6%降至26%以后，养老保险基金的赤字进一步增加。尽管俄罗斯经济近年来持续增长，国家财政收入有所增加，虽然政府动用了稳定基金中的资金弥补了养老金基金的一部分亏空，但是仍然不能根本缓解改革资金需求与来源之间的巨大缺口。

---

[1] 根据2008年12月22日通过的№269-ФЗ号养老保障法修正案，自2009年3月1日起，基础养老金部分提高至1950卢布。

[2] 按照2002年俄罗斯通过的几个相关养老金法，对于1967年及以后出生的劳动公民，雇主单位需要为雇员缴纳占工资8%的保险养老金和占工资6%的积累养老金；对于1966年及以前出生的劳动公民，雇主为雇员缴纳的养老保险全部进入保险养老金部分。

[3] О пенсионной реформе в России, см. http://www.pfrf.ru/content/view/2494/126/.

第三，职工个人对积累部分养老保险的缴费积极性不高。引入基金积累制实际上是鼓励劳动者将工作时期的收入储蓄起来以供退休时使用，借此希望对劳动产生出较强的激励，但是从2002年实行基金积累制改革以来，职工个人在积累部分中的缴费一直很低。为了改变这一状况，在2007年的总统国情咨文中，普京总统提出了鼓励职工个人向积累部分养老金缴款的具体措施，建议如果职工个人缴款1000卢布，国家将配套给予1000卢布。此举也许会对于改变现有状况起到一定的积极作用。

第四，养老基金投资、运营环节的限制与风险并存。养老基金的保值增值关系到基金制的可持续性，在俄罗斯金融市场不发达，而且通货膨胀一直较高的情况下，基金的投资、运营问题若得不到很好解决，基金积累制就难以有效运作。

四 医疗保险改革

苏联时期实行的是全民免费医疗制度。在这种制度下，所有的医疗机关都归国家所有，分别由政府专门部门和机关进行集中管理，医疗保障的经费统一由国家预算拨款支付。这种医疗保障制度对于保证苏联公民的健康水平起到了十分重要的作用，但是，由于缺乏内在的约束机制来规范医疗行为，因此也导致出现医疗设备落后、医疗效率低下、医药浪费惊人的现象。1991年6月28日，俄罗斯通过了《俄罗斯联邦公民医疗保险法》，开始对医疗保障事业进行改革，此后1996年俄罗斯又专门通过了《俄罗斯联邦公民强制性医疗保险法》，这两部法律因此成为1991年以来俄罗斯医疗保险制度改革的主要法律依据。

按照《俄罗斯联邦公民医疗保险法》中的规定，俄罗斯医疗保险制度实施的基本原则是：强制和自愿医疗保险缴费成为医疗保险的主要资金来源；职工的强制医疗保险缴费由企业承担，而非就业人员和预算范围内从业人员的强制医疗保险费由预算拨款支付；在强制医疗保险范围内规定免费医疗服务的数量和条件，各地依据政府批准的强制医疗保险基本纲要和当地权力机关通过的地方性纲要具体执行；医疗保险业务经办由非国有的保险公司承担；除了强制医疗保险之外，可以通过企业额外缴费和公民个人缴费实行自愿医疗保险。

为了推动强制医疗保险制度的建立，集中管理和运营强制性医疗保险基金，1993年4月俄罗斯通过了《关于建立联邦和地方强制医疗保险基金会的规定》。强制医疗保险基金会及其分支机构被授权不仅可以同医疗保险公司签订医疗保险合同,而且自己也可以履行承保人的职能,并且在其业务活动中免征收入税,其主要职能是负责强制医疗保险基金的筹集、分配和使用,并监督和管理医疗保险公司和医疗机构业务活动。

根据上述联邦法,1993年俄罗斯设立了强制性医疗保险基金。设立该项基金的目的是保证俄罗斯公民享有同等的医疗和药品帮助的条件,保障公民享受免费医疗帮助。强制性医疗保险基金分为两类:一是联邦强制性医疗保险基金,其主要作用是以对地区基金拨付补助的形式,对俄罗斯各地区强制性医疗保险纲要拨款的条件进行平衡。在近年联邦基金的支出中,85%左右都是用于对地区基金的补助。二是地区强制性医疗保险基金,其主要作用是从财力上保证各地区医疗保险制度的正常运转。强制性医疗保险基金的资金来源主要有三类:一是企业、组织等投保单位缴纳的强制性医疗保险费,费率为本单位工资总额的3.6%,其中0.2%上缴联邦基金,3.4%上缴地方基金;被保险者本人缴纳工资额的1.8%。二是国家预算拨款,主要用于为儿童、没有缴费能力的成年公民、退休金领取者和财政预算范围内就业人员缴纳医疗保险费。三是从事个体劳动和私人经济活动的公民缴纳的强制性医疗保险费。

强制性医疗保险金的缴纳办法是:以雇主身份出现的各类缴款人,每月缴纳一次,即在领取发放工资时缴纳;各类从事经营活动的公民,根据缴纳个人所得税的期限,并按计算个人所得税的收入基数缴纳;农户、农场、北方少数民族的家族公社,每年缴纳一次;按合同雇用其他公民的自然人,每月5日前缴纳上个月的缴款;地方政府在每月的25日之前,按不少于有关预算中规定用于该项目的季度资金总额的1/3,拨付用于无工作居民的强制医疗保险的缴款;残疾人、退休者创建的企业和组织或残疾人、退休者人数超过50%的企业和组织可免缴强制性医疗保险金。

俄罗斯医疗保险改革的另一项重要举措是成立医疗保险公司。医疗保险公司履行承保人的职能,是不受医疗保健管理机关和医疗机构支配的独立经营主体。与作为投保人的企业和国家管理机关签订医疗保险合同,有权选择能为被保险人提供医疗保健服务的医疗机构,并向医疗机构支付医疗费用,而且还可以代表受保人利益对医疗机构所提供的医疗服务质量进行检查和监督。

总体来看,经济转型以来的俄罗斯继承了苏联时期的免费医疗保健政策,是一种新的全民医疗保险制度,医疗保险服务的范围涵盖了绝大多数常见病的基本药品、诊疗和住院费用。每个参保人在本地区公立医疗机构看病时，只需出示医疗保险卡或卡号，除个人自付部分药费外，其他医疗费由医疗机构和保险公司结算。此外，政府还鼓励高收入阶层加入自愿性的补充医疗保险，享受强制性医疗保险之外更好的药品和诊疗服务。

新的全民医疗保险制度的实施，在一定程度上缓解了转轨过程中出现的严重社会问题，特别是使老年人、残疾人、失业人员等社会低收入群体有了基本医疗保障。但是，在实施过程中也存在很多矛盾，与预期目标相比，仍有较大差距。存在的主要问题包括：

第一，资金不足，其预算中有近15亿美元的缺口。一方面，雇主们总是想方设法地少缴保险费，通过"红包"来发工资，降低缴费基数；地方财政往往因为没钱不缴或少缴医疗保险费。据俄罗斯联邦统计委员会资料显示，国家预算为非就业居民缴纳的强制医疗保险费只占企业缴费的31%，而其人口数量却是就业人口的108%。另一方面，由于管理机制和诸多流程上存在缺陷，无论承保人、医疗机构，还是医生都没有更有效率地利用资金的动力，浪费现象、基金被挪用问题时有发生。

第二，医疗保险多头管理，缺乏整体性和规范性。如在国家医疗保健管理机关和强制医疗保险基金会之间，没有明确划分职能和授权，在医疗保险基金会和保险公司之间以及联邦基金会和地方基金会之间的关系也没有理顺，各自为政、互相扯皮的现象屡见不鲜，一定程度上影响了医疗保障事业的健康发展。

第三，改革效果不明显，医疗服务质量和普及程度没有改善。医院看病仍需排队，医院的诊断设备和医疗设备不足，医疗保险系统向病人提供的免费药品逐年减少。

五　社会救济与福利的货币化改革

苏联曾经以高社会福利著称。苏联解体后，俄罗斯继承了苏联时期的高福利政策。而且，20世纪90年代经济危机时期，政府为缓解经济危机又在这方面通过了大量的应急决议。但是，这些决议的物质保障总是不能相应地得到落实，无论是给这些福利的直接领取者，还是给负责提供这些保障的各级政府部门，都带来了严重的问题。[①] 普遍的社会福利已经日益成为俄罗斯经济进一步发展的沉重负担。在这种背景下，俄罗斯决定对苏

---

① Волчкова Н. А., Горшкова Е., Лобанов С., Турдыева Н., Халеева Ю., Юдаева К. В. Микросимуляционный анализ последствий монетизации льгот в России, См. http://www.nes.ru/russian/research/publications.htmJHJ 2006.

联时期延续下来的社会救济和社会福利制度进行根本性的改革，改革的根本方向是变"暗补"为"明补"，实行物质福利的货币化。

从 2003 年开始，俄罗斯政府就着手通过了多项法律，对向居民提供社会福利的体制进行了修订。第一，对各级预算之间的福利支付责任进行了重新划分；第二，改变了福利提供清单，部分福利改为按月现金支付。总体来看，这一改革的目的是想建立起更加透明的福利支付体制，提高享受福利公民的物质保障水平。2004 年 8 月 28 日，普京正式签署了关于福利货币化改革的法律，规定从 2005 年 1 月 1 日起实施。

福利货币化改革的主要内容有：第一，划分中央和地方的责任范围，规定 3200 万享受福利的居民中 1300 万人由中央预算承担货币补偿，另 1900 万人归地方预算承担；第二，规定了货币补偿的额度，其中苏联英雄、俄罗斯英雄和社会主义劳动英雄每人每月 3500 卢布，伤残军人 2000 卢布，"二战"老兵 1500 卢布，非二战退伍兵 1100 卢布，参加过列宁格勒保卫战的居民 1100 卢布，切尔诺贝利核电站事故受害者 1700 卢布，一等伤残 1400 卢布，二等残疾 1000 卢布，三等残疾 800 卢布；第三，规定了额度为 450 卢布的"社会福利包"，从每人每月应得的货币补偿总额中划出 450 卢布用于市内公共交通、免费药品、购买疗养证和用于赴疗养地的旅费。

但是，福利货币化改革政策的出台遭到了广大民众的强烈反对，从 2004 年 6 月起到 2005 年 2 月，俄罗斯先后有 30 多个城市爆发了反对福利货币化改革的示威活动。这表明，虽然改革出于良好的愿望，但是并没有充分准备好。民众的不满迫使政府收回已经通过的举措，并且暂停继续进行改革。

本章小结

收入分配主要是指个人收入分配。马克思主义收入分配理论强调按劳分配和按需分配，西方收入分配理论则强调效率、公平与自由。洛伦兹曲线和基尼系数是测度收入分配差异的两个重要工具。社会保障一方面具有社会安全网的作用，另一方面也是调节居民收入分配的一个重要手段。按照财务机制的不同，社会保障模式可以分为现收现付制和基金积累制两种。

经济转型以来，俄罗斯的收入分配结构发生了很大的变化，居民收入来源逐渐实现多元化，与此同时，居民收入分配之间的差异也越拉越大。

随着1999年以来俄罗斯经济的复苏，贫困问题有所缓解，但是收入分配的差距没有缩小的趋势。

俄罗斯社会保障制度改革的内容包括两个方面：一是改革苏联时期计划经济体制下形成的高社会福利制度和社会保障的融资机制，从社会保障事业的国家保障模式向西方的社会保险模式转变，提高社会保障的效率和公平性；二是重建市场经济条件下的、包括失业保险在内的新的社会保障体系，构建普遍的"社会安全网"。

在养老保险改革上，俄罗斯实现了由现收现付制到部分积累制的过渡，但是基金的赤字问题仍然严重困扰俄罗斯。在医疗保险上，设立了强制医疗保险基金，基本上沿袭了苏联时期的全民免费医疗制度，但是这项新的全民医疗体制也正在遭受严重的挑战。在社会救济和福利的改革上，实施了货币化改革，方向是变"暗补"为"明补"，提高资金使用的透明度和救助的针对性。

思 考 题

一 名词解释
 1. 人力资本分享剩余理论
 2. 洛伦兹曲线
 3. 基尼系数
 4. 现收现付制
 5. 俄罗斯社会福利货币化改革

二 简答题
 1. 简答现代西方收入分配理论的主要内容。
 2. 简答社会保障制度的起源与基本功能。
 3. 简答苏联社会保障制度存在的主要问题。
 4. 简答俄罗斯养老保险改革经历的几个主要阶段。

三 论述题
 1. 论述1991年以来俄罗斯收入分配扩大的主要原因、政府所采取的主要调节政策及其成效。
 2. 俄罗斯社会保障制度的市场化改革对于我国的社会保障制度改革在哪些方面具有借鉴意义？

阅读参考文献

1. 秦岭：《收入分配理论与中国收入分配现实》，《辽宁大学学报》（哲学社会科学版）第 32 卷第 2 期，2004 年 3 月。

2. 王元月、游桂云、李然编著：《社会保障：理论、工具、制度、操作》，企业管理出版社 2004 年版。

3. 刘钧：《社会保障理论与实务》，清华大学出版社 2005 年版。

4. Роик В. Д, Основы социального страхования, М.：Анкил, 2005.

5. Минэкономразвития России：об итогах социально-экономического развития российской федерации в 2008 году, Москва, Февраль, 2009 г.

6. Российская экономика в 2007 году：тенденции и перспективы（выпуск №28）, Институт экономики переходного периода.

7. Минэкономразвития России：Концепция долгосрочного социально-экономического развития Российской Федерации на период до 2020 года（в соответствии с распоряжением Правительства РФ от 17.11.2008 г. № 1662-р）, Москва, ноябрь, 2008 г.

8. Marquez, P., Atun, R., Thompson, W., et al., Health Reforms in the Russian Federation：The Challenge in 2008 and Beyond, World Bank Policy Note, Washington, Publisher：The World Bank, 2008.

9. Marquez, P., Frid, E., Atun, R., et al., Public Spending in Russia for Health Care：Issues and Options, World Bank Policy Report, Washington, Publisher：The World Bank, 2008.

10. Atun, R. A., The health crisis in Russia, BMJ, 2005, Vol. 331.

第七章　对外经济关系

内容提要

本章以经典国际贸易和国际投资理论为基础探讨俄罗斯对外贸易、吸引外资和加入世界贸易组织问题。阐述的问题包括俄罗斯对外经贸战略选择、战略取向、对外贸易体制改革进程及特点、对外贸易管理体制和政策工具的调整趋势、俄罗斯利用外资规模、资本结构、部门结构、地区结构、俄罗斯加入世界贸易组织谈判进程、主要谈判议题及承诺、取得的主要进展以及遗留问题等。

第一节　国际贸易和国际投资理论综述

一　国际贸易理论综述

（一）西方传统贸易理论

传统贸易理论起源于对重商主义的批判。传统国际贸易理论体系包括绝对成本论、比较成本论、要素禀赋论。

1. 绝对成本论。古典经济学的创始人亚当·斯密在其著作《国民财富的性质及原因的研究》（简称《国富论》）中对该理论做了详细阐述。其核心思想是每国都有适宜于生产一种特定产品的绝对有利的先天的自然禀赋和后天的生产条件，劳动生产率的差异导致成本差异的产生，而成本差异则造成了两国商品的价格差，以国际社会分工为基础进行专业化生产，通过自由贸易彼此交换，对所有交换国都有利，即"福利在生产中产生，在交换中实现"。其政策主张是实行自由贸易，强调"看不见的手"的作用，贸易自由度越高，国际分工越彻底，从国际贸易中获得的利益就会越大。

2. 比较成本论。最初由英国经济学家托伦斯提出，后来由大卫·李嘉图发展。该理论指出了亚当·斯密的缺陷，认为在国际贸易中起决定作用的是比较利益,即使一国在两种商品的生产中劳动生产率都处于全面优势或全面劣势的地位,两者有利或不利的程度必然有所不同,只需生产劳动生产率相对高的产品,即遵循"两利相权取其重,两弊相衡取其轻"的原则进行专业化分工和国际交换,贸易双方均可获利。

3. 要素禀赋论。又称为赫—俄—萨理论。该理论的主要观点一是认为,每个国家最终将出口能密集地利用其丰裕的生产要素进行生产的那些商品,以换取那些需要较密集地使用其稀缺生产要素进行生产的进口商品;二是认为,自由贸易不仅会使商品价格均等化,而且会使生产要素的价格均等化,而不管两国的生产要素供应量或需求模式如何,也即国际贸易不仅可以合理配置资源,调整各国的经济结构,而且还可以使各国收入分配不均的状况得到改善,缩小各国经济差距。

20世纪50年代初,美籍苏联经济学家里昂惕夫用投入产出分析法,两次对美国200多种商品的贸易情况进行详细计算,都得出了赫—俄—萨模型不成立的结论。这引发了对当时国际贸易主流思想和理论的反思与争论,开创了人们对后国际贸易理论的新研究。一系列新的贸易理论的问世,使人们对国际经济乃至整个经济增长和发展的规律有了新的认识。

(二) 新贸易理论

传统贸易理论的前提是规模报酬不变和完全竞争市场结构。但是这种完美的假设在现实中几乎不存在,导致其对现实的解释乏力。针对传统贸易理论的不足,新贸易理论应运而生。新贸易理论体系包括技术差距论、偏好相似说、产业内贸易理论、战略性贸易理论。

1. 技术差距论。1961年,美国学者波斯纳在《国际贸易与技术变化》一文中,提出了国际贸易的技术差距论。该理论认为,技术实际上是一种生产要素,各个国家技术发展水准不同所带来的技术上的差距,可以使技术领先的国家具有技术上的比较优势,从而出口技术密集型产品。随着技术被进口国的模仿,这种比较优势消失,由此引起的贸易随之结束。工业化国家之间的工业品贸易,有很大一部分实际上是以技术差距的存在为基础进行的。该理论通过引入模仿时滞的概念来解释国家之间发生贸易的可能性。在创新国和模仿国的两国模型中,创新国一种新产品成功后,在模仿国掌握这种技术之前,具有技术领先优势,可以向模仿国出口这种技术领先的产品。但随着专利权的转让、技术合作、对外投资或国际贸易的发展,创新国的领先技术扩散到国外,模仿国开始利用自己的低劳动成本优势,自行生产这种商品并减少进口。创新国逐渐失去该产品的出口市场,因技术差距而产生的国际贸易量逐渐缩小,最终被模仿国掌握,技术差距消失,以技术差距为基础的贸易也随之消失。

2. 偏好相似说。瑞典经济学家林德于1961年在《贸易与变化》一书中用国家之间需求结构相似来解释工业制成品贸易发展。他认为赫—俄—萨原理只适用于工业制成品和初级产品之间的贸易,而不能适用工业制成品的贸易。工业制成品的生产初期是满足国内的需求,当国内市场扩大到一定程度,才会扩大销售范围,将产品推向国际市场。由于该产品是为满足国内市场喜好和收入水平而生产的,故该产品较多地出口到那些喜好相似的国家。这些国家的需求结构和需求偏好越相似,其贸易量就愈大,如果这些国家的需求结构和需求偏好完全一样,一国可能进出口的商品,也就是另一国的可能进出口的商品。

3. 产业内贸易理论。产业内贸易是指贸易双方交换的商品属于同一产业内部。该理论通过产品差异性、规模经济和需求偏好相似概念解释产业内贸易形成的原因。产品差异化的存在,能使企业日益专业化、大型化,从而获得规模收益,同时又为生产者的相互竞争提供了市场,为消费者提供了多样化选择的基础,从而产业内贸易得到了发展;大规模的生产可以充分利用自然资源、交通运输及通信设施等良好环境,提高厂房、设备的利用率和生产率,从而达到降低成本和提高效益的目的;偏好相似主要是从需求的角度分析国际贸易的原因,认为影响一个国家需求结构的最主要原因是人均收入水平,人均收入水平可作为需求偏好的指标,如果两国收入水平相似则需求相似,两国之间的贸易范围就越大,反之则不然。

4. 战略性贸易理论。该理论认为,由于国际市场上的不完全竞争和规模经济的存在,一国政府可以通过关税配额等进口限制措施和出口补贴、研究与开发补贴等鼓励措施提高本国企业的竞争地位,扩大本国厂商在国际市场的份额,从而实现垄断利润由国外向国内转移。与利润转移相对应的还有一个"外部经济性",即由于某些产业或厂商能够产生巨大的外部经济效应,促进相关产业的发展,但由于这些厂商不能占有外部经济所带来的全部利益,因此这些厂商或产业就不能发展到社会最佳状态。如果政府能对相关产业提供适当的支持与保护,就能够促进这些产业的发展,提高其国家的竞争优势,获得长远的战略利益。

二 国际投资理论综述

资本在国家之间的转移带来了资本的国际流动,西方经济学家对此进行了研究。早期的国际投资理论解释资本流动主要以间接投资为研究对象，这些理论也称作国际间接投资理论，是后来发展起来的国际直接投资理论的渊源。

（一）国际间接投资理论

1. 利率理论。该理论认为，资本国际流动取决于各国证券（股票、债券）收益率的差别，当一国的证券资产价格一定时，利率越高，其收益就越高，反之亦然。若两国利率不同，同样价格的证券也就有不同的收益率，证券投资者就会抛售收益率低的证券，转而购买收益率高的证券，从而引起资本在国际间的流动。按照该理论，资本流动总是从资本供给相对丰富的国家流向资本供给相对稀缺的国家，但第二次世界大战后的实际情况却与该理论预期并不一致，发达国家不仅资本市场发育较充分，而且相互之间的投资在数量上也占优势。为解释这种现象，产生了新古典的利率理论。

2. 新古典理论。与古典理论不同，新古典理论认为决定国际资本流动的因素是不同国家的资本边际生产力差异和相应的利率差异。所谓资本边际生产力就是指每追加一个单位的资本所能够生产出来的产品数量。在其他条件不变的情况下，随着资本投入的增加，每一单位资本生产的产品数量发生递减，最后一单位资本所生产出来的产品的价值决定了资本要素的报酬（即利息率）。由于发达国家资本的边际生产力高，因此国际资本流动多发生在发达国家之间。该理论还认为，资本在国际间的自由流动，将使资本的边际生产力国际平均化，从而可以提高总体资本的利用效率。

（二）国际直接投资理论

1. 垄断优势理论。该理论从不完全竞争市场出发，注重微观层次的企业行为分析和行业组织结构特征的分析。该理论认为，由于产品市场不完全、生产要素市场不完全和政府的关税等贸易限制措施造成了市场的扭曲，一国和国际市场的不完全竞争导致跨国公司在国内获得垄断优势，并通过国外生产加以利用，形成跨国直接投资。跨国公司的垄断优势来自三方面，即产品市场不完善的优势，如新产品、产品差异、特定营销技巧等；要素市场不完善的优势，如技术、知识和无形资产、生产诀窍、新工艺等；企业规模经济的优势，规模扩大既具有规模效益，又受专利制度保护，还能充分利用企业管理资源，这些与技术优势结合起来，形成寡头市场结构和行为。跨国公司可凭借上述优势，排斥东道国企业的竞争；维持较高的垄断价格和利润，这是跨国公司从事对外直接投资的主要原因。垄断优势理论的提出标志着国际直接投资理论的兴起。

2. 产品周期理论。该理论认为，在国际市场范围内，某一产品所处的生命周期不同决定了其生产产地的不同，而外国直接投资则是生产过程或产地转移的必然结果。在产品创新阶段，由于创新企业在该产品的生产和销售方面享有垄断权，这时企业最有利的安排是在国内生产；在产品成熟阶段，市场上出现了仿制者和竞争者，该阶段企业若想保持和扩大国外市场份额，就必须选择对外投资。在产品标准化阶段，产品的生产技术已经普及，创新企业的技术优势已经完全丧失，产品的价格成为竞争的基础，企业会选择成本最低的地区进行投资，生产的最佳地点从发达国家转向发展中国家。

3. 比较优势理论。由于各国要素禀赋差异导致了要素相对价格的差异，当一国某产业要素密集度较高的那种要素相对价格上升时，就使该产业处于比较劣势状态，应该将该产业转移到那种要素价格相对较低的国家，从而形成要素组合合理化，增加东道国的国民生产总值。该理论核心主张是"一国应该从已经或即将处于比较劣势的产业开始对外直接投资，并依次进行"。

4. 市场内部化理论。所谓市场内部化是指外部市场机制的不完全性造成了中间产品不确定（如原材料、半成品、技术、知识），为提高中间产品交易效率，跨国公司通过其有效的科层组织，将外部市场内部化。内部化理论的基础源于科斯等人创立的交易费用经济学。科斯的理论认为，企业是市场机制的替代物，其产生是为了降低市场交易费用。内部化理论正是从这一观点出发来解释跨国公司不利用世界市场，实现各国企业之间的国际分工，而是通过对外直接投资，建立企业内部化市场，通过企业内贸易来协调企业的国际分工。

5. 国际生产折中理论。该理论认为企业对外直接投资必须具备三种优势："所有权优势"、"内部化优势"和"区位优势"。所谓所有权优势是指一国企业拥有或能够得到别国企业没有或难以得到的资产、规模和市场等一切有形、无形的综合优势；内部化优势是指企业为避免市场不完全带来的影响而把企业的优势保持在企业内部，从而实现企业的全球经营战略；区位优势是企业在国外的投资环境与母国相比较为有利。

第二节 对外经贸发展战略

发展中国家对外经贸发展传统上一般遵循两种战略：进口替代战略和

出口导向战略。然而，20世纪90年代后，随着经济全球化迅猛发展，单一的进口替代或出口导向战略日益受到挑战：一是制度性全球化使传统的经济发展战略所需要的政策工具日益受到国际规则的制约；二是传统比较优势与要素禀赋的重要性降低；三是跨国公司的全球经营体系超越了传统的国家间分工，且其作为国际经济主体的地位日益增强，其发展战略与各国经济发展战略形成矛盾；四是国际分工日益深化，产业内甚至同一产品价值链上的垂直型分工加剧，要求各国不断提升产业结构和参与国际分工的层次[①]。可见，单一、极端的对外经贸发展战略将会对一国的长期稳定发展带来越来越不利的影响。俄罗斯对外贸易结构长期以来一直陷于"出口原材料，换取食品和消费品"[②]的恶性循环中，具有发展中国家对外贸易的显著特征，与此同时，作为最大的经济转轨国家，俄罗斯在选择适合本国国情的对外经贸发展战略过程中，经历了与一般发展中国家不同的困难与挫折。

一 俄罗斯对外经贸发展战略的演变

为探究俄罗斯对外经贸发展战略演变的整体脉络，我们将分析的视角延伸到苏联时期。纵观整个苏联时期，有关对外经济关系在国民经济发展中作用的认识，经历了一个渐进的过程。斯大林时期，在"两个平行的世界市场"理论指导下，苏联长期实行自给自足的经济发展战略，对外经济关系被限定在经互会范围内进行，只是作为弥补经常项目赤字的手段。赫鲁晓夫时期，对外经济关系的作用被定位在"利用国际分工，节约社会劳动，获得价值方面的比较利益"，这实际是从比较优势理论角度开始认识对外经济关系，但是苏联的对外贸易仍然主要在经互会内部进行。戈尔巴乔夫时期，由于对外经济关系被视为加速社会经济发展战略的重要环节，因此开始对对外经贸发展战略进行了如下的调整：积极参与国际经济活动，改变对国际经济组织（国际货币基金组织、关贸总协定）的态度，着手研究货币国际化和自由兑换问题；调整对外贸易地区结构，注意全方位地加强对外贸易，开始加强和西方国家的经济联系；努力调整进出口商品结构。当时具体的举措是从西方引进先进技术和设备以加快国内基础科学

---

① [美]保罗·克鲁格曼主编：《战略性贸易政策与新国际经济学》，海闻等译，中国人民大学出版社2000年版，第36—50页。

② И. Фаминский, Глобализация и внешнеэкономические связи России, М. Республика, 2004., c. 16.

和应用科学成果的物质化,推进结构政策的调整和科学技术水平的提高,并在此基础上扩大深加工产品,特别是机械产品的出口,从而使苏联的对外经贸发展战略由单纯进口替代型逐步向进口替代和出口导向结合型转变。为此,苏联在1988年还通过了《2000—2005年苏联对外经济战略》,决定将制成品在出口中的比重提高到50%,能源产品的比例降低到25%。但是后来因为苏联的解体,该战略目标由于缺乏物质和资金的支持而难以为继。在俄罗斯转轨初期,实施了全面的对外经贸自由化战略,在外贸经营权、进出口管理、汇率管理等方面实行了全面的自由化改革。然而实践证明,对外经贸完全自由化并不适合俄罗斯。转轨以前的俄罗斯是外贸商品结构严重畸形的封闭型经济,转轨以后立即实行对外经贸自由化,其资金密集型的重工业部门的产品由于生产与工艺落后,难以与西方产品竞争。为了取得短缺的外汇资金,俄罗斯不得不大量出口能源原材料等初级产品,从而成了为世界经济中心提供原料的"外围国家",造成了其经济结构的"边缘化"[①]。

二 现阶段俄罗斯的对外经贸发展战略

近年来,俄罗斯政府对选择适合本国国情的经济发展模式,特别是对外经贸发展战略给予了关注,制定并相继出台了未来5—10年的有关联邦、地区、部门、行业等多个层次的发展战略和构想。其中,联邦国家级的有《2003—2005年中期社会经济发展纲要》《2005—2008年中期社会经济发展纲要》《2006—2008年中期社会经济发展纲要》《2010年前经济发展纲要》等(其中,中期纲要具有滚动式发展的特点,每年会根据形势的变化对已有的纲要做修改和调整,并将起始点顺延);地区级的主要有《俄罗斯西伯利亚发展战略》《远东和外贝加尔1996—2005年及至2010年社会经济发展专项纲要》;部门产业发展规划主要包括《2020年前能源发展战略》《2002—2010年"电子俄罗斯"联邦专项纲要》《俄罗斯2005年前出口导向的工业政策构想》《俄罗斯2001—2010年食品农业政策基本原则》《俄罗斯银行业发展纲要》等。[②] 这些发展战略和构想大多涉及对外经贸发展战略的内容。此外,俄罗斯学术界也开展了全球化背景下俄罗

---

① А. Спартак, Россия в международном разделении труда: выборы конкурентоспособной стратегии, М. МАКС-ПРЕСС, 2004. с. 246.

② 参见中华人民共和国商务部欧洲司、中国社会科学院俄罗斯东欧中亚研究所联合课题组《俄罗斯经济发展规划文件汇编》,世界知识出版社2005年版。

斯对外经贸发展战略选择的探讨。进口替代和出口导向相结合战略因为比较符合俄罗斯国情而受到越来越多的关注。该观点的代表性人物为阿巴尔金院士，他在《俄罗斯发展前景预测——2015年最佳方案》一书中提出："对外贸易理论决定着两种对外贸易战略：出口导向战略和进口替代战略。把这两种战略看成是二者择一（互相排斥）的战略是错误的。它们互相联系着，虽然各自有权独立地存在。在每一种具体经济形势下，国家可以成功地或者采用其中的一种战略，或者同时利用两种战略"。阿巴尔金院士将俄罗斯对外经贸发展战略分为三个阶段：第一阶段（1999—2000年）出口导向战略占主导地位，进口替代战略有选择地实行；第二阶段（2001—2008年）前半期（2001—2003年）出口是代替国内需求的另一选择，进口保护主义加强，后半期（2004—2008年）加强对出口的财政和金融支持，并研究进口替代战略和有选择地保护本国生产者的机制；第三阶段（2009—2015年）实行最全面的对外贸易自由化。这突出体现了动态综合的对外贸易发展观。此外，学术界还存在一种应该对对外经贸战略进行较为长期规划的观点，该观点主要是从国家对对外经济关系调控力度的角度来对俄罗斯对外经贸发展战略进行阐释。2005年俄罗斯科学院国际经济与政治研究所对外经济研究中心出版的《全球化条件下俄罗斯对外经济关系战略导向——2025年前方案》对这种观点进行了详尽的阐述。该书认为，俄罗斯必须制定长期经济发展战略，其中应包括对外经贸发展战略，国家对对外经济关系的调控力度应根据不同阶段而有所区别：第一阶段（2004—2010年），为弥补固定资本和人力资本的不足，国家应该加强对对外经济活动的影响力度；第二阶段（2011—2015年），由于制造业的现代化和创新型全面改造已经完成，俄罗斯的投资品全面走向国际市场，传统商品在出口中的比重下降，代之以创新型产品的大量出口，此时，国家的作用应仅是对商品和资金的跨国流动进行战略性修正；第三阶段（2016—2025年），俄罗斯经济与对外经济关系实现真正的自由化，俄罗斯政府的作用与市场经济国家一样，仅限于制定外交、信贷等政策。

  由上可见，当前，俄罗斯政府对其对外经贸发展战略多处于构想层次，且多包含在政府、地区中长期发展纲要和重要产业部门的发展规划中，学者的观点也仅是学术上的探讨，具体的实施措施还需要进一步制定。但从历史比较角度看，现今俄罗斯的对外经贸发展战略选择逐渐趋于理性：俄罗斯政府正在考虑制定动态的、全面的经贸发展战略，即在时间、区域、产业上进行多层次全方位的综合考量，以实现进口替代与出口导向、自由贸易政策与保护贸易政策、发挥比较优势与培育竞争优势的综合互补和辩证统一，从而达到短期总量增长和长期潜力培育的动态平衡。《2010年前俄罗斯新的经济发展纲要的基本原则》也提出了这样一种辩证的观点："不是要国家处于完全封闭或完全开放的状态，而是要在保护俄罗斯生产者免遭来自市场的外国参与者方面的不正当竞争的同时，积极地使俄罗斯融入国际社会和世界经济"[①]。

三　俄罗斯对外经贸主要战略取向

通过上述对俄罗斯对外经贸战略的历史演变及战略构想的分析，可以将当前俄罗斯的对外经贸发展归纳为以下三个战略取向。

（一）商品战略取向

俄罗斯经济与世界经济一体化主要是通过参加国际商品贸易来实现的。由于服务贸易、资本交换和国家间科技交流相对较少，因而贸易商品战略对俄罗斯具有重要的意义。其主要思路就是刺激制成品，特别是机器设备的出口，并逐步增加高科技部门产品的出口。这一战略在《2010年前俄罗斯新的经济发展纲要的基本原则》中的具体表述是："国家将鼓励出口的多样化，逐渐增加加工部门、特别是高科技部门产品的出口"[②]。当然，在鼓励高科技产品出口的同时，俄罗斯也在巩固和稳定传统产品的出口，在《俄罗斯2005年前出口导向的工业政策构想》中，根据出口占总产量的比例（40%以上）的标准，将石油开采、天然气工业、黑色和有色金属业、化工和石化业、森林工业、木材加工业和造纸业列为出口型行业，并把这些行业列为国家对对外经济活动进行调节的主要对象。为实施刺激工业品出口战略，俄罗斯经贸部出台了一系列支持措施。其中的金融支持包括：出口信贷、出口业务担保和保险、出口信贷贴息等，一改过去那种国家对工业品出口的金融支持主要是利用外国政府提供的贷款，而且多用在大型成套设备和境外工程项目和军事技术援助项目上的做法。2003年10月14日，俄罗斯政府批准了《俄罗斯联邦工业品出口国家金融支持发展构想》。2004年开始建立工业品出口支持体系。在当年的预算中首次制订了用于扶持工业品出口的国家担保机制，但是当年的实施效果并不

[①] 中华人民共和国商务部欧洲司、中国社会科学院俄罗斯东欧中亚研究所联合课题组：《俄罗斯经济发展规划文件汇编》，世界知识出版社2005年版，第32页。

[②] 参见中华人民共和国商务部欧洲司、中国社会科学院俄罗斯东欧中亚研究所联合课题组《俄罗斯经济发展规划文件汇编》，世界知识出版社2005年版。

好。2005年制定联邦预算法时吸取了教训，国家担保机制最终启动。现行扶持出口的国家担保分为三类：第一类是国家出口贷款担保，由国家向俄罗斯出口商和银行提供（包括境外），用于其向进口俄罗斯工业品的外国进口商提供贷款；第二类是发放给俄罗斯联邦对外经济银行的国家担保，该担保用于补偿银行由于提供出口合同担保而产生的风险；第三类是国家为保证俄罗斯联邦对外经济银行贷款人得到借款而提供的国家担保，借款的资金应用于支持出口[①]。2005年，以三类国家担保形式发放的担保金总额超过了2亿美元。《2006年工业品出口担保条例》（俄罗斯联邦政府莫斯科571号令）针对不同出口商品提供了不同的国家担保年限：消费品的出口担保最多5年；汽车、机械、成套设备及运输工具为7年；工业（成套）设备为11年；飞行及宇航仪器、船舶为14年；列入他国国家项目的交钥匙投资项目为14年；核电站及其成套设备为20年。2007年，俄罗斯国家预算拨款35亿美元扶持工业品出口，其中50%用于扶持机器制造业、高技术产品及军工产品的生产和出口[②]。俄罗斯刺激工业品出口的战略导向显而易见。

（二）地区国别战略取向

俄罗斯对外贸易地区国别战略导向主要体现在三个层面。一是地区优先方向层面。《2003—2005年俄罗斯联邦社会经济发展中期纲要》将俄罗斯对外经济政策的国别地区优先次序定位为：欧盟、独联体、美国、亚太地区、近东和中东国家、非洲国家。二是地区国别多元化层面。俄罗斯对外贸易国别地区多元化战略集中体现在能源产品的出口，特别是石油的出口上。为实现石油天然气出口市场多元化，俄罗斯加强了管道的建设：在北波罗的海方向兴建波罗的海运输体系二期工程，建设新的管道运输体系，利用克拉半岛上的石油灌装设施出口石油；里海—黑海—地中海方向延长阿特拉乌—萨马拉管道，建设沿里海独联体国家石油过境运输干线；中欧方向建设"友谊"和"亚得里亚"管道体系，实现中欧和东欧管道系统与"统一管道系统"的一体化；东西伯利亚方向建设安加尔斯克至纳霍德卡石油管道系统和铺设到大庆的支线管道；远东方向铺设干线管道，将萨哈林大陆架的油气运往亚太和南亚市场。三是参与地区经济集团和联盟，同主要经济体实现一体化层面。鉴于欧盟在俄罗斯对外经济关系中的

---

① Г. Власкин, Е. Ленчук, Промышленная политика в условиях перехода к инновационной экономике, М. Наука, 2006., с. 203.

② 俄罗斯国际文传电讯2007年3月1日莫斯科报道。

特殊地位，俄罗斯正与欧盟共建"共同经济空间"；为恢复巩固与独联体国家传统的经济联系，俄罗斯努力主导与独联体经济的全面一体化和次区域经济一体化；为加强远东与亚太地区经济的一体化，俄罗斯制定远东与外贝加尔专项国家纲要，1997年加入亚太经合组织，加强与中国的经贸关系，巩固与印度的军事技术合作，扩大与东亚和东南亚国家的互惠经贸关系，为加入日后的亚太自由贸易投资区（2020年前建立）做准备。

（三）国内区域战略取向

俄罗斯地域广阔，各个地区生产的专业化、地理位置、自然、科技和人才潜力、金融基础设施、运输基础设施不同，因而在制定各地区对外经贸发展战略时，除了考虑在宏观上与国家整体的目标和任务相吻合以外，还应考虑各地区自身发展的特点，必须保证整个地区经济的发展和工业的增长。为此，各个地区的对外经贸发展战略也应有所区别。《俄罗斯2005年前出口导向的工业政策构想》按照发展方向和出口结构，将各地区划分为三类：生产和专业出口自然资源的地区（西西伯利亚经济区、东西伯利亚经济区、远东经济区）；具有较高的生产和科技潜力、以出口加工部门产品，其中包括高科技产品为主的地区（中央经济区、北部地区和西北部地区）；采掘或加工部门没有表现出专业化倾向，产品大部分提供给国内市场的地区（南部地区、伏尔加河流域地区）。根据这三类地区的特色，工业政策构想提出了三种对外经贸发展战略：第一类地区采取的战略是将原材料的开采稳定在足够保障地区和国家需求的水平上，把依靠出售自然资源获得的资金用于发展加工部门、高科技产品生产部门、基础研究和社会领域上；第二类地区实行出口导向战略，由国家追加投资和补贴，提供政策和金融上的支持；第三类地区实行进口替代战略，实行保护性的进口税率和对进口产品进行认证，采用各种方法支持内部需求[①]。

第三节 对外贸易体制改革

对外贸易体制改革是指对外贸易的组织形式、机构设置、管理权限、经营分工和利益分配等方面的制度调整与变革。通常情况下，国际上有关对外贸易体制改革主要是指在市场经济条件下的贸易自由化，即由保护型

---

① 转引自 Б. Кузык，Ю. Яковец，Россия – 2050：стратегия инновационного развития，М. Экономика，2004. с. 196。

对外贸易体制向自由、开放的对外贸易体制转变,其改革对象主要是政府干预对外贸易的方式与力度,其改革次序大体可以分为两个循序渐进阶段,即首先应将配额、外汇控制等非关税手段关税化;其次再将关税水平降低,进而实现贸易自由化(Martin and Nash[1],1990,Michaely[2],1986)。而俄罗斯作为转轨经济国家,其对外贸易体制改革不是单纯的贸易自由化过程,而是在总体经济转轨的秩序和框架下进行的。

一 俄罗斯对外贸易体制改革历程回顾

苏联原有的对外经贸体制与整个经济体制一样,是中央高度集权,以行政管理方法为主的管理体制。苏联从20世纪80年代中期开始对对外经贸体制进行改革。改革的目标是建立集权与分权相结合,以经济管理方法为主的、灵活有效的管理体制。为此,苏联采取的改革步骤主要有:下放外贸经营权,打破国家垄断经营;加强工贸结合、技贸结合,提高外贸经营的经济效益;实行外贸经营企业化,要求所有的外贸企业在完全经济核算、自负盈亏和自筹资金的基础上从事外贸经营活动;利用价格、信贷、外汇留成和换汇系数等经济杠杆调节对外经贸活动;改进国家对外经外贸的宏观管理,对外经外贸进行归口管理:建立国家对外经济委员会作为苏联部长会议的常设机构,取消外贸部和对外经济合作委员会,建立对外经济联络部;完善立法,1986—1987年间苏共中央和苏联部长会议通过了一系列完善对外经济联系的措施和决定。但苏联在相当长的时间内仍实行外贸经营权审批制度。

苏联解体后,俄罗斯外贸体制改革主要经历了两个阶段。一是1991—1995年的对外经贸自由化改革,二是1995年之后加强国家对外贸体制的宏观调控阶段。第一阶段,作为整体经济转轨的一个重要组成部分,1991年11月15日俄罗斯总统签发了《关于俄罗斯境内对外经济活动自由化》的第213号总统令,俄罗斯开始实行对外经贸自由化政策。该政策包括三方面内容:取消外贸的国家垄断,下放外贸经营权,任何企业都可以自由从事对外经贸活动;取消非关税限制,以关税调节作为商品进出口管理的主要方式;实行卢布的内部可兑换,1992年俄罗斯从多种汇率制过渡到

---

[1] Thomas, V., K. Martin and Nash, 1990, Lessons in Trade Police Reform, *Policy and Research series* №10, World Bank, Washington DC.

[2] Michaely, M., 1986, The Timing and Sequencing of a Trade Liberalization policy, in Choksi and Papageorgiou 1986.

双重汇率制,即在经常项目下实行统一浮动汇率制,在资本项目下实行个别固定汇率制。以此为开端直至1993年俄政府制定了多项关于外贸自由化的规则,1993—1995年则主要调整经营机制,形成了多层次、多元化和自由化的外贸经营体制。1995年通过了《国家调节对外贸易活动法》,之后又出台了《联邦发展出口纲要》《在对外贸易中保护俄罗斯联邦出口利益》《关于扶植出口商的重要措施》等一系列法律文件,俄罗斯外贸体制改革进入了国家宏观调控阶段。俄罗斯开始运用利率、关税等经济手段调节对外贸易,规范关税制度,注意与国际接轨。

二　俄罗斯外贸体制改革的特点

1. 以私有化、自由化为基础,采取了一步到位的激进改革方式。在较短时间内废弃了原来的计划贸易、垄断的体制,形成了以私有制为基础、以股份制为形式、多种所有制并存的对外贸易主体。

2. 改革的代价较高。俄罗斯经济结构畸形落后,工艺技术水平低,生产成本高,产品缺乏竞争力,本来需要贸易政策的扶持,但改革之初,俄罗斯对制成品出口的扶植下降到了最低点。在贸易自由化的冲击下,俄罗斯消费品市场被外国商品占领,面向国内市场的生产部门严重萎缩。俄罗斯对外贸易自由化并没有带来经济结构的优化和企业竞争力的加强。

3. 改革的目标缺乏长期性和连贯性。一般而言对外贸易体制改革的目标有两个:一是扩大出口,发挥比较优势;二是有选择地限制进口,保护国内产业成长。而实现这两个并行的目标所采取的政策工具往往是有利于其中一个目标,而对另一个目标则起反作用。如鼓励出口会使资源向出口部门倾斜流动,造成对内需产业的歧视;而对内需产业的保护又形成对出口产业的歧视,因而对外贸易体制改革实际上是在对外贸易的两个目标中寻求平衡,使对外贸易既能实现资源优化配置又能推动产业升级。俄罗斯外贸体制的改革也存在改革目标的两难选择。考察俄罗斯对外贸易体制改革的目标还应该考虑到俄罗斯作为转轨经济体的特点:俄罗斯外贸体制改革是俄罗斯经济转轨的一部分,俄罗斯外贸体制改革的基本方向是与俄经济转轨的任务相辅相成的。俄罗斯外贸体制改革的目标由于要服从整体经济转轨的目标,受到经济转轨中各种困难的掣肘,同时又要在一般意义上的两个改革目标中(如上述的扩大出口和有选择地限制进口)权衡得失,因而俄对外贸易政策目标就体现出短期多变与缺乏连贯性的特点。1998年之前俄罗斯外贸政策的主要目标是调节国内的供求关系和增加外汇收入,实现国际收支平衡。1998年金融危机后俄罗斯外贸政策的目标则侧重保护民族产业。俄开始关注进口商品对国内企业、产业的影响,开始有意识地保护和扶植民族工业,对进口实行较为明确的政策管制。目前俄罗斯对外贸易体制改革的基本方向是与世贸组织规则接轨。在维护国家经济利益的情况下加入世贸组织是目前俄罗斯对外经济战略的重要方面。俄罗斯现行的对外贸易法、海关法、知识产权法、进出口制度、许可证制度、外汇管理制度、卫生和商品检验标准、国家和地区对生产的补贴、产品技术标准等均与世贸组织的要求存在较大差距。修改这些法律和标准是俄罗斯"入世"的必要前提。而法律法规的修改不可能一步到位,俄罗斯外贸体制的改革还需要在入世与维护自身外贸利益之间进行艰难的抉择,现阶段俄罗斯外贸体制仍处在变动和调整之中。

三 俄罗斯对外贸易管理体制与政策工具的调整趋势

(一) 俄罗斯外贸政策的自由化趋势

俄罗斯外贸政策的自由化趋势体现在五个方面。

1. 关税总水平不断下调。俄罗斯自1992年开始征收出口关税,之后对出口税多次进行变更。1992年12月俄罗斯出口关税税率水平普遍下调,课税范围从以前的75类减少到53类。1993年11月的新关税税则又使课税范围从先前的53类商品减少到29类,出口关税税率也从先前的5%—70%降低到3%—25%。1996年7月俄罗斯全部取消了出口关税。1998年8月金融危机后俄虽然开始对部分主要出口创汇产品征收临时出口关税,但2002年又降低了相应的出口关税,某些商品的出口关税几乎降低到原来的1/2,木材加工产品等则基本上取消了出口关税。俄罗斯自1992年7月1日起开始对进口商品征收关税。自2001年1月1日起俄罗斯实行新的进口关税税率,新的关税政策将原7档进口税率(0、5%、10%、15%、20%、25%、30%)减为4档,即5%、10%、15%和20%,简化和下调的进口税率占到1/3以上。2002年1月1日起俄罗斯又下调了约90%的进口商品税率。2006年俄联邦政府降低多种技术设备的进口关税税率。3月24日出台的168号政府令《针对个别技术设备实行临时进口关税》规定,在9个月内一次性免除700多种国内尚不能生产的高科技设备,其中包括用于轻工业、加工业、食品工业、医药业、采掘业、建筑业和农业等领域的现代化机械设备的关税。6月26日俄联邦政府总理签署的《关于降低俄航空工业技术设备进口关税的命令》规定,生产航空发动机和飞机的车床和铣床的进口关税将在9个月内从5%—15%降到0—10%。目前,俄进口关税从价税的加权平均税率大约为9.5%,其中农产品的加权平均关税为8.8%,制成品的加权平均关税为9.6%。

2. 配额和许可证数量不断减少。1992年7月俄罗斯设定的出口许可证管理范围的商品有127类,科技情报13种和工艺23种。之后俄出口配额许可证限制范围不断缩减,1994年10月消除了石油和石油制品以外的所有产品的许可证和配额限制,到1995年又取消了石油和石油制品的出口许可证和配额。目前,俄罗斯仅对部分战略性和资源性产品实施出口许可证制度。根据俄罗斯联邦政府2005年6月9日第363号《关于批准个别种类商品进、出口监督条例的决定》和第364号《关于批准对外商品交易领域许可证发放以及实行许可证联邦数据库的管理条例的规定》,俄罗斯对有色金属、木材、石油、矿产品等16类产品实施出口许可证管理。实施关税配额管理的商品有猪肉、牛肉、禽肉等产品。

3. 专营制度的放宽与取消。1992年俄罗斯对13类重要商品,如燃料、电力等实行专营制度,即必须由在对外经济联络部注册登记的出口企业经营。1995年3月俄总统令取消了战略性原料出口由指定公司经营的"特别出口商"制度。

4. 海关监管手续的简化。自2004年1月1日起,俄罗斯修改后的新《海关法》正式开始实施。《海关法》旨在进一步简化海关监管手续,提高通关效率。

5. 强制结售汇制度被取消。俄罗斯汇率制度改革经历了四个阶段:第一阶段是1992—1994年,卢布实行国家内部可兑换制度,即卢布汇率自由浮动;第二阶段是1995—1998年,实行管理浮动汇率制度,也就是"外汇走廊";第三阶段是1998年金融危机之后到2006年,实行抑制外币需求基础上的浮动汇率制;第四阶段是2006年以后,俄罗斯进一步加大了自由化进程,实行完全自由浮动汇率制度[①]。伴随汇率制度的演进过程,俄罗斯强制结售汇制走到了尽头。从2006年3月起,俄罗斯央行取消了出口企业外币收入必须在国内外汇市场上强制售汇的规定(之前强制结售汇比例一般为50%,在1998金融危机后曾高达75%)。

(二)对外贸易的调节和运行机制与国际惯例接轨

俄罗斯对外贸易调节和运行机制与国际惯例接轨的标志之一是俄罗

---

① 姜华东:《俄罗斯汇率制度转轨的进程、原因与效果》,《俄罗斯研究》2007年第2期。

斯开始按国际惯例确定商品产地国原则。俄《关税法》依据现行国际惯例，规定了证明商品产地国的原则：进口商应向俄海关提供商品产地证书。如产地为发展中国家和最不发达国家时，应提供 A 型产地证书；如产地为独联体国家时，应提供 CT-1 型产地证书。标志之二是按国际通用规则调整进出口贸易的税则并进行关税减让。俄罗斯从 1993 年开始根据国际通用的规则调整了其进出口贸易的税则，从 1996 年起开始按世贸组织的要求逐步进行关税减让（目前发达国家的有效关税税率已降到 5% 以下，发展中国家已降到 10% 以下），俄方的平均关税将来有可能降至 10% 以下。标志之三是海关制度同国际惯例接轨。从 1993 年 8 月 1 日起，俄实施新的海关税法，新税法的颁布和实施标志着俄海关制度已开始同国际通行的惯例接轨。标志之四是限制易货贸易，扩大国际通行的现汇贸易。俄罗斯从 1992 年下半年起便开始限制易货贸易合同的实施，主要措施有：第一，不断提高易货贸易商品的出口税率。易货贸易商品的出口税原来就高于基础税率 15%，1992 年 9 月又上调 15%。1993 年 1 月起再次上调，使其税率高于基础税率 50%。第二，对易货贸易实施监督和登记制度，以保证进口和出口商品的等值。第三，在易货贸易中不断提高支付硬通货的比例。对于一些被认为是对方必需的商品，则要求完全支付硬通货。易货贸易在俄罗斯贸易中的地位逐渐下降，国际通行的现汇贸易方式正在不断扩大。

（三）加强对高附加值产品出口鼓励政策

俄罗斯外贸政策的产业导向是扶植出口导向型产品，尤其是高附加值产品的生产。但俄罗斯多年来由于经济状况不佳，实施鼓励高附加值产品出口的贸易政策，如出口信贷、国内税收优惠或补贴等政策的能力受到限制。为扶持高技术设备和深加工产品的出口，1996 年俄政府计划从联邦预算中拿出 5000 亿卢布（约 30 卢布合 1 美元）为企业出口提供贷款，但由于资金吃紧，俄政府最终只拿出了 1100 亿卢布。随着经济形势的好转，从 2000 年开始，俄政府每年从联邦预算中拿出 6 亿美元为出口企业提供贷款。2004 年俄罗斯又开始从预算中拿出 5 亿美元为购买俄产品的外国商家提供政府担保。与此同时，俄政府还计划专门建立为购买俄产品的外国商家提供贷款或保险业务的进出口银行、进出口保险公司以及其他市场机制。俄经济发展和贸易部将负责上述各项措施的协调工作。

（四）反倾销反补贴等贸易保护措施不断加强

自 1995 年起，俄政府开始把"保护国内市场、扶持民族工业"作为进口管理的主要任务。1995年4月,俄政府成立了对外贸易保护措施委员会,负责监督进口,保护国内生产者的利益。之后俄罗斯出台了一系列政策法规,如《关于对进入俄联邦关境的商品进行调查,采取保护性措施的暂行规定》(1995年8月)、《关于外贸活动国家调节联邦法》(1995年10月)、《关于对外商品贸易中对俄罗斯经济利益的保护措施联邦法》(1998年4月)、《关于如何确定进口倾销对俄经济部门造成严重损害的条例》及《关于如何确定外国或外国联盟对俄进口商品进行补贴而对俄罗斯经济部门造成的严重损害及补贴幅度的条例》(1999年2月)、《关于实行特别保护措施、反倾销措施或补偿措施之前的调查条例》(1999年3月)等。这些政策法规的出台标志着俄罗斯对外贸易保护机制基本建立。在出现出口国利用生产补贴或出口补贴倾销商品,并对俄民族工业造成实质性损害或造成损害威胁的情况下,俄政府可对其采取诸如配额、反倾销税等保护性措施。

(五)对进出口环节的管理加强

由于多年来一直准备加入世界贸易组织,面临入世的压力,俄罗斯尚未采取明显的限制进口的贸易保护措施,但其国内利益集团在发展本国经济保护国内工业的口号下,正在不断施加影响。在关税不断下调、配额和许可证管理范围不断缩小的趋势下,俄罗斯未来贸易政策的调整方向只能是扩大检验、检疫、注册、认证商品的种类,增加检验、检疫、注册、认证内容(项目)、提高检验、检疫、注册、认证的标准要求以及增加在海关复查验放程序。

第四节 外资引进和利用

为实现经济现代化目标,对现有不合理的经济结构进行大规模的调整和再造,俄罗斯在未来20年,至少需要2万亿—2.5万亿美元的投资。由于俄罗斯国内积累率不足,资本缺口的弥补需要引进大量的外资。

一 外资规模

截至2007年9月底,俄罗斯累积吸引外资1978亿美元,与上年同期相比增加52.2%。其中2007年1—9月份吸引外资879亿美元,是上年同期吸引外资额的2.5倍。不容忽视的是,如今俄罗斯外逃资金的规模已大为下降,也就是说,俄罗斯现今外资规模的增加是在外逃资金额相对减少的状况下发生的。2002年之前俄罗斯多数年份的外逃资金规模均超过当年的吸引外资额。如1997年最高时达到338.43亿美元，远远高于当年吸引外国投资额122.95亿美元。从2004年开始，俄罗斯当年外逃资金额首次少于吸引外资额，这种状况持续至今。

二　资本结构

俄罗斯联邦国家统计委员会将外国对俄罗斯经济领域的投资（货币调节机构和银行系统除外）分为三类：直接投资、证券投资和其他投资。直接投资是指全资拥有或至少占企业10%股份的投资；证券投资是购买俄罗斯企业10%以下股份（包括股票、汇票和有价证券）的投资；其他投资是指上述两类投资范畴之外的投资，包括优惠贷款、商业贷款和国际金融组织贷款等。

2001—2005年，俄罗斯每年吸引的证券投资额较为稳定，约为4亿美元。2006年，俄罗斯吸引的证券投资急遽增长，高达31.8亿美元，占当年吸引外资总额的5.8%。其他投资所占的比重一直较高，2004年达75.9%，2005年与2006年所占比重有所下降，分别为74.8%和69.6%，2007年前9个月又高达75.9%。俄罗斯累积外资额的结构也体现了这样的特征：截至2007年9月底，其他投资占43.5%，直接投资占44.4%，证券投资占2.1%。这也是俄与大多数发达国家不同的地方，发达国家外资中直接投资和证券投资的比例高达90%左右，其他投资仅为10%上下。其他投资实际上是各种贷款，而贷款需要支付利息，显然会增加俄罗斯经济的负担。其他投资增加的原因一是企业为偿还过去债务不得不重新贷款，二是国际市场贷款利息低，贷款有利可图。而且从长远来看，俄罗斯外资结构的这一特征很难根本改善，主要原因是俄罗斯证券市场不发达，影响了外资的流入。在可预见的将来，俄罗斯外资中证券投资所占比例不会大幅增加，因为外国投资者更倾向于投资本国资产，对外投资只是为了分散风险，而俄罗斯大多数证券在收益和风险的比例关系上不能满足外国投资者的需要。

三　部门结构

从外资的存量上看，截至2007年9月底，俄罗斯吸引外资的主要部门有加工业（占30%），批发零售贸易、汽车摩托车家用电器维修（25.2%），采矿业（22.3%），不动产交易租赁服务（8%），交通和通信业（7.9%）等。从流量上看，2000—2004年俄每年吸引外资最多的部门是商业和公用饮食业，5年中商业和公用饮食业吸引外资分别占当年外资总额的18.9%、19.2%、30.4%、35.4%和32.0%，连续高居俄罗斯行业吸引外资额的榜首。外商大量投资商业饮食业的原因主要是对俄罗斯投资环境的稳定性缺乏信心，所以尽量选择这些不仅能很快收回成本，而且能在最短的期限内将利润汇出的行业。能源业一直是外资所青睐的行业。2000年和2001年，能源业吸引的外资均占当年吸引外资额的10%，2002—2005年，能源业吸引外资额进一步攀升，分别占当年吸引外资总额的15.9%、17.9%、20.1%和11.2%。外资流向能源部门主要是瞄准了能源业的高盈利性，根据测算，俄罗斯能源部门的盈利率高达35%—80%，3年可望收回成本。2005—2006年，俄罗斯吸引外资的部门结构有了较大变化，交通和通信业所占的比重增加较明显，从2004年的占5%增加到2005年和2006年的7.2%与9.6%，2005年和2006年，金融服务业吸引外资分别占到当年吸引外资额的3.4%和8.5%，而2004年还仅为2.5%。

四　地区分布

俄罗斯外国投资流入的地区分布不均衡，主要集中在莫斯科、圣彼得堡等少数几个大城市和萨哈林州、秋明州和鞑靼斯坦共和国等少数几个能源、原材料生产发达的地区。莫斯科、圣彼得堡和莫斯科州集中了外资的将近60%。特别是莫斯科在吸收外资方面一枝独秀。2002年，莫斯科吸引的外资占俄罗斯外资总额的42.7%，吸收的直接投资占俄罗斯直接投资总额的37.7%，莫斯科州吸引的直接投资占俄罗斯直接投资总额的14.7%。2002年，俄罗斯吸引外资额居第二位的地区是鄂木斯克州（12.1%），吸引外商直接投资额居第二位的地区是萨哈林州（17%）。[1]在俄罗斯其余的76个联邦区中，每个区吸收的外资额平均只占俄罗斯外资总额的0.44%，而且有10个联邦区根本就没有外资进入。[2]莫斯科的外资增长也很快，2000年吸引外资40.38亿美元，同比增长了52.2%，2001年为56.54亿美元和40%，2002年为84.41亿美元和49.3%，2003年为138.96亿美元和64.6%，远远高于俄联邦各年的外资增长速度。

---

[1] 俄罗斯国家统计署数据。
[2] Т. Воронова, Конкурентные позиции России на мировом рынке инвестиций, экономист, №9. 2003 г. с. 39.

2003年是莫斯科外国投资增长较旺的一年，直接投资增长65.2%，证券投资增长59.1%，其他投资增长64.7%[①]。

从近年数据来看，俄罗斯外资地区结构的不平衡现象并未得到改善。2005年12个联邦主体集中了88.8%的外国投资。其中莫斯科占所进入外资的47%、鄂木斯克州占9.6%、萨哈林州占9.15%、秋明州占6.4%、莫斯科州占5.1%、圣彼得堡市占2.7%、斯维尔德洛夫斯克州占2%、萨马拉州占1.7%、车里雅宾克州占1.6%、克拉斯诺亚尔斯克边疆区为1.2%、萨哈共和国为1.2%、阿尔汉格尔斯克州为1.2%。2006年上半年，外资进入的主要地区为中央联邦区（占外资总额的50.9%），远东联邦区（18.3%）和西北联邦区（11.4%）。[②]

另外，与此形成鲜明对比的是，俄罗斯政府特意建立的自由经济区，尽管实行税收优惠等政策，却都没有达到吸引外资的效果和目标。由此可见，大城市发达的市场条件和居民的支付能力，以及能源原材料优势是吸引外资的主要因素，即外商看中的是包括法律制度在内的综合投资环境，而不是建立自由经济区的一纸空文。

五 主要投资国

俄罗斯的外资主要来自西方发达国家，尤其是美国和欧盟各国。截至2006年年底，按累积投资额计算，排在对俄投资前十位的国家和地区是：塞浦路斯、荷兰、卢森堡、英国、德国、美国、法国、爱尔兰、瑞士和维尔京群岛（英国）。十个国家和地区对俄累计投资占俄罗斯累计外资总额的87.6%，累计直接投资占俄罗斯吸引直接投资额的87.2%，累计证券投资占俄罗斯吸引的总证券投资额的77.4%，累计其他投资占俄罗斯吸收的其他投资额的88.3%（参见图7-1）。其中对俄罗斯直接投资额最多的是荷兰和塞浦路斯，其他投资额最多的是卢森堡和英国。

从2006年全年主要投资国对俄罗斯投资额的增长率来看，对俄投资同比增加幅度最大的国家和地区是维尔京群岛和塞浦路斯，其中投资额与上年相比分别增加了72.9%和67.4%，直接投资额与上年相比分别增加了100.2%和63.8%。这两个"自由港"通常被认为是俄外逃资金的中转

---

① Вячеслав Комаров, Мировой инвестиционный процесс - 2004: региональные тенденции, Инвестиции в России, №12, 2004 г.

② 李建民：《国际资本对俄罗斯投资现状及其启示》，《俄罗斯中亚东欧市场》2007年第3期。

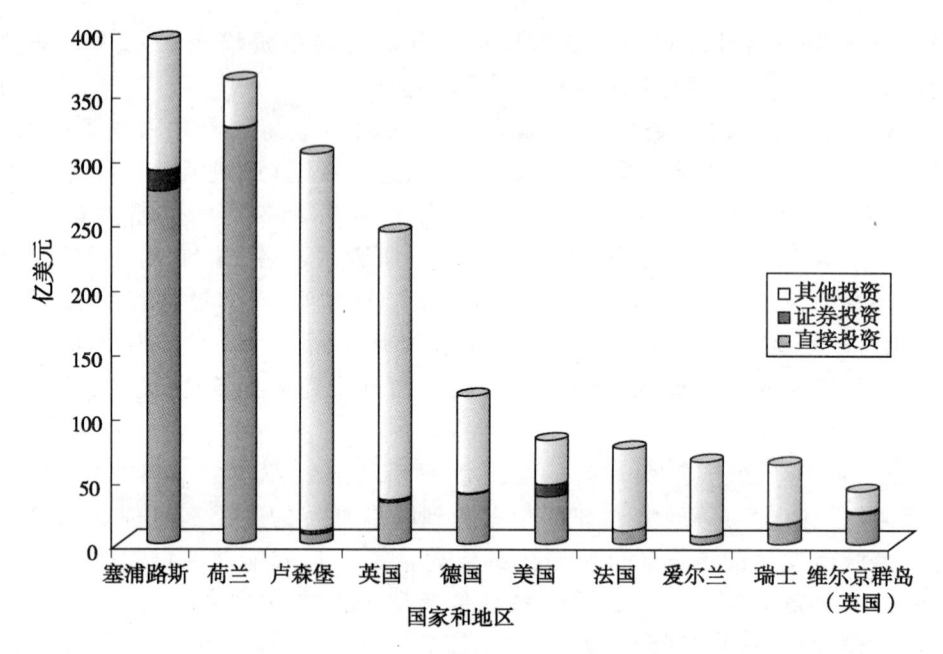

图7-1 截至2007年9月底主要国家和地区对俄的累计投资额（亿美元）

资料来源：http：//www.gks.ru/bgd/regl/brus07/Iss www.exe/stg/23—12.htm。

站，俄罗斯外逃资金在这里成为合法资金后再向国内投资。因此，可以将这部分资金视为外逃资金的回流，是俄本国投资。据有关资料显示，俄罗斯大部分石油公司具有管理权的股票都是在自由港注册的。不过这从另一个方面也反映了俄罗斯投资环境的改善，因为外逃资金历来就被视为俄罗斯投资环境的"风向标"，外逃资金的回流有力地证明了俄罗斯投资环境改善的事实。

六 主要投资国在俄罗斯投资的地区分布和产业分布

俄罗斯的主要投资国对俄的投资具有较为明显的地域分布特点。[1] 欧洲国家对俄罗斯的投资主要集中在莫斯科和莫斯科州、西北区和圣彼得堡、中央区和乌拉尔。具体来说，德国投资主要在俄工业发达的中央区、伏尔加地区和乌拉尔；芬兰的投资主要在俄西北地区和卡累利阿。亚洲主要国家，如日本、韩国和中国，主要将资金投向俄罗斯的亚洲地区，特别是远东和西伯利亚地区。西方主要投资国对俄罗斯的投资主要集中在第二

---

[1] 李建民：《俄罗斯吸引外资的现状》，《俄罗斯中亚东欧市场》2004年第2期。

和第三产业。美国的投资主要集中在俄罗斯的黑色冶金、有色冶金、机器制造、金属加工和矿产开采业；德国投资的 2/5 集中在机器制造、能源、通信业；英国投资的产业范围较广，主要投向了冶金、电力、化工、贸易和公用饮食业；法国的投资集中在机器制造、商业和公共饮食业；意大利投资主要投向的部门是能源采掘、轻工业等；芬兰的投资传统上集中在森林采伐和木材加工业，但近年来对机电设备制造、电子、通信、建筑和食品业的投资有上升的趋势；塞浦路斯投资的主要领域是食品和交通业；瑞士的投资领域是黑色冶金、化工和石化工业。

七　对俄罗斯外资利用的总体评价

俄罗斯外资规模小，资本结构、部门结构和地区结构不合理，对俄罗斯经济增长和经济结构的调整所起的实际性作用十分有限。这从以下几个指标中可以得到印证。首先，外资在俄罗斯固定资本投资中的比重过小：2000—2004 年分别为 3.5%、1.5%、2.3%、3.6% 和 5.6%。[①] 其次，俄罗斯外商直接投资占 GDP 的比例过低，2000 年和 2001 年仅为 0.40% 和 0.35%。再次，外资部门吸纳的劳动力不多。在外资部门工作的人员占就业人数的比例 2000—2002 年分别为 2.7%、2.6% 和 3.1%。[②] 最后，外资企业没有产生技术管理溢出效应。这从外资企业与本土企业的劳动生产率差异可以明显发现。如 2000 年和 2001 年工业领域外资企业的劳动生产率仅为俄罗斯本土企业劳动生产率的 2.11 倍和 2.91 倍，差距不仅没有缩小反而越来越大，这说明技术管理溢出效应几乎不存在。

第五节　俄罗斯入世进程

俄罗斯与世贸组织关系的渊源可以追溯到苏联时期的 1978 年。当时苏共中央政治局通过了关于加强与世贸组织的前身——关贸总协定接触的决议。但该决议立即遭到关贸总协定主要成员国的一致反对，他们认为苏联经济与市场经济的要求差距太大，因而该决议当时未能实施。苏联解体后，俄罗斯作为苏联的继承国，于 1992 年成为关贸总协定的观察员。

[①] http://www.gks.ru.
[②] Промышленность в России, 2002. 转引自 В. Г. Тихонова, К вопросу об эффективности прямых иностранных инвестиций в России, Вестник Московского университета . Серия 6. Экономика. №2, 2005г., с. 16.

1992年5月18日俄政府通过了《关于发展俄罗斯联邦与关贸总协定之间关系的第328号决议》，1993年6月俄罗斯向关贸总协定递交了俄罗斯政府加入关贸总协定的正式申请，1994年2月俄罗斯向关贸总协定秘书处提交了俄罗斯联邦外贸体制备忘录。鉴于1995年1月1日成立世界贸易组织，俄罗斯又于1994年12月递交了俄政府加入世贸组织的正式申请，从此便开始了加入世贸组织的艰苦谈判。

一　俄罗斯入世谈判进程

1993年俄罗斯向关贸总协定递交了申请后，关贸总协定按照程序组成立了由60多个国家组成的俄罗斯入世专门工作组，详细研究俄罗斯的经济政策和外贸制度，审议俄罗斯的入世申请，制定俄罗斯的入世条件。1995年世贸组织成立后，该工作组在世贸组织框架下继续工作。目前俄罗斯入世工作组由58个世贸成员国组成（欧盟25国作为其中之一）。与俄进行关税谈判的国家有50多个，进行服务市场准入谈判的国家约30个。根据规程，多边谈判在日内瓦世贸组织秘书处举行。主要是入世工作组就法律制度问题召开的正式和非正式会议，是有关感兴趣工作组成员就农业和紧急问题进行的非正式磋商。双边关于商品和服务市场准入谈判在日内瓦、莫斯科或有关国家首都举行。俄罗斯入世工作组第一次会议于1995年7月17—19日在日内瓦召开，主要是审议俄罗斯于1994年3月提交的俄对外贸易制度备忘录（L/7410文件），并由俄方书面回答成员国就备忘录提出的问题。截至2006年3月底，俄罗斯入世工作组会议已举行了30次，即举行了30轮谈判，目前第31轮谈判正在准备之中。

（一）俄罗斯入世谈判的阶段划分

俄罗斯入世谈判主要分为俄罗斯外贸制度审议阶段、关税减让谈判阶段和包括服务市场准入的全面谈判阶段。第一阶段开始于1995年。主要是在多边框架内按照世贸组织的标准，审议俄罗斯向关贸总协定秘书处递交的俄外贸制度备忘录。第二阶段开始于1998年2月。俄罗斯向世贸组织提交了商品市场准入建议和农业补贴水平建议，这标志着俄罗斯与世贸组织成员国就关税减让问题的实质性的双边谈判开始。第三阶段开始于1999年。俄向世贸组织成员国递交了服务市场准入特别义务清单和最惠国待遇例外目录草案。2000年包括俄罗斯入世的所有方面的全面谈判正式展开。

（二）俄罗斯入世谈判的四个主要问题

1. 商品市场准入问题即关税减让谈判。1998年年初，俄罗斯向WTO

提交了"入世"的初步进口关税税率表,俄罗斯代表团开始与世贸组织就商品市场准入问题进行谈判。西方国家一开始对俄罗斯的要价很高,坚持俄必须履行 WTO 所谓的"零关税方案":取消建筑设备、农业设备、医疗设备、家具、玩具、纸和纸浆、药品、钢材和啤酒的关税;取消信息技术项下电脑、元件、软件等约 400 个品类的关税;取消制药用品的关税;化工产品的关税降至 5.5%—6.5%。俄罗斯在进口关税的谈判中始终坚持以可接受的条件为原则,在一些问题上不做出让步,并且以暂时的经济困难、结构改革和预算上的问题为由,认为俄罗斯不可能立即并实质性地降低关税税率。2001 年 7 月俄罗斯向世贸组织提供的关税减让建议中又明确重申了俄方立场。俄罗斯关税减让的原则是:俄罗斯入世之初不会立即下调现行关税税率,只是到过渡期结束后才小幅下调对本国生产者不会造成不良影响产品的进口关税率,如本国不生产或生产数量有限的农产品、工业原料和半成品,俄罗斯急需的先进技术设备、计算机技术、医学、科研和检测测量设备等;保留肉类、白糖等产品的关税配额;大多数化工产品的关税,最终达到原料产品 5.5%,制成品 6.5% 的关税税率水平;药品的关税在至少 3—5 年的过渡期后达到 5%—6.5%;纺织品的关税在 5 年过渡期后降低 2—3 个百分点;入世 3—4 年后逐步降低信息技术产品的进口关税;轻型汽车的进口关税开始保持 35%,关税减让实行"6+1"模式,即到过渡期最后一年全面削减;民用航空技术品的关税下调只针对俄罗斯的生产已经达到一定水平的元器件和配件、小型飞行器和飞行活动半径有限的飞机等产品;家具的进口关税削减也实行"6+1"模式。2004 年以来,俄罗斯加快了"入世"谈判的步伐。2004 年秋天俄罗斯代表团同 20 个世贸组织工作组成员国和地区进行了紧张的谈判,其中有挪威(9 月底)、美国(10 月 4—8 日)、澳大利亚(10 月底)、日本、加拿大、巴西、泰国、墨西哥、印度、瑞士、新加坡、中国台湾、委内瑞拉、马来西亚、保加利亚、菲律宾、乌拉圭、埃及、古巴、哥伦比亚(9—10 月)。2005 年 2 月在日内瓦俄罗斯又同 13 个国家进行了谈判,其中包括日本、印度、土耳其、菲律宾、克罗地亚、秘鲁、挪威、哥斯达黎加、澳大利亚、阿根廷、加拿大、保加利亚、埃及。就 90% 的商品关税项目已经达成共识,只是就农产品、航空器、汽车和家具等商品还未达成一致。与俄罗斯结束谈判的国家和地区已经达到 33 个,其中包括泰国、智利、中国台湾、委内瑞拉、新加坡、韩国、中国、新西兰、巴西、印度尼西亚、土耳其、冰岛、欧盟、古巴、墨西哥、挪威等。俄罗斯与世贸组织成员就商品市场准入问题的谈判进展相对较快。目前只有美国、加拿大、澳大利亚、瑞士、哥伦比亚、马来西亚、菲律宾和乌拉圭8个国家尚未与俄罗斯结束这方面的双边谈判。

2. 农业问题的谈判。关于农业问题的谈判也是商品市场准入谈判的一个重要方面。主要包括两个问题：国家对农业的补贴问题与农产品关税问题。1997年10月3日，俄罗斯农业部致函世贸组织，就入世有关农业问题的谈判阐明了俄罗斯的基本立场，并就国家对农业的扶持问题以及对农业原料和食品出口补贴的程度提出了具体建议，俄罗斯提出的农业补贴额为162亿美元。实际上俄罗斯对农业生产的补贴大大低于许多农产品生产国和出口国，俄罗斯对农业的补贴无论在绝对额还是相对额上都不算高。根据OECD 1997年的统计数据，各国农业生产者的收入中国家直接和间接补贴所占的比例分别为：挪威71%、日本69%、欧洲42%、波兰22%、加拿大20%、匈牙利16%、美国16%、澳大利亚9%、新西兰3%、俄罗斯为26%[①]，俄罗斯的补贴水平属于中等水平。而根据联合国的统计资料，2001年各国对农业的补贴，韩国为197亿美元（占GDP的4.7%），日本为591亿美元（占GDP的1.4%），美国为953亿美元（占GDP的0.9%），而2001年俄财政用于农业补贴的支出仅约10亿美元。但阿根廷、澳大利亚、巴西、加拿大、新西兰和印度尼西亚等15个主要农产品出口国仍坚持要求俄罗斯完全取消对农产品的出口补贴。俄罗斯有关学者从摆脱农业困境和保障国家食品安全的根本目的出发，认为在俄罗斯国家对农业的支持政策上，不是应当放弃财政补贴，而是应当保留对农业一定程度的财政扶持权，在出口补贴上要达到与其他相关国家相同的水平，即提高补贴额。农产品补贴问题的最后一轮谈判2005年6月21日在日内瓦进行，俄罗斯仍然坚持原有立场。农产品税率是谈判的另一项内容。俄罗斯的谈判对手要求俄罗斯将进口税率的上限确定为14%，然后逐渐减至9%。而目前俄罗斯的农产品加权平均关税率为10.5%。[②] 俄罗斯有关学者认为，俄罗斯农产品市场已经比较开放，在食品和农产品的现有进口规模下，如果将平均进口关税税率每降低一个百分点，就会使联邦财

[①] Промышленность в России, 2002. 转引自 В. Г. Тихонова, К вопросу об эффективности прямых иностранных инвестиций в России, Вестник Московского университета. Серия 6. Экономика. №2, 2005г., с. 16.

[②] 据OECD的资料，农产品的加权平均进口税率在发展中国家为18.76%，在经济转轨国家为13.36%，而在发达国家为43.41%。

政收入减少7000万—8000万美元。[①]可见,俄罗斯进一步降低农产品进口关税税率的可能性已经很小。

3. 服务市场准入谈判。服务市场准入谈判是俄罗斯加入世贸组织的一个重要部分。总体而言,西方发达国家要求俄罗斯全面开放服务市场,而俄罗斯则坚持有限度地实行服务市场开放。1999年10月俄罗斯向世贸组织提交服务贸易方面的初步建议,2001年2月又向世贸组织有关成员国提交了重新修改的包括税率、农业在内的服务贸易问题的建议,并于同年3月就这些问题开始新一轮谈判。共有30个世贸组织成员表示要同俄罗斯就服务市场准入问题进行谈判,与俄罗斯结束服务市场准入谈判的国家和地区共有13个:匈牙利、欧盟、中国、韩国、中国台湾、泰国、土耳其、智利、新加坡、委内瑞拉、新西兰、墨西哥、挪威等,与6个国家的谈判也进入尾声。在剩余的几个成员中,与美国、加拿大、澳大利亚和瑞士的谈判最为艰难。其中,加拿大和瑞士对俄罗斯改善自然人进入俄罗斯市场提供劳务服务的条件很感兴趣,加拿大坚持要求允许其在俄罗斯境内开设银行分行和保险公司分公司。美国和巴西在此问题上对俄罗斯提出的要价更高,并且至今未表示出让步之意。此外,哥伦比亚和乌拉圭等国也在与俄罗斯讨价还价。由于俄罗斯经济发展和贸易部以及俄罗斯中央银行均反对外国银行在俄罗斯开设分行,目前俄罗斯与世贸组织成员就这个问题的谈判已陷入僵局。目前根据谈判结果,俄罗斯同意承担的义务达100个服务领域(按照世贸组织分类总共有155个领域)。

4. 法律制度问题谈判。大幅度修改经济和对外贸易调节领域相关法规与法律,并进行大范围立法工作,以使俄罗斯的法律法规(如海关法典、仲裁诉讼法典、刑法典、税法典、消费税法、海关税率法、对外贸易活动国家调节法、投资法等)符合世贸组织的规范和要求是俄罗斯入世谈判的又一项主要内容。在俄罗斯入世相关法律制度问题的谈判过程中,谈判对手要求俄罗斯承担的总义务包括四个方面:一是一般性的"标准"义务,即在俄罗斯所有的关境,实行WTO的相关协定,按1994年关贸总协定的要求公布相关的法规和调节措施,以保证俄法律制度的透明度,自加入WTO之日起,取消对进口实行非关税调节的措施,对非本国公民实行国民税收待遇;二是执行WTO多边协定(技术贸易壁垒、卫生和植物卫生检疫措施、知识产权贸易,认证制度等多边协定)规定的"标准"义务,

---

[①] 转引自 John Lingard, Agricultural Subsidies and Enviromental Change。

俄罗斯自加入 WTO 之日起即开始全面执行，不提供过渡期；三是按照 WTO 多边协定规则实行贸易经济制度的特殊义务，如自加入 WTO 之日起取消联邦和地区的国家补贴，对进口商品不征收除正常关税以外的其他税费和关税，在加入贸易协定、自由贸易区和关税同盟方面全面遵守 WTO 规则，根据进口许可协定的条款调整酒类和药品许可制度等；四是对俄罗斯提出的追加义务，如要在加入世贸组织前将全部出口关税的总水平确定为商品海关价值的 5%，在 2005 年以前完全取消出口关税，取消天然气和电力的双重价格机制，俄罗斯能源市场自由化，弱化国家在确定能源、电力和运输等价格中的作用，创造条件降低俄罗斯天然气出口价格，其中包括自由利用俄罗斯运输管道，外国公司参与俄罗斯管道的建设（或运营）等，在具体规定的时间内取消对外国投资的一切限制，取消投资协议中的"国有比例"限制，特别是对航空工业和动力投资的限制，实行外汇调节制度的自由化，取消对酒精、药品、宝石、贵金属、通信器材、译密码器材的数量限制，加入世贸组织非必须协议如民用航空器贸易和政府采购协议等。但是俄罗斯认为权衡谈判对手提出的法律制度义务要求有三个标准：一是这些义务和要求是否符合 WTO 的规则，是否符合接纳新成员的通行做法；二是对俄罗斯本国工业以及对国家扶持工业的政策和措施会产生何种影响；三是能否免于承担那些可能会引起严重后果的义务，抑或采取措施将这种后果减到最低限度。

二 俄罗斯入世谈判最新进展与遗留问题

截至 2008 年 11 月俄罗斯已经结束了与世贸组织 60 多个成员的双边"入世"谈判，目前仅剩下与格鲁吉亚和沙特阿拉伯的双边入世谈判尚未结束。其中 2006 年 11 月与美国签署的俄罗斯入世双边议定书具有意义。当时格列夫高度评价俄美议定书的签署，认为这是俄罗斯融入世界经济体系道路上一个的"里程碑式"的事件。美方谈判代表施瓦布也表示，这是一个"强有力的、影响深远的"协议。她还表示，在俄罗斯成为世贸组织成员之前，美国准备通过相关决定，给予俄罗斯永久性正常贸易关系地位。

目前俄罗斯入世谈判尚有一些遗留问题。一是格鲁吉亚问题。2006 年 7 月格鲁吉亚撤回与俄罗斯"入世"谈判双边议定书，要求关闭格方认为非法的阿布哈兹及南奥塞梯边防检查站，而俄罗斯谈判人员认为世界贸易组织与此毫无关联，这纯粹是一个政治问题。2007 年 1 月与俄格重开谈判，但 2008 年 4 月由于俄罗斯发表关于与阿布哈兹和南奥塞梯建立领事级外交关系的声明,格鲁吉亚在日内瓦退出了俄罗斯入世谈判。二是谈判对手新要价问题。首先是欧洲。2006年欧盟以撤销俄欧双边入世议定书上的签字相威胁,要求俄罗斯为废除穿越西伯利亚的欧洲航线收费制度制定出一个具体的时间表,2007年9月欧洲议会外交委员会成员又宣布,只有在俄罗斯批准《能源宪章》的情况下,欧盟才会支持俄罗斯加入世界贸易组织(WTO)。这为俄罗斯的最终入世增添了许多不确定性。其次是沙特阿拉伯。沙特阿拉伯突然提出要与俄罗斯讨论能源领域里的服务贸易问题,令俄方感到困惑,俄方只愿意在多边框架下讨论这一问题。三是在多边谈判领域有些问题尚待解决。首先是农业补贴问题。根据俄政府通过的俄罗斯联邦农业发展计划,2008—2012年国家将对农业投入433亿美元,这引起了俄罗斯贸易伙伴的关注,要求俄方阐释其有关农业补贴的情况。其次是植物监督检疫措施问题。俄罗斯农业部的解释条款仍不能满足世贸成员的要求,预计还需要花费较多的时间进行磋商。再次是民用航空技术的贸易问题。美国和欧盟坚持在俄入世多边会谈工作组会议上讨论民用航空技术的贸易问题,但俄方坚持要求在其加入世贸后在双边范围内解决这一问题。最后是国有公司垄断经营问题。美国又提出要求俄方参照中国加入世贸时的承诺,保证其国有公司在对外贸易活动中不谋取超额利润,但俄方对此持否定意见[①]。

三 俄罗斯的主要入世承诺

综合俄罗斯与各方谈判的结果,俄罗斯关于商品和服务市场准入、农业补贴和知识产权保护方面的承诺已经有了初步轮廓。

(一)商品市场准入。俄罗斯"入世"后不会马上降低关税,个别商品规定了宽限期,期限1—7年不等。"入世"7年之内俄罗斯产品的有效关税税率将从11%降低到7%。工业品和农产品的加权平均税率都将降低3个百分点。

在农产品领域,不设限的产品是畜禽饲料,本国不生产的蔬菜、水果和干果,如橙子、葡萄、香蕉、开心果、花生等产品,特别是冬季蔬菜和水果;"入世"3—4年后对包装茶叶根据品级征收12.5%—20%的关税,对散装茶叶则在"入世"1年后征收0—5%的关税;进口条件较为宽松的是食品工业短缺原料,如高品质乳清蛋白等;奶酪、黄油、植物油和动物

---

① http://www.wto.ru/ru/newsmain.asp.

油的进口税税率将维持不变；酒精类饮料，如葡萄酒进口关税税率从20%降低到12%，白兰地、香槟和威士忌的进口关税从每升2欧元降到1.5欧元；对肉类产品将继续进行配额管理，直至2009年，2009年之后在必要的情况下配额制度还将继续存在；有关动物检疫问题，俄美就检查屠宰场和肉类加工厂签署了政府间协议（该协议已于2006年11月底签署）。该协议的妥协原则是："美国政府保证出口到俄罗斯的产品符合国际兽医局和俄罗斯动物检疫要求的规定，俄罗斯方面在上述条件下允许美国产品进入俄罗斯市场并有权对美国企业在与美方商定的程序基础上进行检查"。

在工业品领域，进口药品关税税率将从15%降到5%—6.5%，医疗器械实行零关税，在俄罗斯生产药品使用的药用物质关税税率将降到2%—3%，药品登记制度也将符合国际标准；皮革、毛皮原料以及羊毛及纺织原料的关税将降低甚至取消；成衣、玻璃和陶瓷的关税税率几乎保持不变；"入世"后3—4年内逐渐将化学制品、纸张和纸制品关税降低到5%—6%，并且部分开放市场；为了防止黑色和灰色清关，鞋类、家用电器、电子制品的关税税率将设定到"有支付能力"的水平；技术设备、建筑设备、科技和测量设备的关税将明显下降或被取消；"入世"后3年内电子计算机、电子计算机主机配件和生产设备关税也将取消；7年过渡期后，轻型汽车的关税税率逐步从25%降到15%，发动机为4.5L的吉普车关税税率降到12%，民用航空器关税税率从20%降到7.5%—12%。

（二）服务市场准入。俄罗斯承担义务的服务领域多达116个（包括银行、保险、有价证券、通信和互联网、交通、分销、环保、专业服务等），其中在44个领域俄罗斯承担义务的范围相对于世贸组织的要求做了保留，而在30个领域则全部承担，即根据关贸总协定第16款市场准入和17款国民待遇的规定，在这些部门俄罗斯对外资数量不加限制，给予完全国民待遇。在金融服务领域，俄罗斯为本国服务商保留了几乎一半的市场，而在另一半市场上本国服务商还可与外商竞争。俄罗斯不允许外资银行在俄罗斯直接开设分行。外资银行在俄罗斯市场上只能以独立法人的资格经营，其资本不得超过俄罗斯银行法定资本总额的50%，但2007年1月1日前已经在俄罗斯市场上经营的外资银行和在俄罗斯"入世"后参与银行私有化的外资不计在内。外资进入俄罗斯有价证券市场必须注册为俄罗斯法人。对证券市场的职业参与人，如发行证券清单的公司、为贸易合同进行冲账服务的公司、证券委托保管人等则规定，外资不得超过俄罗斯上述公司法定资本总额的25%。在保险领域，外资保险公司在俄罗斯保险业务资产总值中所占的份额将由现在的25%提高到50%，但2007年1月1日前已经在俄罗斯市场上投资的外资保险公司和在俄罗斯"入世"后参与俄罗斯保险公司私有化的外资不计在内。俄"入世"9年后允许外国保险公司在俄罗斯开办分支机构，但这些机构不能参与强制保险（汽车责任险除外）和从事政府购买保险业务。分支机构的开设和运营要获得许可、符合财务稳定的要求并要缴纳保证金，同时对于欲开办分支机构的外资母公司在资产规模和运营时间上也会设置一定限制。如果外资保险公司在俄罗斯保险业资产总值中的份额达到50%，将不允许再增加新的外资分支机构。在俄罗斯"入世"5年内从事寿险、乘客和车险等强制保险的合资公司的法定资本中外资所占比例不得超过51%，5年过渡期结束后，上述领域的外资股权可占100%。从事政府购买保险业务的合资公司，"入世"后其法定资本中的外资比例不得超过49%，该限制长期有效。在电信领域，固定电话市场不开放，在"入世"初期，在必要的情况下，可对已私有化的运营商，如通信投资公司和其他传统电信运营商实施完全监控，对移动通信终端服务市场也实施监控。在音像制品生产和服务领域，俄罗斯保留了对本国生产者的国家补贴。在俄罗斯承担开放义务的领域，如音像制品的公映上，俄罗斯保留采取措施保护文化财产和保持文化独特性的权力。对快递业俄罗斯实行全面开放，在快递公司中外资比例可以达到100%。在分销服务领域，对乙醇类产品和含乙醇产品批发贸易的垄断可能会有所松动。在武器（包括猎枪）、烟花制造和爆炸性物质、含麻醉剂药物和精神抑制性药品、宝石、金属及其废金属贸易等部门则完全禁止外资进入。在"入世"承诺中俄罗斯还保留了地方权力机关拥有可以根据发展相应居民点的计划调控贸易部门的权力。在专业服务领域，外资可以进入的有电脑服务、法律服务（公证服务除外）、会计服务（对会计人员在俄罗斯留居期间的地位有所限制）、广告服务、市场调研服务、管理咨询服务等。在环保服务领域，外资进入的范围较广，如废料搬移、垃圾清理、除雪、抗噪音、天然气废气净化等。在交通服务领域，开放海洋运输、公路运输和航空运输中的某些服务环节〔飞机修理和养护、飞机票销售和电脑存储系统（航空运输本身除外）〕以及运输辅助性服务领域（装卸货、仓储、货运代理服务）。

（三）农业补贴。农产品在2009年之前保留原有配额，2008年再对农产品配额与关税问题重新谈判。已达成国家补贴农业的金额为92亿美元，这一金额比俄罗斯目前的农业补贴水平高3倍，已达成的农产品进口关税比俄罗斯现有关税税率高1倍。

（四）知识产权保护。根据俄美谈判的结果，俄政府作为补充义务承担了知识产权保护责任，在双方签署谈判议定书时签署的交换信函规定，俄罗斯承担义务，不仅不使俄罗斯知识产权领域的状况恶化，相反地，还会使该领域的法律和执法实践更完善。有关知识产权后续谈判在多边框架内还将继续进行。

本章小结

本章在对现有主要国际贸易和国际投资理论进行综述的基础上，对俄罗斯对外经贸发展战略、对外贸易体制改革、外资引进和利用以及俄罗斯入世进程问题进行了阐释。有关俄罗斯对外经贸战略，本章认为其主要战略取向体现在三个方面：商品战略取向上倾向于刺激工业品出口；在地区国别战略取向上，在兼顾地区优先方向的同时，推动地区国别结构多元化，并努力推进与主要经济体的经济一体化；国内区域战略取向上，主张各个地区的对外经贸发展战略应有所区别。有关俄罗斯外贸体制改革，其特点主要是：以私有化、自由化为基础，采取了一步到位的激进改革方式；外贸体制改革的代价较高；外贸体制改革的目标缺乏长期性和连贯性，但体制改革的总体方向是外贸政策的自由化趋势。关于俄罗斯外资，基本结论是外资规模小，资本结构、部门结构和地区结构不合理，对俄罗斯经济增长和经济结构的调整所起的实际性作用十分有限。在入世问题上，俄罗斯的双边入世谈判在商品市场准入、服务市场准入、农业补贴、知识产权保护等问题上取得了较大进展，几乎接近尾声。但是目前有一些遗留问题尚待解决：一是格鲁吉亚问题；二是谈判对手新要价问题；三是在多边谈判领域有关农业补贴、植物监督检疫措施、民用航空技术贸易和国有公司垄断经营等问题。

思 考 题

一 名词解释
  1. 战略性贸易理论
  2. 国际生产折中理论
  3. 对外贸易体制改革
  4. 直接投资

5. 间接投资

二　简答题

1. 俄罗斯对外经贸战略取向主要体现在哪些方面？
2. 俄罗斯外贸政策的自由化趋势的具体体现是什么？
3. 俄罗斯入世谈判的四个主要问题是什么？
4. 简述俄罗斯外贸体制改革特点。

三　论述题

1. 如何看待俄罗斯入世谈判遗留问题？
2. 论述俄罗斯对外贸易地区国别战略导向。

阅读参考文献

1. 强永昌：《产业内贸易论——国际贸易最新理论》，复旦大学出版社 2002 年版。
2. 傅梦孜：《世界直接投资——发展、理论与现实》，时事出版社 1999 年版。
3. 李建民：《国际资本对俄罗斯投资现状及其启示》，《俄罗斯中亚东欧市场》2007 年第 3 期。
4. 高际香：《俄罗斯对外经济关系研究（1992—2007）》，中华工商联合出版社 2007 年版。
5. 郑羽、蒋明君总主编，李中海主编：《普京八年：俄罗斯复兴之路（2000—2008）》经济卷，经济管理出版社 2008 年版。
6. Российская экономика в 2007 году: тенденции и перспективы (выпуск №29), Институт экономики переходного периода.
7. В. Оболенский, Внешняя торговля России темпы сверхвысокие. товарное наполнение прежнее, Мировая экономика и международные отношения, №1., 2006.
8. В. Поляков, Сырьевая ориентация российского экспорта, Мировая экономика и международные отношения, №1., 2006.
9. Л. Зевин, Б. Хейфец, Россия и развивающиеся страны поиск новых путей экономического взаимодействия, Мировая экономика и международные отношения, №12., 2006.
10. Шевченко, Лариса Михайловна. Финансовый механизм привлечения иностранных Экономист, №9., 2003.

第八章 产业结构调整与经济增长

内容提要

进入 21 世纪，俄罗斯经济开始走出危机，步入稳定发展阶段。从产业结构和经济增长相互关系和变动趋势的角度来考察，可以认为，俄罗斯经济结构调整滞后于经济增长，经济发展中的一些深层次的问题远未解决，目前正处于关键的转折点。近年来，俄罗斯政府制定了新的发展战略，力图通过产业结构调整来促进经济增长。俄罗斯正在努力探索符合自己国情的发展道路，实现从资源型经济向发展型经济的转变。

第一节 产业结构理论发展综述

一 马克思的结构理论

按照马克思主义的结构理论，社会总生产分成生产资料（Ⅰ）和消费资料（Ⅱ）两大部类，但马克思提出的两大部类仅指物质生产部门，不包括非物质生产部门。虽然可以揭示社会再生产运动的总规律，但不能揭示产业结构演进的一般规律。

马克思分析说明了在简单再生产条件下，必须满足：

Ⅰ（v+m）= Ⅱc，

并引申出两个公式，即

Ⅰ（c+v+m）= Ⅰc + Ⅱc

Ⅱ（c+v+m）= Ⅰ（v+m）+ Ⅱ（v+m）

在扩大再生产情况下，两大部类生产的平衡条件为：

Ⅰ（c+v+m）= Ⅰc + Ⅱc + ⅠΔc + ⅡΔc

Ⅱ（c+v+m）= Ⅰ（v+m/x）+ Ⅱ（v+m/x）+ ⅠΔv + ⅡΔv

马克思抽象而清楚地阐明了社会再生产实现的条件，但在现实生活中，产业部门众多，产业结构中包括了多种产业部门之间相互提供中间产品的错综复杂的联系，因此，运用马克思的结构均衡理论难以描述产业之间多部门的投入产出联系，对于产业结构的区际协调应用性不强。

马克思首先提出了生产资料生产优先增长的规律。列宁则将马克思的这一思想和资本有机构成的理论及再生产公式相结合，提出了在技术进步条件下，生产资料生产优先增长的规律。他指出，在扩大再生产过程中，"增长最快的是制造生产资料的生产资料生产，其次是制造消费资料的生产资料生产，最慢的是消费资料生产"。这一理论在一定前提下可以反映一国产业结构的变化情况。

二 西方的产业结构理论

西方产业结构理论以产业的技术经济联系及其联系方式为研究对象。其理论的基本体系由产业结构形成理论、主导产业选择理论、产业结构演变理论、产业结构影响因素理论、产业结构效应理论、产业结构优化理论、产业结构分析理论、产业结构政策理论、产业结构研究方法论及产业关联理论等部分组成。

产业结构演变与经济增长存在着紧密的内在联系。产业结构作为以往经济增长的结果和未来经济增长的基础，成为推动经济发展的主要因素。产业结构同经济发展相对应不断变动，主要表现为产业结构由低级向高级演进的高度化和产业结构横向演变的合理化。这种结构的高度化和合理化推动着经济向前发展。

产业结构的演进有以农业为主导、轻纺工业为主导、原料工业和燃料动力工业等基础工业为重心的重化工业为主导、低度加工型的工业为主导、高度加工组装型工业为主导、第三产业为主导、信息产业为主导等几个阶段。产业结构演进是沿着以第一产业为主导到第二产业为主导，再到第三产业为主导的方向发展。从发达工业国家和新兴市场国家的实践看，产业结构由低级向高级发展的各阶段是难以逾越的，但各阶段的发展过程可以缩短。从演进角度看，后一阶段产业的发展是以前一阶段产业充分发展为基础的。供给因素、需求因素、国际贸易因素、国际投资因素、政府产业政策均会对产业结构变动产生重要影响。

产业结构演进和经济发展之间的互联互动特征是产业结构研究中不可忽视的重要问题。对此研究做出重要贡献的有英国经济学家配第和克拉克（总结出由人均收入变化引起产业结构变化的规律，被称为配第—克拉克定律）、俄裔美国经济学家库兹涅茨（依据人均国内生产总值份额基准，考察了总产值变动和就业人口结构变动规律，揭示了总产值变动的总方向，被称为库兹涅茨人均收入影响论)、美国经济学家罗斯托(提出主导产业扩散理论和经济成长阶段理论，认为无论在任何时期，甚至在一个已经成熟并继续成长的经济体中，经济增长之所以能够保持，是因为为数不多主导部门迅速扩大的结果)、美国经济学家钱纳里(提出工业化阶段理论，揭示制造业内部结构转换的原因)、德国经济学家霍夫曼(提出被称为"霍夫曼工业化经验法则"的工业化阶段理论)、日本经济学家赤松要(提出"雁行形态理论"，该理论要求将本国产业发展与国际市场密切联系起来，使产业结构国际化)。

本章力图在现代产业结构理论框架下，对俄罗斯的产业结构特点、调整思路、产业结构与未来经济增长的关系等问题进行分析。

第二节 俄罗斯产业结构特点及问题

苏联产业结构的形成及发展变化是研究当今俄罗斯产业结构问题的历史和逻辑起点。苏联长期实行的是一种重型化的产业结构，这种结构是在斯大林时期的高速工业化和之后实施的经济赶超战略下形成的。国民经济军事化、社会两大部类对比关系失衡、在三次产业关系中第三产业极其落后是苏联产业结构的主要特点。

苏联解体留给俄罗斯的仍是一个畸形发展的产业结构。在经济转轨初期，俄罗斯曾力图同时完成体制转型、反危机和调整不合理的产业结构的任务，但由于条件的限制，其最紧迫的任务是稳定宏观经济形势和摆脱危机，俄罗斯并没有在国家明确的产业政策引导下的真正意义的产业结构调整。产业结构调整更多的是在企业如何求生存的前提下的一种自发选择，带有明显的消极性和被动性特点：即这种调整不是通过明确的产业政策去扶持某个产业或部门，加快其经济增长来实现，相反，它是通过各部门生产下降的幅度大小来实现的。通过这种消极和被动的调整，俄罗斯的产业结构发生了以下变化。

一 加速军转民调整国民经济军事化格局

加速军转民是俄罗斯在经济转轨条件下产业结构调整的重要方面。俄政府采取了"雪崩式"的转产方式，在转产过程中，通过急剧减少国家军事订货使军工产值在国内生产总值中的占比从1991年的8.7%迅速下降至

1992年的1.6%。由于这种军转民方式脱离自身的基本国情，也不符合结构改造的基本规律，破坏了军工企业的生产力，严重影响了军火出口，军工生产下降成为俄罗斯国民经济总体下降的重要原因。

90年代中期，俄罗斯军转民指导思想发生了从求生存到求发展的明显转变，认为军民两用技术在俄罗斯国防工业系统已达到70%，两用技术的采用对俄罗斯的经济振兴和国防建设都具有重要意义，应恢复并最大限度地发挥军工企业高技术的潜在竞争力。1996年国家军事订货比重重新上调至3.5%。

二　服务业在三次产业关系中迅速提高

用三次产业产值占国内生产总值的比重和就业人口在三次产业的分布两大指标来衡量，俄罗斯的产业结构在转轨期间得到了一定程度的高级化。随着向市场经济过渡和私有化进程的推进，一些新的市场型服务机构开始建立并得以发展，服务性产值在国内生产总值中的比重迅速提高，按统计数字，已大体接近发达国家的水平。如1991年俄罗斯服务业在国内生产总值中的比重仅为35.9%，1992年急剧上升到52.7%，之后基本稳定在46%—48%的水平上。而第一产业和第二产业分别从1991年的13.4%和45.8%下降到2003年的5%和35.5%。

随着三次产业关系的变化，俄罗斯从业人员构成比例也发生了明显改变。自1992年以来，在第一产业的从业人员比重基本保持在15%左右，变化不大。在第二产业的从业人员比重逐步下降，从1991年的41.9%逐步降至1998年的30.1%，目前保持在30%左右。在第三产业的从业人员比重明显提高，从1991年的44.6%提高到1998年的55.8%，目前保持在59%左右。

俄罗斯第三产业内部各部门的发展并不平衡。1990—2005年，随着市场化进程的推进，商业、公共饮食业、不动产业务、金融、保险等行业份额迅速提高。商业和公共饮食业在GDP中的占比从6%提高到23%，包括不动产业务在内的其他商业活动从0增加到7%，金融信贷保险的份额从1%增加到2%。而教科文卫等公益型服务的占比则不断下降，从1990年的11%减少到2004年的6%，其中科学和服务的占比下降了66%左右，教育、文化和艺术的占比下降了50%左右。造成这种双向变化的主要原因是，90年代经济衰退时期，没有足够的财力来满足教科文卫发展的需要。2000年以来的恢复时期，更多考虑的是经济规模的扩张。从总体上看，还不能说这种结构变化已经带来了国民经济的良性发展。

三　工业内部结构进一步原材料化

转轨期间，由于整体经济形势的不断恶化，俄罗斯采取了"消极适应"的结构调整政策，加上国家宏观调控不利，投资下降和高通胀条件下市场机制对结构变化的扭曲引导，工业内部结构重型低效的特征并没有实质性的改变，相反进一步原材料化，能源和原材料部门的比重上升，加工工业的比重下降，出现了自发性和退化性的逆工业化趋势，即产业结构合理化出现了倒退。2002—2004 年，虽然机器制造业和冶金业产品在俄罗斯主要工业品构成中的比重在提高，但仍然大大低于发达国家（如意大利的机电产业占 36.4%，法国占 39.3%，英国占 39.6%，美国占 46%，日本占 51.5%，德国占 53.6%，而俄罗斯仅为 22% 左右）。工业部门固定资产老化率达到 50% 以上，固定资产更新系数长期处于低水平。

受到科研经费减少、科技基础削弱的影响，工业内部技术构成也大大恶化。在冶金、化工、机器制造业等部门，新技术和新材料的采用率大大低于西方国家。用陈旧技术生产的产品比重达 60%，技术更新周期比西方国家平均长 10—20 年，高科技含量的产品生产比重不断下降，创新产品比重仅为 4%—5%，而发达国家为 30%—35%。国内企业对提高产业竞争力的技术革新欲望淡薄，从事技术开发的企业占企业总数的 10%，知识和新技术向市场转化机制效率低下。

第三节　俄罗斯产业调整政策及变动趋势

普京时期，俄罗斯产业结构调整最主要的特点是从"适应性调整"向"战略性调整"转变。调整涉及的是带有全面性、长期性、根本性的问题，目的是使产业结构适应经济发展新形势的新要求。俄提出，为不断缩小与世界最发达国家之间存在的差距，必须选择和实施旨在形成当代后工业化社会的发展战略，提高俄罗斯国家、企业和人力资本的竞争力。

2003 年以来，当局对发展战略进行了多次修订，形成了传统优势部门、创新部门和人力资本部门共同发展的综合发展战略。产业结构调整是该战略的重点，结构调整的目标是实现经济结构多元化，促使"新经济"

超越式增长,使其成为未来十年内提高俄罗斯竞争力的主要渠道,① 通过转变经济增长方式,实现从资源型经济向发展型经济过渡,提高经济增长的质量。

一 新时期产业结构调整的主要思路

(一)根据国情协调发展三大产业。20 世纪 90 年代以来,俄罗斯三次产业关系调整是在经济衰退的背景下被动实现的,产业结构发展现状没能完全反映出其特有的优势。考虑到国内外发展环境变化带来的机遇和挑战,俄罗斯未来产业关系调整的基本思路是:三大产业将基本保持现有格局,但三次产业有新的战略使命和发展定位。要通过加大投资和推广新技术不断扩大第一、第二产业的产出规模。第一产业将恢复增长,农业将成为有竞争力的部门,在保证国内居民需求的基础上扩大粮食和渔产品出口。第二产业将加速发展,其中高新技术产业将以更快速度增长,以带动第二产业整体技术水平的提高,其占 GDP 的比重将略有上升。第三产业基本保持现有比重,到 2015 年服务性产值占 GDP 的比重将达到 54%。

在三次产业协调发展的同时,将进一步调整第三产业内部结构,改变近 10 多年来服务领域片面发展的现状,大力发展科学、文化、教育事业,使经济结构和经济增长模式向符合以科技进步、知识经济和人力资本为基础的发展型经济的要求转变。根据《俄罗斯联邦长期社会经济发展基本方针》,第三产业的发展重点是:大力发展现代交通运输业(包括过境运输和国际运输)、国外旅游、文化领域服务、高级职业教育、软件开发、咨询和信息服务等。预期服务业的发展将成为结构合理化和保持经济快速增长的重要推动力。

(二)提高高新技术产业的增长速度和对 GDP 的贡献率。工业结构调整是中长期内产业结构调整的重头戏。俄罗斯要实现经济增长模式从资源型向发展型的转变,决定性的因素是进行工业内部结构调整。调整的目的是降低经济增长对能源和原材料部门的依赖,提高加工工业部门特别是高新技术产业对经济增长的贡献率。使产业结构模式从资源耗费型转变为资源节约型,从多投入多产出的数量型转为少投入多产出的效率型,使工业部门结构从资金密集型向技术密集型转换。在产业内部,将提高新技术、

---

① 俄罗斯联邦经济发展与贸易部:《俄罗斯 2003—2005 社会经济发展中期纲要》,http://www.economy.gov.ru。

新工艺、新产品的应用比重，提高产业的技术水平。

（三）实施科技创新战略提高经济竞争力。普京上任后，以高科技振兴经济被提高到基本国策的高度。建立国家创新体系，实施科技创新战略成为国家经济政策和产业政策不可分割的重要组成部分。为此要改变国内基础科学严重退化，基础研究成果与商业化转换严重脱节，应用研究领域发展水平低，企业创新积极性低下的现状。

（四）大力发展人力资本。从国际产业结构变化趋势和俄罗斯的长期发展需要来看，大力发展服务性行业是经济获得可持续发展的重要途径，而这与人力资本的发展密不可分。据世界银行数据，俄罗斯的自然资本世界第一，人力资本低于美国而高于欧盟，而人力资本与自然资本结合而形成的再生资本则大大低于发达国家。为此，俄罗斯提出要进一步改善和提高人力资本指标，更好地发挥国内人才和智力优势，把人力资本作为提高国家竞争力主要源泉和经济增长的"发动机"。

二　优势产业扶持措施及其发展趋势

（一）扶持措施

2006年10月，俄罗斯经济发展与贸易部在综合其他部委意见的基础上制定了工业发展措施规划。该措施规划包括21个主要的工业部门的发展方向，规定了国家旨在刺激固定资产投资、推动创新活动、完善国有发展机制、支持工业产品出口、培训高素质人才、发展生产设施、推动中小企业的发展、促进工业设计等方面的措施。从产业调整的角度看，其核心是继续发挥能源产业的优势，恢复国防工业综合体在科技研发创新及出口方面的强势，把农业、IT业等作为新的经济增长点，保证经济在中长期内的持续稳定增长。总体看，现阶段扶持优势产业的措施主要包括以下几方面。

1. 制定相关产业的中长期发展战略。普京执政期间，俄罗斯已制定并相继出台了在未来5—10年有关联邦、地区、部门、行业等多个层次的发展战略和构想，其中产业一级包括《俄罗斯2020年前能源发展战略》《2002—2010年"电子俄罗斯"联邦专项纲要》《俄罗斯2015年前冶金工业发展战略》《俄罗斯2015年前化学和石油化学工业发展战略》《俄罗斯2015年前航空工业发展战略》《2002—2010年及到2015年俄罗斯民用航空技术发展联邦专项纲要》《俄罗斯2015年前运输机器制造业发展战略》《俄罗斯船舶工业发展战略》《机床制造业发展战略》和《俄罗斯2008—2012年农业发展纲要》等。这些战略和构想对俄罗斯国家及相关经济部门在世界经济中的地位、与发达国家的差距、存在的问题作了客观的评估和定位，提出了国家发展的总目标和阶段性目标，为实现发展目标的国家宏观政策导向和具体手段。

2. 集中优化资源配置对重大装备工业进行战略性重组。2004 年以来，俄罗斯连续出台措施，对石油、天然气、电力、航空、核电、船舶、汽车、运输机器制造、机床等工业部门进行战略性重组，通过股权置换和国家收购等措施，组建国有大型集团公司，完善公司治理，并委派政府高官作为国家代表管理公司①。俄罗斯认为，仅靠某个部门的力量无法振兴上述产业，国家必须控制战略性核心产业，集中人力、物力和财力重振本国重大装备工业。建立在未来能够承担协调实现大型项目功能的部门和跨部门体系。政府将加大联邦预算拨款力度，提高资源配置效率和产业国际竞争力，实行研发、生产和销售一体化，推进产业升级，提高经济增长质量。

3. 制订关于发展俄罗斯联邦工业和工艺的措施计划。根据这个计划，俄罗斯经济发展和贸易部已开始对现行法律提出一系列修改，以完善折旧提成方面的政策。其中包括在 2006 年底确定具体种类固定资产的使用期限。将对税法进行一些修正，准许在税收核算时采用会计核算中所使用的折旧提成方法。同时计划为那些按照固定清单购置部分固定资产的企业的折旧提成增加到 20% —30%。用于科学研究和试验设计工作的开支的免税额度将提高到该单位收入的 1.5%。

4. 扩大政府投资比重引导投资流向。俄罗斯在投资领域存在的问题是积累率和投资率偏低，投资来源构成和流向不合理。普京执政以来，固定投资虽然逐年恢复，但其他问题并没有解决。1999—2005 年，积累率为 20% 左右，投资率平均为 16.1%。俄罗斯经济的投资来源由企业自有资金、银行贷款、预算投资、外资和其他类（内含市场融资）五部分构成，投资流向大部分集中在包括原材料和石油天然气在内的传统经济部门。为了实现结构调整的目标，必须扩大投资规模和提高投资增长幅度，同时优化投资来源结构和投资流向。

俄罗斯政府提出的目标是到 2008 年将投资率提高到占 GDP 的 21.7%，2015 年占 28.7%。在投资来源中，降低企业自有资金的投资比重，提高国家投资和吸入资金（银行贷款和外国投资）比重。为此，政府通过了相关法律，如为发展加工业、高技术和新产品生产部门，2005 年 7

---

① 参见俄罗斯工业能源部网站，http://www.minprom.gov.ru。

月通过了《俄罗斯联邦经济特区法》；2005年7月通过了旨在吸引私人资本参与发展基础设施项目（包括交通设施、电力和公共住房等）的《租让协议法》；2005年，创建了投资基金和发展银行。2006年1月1日，有关投资基金的法律文件开始生效。每年国家将从投资基金中拨款，用于支付对社会经济发展具有重要意义、投资额超过50亿卢布（合1.8亿美元）的大型项目。在实行积极的财政政策，扩大政府投资规模的同时，俄罗斯进一步强化税收政策的经济调节功能，2006年，计划通过一系列税收创新，相对增加采掘业的税负，拉平原料部门和非原料部门的资本产出率，促使投资向加工部门流动，降低传统经济部门在投资构成中的比重，提高信息和创新部门的投资比重。

5. 对部分具有竞争实力的加工业和高科技产品实行出口支持政策。为形成强大的出口潜力，俄罗斯实行了一系列刺激工业品出口的措施，如财政支持、税收优惠、海关关税刺激和国家对有效益的项目进行投资等。近年来，俄罗斯工业能源部、俄罗斯经贸部已多次提出国家扶持工业品出口的企业和产品清单，对机器制造、农机、航空、冶金、船舶制造、仪表、纺机、重型机床、电子设备等多个部门的产品出口提供减免税、贷款利息补贴等优惠措施。据工业能源部数据，2006年机器设备出口同比增长20%以上，相当于140亿美元，占出口总额的5.2%。2007年，俄罗斯联邦预算还拨款35亿美元扶持工业品出口，其中的50%将用于支持机器制造业和高技术产品和军工产品的生产和出口。

6. 扩大机器设备进口加快机器制造业固定资产更新。由于多年的衰退，俄罗斯机器制造业已没有能力完成自身的固定资产更新，机电产品和成套设备进口成为解决固定资产更新、结构改造和实现生产现代化的主要渠道。这方面的优惠措施主要是对俄罗斯国内没有或不能生产的机器设备进口实行免征关税政策，购买固定资产所含的进口税额，在固定资产入账后就立即给予抵扣。由于大量先进设备和技术的引进，俄罗斯能源工业和食品工业的现代化改造大大推进，农业、纺织业的设备更新速度也在加快。普京主政期间，整个工业部门的设备更新系数逐步提高，据俄罗斯国家统计委数据，工业部门的固定资产老化率已从1999年的51.9%下降到2004年的50.6%，固定资产更新率从1999年的1.1%提高到2004年的1.9%[1]（缺乏最新官方统计数据）。这一做法将有助于俄罗斯机器制造业

---

[1] 俄罗斯联邦国家统计委员会：《俄罗斯联邦统计年鉴2005年》，莫斯科，2006年，第391页。

的长远发展，有助于逐步实现进口替代。

7. 增加对研发的投入加快军民两用技术的转换和应用。俄罗斯政府认为，新形势下国防工业综合体在促进经济增长和提高民族经济竞争力方面应该发挥重要的作用。在国家政策相应扶持下，国防工业综合体可以成为国家创新发展的火车头。利用国防工业科研潜力服务于国家经济部门的优先方向包括：航空、造船、无线电电子综合体、能源动力综合体用设备、高科技医疗器械生产、农用、国内道路和住房建设及公共交通工业用机械设备生产等。为扶持和发展关键性技术，将依靠国家、企业和非国有投资者的共同拨款，研制和实现有利于不同经济领域的创新项目。俄罗斯政府用于研发的内部支出，到 2010 年将达到 GDP 的 2%，2015 年将提高到 GDP 的 2.5%；同期内预算外资金在用于研发的内部支出中的比重分别提高到 60% 和 70%。

8. 实施多元化的对外经贸战略加深与世界经济一体化。俄罗斯参与世界经济一体化进程必须要解决的问题有：在参与国际劳动分工合作中保证市场、部门和形式的多元化；积极吸引外国直接投资；利用地区合作和多边合作实现贸易、投资自由化。此外，在新时期，对外经贸不仅承担着出口创汇的任务，同时还要引导和促进产业结构优化。为解决上述问题，俄罗斯将实行综合型的外贸发展战略和政策。外贸政策与结构政策和投资政策相一致，初期实行以传统优势产品为主的出口战略和逐步开展进口替代；中期实行出口替代和深化进口替代的战略；未来将实行全面自由化的经贸战略。在保持能源等资源型产品出口稳定的同时，增加机器设备等工业制成品出口比重，实施适度的贸易保护，减少食品等消费品的进口。

（二）优势产业的发展趋势

1. 石油天然气产业调整发展

俄罗斯是传统的能源生产大国，提高能源动力综合体效率与提高工业生产效率和解决社会经济发展的关键性任务直接有关，能源动力综合体也成为产业结构升级的首选项目。俄罗斯力图以燃料动力工业为结构改造的龙头，通过提高该部门的设备制造水平，一方面降低生产成本，提高其产品的技术含量；另一方面带动作为工业骨干的整个机器制造业的根本革新和发展，从长期看，俄罗斯将不仅是能源输出大国，还将是能源生产设备和技术的输出大国，这使俄在未来信息时代仍能保住其在国际能源领域举足轻重的地位。

目前能源产业存在的主要问题有：石油天然气综合体原料基地发展不足，已探明石油储量增长不能满足现有开采水平；石油出口能力不足（首先是输油管道不足），公司运输成本增加；油气出口对欧洲市场的高度集中和特别依赖；市场基础设施缺乏，国内电力和石油天然气市场竞争不足，价格形成不透明；开发和勘探不足，不工作油井增加，开采、运输、加工和使用过程中浪费过大；与深加工油品相比，原油出口损失过大；符合欧美和日本质量要求的环保型清洁石油产品比重过低等。

为解决上述问题，石油发展战略提出两套发展方案。第一，依靠持续开发已探明油田和开采新油田（特别是托木斯克州和汉特—曼西斯克自治区内）来保证每年5亿吨的开采量。第二，依靠增加对地质勘探和油田开采的投资，其中包括对季曼—白朝拉流域和东西伯利亚、萨哈共和国资源的投资，将石油开采量提高到每年5.3亿吨。

为扩大石油出口量，将进一步发展管道运输系统。当前的优先项目是扩大波罗的海管道运输系统，修建东西伯利亚—太平洋石油管道（即泰舍特—纳霍德卡方向）和北方管道项目（西西伯利亚—巴伦支海方向）。

发展战略还提出要对石油加工厂进行现代化改造，提高石油产品质量，将石油产品深加工程度从2003年的70%提高到2015年的76%—80%，[①]进而扩大和提高成品油出口比重。

天然气综合体也将实施两套发展方案。第一，在不实施新的大规模投资项目的条件下，依靠独立生产商提高对现有气田开采强度，到2015年天然气开采量提高到6900亿立方米。第二，开发科维克塔天然气矿（2007—2008年开始采气），在西伯利亚和远东地区建立统一的天然气开采、运输和供应系统；签订施托克曼矿产品分成协议（2010年开始采气）；开发亚马尔半岛天然气矿（2015年后采气）。在实施上述一系列新的大型项目基础上，到2015年使天然气开采量提高到7400亿立方米。完成这些计划共需投资3000多亿美元，主要投资将来自石油天然气公司自有资金和投资者的资金。目前，俄罗斯的天然气出口主要集中在西欧和中欧，从长期发展看，亚太地区和南亚地区，特别是中国、韩国和日本将成为前景广阔的市场，美国将成为销售液化天然气的长期市场。

[①] 俄罗斯经济发展与贸易部：《俄罗斯联邦2005—2008年社会经济发展中期纲要》，http://www.economy.gov.ru。

2. 加工工业和高新技术产业调整发展

未来俄加工业和高新技术产业发展的首要任务是下大力气发展以制造业为基础、以信息技术为核心的高技术产业，实现机器制造业本身的现代化和技术创新。新的现代化的机器制造业将成为国民经济现代化、实现"进口替代"和"出口替代"的基础。

（1）发展以信息技术为核心的新经济。信息产业调整和发展的方向是大力发展微电子技术、计算机技术和现代通信技术。目前俄已成功研制出5万亿次/秒超级计算机和人工智能计算机，进入世界计算机领域的先进行列。未来将继续扩大个人电脑的生产和使用，同时继续研制更高性能的超级计算机和人工智能计算机，发挥其在经济、国防、社会、生态环境和生命科学等领域的战略作用。

现代通信技术的发展方向是使信息传输向光纤通信、卫星通信发展，信息交换向程控数字交换发展，信息网络向综合业务数字通信网络发展，实现通信技术的数字化、宽带化、高速化、智能化。到2011年本国电子工业能够自主生产设计标准为180纳米的超大规模集成电路，并开始研发符合130纳米标准的电子产品。到2010年，公共信息产业在国民生产总值中的份额将从现在的0.61%增加到2%。信息服务产业市场规模到2010年时将扩大5倍至6倍，信息产品年出口额应达到10亿—29亿美元。该计划的另一个主要目标是在整个俄罗斯境内建立统一的信息资源空间。[1]

信息化发展的主要任务是提高国家公共电信基础设施的发展速度，保证经济和居民对现代信息技术的需求，保证广大居民能够享用信息技术，使信息通信技术成为经济增长的推动力，促进扩大国内市场并将信息产品推向国际市场。

（2）发展以机器制造业为基础的高技术综合体。技术结构决定着产业结构组合模式。按照经合组织（OECD）的定义和分类，航空航天制造业、计算机及办公设备制造业、医药品制造业、专用科学仪器设备制造业和电气机械及设备制造业等技术密集型产业属于高技术产业。根据普京签署的俄罗斯联邦科学、技术与装备发展优先方向，俄罗斯的高技术综合体包括机器制造、航空航天、核能、化学和石化、电子通信、军事工业等。目前，俄罗斯已提出这些部门的振兴计划。

俄罗斯航空工业发展战略提出，加大对更新航空工业物质技术基础的

---

[1] 俄罗斯联邦：《2002—2010年电子俄罗斯》专项纲要，http://www.mon.gov.ru。

联邦预算拨款。从 2006 年开始，将向市场推出伊尔—96、图—214、图—204 – 100/120/300 系列机型。从 2008 年起，推出俄产新型支线飞机（RRJ）和新型家用直升机。到 2015 年，俄产民用飞机的销售量每年将增长 15%，军民两用飞机的销售量每年将增长 10%。预期俄罗斯将作为航空工业的中心之一重返世界市场，其中在民机市场上份额从 2005 年的 1% 增加到不低于 5%。

俄罗斯的空间载人航天技术、运载火箭技术都处于世界一流水平，运载火箭和航天器发射量占世界发射总量的 2/3。目前俄罗斯仍是世界上唯一能够全面掌握空间站制造、发射和回收技术的国家。航天工业发展的基本方向是：为扩大俄罗斯在世界航天市场的经营活动创造条件，扩大利用所吸引资金实施航天项目，为民用经济部门依靠高科技含量的航天技术有效发展创造条件。实施该战略的预期结果是：保证国内火箭—航天工业在世界航天市场上的竞争力，到 2010 年，火箭—航天工业产量将比 2004 年增加 0.9—1 倍。

俄罗斯曾是世界造船大国，在船舶开发、设计和制造领域取得了一系列成就。船舶工业是俄机器制造行业中的支柱产业之一，其主要发展方向和目标是，最大限度满足国内市场对各种类型船舶的需要，努力提高俄在国际船舶市场的份额。优先发展建造高科技船舶，大力开发建造海洋工程船舶和钻井平台，加快捕鱼船队的更新换代，积极发展内河船舶制造，在稳住军船和船上武器出口领域世界领先地位的同时，重新恢复民用船舶制造世界十强的地位。[①]

俄罗斯核工业自成体系，拥有核工业的全部核心技术，工业体系完整，配套生产能力强。所有核反应堆、核电站、核潜艇、核导弹、核动力破冰船，以及新近研发的浮动核电站全部为自主研发。核工业发展战略提出的目标是，加快核电发展速度，保证将核发电量比重从目前的 16% 提高到 20%—22%，将天然气发电量的比重从 43% 下降到 35%，以节省更多的天然气用于出口，实现俄罗斯新能源战略。加深俄罗斯核工业与世界经济的一体化，提高俄罗斯核电站项目的竞争力，提高俄在国际核能市场的占比，成为世界主要核电出口大国。积极筹划在俄建立国际铀浓缩中心，为其他国家生产加工浓缩铀。保持俄罗斯核能技术的先进性，通过部门改

---

① 俄罗斯工业能源部：《关于俄罗斯工业政策的基本方向及其在造船业中的实施》，2007 年 2 月，http://www.minprom.gov.ru。

革保证最大限度地实现俄罗斯核能工业和核能机器制造业在世界市场的集中优势。

俄罗斯的材料科学与工程在20世纪80年代中期曾处于世界领先地位。新材料今后的发展方向是高性能结构材料、高分子材料、智能材料、光学材料、超导材料等。俄还将大力发展纳米工业，其发展的优先方向是：纳米工程和纳米电子技术、实用纳米材料、纳米生物技术、纳米结构材料—碳纤维和材料、专业采用纳米技术、用于纳米工业的计量设备。俄罗斯拥有足够的科技潜力和干部潜力用于开展专门发展纳米技术和纳米材料的工作。①

3. 大力发展交通运输业

由于俄罗斯处于欧洲、亚太、南亚和北美地理经济空间的交接地带，因此它具有天然的优势地理位置，这为其提供了发展过境交通运输的绝好机遇，目前俄罗斯的过境运输潜力并没有得到充分利用，根据俄罗斯交通部的测算，俄罗斯还有一半的交通运输潜力没有开发，集装箱的运输量目前只有可利用潜力的10%。为此，俄罗斯将继续加大对运输业的固定资本投资，实施运输网基础设施项目，包括对公路、铁路、海港、河运基础设施的建设和现代化改造；发展莫斯科、圣彼得堡、新西伯利亚、亚库特、哈巴罗夫斯克、叶卡捷琳堡、克拉斯诺达尔及16个地区性的空港枢纽系统。超前发展公共运输，发展高速和快速铁路客运；通过国家扶持实现运输设备的现代化，通过租赁方式加快更新国有和市政所有的运输工具；配套发展集装箱运输，提高货运速度，降低仓储水平；制定运输领域内公私合作的法律基础。到2020年，俄罗斯的交通运输服务出口每年将达到140亿—200亿美元，通过俄罗斯的过境运输量每年将达到0.9亿—1亿吨，通过俄罗斯国际航空港过境的旅客人数每年将达到400万—600万人。②

第四节 产业结构调整与经济增长

一 实施综合发展战略对经济增长的预期贡献率

根据俄罗斯政府的设想，通过实施制度改革和上述综合发展战略，将使经济跃上全新的发展水平：2007年，俄罗斯GDP总量将超过1991年危

---

① 《政府例会讨论纳米技术发展》，俄罗斯政府网站，2006年9月6日。
② 俄罗斯经济发展与贸易部：《俄罗斯联邦2005—2008年社会经济发展中期纲要》，http://www.economy.gov.ru。

机前的水平（该目标已于 2006 年提前实现），但从经济增长的质量参数，如加工业产值、投资总额、科学部门规模等指标看，要到 2010 年才能恢复到 1991 年的水平。到 2015 年，按购买力平价计算的俄罗斯 GDP 在世界 GDP 总量中的比重将从 2004 年的 2.6% 提高到 3.4%、人均 GDP 将从 2004 年的 10200 美元（世界排名第 61 位）提高到 2015 年的 16800—20100 美元，相当于葡萄牙、捷克和希腊 2004 年的水平。[①]

总体看，在未来 5—10 年，俄罗斯将通过实施各主要经济部门的发展战略进行经济结构调整。实施该战略对 GDP 增长的总贡献率为年均追加 2 个百分点（所谓追加增长系指 GDP 在基础增长率之上的加快增长），保证 2006—2015 年 GDP 的年均增长率不低于 6.6%，2011—2015 年 GDP 的年均增长率达到 7% 以上。

通过上述战略的实施，将产生两方面的积极效果：一方面形成新的经济增长点，推动社会经济更快增长；另一方面优化经济结构，提高经济增长的质量。除能源外，新经济、国防工业、农业和服务业都将成为俄经济新的增长点。

在实施综合发展战略过程中，各个经济部门有不同的定位和作用。实施发展传统优势部门的战略，其目的是提高对现代经济增长和生活保障起基础作用的那些部门的竞争力。其对 GDP 增长的贡献率，为年均追加 1.1—1.2 个百分点。其中石油天然气综合体发展战略将使 GDP 追加增长 0.6—0.7 个百分点，运输业发展战略将使 GDP 追加增长 0.3 个百分点，农工综合体发展战略将使 GDP 追加增长 0.2 个百分点。

实施发展新经济的战略，其目的是促使经济增长从资源型发展向创新型发展转变，形成经济增长新的发动机。实施该战略将使 GDP 追加增长 0.8—1.1 个百分点。其中发展科技和创新战略、发展信息和公共通信战略、发展军工和航空工业战略将使 GDP 分别追加增长 0.3—0.4、0.3—0.4、0.25—0.3 个百分点。

实施发展人力资本的战略，其目的是更加突出人力资本在经济增长中的决定性作用，最终提高所有生产要素的生产率，该战略的实施将使 GDP 追加增长 0.15 个百分点。

通过上述各项战略的实施，俄罗斯的产业结构将会进一步优化，三次

---

① 俄罗斯联邦经济发展与贸易部：《俄罗斯 2005—2008 年社会经济发展中期纲要》，2005 年 10 月，http://www.economy.gov.ru。

产业关系将进一步改善，第三产业发展仍将快于其他产业，其产值在 GDP 中的比重不断提高，资源由第一、第二产业向第三产业转移的趋势与发达国家经济发展历程相似，并且比例关系上更接近发展型经济和后工业化社会的要求。工业内部的结构亦将得到优化，发展最快的将是最终产品生产部门，其在工业总产值中的比重将从 2005 年的 35.5% 上升到 2015 年的 45%—46%。原材料部门的比重将下降，制成品部门比重相应上升。原材料部门的比重将从 31.6% 下降至 29%—30%，燃料动力部门的比重将从 32.9% 下降至 24%—26%。从整个国民经济角度考察，经济结构将向有利于新经济部门的方向变动，信息产业和高技术部门的增长速度将超过传统经济部门的增长速度，高技术和人力资本将成为俄罗斯经济增长的决定性因素。然而由于前述各项战略提出的措施多数到 2010 年之后才会显现出其效果，可以认为，只有到 2010 年之后俄经济才能进入由新经济部门起主导作用的快速发展时期。

二　俄罗斯产业结构调整与经济增长方式转变实证分析

1. 结构调整与经济增长的相互关系

根据经济增长理论，可以从量和质两方面来考察经济增长：从量的方面来说，经济增长可以扼要地概括为 GDP 水平的逐年增长，从质的方面来说，经济增长则主要是指产业结构的演变，即产业结构高度的提升。随着经济增长和需求结构的变化，生产部门和服务部门的产出构成将随之发生转变，从而资源（包括自然资源和人力资源）在不同产业部门的配置构成也发生变化，即产业结构变化。发达国家的实践表明，经济增长总是伴随着产业结构的优化，而产业结构在一定意义上又决定了经济的增长方式。

所谓经济增长方式，是指推动经济增长的各种生产要素投入及其组合的方式，其实质是依赖什么要素，借助什么手段，通过什么途径，怎样实现经济增长。经济增长是靠资本、资源、劳动力和技术等生产要素的投入推动的。根据各种要素组合的不同，经济增长会呈现不同的方式。如果经济增长主要依靠资本、资源和劳动要素投入数量的增加来推动，增长就是粗放式的；如果经济增长主要依靠技术的进步和生产效率的提高来推动，增长就是集约式的。

苏联长期实行的是高投入、低产出，经济增长以数量扩张、规模扩大为基本特征的粗放经济增长方式。20 世纪 60 年代后期，苏联实行其在 1959 年党代表大会通过 15 年赶超美国的计划后，发现虽然经济增长速度远高于美国，但增长质量很差，经济差距并没有缩小。于是得出一个结论，即增长方式有问题，提出了要转变经济增长方式。从60年代开始，苏联每个五年计划都包含转变增长方式内容，但是，直至苏联解体也未转过来。

2. 转轨以来俄罗斯全要素生产率变化及经济增长方式判断

1991年底苏联解体至今，俄罗斯经济发展大体可分为三个大的阶段：1991—1998年为转轨下降阶段、1999—2002年为恢复性增长阶段、2003—2006年能源出口型增长阶段。在第一阶段，俄罗斯出现了长达7年的经济负增长。而自1999年出现恢复性增长至今，俄罗斯经济已经连续8年保持了较快增长，年均经济增幅达到6%—7%，大大高于世界经济的平均增长速度，90年代生产和消费的下降已经得到克服。2006年，其GDP总量已超过1991年苏联解体前的水平，按购买力平价计算的GDP达1.6万亿美元，工业恢复到1991年水平的85%，农业恢复到79%[1]。按照国际标准，俄罗斯已经进入发展最快、经济规模最大的10个世界经济大国行列。俄罗斯官方认为，其建立市场经济体制和实现经济恢复稳定的阶段已经结束，经济开始步入发展增长期。

俄罗斯经济的快速恢复和增长引起国内外的普遍关注，其中主要的关注点有：哪些主要因素拉动了俄罗斯经济的增长？俄罗斯产业结构变化是否对经济增长做出了积极贡献？

2000年，西方学者De Broeck和Koen对1971—1997年间拉动俄罗斯经济增长的因素进行了一项计量经济学分析。按照他们的分析结果，1971—1990年俄罗斯资本的增长速度平均为70%，同一时期劳动的增加速度为26%。开始经济转型后，在1991—1997年期间，实际产出下降的主要原因80%要归结于全要素生产率（TFP）的下降，只有20%归结于有效因素的下降。俄罗斯过渡经济研究所对转轨以来拉动国内经济增长因素进行的一项宏观动态研究[2]的数据也可以支撑这一论点，该所对1990—2001年俄罗斯总体经济、工业、农业、建筑业、运输业、商业和公共饮食业中资本、劳动变化与GDP变化关系进行测算，得出的结论是：转轨时期俄罗斯生产下降态势在不小程度上显示了传统生产要素变化的态势，产出的变化在相当程度上可以以全要素生产率的变化来解释。换言之，俄罗

---

[1] 俄罗斯经济发展与贸易部：《2008—2020年社会经济长期发展战略》，http：//www. e-conomy. gov. ru。

[2] 俄罗斯过渡经济研究所：《俄罗斯经济增长的因素》，学术专著№70，莫斯科，2003年。

斯转轨型产出下降伴随着转轨型的全要素生产率下降,正是由于转轨型全要素生产率的下降决定了转轨型产出的下降。

该项研究表明,在1992—2001年10年中,俄罗斯工业附加值的74%是通过劳动和资本要素获得的(其中48%通过降低资本的消耗量、26%通过减少实际劳动时间)。尤其是1998年以前,工业生产中劳动要素投入的减少主要是通过释放劳动力获得的,从1999年到2001年,通过增加实际工作时间来增加劳动要素的投入。而劳动生产率的提高主要是因为工业企业的开工率水平得到明显提高,大量未得到使用的生产资源和劳动力得到利用后在很大程度上使生产产量得到提高。2003—2006年,劳动和资本等生产要素对GDP增长的贡献度分别占32.1%、41.6%、29.9%和57.9%。在2006年的经济增长中,有58.6%的因素是由于资本贡献的。尽管2005年和2006年固定资产投资相应增加了10.7%和13.5%,但是固定资产的整体状况改变不大,因为绝大部分投资都用于更新现有的生产能力上。与此同时,劳动力的投入也对经济增长起到了拉动作用。2006年由于对劳动力需求的增加,因此就业率提高了0.9%。而从全要素生产率的贡献率考察,1992—1994年开始转型的四年中,俄罗斯工业生产中的全要素生产率下降了一半,1996—2001年全要素生产率开始上升,但是上升的幅度较小,只有约30%。2001年以后,俄罗斯的全要素生产率开始逐步恢复,但增长并不稳定。2003—2006年,俄罗斯的全要素生产率平均每年下降0.71个百分点。相应地,全要素生产率对GDP增长的贡献率从2003年的67.9%下降到了2004年的58.4%,2006年再进一步下降到了42.1%,2005年是个例外,这一年全要素生产率对产出增长的贡献达到了70.1%。按照转型经济研究所的测算,近年来在对经济增长的贡献因素分析中,技术进步的贡献2003年为50%,2004年为13%,2005年为0,2006年约为18%。①

以上研究结果表明,1999—2002年俄罗斯经济增长的方式仍然是依靠劳动力和资本投入的粗放型增长。通过生产要素的再分配来提高经济效益只是在2002年下半年之后。

3. 从投资结构变化看未来产业结构演进趋势

如果说政府有关经济发展长期规划更多的是基于现有形势对远景的一种预期的话,近年来投资结构的动态变化则能更好地反映未来产业结构的

---

① 俄罗斯过渡经济研究所:《2006年的俄罗斯经济:趋势和前景》(№28),第312页。

演变趋势。从总体把握，投资结构的主要特点是向信息和高科技部门倾斜式发展。

从全社会固定资产投资的产业构成看，近年来矿产开采投资增速逐步下降，而更高科技含量的基础设施行业和服务业投资较大幅度提升。1992年交通和通信业的占比不足9%，到2000年提高至21.2%，之后一直稳定在20%以上；科学与科技服务部门的相应占比则从0.4%提高到0.8%。此外，管理部门的投资也在加速增长，从2000年的1.4%提高到2004年的2.2%。在投资的带动下，运输、市政服务和通信业快速发展，1995—2003年间这三个产业的市场规模分别增长了8倍、13倍和26倍，远远高于其他部门的增长速度。此外，俄罗斯的IT业与世界IT业发展保持了同样的趋势。近5年来，俄罗斯IT产业也以惊人的速度发展，并逐渐成为俄罗斯经济的一个重要组成部分。目前IT产业产值在俄罗斯GDP中所占的比重已经突破5%，在经济增长中将起到不可替代的作用。

从固定资本投资的技术构成看，2006年用于建设、安装工作的投资从1992年的58.0%、1995年的63.9%下降至46.8%；用于设备、工具和器材的投资从1992年的20.5%提高至35.1%；其他用途的投资从1992年的21.5%下降至18.1%。[①]

外资产业流向也显示了向服务业和加工业倾斜的特点。20世纪90年代以来，外国对俄投资一般集中在第二、第三产业，行业选择排序具体为采掘业、面向出口和满足最终消费需求的部门，如零售贸易、公共饮食业、汽车组装、家电生产、建材工业、家用化工、家具制造业等。近年来，随着国际市场行情的变化及俄政府宏观经济政策导向的作用，外资行业分布首选已从采掘业逐步转向加工制造业和服务业。2006年上半年，外资进入最多的行业排序为：加工工业32.0%，采掘业21.9%，批发零售业、汽车等交通工具维修等21.1%。2007年上半年仍然保持了上述特点，外资进入最多的行业为零售和批发贸易、加工生产、矿产开发、交通和通信等行业，分别为259.73亿美元、134.92亿美元、126.50亿美元和35.50亿美元，占上半年外资进入总量603.43亿美元的43%、22.35%、20.9%和5.9%。[②]

从以上投资动态变化看，若保持这一趋势，俄罗斯提高经济增长质

[①] 俄罗斯国家统计署：《俄罗斯2007年数字》，莫斯科，2007年。
[②] 俄罗斯国家统计署：《2007年上半年俄罗斯外资》，http://www.gks.ru。

量,实现产业升级换代是可以期待的。

4. 原材料产业超常发展模式对俄罗斯经济长期发展的影响

俄罗斯是世界能源大国,石油、天然气、煤和铀分别占世界总储量的10%、33%、20%和14%。在主要能源生产方面,俄罗斯天然气产量位居世界第一,石油产量位居世界第二,电力和煤分别位居第四和第六。天然气、石油(含凝析油)、电力和煤炭产量分别占世界市场的23%、10%、6%和6%。① 从总体看,俄罗斯约1/4的国内生产总值、1/3的工业产值、1/3的联合预算收入、约1/2的联邦预算收入、1/2的出口收入和1/2的外汇收入是由能源部门保证的,上述数据表明能源部门对俄罗斯经济的现状和发展前景无疑有着全局性的影响。普京执政以来,俄罗斯在世界石油价格不断上升中获得许多实际利益,不仅扭转了连续十年的经济衰退局面,而且在国际能源市场异军突起,成为挑战欧佩克的有利对手,对国际能源市场的影响迅速扩大。油价上涨在给俄罗斯带来诸多实际利益的同时,从另一方面也提出了一些问题,在更深层次上影响着俄罗斯经济发展,后果之一是强化了原本不合理的产业结构,生产、投资、出口结构的原材料特征始终未能发生根本改变。

这里值得关注和研究的问题是,为什么在国际劳动分工中,俄罗斯甘于长期扮演资源产品提供者的角色?在经济原材料化特征固化的表象下,俄罗斯产业结构的高级化和合理化实际进展如何?以原材料为依赖的发展模式对俄罗斯经济的长期增长会产生哪些影响?

(1) 根据发展经济学的研究,后发国家要想参与国际经济合作,必须充分挖掘和利用本国的要素禀赋优势,这是经济全球化背景下国际分工的自然结果。拥有丰富的自然资源特别是油气资源是俄罗斯经济的第一个比较优势,油气资源的不可替代性决定了俄罗斯是世界能源市场上的一个长期的重要参与者。立足于丰富的自然资源和比较优势战略,通过原材料的大规模出口带动其他部门扩张,是俄罗斯根据现阶段自身发展条件和符合国际分工规律的现实选择。原材料产业的快速增长也是俄罗斯提升和巩固国家竞争力的重要途径,实际上无论是普京总统还是俄罗斯政府都积极主张首先发展俄罗斯的能源工业,以能源带动整个经济的发展。

在现阶段,能源不仅仅是经济增长的源泉,还是一种外交资源。2005

---

① [俄]伊·优素福:《俄罗斯与世界能源》,[俄]《21世纪俄罗斯经济》第13期,http://www.ruseconomy.ru/nomer13-200310/ec02.html。

年年底，俄罗斯安全委员会召开专门会议，提出了俄罗斯在经济领域的"国家思想"，即在中期内俄罗斯将努力成为世界"能源超级大国"。俄罗斯国家能源战略也明确指出，"能源问题的全球化和日益政治化，以及俄罗斯燃料动力综合体在世界能源市场的影响力，这些因素把能源问题提到了俄罗斯外交所要考虑的基本问题层面"。"在20年内充分实现出口潜力，既保障国家经济安全，又使俄罗斯成为欧洲和国际社会的稳定合作伙伴，俄罗斯将作为能源供应大国参与国际能源安全保障。"从近年来情况看，不同的能源种类在俄罗斯对内对外政策中的作用各有分工，其中石油主要充当国内实行社会政策的工具，石油出口所换得的美元现在开始大量用于实施国内四大重点工程，提高人力资本，改善人民生活；而天然气则主要作为对外政策的工具，用于向欧盟和独联体地区施加经济方面的外交压力。

（2）与转轨期间的"消极适应"不同，现阶段俄罗斯产业结构原材料化不是加工业生产下降的结果，而主要是由于能源和原材料价格大幅上涨扩大了原材料产业产值在总产值中占比，以及汇率影响降低了机器制造业产品在出口构成中的占比。剔除价格因素和汇率因素的影响，可以看到，伴随着经济增长，俄罗斯的产业结构还是出现了值得肯定的变化。

从工业产值增长考察，资本品部门在最近7年中基本上都是领先增长工业部门。在原材料部门超常发展的背景下，资本品部门甚至出现了超越原材料工业领先发展的势头。1999—2004年，工业生产整体年均增长8%，其中资本品生产增长速度最快，平均增长率达到了12%。2003年以来，资本品部门加速扩张，机器制造业始终在工业生产中保持领先地位，增长率超过10%，成为对工业增长贡献最大的部门。

从生产者价格指数考察，俄罗斯1999—2005年矿产开采业的价格年均上涨43%，而加工业只上升22%。即使原材料工业与制成品工业实际产量增速相等，若以价值指标衡量，前者发展速度仍要大大快于后者。

原材料的大量出口在为俄罗斯带来巨额外汇收入的同时，也推动了卢布汇率持续走高。截至2005年，卢布有效汇率即使在1999年的水平上也已经增长了57%。由于汇率影响和俄罗斯商品贸易结构制约，俄罗斯在进出口方面表现出的突出特点是能源和资源类产品"量减价增"、机电类产品"量增价减"。从出口看，2006年，能源类产品的价值量增长了29.1%，其实物量仅增长2.6%。机器设备出口在实物量增长32.7%的情况下，其平均合同价格仅增长10.3%。从进口看，在机电产品价值量增长

40.5%的情况下，其实物量却增长58.4%。从汇率影响看，卢布持续升值有助于俄机电产品的大量进口，近年来，机器设备和交通工具类产品成为俄进口的主要商品，2006年其在进口构成中的比重已上升到51.3%，机电产品和成套设备的大量进口成为解决固定资产更新、结构改造和实现生产现代化的重要渠道。更值得关注的是，尽管卢布汇率持续走高，但俄加工制造业的出口并没有因此而下降。统计表明，1999年以来，俄罗斯对非独联体国家的制造业产品出口一直保持增长态势，只是由于价格和汇率影响，其在出口构成中占比变化并不明显。俄央行认为，卢布汇率升值提高了俄罗斯工业的竞争力，未来并不打算修改汇率政策。

（3）俄罗斯实践表明，丰富的自然资源禀赋优势以及原材料工业的超常发展不一定会妨碍其他部门发展，相反却可能成为带动整体经济增长的助推剂。由此判断，实现经济的多元化和产业结构优化是俄罗斯一个重要的长期发展目标，但是即使经济多元化的措施实施得比较成功，在相当长的时间内，俄罗斯经济仍然在很大程度上会是以能源为依赖的一种经济。问题的关键是：该国的自然、经济与制度条件能否将原材料部门的先发优势外溢到其他行业部门。

从更长时期看，立足于原材料部门超常发展的经济增长模式较难为继，所以由资源型经济转变向创新发展型经济过渡是俄罗斯政府的必然选择。俄罗斯以怎样的速度累积产业结构升级的条件，将决定未来更长时期内的增长前景。俄罗斯毕竟不是单纯的资源生产国，除能源和其他资源外，俄罗斯具有完备的工业体系，在科技潜力、人力资本方面具有相当的竞争优势。未来俄罗斯将广泛实施能够实现其比较优势的项目，积极融入世界经济，通过引进外资和进行技术转让实现加工工业的现代化，保证提高加工工业在国内市场上的竞争力，充分利用广阔的国内市场优势，加快发展优势产业，实现产业结构的高级化和合理化，使资源密集型产业和技术密集型产业同时获得较快发展，为经济发展模式向后工业化转换奠定基础。

第五节 俄罗斯产业结构演进的启示

一 立足基本国情逐步实现产业结构升级

观察世界各国经济的发展过程，可以发现，产业结构调整问题是世界各国经济发展过程中都要解决的阶段性任务，但各国解决的方式和结果都不一样。在经济结构和产业结构调整问题上,每个国家都要从自己的基本国情出发来提出产业结构调整的目标和实施战略。提升产业结构,转变增长方式,其核心是提高经济发展效率,而这并不意味着后发国家的经济结构就应立刻向发达国家看齐。除了考虑基本国情外,经济结构调整还要遵循和符合经济发展规律。从现阶段俄罗斯产业结构调整的整体思路看,并没有因为要提升产业结构就放弃或偏废传统产业的优势,相反是通过产业重组,在创建新兴产业的同时进一步发挥传统产业的优势,以此为产业结构升级积蓄条件。在现阶段,俄罗斯大力发展资源产业,能源和原材料产业超常发展,中国大力发展劳动密集型产业,都是经济规律使然。资源密集型产业和劳动密集型产业在中俄两国目前都仍属于朝阳产业,在全球化经济条件下,中俄传统产业的优势还可以继续保持相当长一段时间。在实践中,如何正确处理发展高新技术产业与传统产业、资金技术密集型产业与劳动密集型产业、虚拟经济与实体经济的关系是需要认真思考的问题。

二 政府应在产业结构调整中发挥积极作用

在现代经济发展理论中,有关后进国家赶超发展的观点认为,结构调整和经济增长方式转变单靠市场机制是远远不够的,特别是一些中小企业受利益驱动,不可能考虑资源和环境等社会问题,政府在推进产业结构的高级化中起着重要作用,经济结构的变迁和经济增长过程中需要实行一定的产业政策。政府应运用产业政策等手段完善调节,弥补市场失灵,有效配置公共资源,注重要素支撑条件和环境承载能力的保障。转轨期间俄罗斯产业结构调整的实践对该理论有着很强的支撑能力。此外,在政府产业政策中,财政支出是重要组成部分,它体现着国家产业结构调整的导向,对产业发展起着促进或抑制的作用。俄罗斯根据其转轨期间产业结构调整的教训得出结论,认为决不能忽视政府直接投资支出在产业结构调整中的重要作用,因为政府直接投资作为产业发展的导航标,能够有效地引导各种社会资金的流向,对产业的发展具有决定性的影响。但从长远发展看,还要根据市场经济的特点,按照建立公共财政的要求,调整政府投资的方向,让政府投资尽量退出竞争性的生产领域,进一步加强基础设施和基础产业的投入,扶植代表现代产业方向的新兴产业,从而促进各产业的协调与优化升级。

三 选择战略产业作为规划产业结构的基准

推动产业结构升级，最关键的是要研究和把握产业结构中长期的演变趋势与方向，明确带头的先导性产业部门即所谓战略产业，由战略产业的发展来带动国民经济各部门的发展。从一定意义上可以说，规划产业结构的基准，就是选择战略产业的基准。在这方面，俄罗斯有自己的长期传统。苏联时期，就通过制定不同的发展战略建立了自己的产业结构体系。同时俄罗斯注重对重要战略性产业的保护，如机器制造、航空航天、核能、化学和石化、电子通信、军事工业等，以及具有重大应用前景的关键高技术，如生物技术、新材料等，即使在经济危机时期，政府也出台了相应的战略规划，给予保护和发展，使战略产业独力发展，避免受控于人。

四 产业结构高级化和合理化是循序渐进和相辅相成的过程

产业结构优化包括结构高级化和结构合理化两个方面。产业结构高级化从量上体现了三次产业的产值和就业比例的依次更替，产业结构合理化则反映了产业结构的本质特征，即产业结构内部质的变化过程。从俄罗斯情况看，由于第三产业是在第一、第二产业下降衰退的情况下迅速发展起来的，对提高产业的竞争力尚未起到应有的作用。俄罗斯的经验表明，对大国经济而言，第三产业的发展必须以第一和第二产业的发展为前提，如果没有第一、第二产业的发展，单方面发展第三产业，只会达到短期的经济增长，而后步入长期的经济衰退之中。

五 充分发挥市场机制在资源配置过程中的基础性作用

市场上的资源配置可以由人为配置和市场配置两种手段来实现。市场机制能通过供求、价格、竞争之间的相互作用与影响，推动资源的合理流动与分配，提高资源的使用效率，从而促进社会经济的发展。而人为配置可以在市场配置失控时，进行宏观调控。可以说，人为配置和市场配置这两种方式各有利弊，有效的和最优的资源配置应在宏观主动调节的引导下由市场来实现。政府在市场经济中究竟应该扮演什么样的角色在俄罗斯一直是个有争议的问题，强调政府在产业结构调整中的积极作用并不否认市场的作用。一些学者提出，以政府选择产业并给予优惠政策为特征的产业政策有悖于公平竞争的市场原则，从长远看弊大于利，其实政府很难制定行业、企业、项目应该支持的产业政策。苏联产业结构的演进也表明，完全靠计划经济体制和政府引导并不能真正实现提升产业结构的目标，相反还会固化原有的结构弊端。实际上产业结构的调整和升级不仅仅是一国现代化发展的进程，还包括一个市场化发展的进程。产业结构调整的实现，除了政府产业政策的引导外，更主要的是依靠市场经济体制和机制，依靠有效的产权改革和公司治理，依靠企业内在动力去认真识别不同市场前景和盈利前景，激发和提高自主创新的能力。为此，俄罗斯提出，在新阶段，将进一步完善市场经济体制，通过国有企业改革、金融体制改革、教育制度改革、社会福利制度改革、医疗体制改革等，创造有利于向发展型经济转型的经济制度环境，形成可控的市场经济，寻找政府调节和市场调节的"黄金结合点"，使市场机制在资源配置过程中能够真正起到基础性作用。

本章小结

本章简要概述了现代产业理论的基本内容，并以此作为理论框架对俄罗斯的产业结构调整以及产业结构调整与经济增长的关系进行分析。苏联解体留给俄罗斯的是一个畸形发展的产业结构。在经济转轨初期，俄罗斯曾力图同时完成体制转型、反危机和调整不合理的产业结构的任务，但由于条件的限制，这种调整更多的是在企业如何求生存的前提下的一种自发选择，工业内部结构重型低效的特征并没有实质性的改变，相反进一步原材料化，产业结构合理化出现了倒退。

普京时期，俄罗斯产业结构调整最主要的特点是从"适应性调整"向"战略性调整"转变。调整涉及的是带有全面性、长期性、根本性的问题，目的是使产业结构适应经济发展新形势的新要求。目前俄罗斯的产业结构尚无明显的改变，在全球化经济条件下，俄罗斯传统产业的优势还可以继续保持相当长一段时间，同时将会通过战略产业的发展来带动国民经济各部门的发展。俄罗斯的情况表明，政府在推进产业结构的高级化中起着重要作用，经济结构的变迁和经济增长过程中需要实行一定的产业政策。但强调政府在产业结构调整中的积极作用并不否认市场的作用，要寻找政府调节和市场调节的"黄金结合点"，使市场机制在资源配置过程中能够真正起到基础性作用。

思 考 题

一 名词解释
1. 产业结构
2. 高技术产业
3. 经济增长方式
4. 战略产业
5. 产业结构优化

二 简答题
1. 简答产业结构的含义。
2. 简答产业结构演进顺序上的规律。
3. 简答俄罗斯产业结构的基本特点和问题。
4. 简答外资对俄罗斯产业结构调整的作用。

三 思考题
1. 现代产业理论的基本内容是什么？
2. 普京时期俄罗斯产业结构调整的内容及调整趋势是什么？
3. 俄罗斯产业结构调整与经济增长的关系是什么？

阅读参考文献

1. ［美］库兹涅茨：《各国经济的增长》，商务印书馆1985年版。
2. ［美］钱纳里等：《工业化和经济增长的比较研究》，吴奇等译，上海三联书店1989年版。
3. ［英］刘易斯：《经济增长理论》，梁小民译，上海三联书店、上海人民出版社1994年版。
4. ［美］刘易斯·卡布罗：《产业组织导论》，胡汉辉等译，人民邮电出版社2002年版。
5. 俄罗斯经济发展与贸易部：《2008—2020年社会经济长期发展战略》，http：//www.economy.gov.ru。
6. 俄罗斯过渡经济研究所：《俄罗斯经济增长的因素》，学术专著№70，莫斯科，2003年。
7. 俄罗斯联邦经济发展与贸易部：《俄罗斯2005—2008年社会经济发展中期纲要》，2005年10月，http：//www.economy.gov.ru。

8. 林峰：《可持续发展与产业结构调整》，社会科学文献出版社 2006 年版。

9. 杨德勇、张宏艳：《产业结构研究导论》，知识产权出版社 2008 年版。

10. 傅军、张颖：《反垄断与竞争政策：经济理论、国际经验及对中国的启示》，北京大学出版社 2004 年版。

11. ［俄］Бессонов В. А：Трансформационный спад и структурные изменения в российском промышленном производстве, ИЭПП, Научные труды №30Р, Москва, 2001 г.

12. ［俄］Концепции долгосрочного социально-экономического развития Российской Федерации. http：//www. economy. gov. ru.

13. ［俄］Основные параметры прогнозасоциально-экономического развития Российской Федерациина период до 2020—2030 годов.

中亚、外高加索国家篇

第九章　中亚国家经济发展与现状

内容提要

苏联解体意味着原有的全苏统一的生产分工体系瓦解，由加盟共和国独立而来的中亚国家不得不凭借自身力量，实行市场经济，克服计划经济弊端，努力调整经济结构。在独立初期，这些原来主要依靠苏联中央财政支撑的中亚国家均经历了沉痛的经济衰退，而且经济危机与政治危机伴行，直至1995年以后才相继走向稳定和发展。进入21世纪后，中亚国家加快区域一体化进程，希望通过多种国际合作机制，扩大对外交往，突破"内陆国"限制，借助国际市场加快国家发展。

第一节　独立前中亚国家经济概况

1990年6月12日俄罗斯议会通过《俄罗斯联邦国家主权宣言》后，中亚各加盟共和国也先后通过了自己的"主权宣言"，为确立现实的自主和独立进程奠定了基础[①]。12月21日，哈萨克斯坦总统努·纳扎尔巴耶夫邀请苏联各加盟共和国领导人聚会阿拉木图，发表了《阿拉木图宣言》，宣布"苏联作为国际法主体不复存在"。[②] 1991年12月25日，苏联国旗从克里姆林宫黯然降下，苏联解体，中亚五国正式独立，在国际舞台上开

---

① 吉尔吉斯斯坦于1991年8月31日宣布独立。此前，该国于1990年12月25日已将国名由"吉尔吉斯苏维埃社会主义加盟共和国"改为"吉尔吉斯斯坦共和国"，简称"吉尔吉斯斯坦"。1991年8月31日，乌兹别克斯坦将国名由"乌兹别克苏维埃社会主义加盟共和国"改为"乌兹别克斯坦共和国"，简称"乌兹别克斯坦"，9月1日宣布独立。同年8月31日，塔吉克斯坦将国名由"塔吉克苏维埃社会主义加盟共和国"改为"塔吉克斯坦共和国"，简称"塔吉克斯坦"，9月9日宣布独立。10月27日土库曼斯坦宣布独立，将国名由"土库曼苏维埃社会主义加盟共和国"改为"土库曼斯坦共和国"，简称"土库曼斯坦"。哈萨克斯坦于12月10日将国名由"哈萨克苏维埃社会主义加盟共和国"改为"哈萨克斯坦共和国"，简称"哈萨克斯坦"，于12月16日宣布独立，此时距离12月25日苏联解体只有9天。

② 除波罗的海三国和格鲁吉亚外，共有11个共和国领导人出席。

始出现它们的身影。

在苏联近70年的经济发展中，作为其加盟共和国的中亚五个共和国经济也获得了很大发展，工业和农业都有一定的基础。按照当时苏联的专业化"劳动分工"，中亚各共和国也都形成了自己的优势产业。根据世界银行推算，到1990年，中亚五个共和国的人均国内生产总值分别为：哈萨克1850美元，土库曼1204美元，乌兹别克1148美元，吉尔吉斯1119美元，塔吉克984美元[1]，与发展中国家土耳其（1200美元）和伊朗（1262美元）相差不多。直到苏联解体时，尽管中亚五个共和国仍属"工业—农业"国，但在苏联国内属于经济落后地区，总的来看，经济基础仍很薄弱。独立前，中亚五个加盟共和国经济的共同特点主要有以下两个。

一　优势产业已形成一定规模但产业结构单一

苏联时期，中亚各共和国受"劳动分工"的束缚，其经济严格按照联盟中央规定的方向发展，经济布局也由联盟中央决定，共和国没有经济发展的自主权。按照全苏的"劳动分工"，中亚各共和国都有重点发展的产业，这些产业逐渐成为中亚各共和国的优势产业，但结构单一，缺乏独立性，对外依赖性很强。苏联解体时，中亚各共和国的重点产业已形成一定规模。如哈萨克1990年石油产量为2580万吨，人均占有量1.5吨；煤炭产量为1.31亿吨，人均占有量7.7吨；粮食产量2848.8万吨，人均占有量1.67吨[2]。有色金属如铜、铅、锌产量均占全苏的1/3左右，铬矿石产量占全苏的98.2%。同年，乌兹别克棉花产量为505万吨以上，1980年产量曾达到623.7万吨，占全苏棉花总产量的2/3。石油产量为280万吨，天然气产量为408亿立方米[3]。黄金产量为70吨左右，占全苏总产量的1/3。本国棉花加工能力很差，只能加工本国棉花产量的7%，其余93%要运往苏联其他共和国加工。土库曼的优势产业是天然气和棉花，1990年天然气产量为878亿立方米，石油产量为570万吨。该国1990年人口仅为370万人，因此，人均天然气和石油的占有量均较高，分别为2.37万立方米和1.5吨。五国电力工业都比较发达，1990年中亚五个共和国人均占有的电量为3500—5500度不等。

---

[1] 赵常庆主编：《中亚五国概论》，经济日报出版社1999年版，第100页。
[2] 独联体跨国统计委员会：《独联体国家经济统计年鉴》，莫斯科1993年俄文版，第22—155页。
[3] 同上书，第22—23、259—261、265—375页。

优势产业基础好固然是中亚国家独立后经济恢复与发展以及经济改革的有利条件，但是，这些优势部门越发展，其经济结构就越畸形，独立后其经济改造的任务也就越艰巨。这是中亚五国经济的共同特点。当时，苏联从军备竞赛的需要出发，对该地区重工业的发展较为重视，尤其重视对矿产资源的开发，其产品多为初级产品；而对相关的加工部门，以及轻工业和食品工业等则重视不够，致使各国经济发展畸形，采掘业和个别重工业生产相对发达，而轻工业和食品工业严重滞后。哈萨克粮食生产较发达，乌兹别克棉花产量占全苏的67%，中亚五个共和国棉花生产占全苏的90%以上，然而，这些共和国生产的棉布却只占全苏的11%[①]。另外，这些产棉共和国所需的粮食则靠从其他共和国大量调入，所需的工业消费品一半以上靠其他共和国特别是俄罗斯供应[②]。苏联解体前，由于产品是在全苏联范围内通过调拨来平衡供求，从而掩盖了中亚各共和国经济结构的弊端。独立后，中亚国家经济的单一性和对外依赖性立即凸显出来。

二 基本上仍沿用指令性计划经济体制

中亚各国独立之初，经济体制虽然已经开始向市场经济过渡，但基本上仍沿用指令性计划经济体制。苏联时期，中亚长期实行高度集中的指令性计划经济体制。这种经济体制是20世纪30年代形成的，其主要特点是对整个国民经济和经济活动的全过程实行全面的和高度集中的指令性计划管理；在管理手段上主要采用行政方法，在管理的组织形式上实行自上而下的部门管理。50年代下半期，赫鲁晓夫对工业和建筑业进行了一次大改组，以行政命令方式将部门管理改为地区管理。但经济管理的行政指令性并没有改变。60年代中期到70年代末期，苏联在指令性计划经济体制框架内推行"新经济体制"。改革进行了18年，成效也不大。在这次改革中，中亚五个共和国经济体制也未发生实质性变化。戈尔巴乔夫1985年上台伊始，便提出以"三自一全"（自我补偿、自我拨款、自我管理和完全经济核算）为主要内容的改革方针，但这种改革也是体制内的改革，并未取得预期结果。1988年6月，苏共第19次全国代表会议后，苏联改革从经济领域转向政治领域，国家开始出现混乱，经济由低速增长转向停滞，甚至开始下滑。1990年苏联经济出现负增长。中亚各共和国也是如

[①] 王金存：《中亚五国经济》，载《中亚研究》1992年第3—4期合刊，第4页。
[②] 赵常庆主编：《中亚五国概论》，经济日报出版社1999年版，第100页。

此。1990年5月，苏联中央又提出向"可调节市场经济"过渡的构想，同年10月，苏联最高苏维埃通过了《向市场经济过渡的基本方针》。另外，苏联最高苏维埃于1991年7月1日通过《私有化法》，在向市场经济过渡道路上迈出了决定性的一步，意味着经济领域多年来的禁锢被打破。哈萨克斯坦学者认为，该国由计划经济转向市场经济的改革便是从1991年中期开始。当年4月，该国制定的《哈萨克共和国改革所有制法（非国有化和私有化）》和根据该法制定的《1991—1992年哈萨克斯坦共和国国家财产非国有化和私有化纲要》是重要标志。从这时起，哈萨克在"缺乏经验和各项工作准备不足，但以市场为原则改造经济的必要性已经成熟"的情况下踏上改革道路。吉尔吉斯斯坦学者也认为，该国在1990年10月至1991年12月间发生了由建设"社会主义市场"向"可调节市场"的转变。1991年年底，中亚各共和国先后独立并自主地开始了本国的经济改革。

第二节　独立以来中亚经济的发展

独立后中亚国家的市场经济发展历程可以分为三个阶段。第一阶段是从独立开始至1995年。这个时期，中亚国家开始打破旧制度，从苏联时期的计划经济向市场经济转变，并初步建立了市场经济体系。第二阶段是从1996年至2000年。这个时期，中亚国家的市场经济体制得到进一步的巩固与发展。第三阶段是从2001年至今。这个阶段是中亚国家经济从区域内转向区域外，开始积极参与国际合作，其市场经济体制与国际接轨的程度越来越高。这三个阶段，表现在经济形势上，分别是中亚国家克服经济危机、恢复发展和再上新台阶的三个时期。

一　初步建立市场经济体系

为了建立独立且完整的市场经济体系，中亚国家在独立初期主要做了三件事情：一是建立健全经济管理机构；二是建立相关的制度和法律体系；三是发行本国货币。

（一）建立国家经济管理机构

在转轨第一个阶段（1991—1995年），尽管谋求独立是许多人为之奋斗的目标和夙愿，但独立在转瞬之间实现，又使中亚国家的领导人多少感到措手不及。虽然苏联时期的很多国家机构、管理制度和机制得以保留下来，这对维护国家稳定有利，但同时也给国家的转型建设带来了困难。

新独立的中亚各国在苏联时期都属于地方政府，是中央的执行机构。独立后，要建立并完善作为主权国家所必需的国家机构、国家制度和国家象征，培养相关人才，充实国家主权的内涵，完成从执行到决策的职能转变，保证国家经济活动正常运转。例如，过去的加盟共和国银行就全苏而言只是"地方银行"，没有发行货币的职能。独立后，它们变成了"中央银行"，需要具备发行本国货币和开展国际金融合作等职能。再比如，苏联时期的外交权和外贸权归属中央，各加盟共和国基本上没有从事这方面工作的机构，或者机构非常小，人数也少，其职能无非是办理莫斯科交办的外事任务，但无权直接从事国际活动。独立后，建立外交部、外贸部、海关等机构是不可缺少的工作。

为制止经济形势恶化和巩固国家经济独立，各国都做了大量的工作，深化经济改革。主要内容是：对外大力吸引外资，对内开展以国有资产私有化为基本内容的所有制改革、以放开价格为标志的价格体制改革、以组建商业银行为特点的金融体制改革、以允许多种所有制成分企业参加外贸活动的外贸体制改革和以组建个体农户等新型农业生产组织为标志的农业体制改革等。从各国采取的改革措施中可以看出，面对独立初期的经济困难，中亚国家逐步建立了适合本国国情的经济体系，都把建立社会市场经济体制作为体制改革的方向，希望通过市场经济手段而不是沿用苏联时期的计划经济手段来应对危机。

（二）建立相关的制度和法律体系

立法是各国面临的重大课题。尽管各共和国在独立前已经有了不少法律，但多数已不适应变化了的新形势，特别是由于各国走上了新的发展道路，政治体制和经济体制发生了重大变化，需要从实际出发对原有法律进行修改，或者制定各种新的法律以规范和解决各方面问题。为此，各国先后通过了一系列法律法规，如哈萨克斯坦发布的《关于价格自由化的总统令》《关于加速物质生产部门资产非国有化和私有化工作措施的总统令》，吉尔吉斯斯坦的《非国有化、私有化和企业主活动法总则》，塔吉克斯坦的《农民经营法》等。在所有立法活动中，最为重要也是最迫切的任务便是制定规范国家根本制度的新宪法。由于各种利益集团都想把自己的想法和意志写进宪法，因此这项工作在各国独立初期并非易事。但新宪法的产生毕竟对各国巩固国家独立和推进政治经济体制改革是有利的，所以各国都努力克服困难,相继出台自己的宪法①,以国家根本大法的形式肯定了市场经济的基本原则。比如《吉尔吉斯斯坦宪法》第4条规定:"国家保证所有制形式的多样化并平等保护各种所有制形式","土地、矿藏、水资源、动植物及其他自然资源属国家所有"。

(三) 发行本国货币

独立初期,中亚国家仍沿用苏联时期的货币卢布。尽管这样做会在一定程度上使本国的经济命脉操控在俄罗斯手中,但当时中亚国家考虑到自身尚不具备发行本国货币的条件,因此希望能继续留在卢布区。然而,俄罗斯却因担心背负沉重包袱而不答应。1993年7月,俄罗斯在未与同处在卢布区内的中亚国家协商的情况下,断然发行了自己的新货币,给中亚等国经济造成巨大冲击。这些国家意识到,必须退出卢布区并发行本国货币,否则就谈不上真正的经济独立,也没有办法按自己的意愿安排本国的经济发展。于是1993—1995年,中亚国家相继完成了本国货币的发行任务:吉尔吉斯斯坦于1993年5月3日发行本国货币"索姆",土库曼斯坦于同年11月1日发行本国货币"马纳特",哈萨克斯坦于11月15日发行本国货币"坚戈",乌兹别克斯坦于1994年6月14日发行本国货币"苏姆",塔吉克斯坦于1995年5月10日发行本国货币"塔吉克卢布"。尽管当时各国对本国货币的汇率定得较高,不大符合各国经济实际。例如,土库曼斯坦将马纳特与美元的汇率定为0.5:1,结果到1996年年末就变成了5000:1,但无论如何,发行本国货币使各国朝经济独立的方向迈出了决定性的一步。

二 确定适合本国国情的经济发展模式和发展战略

在第二阶段(1996—2000年),除塔吉克斯坦由于内战而经济衰退外,其他中亚国家的经济状况都随着政局稳定而普遍好转。各国都把工作重点转移到经济领域,确定适合本国国情的经济发展模式和发展战略。

为了使经济稳定运行、改善经济结构和实现经济自决,中亚国家相继制定了本国的经济或工业发展战略。

1996年,吉尔吉斯斯坦出台《国民经济10年发展战略规划》,根据

---

① 在中亚国家中,土库曼斯坦于1992年5月18日通过了独立后第一部宪法,距该国独立仅半年多时间,是最早通过新宪法的国家。接着,乌兹别克斯坦于1992年12月8日、哈萨克斯坦于1993年1月28日、吉尔吉斯斯坦于1993年5月5日通过了新宪法。塔吉克斯坦宪法由于内战而直到1994年11月6日才得以问世。

本国实际情况提出 6 大任务，包括加强农业、食品和加工工业、支持私营企业和中小企业活力、推进能源建设、重视解决社会问题等重要方面。由于缺少资源，吉尔吉斯斯坦不可能像哈萨克斯坦和土库曼斯坦那样选择资源出口型发展战略。从吉政府的主张来看，该国采用的是以农业为基础和发展过境贸易的发展战略，其特点是大力发展农牧业，以保证本国人民的衣食问题，同时依靠国家为对外经济活动创造良好的环境，发展过境贸易和引进外资来发展经济。

1997 年，哈萨克斯坦总统纳扎尔巴耶夫在其国情咨文《哈萨克斯坦—2030》中宣布了该国 2030 年前的发展战略，包括 7 个长期发展的优先目标：国家安全、内部政治稳定和社会团结、市场经济下的经济增长、公民的健康、教育和福利、能源、基础设施建设。为此，哈国确立了优先发展的经济部门：以石油天然气为主的能源工业、有色金属和黑色金属冶炼及基础设施建设。该战略的目标是要将哈国变成"中亚雪豹"，成为"发展中国家的榜样"。[1] 2004 年，总统纳扎尔巴耶夫在国情咨文中宣布要把哈萨克斯坦建设成为"有竞争力的国家"，使政府、国民素质和经济在国际竞争中都有较强的竞争力。不久又提出 GDP 每年增长 8.5% 和进入世界前 50 强的发展任务。

1998 年，内战结束不久的塔吉克斯坦政府在国际货币基金组织的参与指导下制定了 1998—2001 年经济发展战略，主要任务是提高宏观经济稳定、医治战争创伤和克服经济危机。

1998 年，乌兹别克斯坦制定了《提高国家出口潜力纲要》，确立了进口替代为主、资源出口为辅的发展战略，把解决粮食和能源自给置于首位，其次是日用消费品和食品自给。主要目的是在尽量利用本国资源和生产潜力的基础上改善经济结构和提高出口规模，加强工业制成品，特别是原材料深加工产品的出口。[2]

土库曼斯坦虽然没有制定明确的发展纲要，但从该国总统尼亚佐夫的各种讲话中可知，该国希望通过发展石油和天然气工业，逐步把土库曼斯坦从原料供应国变为成品生产国，将土库曼斯坦推向世界石油天然气生产大国的行列，以此振兴国家经济并巩固国家独立。

---

[1] [哈]纳扎尔巴耶夫：《哈萨克斯坦—2030》，中国地质工程公司赞助出版 1999 年版，第 19—54 页。

[2] [乌兹别克斯坦]伊斯拉姆·卡里莫夫：《临近 21 世纪的乌兹别克斯坦：安全的威胁、进步的条件和保障》，国际文化出版公司 1997 年版，第 107—251 页。赵常庆主编：《十年巨变：中亚和外高加索卷》，东方出版社 2003 年版，第 189—190 页。

经过几年的努力,1996—1997年,中亚五国经济形势出现了某种程度的好转。但1998年下半年的亚洲经济危机和俄罗斯金融危机再度冲击中亚经济,使刚刚出现转机的中亚经济再度受挫。自1999年起,中亚五国经济重新回升。

表9-1　　　　　　独立后中亚五国国内生产总值指数变化

（按不变价格计算,哈、乌、吉1991年=100,塔、土1992年=100）

年份 国家	1992	1993	1994	1995	1996	1997	1998	1999
哈萨克斯坦	94.7	86.0	75.2	69.0	69.3	70.7	69.0	70.4
乌兹别克斯坦	88.9	86.9	82.3	81.6	83.0	87.3	91.1	95.2
吉尔吉斯斯坦	86.1	72.8	58.1	55.0	58.9	64.7	65.9	68.5
塔吉克斯坦	100	83.7	65.9	57.7	48.1	48.9	51.1	53.4
土库曼斯坦	100	101.5	84.5	78	78	…	…	…

资料来源:独联体跨国统计委员会编:《独联体国家国民经济统计手册》,莫斯科2000年俄文版,第13页。

三 加快参与区域一体化步伐

在第三阶段（2001年至今）,得益于国内经济好转以及国际市场原材料价格普遍上涨,中亚国家经济普遍进入稳步增长的新阶段,尤其是哈萨克斯坦和土库曼斯坦这两个能源资源丰富的国家。与此同时,中亚国家都是内陆国,交通不便,国内市场狭小、管理和技术落后、经济结构单一、投资不足等因素并未彻底消除,仍然严重制约经济发展。出路只有加强区域合作,包括中亚国家间以及同周边大国的合作,以此来扩大市场,吸收外部资金和技术,与国际接轨,达到加速发展的目的。另外,制度性的区域合作还能增强成员国间的政治互信,推动安全合作,使中亚国家的独立与安全更加巩固。

市场经济是开放型的经济。早在独立初期,中亚国家就致力于使本国经济与世界经济接轨,加入世界经济一体化,为此,它们加入了一些区域合作组织,但由于当时各国经济困难,且大国不够重视,区域合作发展缓慢。进入21世纪后,随着该地区经济形势好转以及战略地位上升,中亚国家都开始注意开拓国际市场,区域一体化进程明显加快,并实现了向北与俄罗斯、向东与中国、向南与美国开展合作的新格局。

2001年5月,俄、白、哈、吉、塔五国将独联体框架内的关税联盟升级改建为"欧亚经济共同体"。2004年10月，俄罗斯加入中亚合作组织①，同时承诺对中亚国家提供经济援助。而此时的乌兹别克斯坦早已对"古阿姆集团"缺乏实效的合作心灰意冷，于2002年6月宣布"暂停"参与该组织的活动，又于2005年正式宣布退出，同时申请加入欧亚经济共同体。2005年10月6日，中亚合作组织通过决议，将该组织与欧亚经济共同体合并。2006年2月25日，欧亚经济共同体与乌兹别克斯坦签署了后者加入该组织的备忘录。至此，俄罗斯与中亚国家的经济联系有了坚实的机制保障。

2001年6月15日，中、俄以及中亚四国（哈、吉、塔、乌）一起在上海宣布成立"上海合作组织"。2004年6月，中国表示愿向成员国提供总额为9亿美元的优惠出口买方信贷，以便推动经济合作尽快取得实质性成果。在2006年上海合作组织元首峰会期间，该贷款项目全部落实，此外，在上海合作组织银联体的推动下，各国企业以及银行间还签署了一批大中型合作项目的商务合同和贷款协议，总金额近20亿美元，② 其中包括：乌兹别克斯坦基础设施和市政建设项目（总计3.97亿美元）；吉尔吉斯斯坦克孜勒基亚日产2500吨水泥厂项目；塔吉克斯坦500千伏和220千伏高压输变电线路项目以及修建和修复杜尚别—恰奈克公路项目；哈萨克斯坦独立以来自主开发的第一个水电站"马伊纳克水电站"项目。这些项目对各国及本地区经济发展意义重大。

2006年年初，美国国务院调整了地区局的划分，将中亚从欧洲局并入南亚局，改名为"南亚和中亚事务局"，任命原国务院发言人里查德·鲍彻（又译为包润石）为助理国务卿。机构调整可以使"同样一批专家和外交官同时关注这两个地区"。虽然美国国务院称之为"中亚和南亚地区一体化倡议"，但由于它是从一个全新的角度对美在"大中亚"区域的政策做出的一次综合调整，制定了新的目标，并为此设计了一系列的政策举措，因而普遍被外界称为"大中亚"战略，在具体到中亚和南亚区域合作项目时则称为"大中亚"计划。该战略主要有三个内容：安全合作、经济合作以及民主政治改革，安全合作就是反恐、防扩散、反毒品走私等；经济合作就是促进中亚和南亚地区一体化，改善交通和能源基础设施；民主政治改革就是建立并完善西式民主。三

---

① 1994年1月，哈萨克斯坦、吉尔吉斯斯坦和乌兹别克斯坦三国签署了在中亚建立统一经济空间条约，决定成立中亚联盟。1998年3月塔吉克斯坦加入后，中亚联盟更名为中亚经济共同体。2002年2月28日，中亚经济共同体更名为中亚合作组织。2004年10月，俄罗斯加入。

② 这近20亿美元的商务合同中，也包括了一些属于9亿美元优惠贷款的项目。

者是一个统一的整体,并相互促进。

由于中亚地区在亚欧大陆具有重要的战略地位,历来是大国必争之地,所以中亚国家在开展区域合作时,将面临选择大国集团以及发展模式的难题。2005年吉尔吉斯斯坦发生的"3·24事件"(颜色革命),其中就有美、俄争夺的背景。哈萨克斯坦有限的石油资源是通过俄罗斯管线还是通过西方控制的巴库—杰伊汉管线出口欧洲,这不仅涉及经济效益问题,而且是个非常敏感的政治问题。目前,中亚国家奉行"大国平衡"的对外政策,与各国平等地发展友好合作关系,但这项政策能坚持多长时间尚不可知。

第三节 独立后中亚国家的产业结构

一 产业结构特点

苏联时期,在计划经济体制下,各加盟共和国根据自己的优势都有明确的生产分工。本地生产的很多原材料和半成品需要运到其他地区进行下一步加工。在全国统一的生产分工体系中,中亚国家主要扮演了原材料和农产品供应者角色。苏联解体以后,各加盟共和国这种经济联系被突然中断,多数企业陷入困境,其中相当一部分已经倒闭。至今,这种旧的不合理工业结构依然没有改变。另外,原来苏联时期遗留下来的中小国有企业虽然大部分已经私有化,但普遍存在设施陈旧,工艺落后,产品无市场,债务负担沉重等问题。农业是大部分中亚国家的主要产业之一,产值约占GDP的1/3,只有哈萨克斯坦例外(2005年仅为6.6%),但是该国的能源产业却占其工业总产值的41%,如果加上冶金行业26%的比重,则原材料的生产和加工大约占该国工业总产值的2/3。

表9-2   中亚五国的产业结构

	哈萨克斯坦 (2005年)	吉尔吉斯斯坦 (2005年)	塔吉克斯坦 (2004年)	土库曼斯坦 (2006年)	乌兹别克斯坦 (2004年)
GDP(亿美元)	571	24	21	75	120
农业产值占比(%)	6.6	34.1	24.2	26	31.1
工业/建筑业产值(%)	39.2	20.9	28.1	43	25.2
服务业产值占比(%)	24.6	45	47.7	31	43.7

资料来源:Economist Intelligence Uni, Country Report, March 2007 Uzbekistan, February 2007 Kyrgyz Republic, January 2007 Turmenistan, January 2007 Kazakhstan, March 2007 Tajikstan。

表 9 - 3　　　　　中亚国家的工业结构（工业总产值 = 100）　　　　单位:%

部门	哈萨克斯坦（1997 年）	吉尔吉斯斯坦（2002 年）	塔吉克斯坦（2005 年）	土库曼斯坦（2003 年）	乌兹别克斯坦（2002 年）
能源	41	21	7	46	21
冶金	26	35	44	0	15
化工	2	2	1	1.3	6
机械制造	5	5	2	0.8	10
林业、木材加工和造纸	1	1	0.3	1.5	5
建筑材料	2	3	3	1.5	5
轻工业	2	7	16	21.5	20
食品工业	17	15	19	28.5	14

资料来源：Межгосударственный статистический комитет СНГ, Содружество независимых государств в 2005 году, Структура промышленности по основным отраслям ОКОНХ, Москва 2006, с. 55。

二　产业结构调整难度

目前，哈萨克斯坦经济快速发展主要得益于石油天然气等能源工业的快速发展与国际市场能源价格处于高位。受国际能源价格高涨的影响，哈萨克斯坦石油产量快速增长。石油产量的增长速度远远高于国内生产总值的增长速度。1995 年哈萨克斯坦石油和天然气凝析油的出口额占当年出口总额的比重为 15%，到 2003 年，这个比重已经达到 50%。1995 年，哈萨克斯坦原油出口量占当年原油产量的 55%，到 2003 年这个比例达到 85%。最近 5 年来，这个比例一直在 80% 上下浮动。[①]

产业结构不合理和设备老化在乌兹别克斯坦表现得尤为明显。作为苏联时期中亚地区政治和经济中心，乌兹别克斯坦集中了一批重要的工业企业。苏联解体以后，经济困难使这些企业多数失去活力，资金匮乏使这些设备老化的企业无法进行更新改造，产品缺乏竞争力。仅 2006 年一年，乌兹别克斯坦政府就不得不关闭 200 家亏损的纺织厂，它们用非常老旧的设备将高价值的棉纤维原料加工成没有市场需求的低品质纱线，浪费了大量高品质原料。

土库曼斯坦虽然近年发展速度较快，但也面临产业结构改造比较困

[①]《哈石油天然气的开发情况与展望》，载《专家——哈萨克斯坦》，2004 年 5 月。

难，过度依赖天然气产业的问题。土库曼斯坦燃料能源综合体（包括天然气、石油加工、石油开采和电力四个部门）产品就占土库曼斯坦全部工业生产的一半以上。天然气、石油制品和电力是土国主要出口产品。

吉尔吉斯斯坦是以农牧业为主的国家，农业在国内生产总值中的比重一直超过工业比重。其在苏联时期形成的工业结构同样比较单一，偏重于有色金属开发，而制造业和加工工业比较薄弱。而且独立以后工业生产下降幅度较大，至今未能恢复到苏联解体前的水平。

实际上中亚国家很早就已经注意到产业结构畸形的问题，并采取积极措施改变这种状况。哈萨克斯坦于2003年开始进行产业结构调整。主要内容是调整原材料优先导向的经济模式，实施工业创新战略，实现经济的多元化，发展高附加值商品生产。根据哈萨克斯坦官方公布的数据，2006年采矿业（包括油气开采）占工业产值近58%，比2005年58.5%下降0.5%。而加工工业所占的比重为36.7%，与2005年相比仅提高了0.9个百分点。从统计上看，2006年与2005年相比，采矿业占整个工业产值的比重略有下降，但不太明显。

从统计数字上看，服务业在中亚国家的经济结构中占有重要地位，普遍超过GDP的1/3比重，其中吉尔吉斯斯坦最高，约占GDP的一半。但这并不能说明该地区的服务业很发达。在各国GDP总量都不大的情况下，服务业只能是相对值较高，但绝对值却很低。不过从另一个角度看，如果中亚国家能够执行更为开放的政策，打破区域贸易壁垒的话，该地区的服务也将会得到更大的发展。吉尔吉斯斯坦就利用自身区位优势，努力发展过境转口贸易，成为联系中亚与中国、俄罗斯的贸易枢纽和商品集散地，在一定程度上弥补了该国工农业都比较落后的不足。

需要指出的是，缺少资金是中亚国家独立时经济发展面临的最大难题之一，为此中亚国家把吸引外资作为政府最重要的工作，并且也取得了一定成效。但这些引进的资金大部分都投向中亚国家的能源和矿产资源领域，其他行业得到的投资不是很多。其结果是能源工业发展迅速，而其他工业发展缓慢。这种状况使中亚国家经济结构不合理现象更加突出，短时间内很难解决。

归纳起来，当前中亚国家面临的主要难题仍是改善经济结构，发展工业和服务业，将农业国变为工业国，同时改变过分依赖原材料工业的现状，大力发展加工工业，提高产品的技术和资本含量。不过，要想既依靠原材料产业维持国家收入，以保证国家稳定，同时又希望改变预算投资倾向，以改善经济结构，仍是一项非常艰巨的任务。

本章小结

总体上，独立后中亚国家的经济发展进程可以分为三个阶段：第一阶段（从独立开始至1995年）。这个时期，中亚国家开始打破旧制度，从计划经济向市场经济转变，初步建立了市场经济体系。第二阶段（从1996年至2000年）。这一时期，中亚国家的市场经济体制得到进一步的巩固与发展。第三阶段（从2001年至今）。中亚国家经济从区域内转向区域外，积极参与国际合作，市场经济体制与国际接轨的程度越来越高。这三个阶段，表现在经济形势上，也可以看作是中亚国家克服经济危机、恢复发展和再上新台阶的三个时期。

本章第一节简要介绍中亚国家独立前的经济体制和状况。苏联时期的中亚地区生活水平与当时的土耳其和伊朗相近，但在苏联国家内属于经济较落后地区，主要特点是产业结构单一，以原材料为主，以指令性计划经济为主。

本章第二节简要介绍独立后中亚国家在经济领域采取的转轨措施。主要包括：1. 确立国家的市场经济体制，借助市场配置资源，消除计划经济弊端。2. 选择适合国情的发展模式并确定国家经济发展战略，确保经济稳定发展。3. 积极参与区域经济一体化进程，克服内陆国障碍，通过扩大国际经济联系，加快本国发展。

本章第三节简要介绍中亚国家的经济结构调整措施及效果。为将农业国变为工业国，同时改变国家经济过分依赖原材料工业的现状，中亚国家采取的措施主要是：积极发展工业和服务业，提高产品的技术和资本含量。不过，要想既依靠原材料产业维持国家收入，以保证国家稳定，同时又希望改变预算投资倾向，以改善经济结构，是一项非常艰巨的任务。

思 考 题

一 名词解释
 1. 经济结构
 2. 指令性计划
 3. 欧亚经济共同体
 4. 美国的"大中亚"计划
 5.《阿拉木图宣言》
二 简答题
 1. 市场经济和计划经济的区别是什么？

2. 独立前中亚国家的主要经济特征是什么？
3. 独立后中亚国家经济转轨的主要措施是什么？
4. 中亚国家加快区域合作的原因是什么？
5. 中亚国家调整经济结构的原因是什么？

三　论述题

1. 试述苏联解体对中亚国家经济的影响。
2. 试述独立后中亚国家经济发展的主要历程。
3. 试析中亚国家 1995 年后经济能够进入稳定发展阶段的原因。
4. 试述中亚国家参与区域经济合作的原因及影响。
5. 试析中亚国家制定的经济发展战略是否符合其国情。

阅读参考文献

1. 陆南泉主编：《独联体国家向市场经济过渡研究》，中共中央党校出版社 1995 年版。
2. 周尚文、叶书宗、王斯德：《苏联兴亡史论》，上海人民出版社 2002 年版。
3. 赵常庆主编：《中亚五国概论》，经济日报出版社 1999 年版。
4. 赵常庆（分卷主编）：《十年巨变——中亚与外高加索卷》，东方出版社 2003 年版。
5. 赵常庆编著：《列国志——哈萨克斯坦》，社会科学文献出版社 2004 年版。
6. 孙壮志、苏畅、吴宏伟编著：《列国志——乌兹别克斯坦》，社会科学文献出版社 2004 年版。
7. 施玉宇编著：《列国志——土库曼斯坦》，社会科学文献出版社 2005 年版。
8. 刘庚岑、徐小云编著：《列国志——吉尔吉斯斯坦》，社会科学文献出版社 2005 年版。
9. 刘启芸编著：《列国志——塔吉克斯坦》，社会科学文献出版社 2006 年版。
10. ［哈］纳扎尔巴耶夫：《哈萨克斯坦—2030》，中国地质工程公司赞助出版 1999 年版。
11. ［乌兹别克斯坦］伊斯拉姆·卡里莫夫：《临近 21 世纪的乌兹别克斯坦：安全的威胁、进步的条件和保障》，国际文化出版公司 1997 年版。

第十章　中亚国家市场化改革进程、成就与问题

内容提要

中亚国家由计划经济体制向市场经济转轨在苏联解体以前就开始了，所以独立以后中亚国家的经济改革并不是突然出现的，而是以前经济改革的延续和深化。如何实现经济发展目标，哈萨克斯坦、吉尔吉斯斯坦和塔吉克斯坦选择了激进的改革模式，而乌兹别克斯坦和土库曼斯坦走的是渐进式改革的道路。各国的改革都有自己的特点，也取得一定的成效。多数国家都建立了以国家为主导的市场经济体制的所有制形式；结构都发生了重大变化；支撑本国经济的优势产业得到发展；多数国家都进入了稳定发展的轨道。

第一节　改革模式的选择

在经历了独立初期的经济阵痛之后，中亚国家基本上都认识到：经济自由化和社会稳定同等重要，社会市场经济是比较适合中亚国情的经济模式。但在独立初期，中亚国家对于本国的经济改革选择什么样的经济模式并没有明确的目标。从最初的做法看，大体可分为两种模式。

一　激进改革模式

中亚国家中，哈萨克斯坦、吉尔吉斯斯坦和塔吉克斯坦三国从独立之初就追随俄罗斯实行"休克疗法"，希望在短时间内打破旧制度的缺陷，建立全新的、有活力的新制度。

当时俄罗斯在转轨过程中听从以美国为首的西方国家政府机构及经济智囊团的建议，实行"休克疗法"，使国民经济几乎处于崩溃的边缘。受俄罗斯的影响，哈萨克斯坦和吉尔吉斯斯坦除面包等一些生活必需品外大部分商品很快就放开价格，导致出现严重的通货膨胀。物价飞涨，商品匮乏，人民生活水平大幅下降。与此同时，企业，特别是中小型国有企业私

有化进程也进入实施阶段,甚至原来效益比较好的大型企业也被外国企业买走。"休克疗法"打乱了原有的经济联系,使三国经济在独立初期遭到了严重破坏,而塔吉克斯坦由于独立不久国家就陷入内战实际无暇顾及经济改革。

面对经济危机,同时随着总统权力的加强,各国也逐渐放弃了完全自由化的经济改革路线,开始重视国家在经济运行中的调控作用,实行稳定的财政政策以及社会保障。

二 渐进改革模式

与哈萨克斯坦和吉尔吉斯斯坦不同,乌兹别克斯坦和土库曼斯坦实行的是渐进式经济改革。面对众多非议,乌兹别克斯坦政府没有将国有企业一下子全部私有化,而是坚持采取渐进改革的政策,在货币和价格等问题上加强政府的控制能力。乌兹别克斯坦总统卡里莫夫认为该国的最终目标是,"建立一个具有稳定的面向社会的市场经济,开放的对外政策,坚强有力民主法制的国家和公民社会"[①]。同时,他还特别强调:"我们为自己作出了唯一的选择:不是以大跃进的方式;不是通过革命性的破坏途径;而是坚定不渝地以渐进的方式走向市场经济。"[②] 卡里莫夫提出了改革的五项原则,作为国家政治、经济和社会改革的基础,即经济优先、国家调控、法律至上、社会保障和循序渐进。这种渐进式经济改革的结果使乌兹别克斯坦这个中亚人口最多、资源相对匮乏的国家保持了社会稳定。

土库曼斯坦采取的经济体制改革不同于其他中亚国家,强调建立土库曼斯坦式的市场经济和国家建设模式,也就是建立国家强有力宏观调控下的、发达的、以社会为优先取向的混合型市场经济。已故土库曼斯坦总统在其《十年稳定计划》中确定国家经济发展战略的主要目标是使土库曼斯坦成为发达的社会导向型市场经济国家。在确立经济体制改革总体方向以后,土库曼斯坦并没有采取急风暴雨式的方式,而是逐步地、分阶段地进行改革。这种改革模式的最大好处是避免了土库曼斯坦和乌兹别克斯坦两国在独立初期像独联体其他国家因经济混乱造成的经济大幅滑坡。

---

① [乌兹别克斯坦] 伊拉姆·卡里莫夫:《乌兹别克斯坦沿着深化经济改革的道路前进》,陈世忠、邱冰译,国际文化出版公司1996年版,第8页。
② 同上。

第二节 改革的进程与成就

一 实行价格自由化

独立初期,中亚国家尚无本国货币,它们继续与俄罗斯使用同一货币——苏联的卢布。因此,当俄罗斯1992年1月放开物价时,中亚各国经济受到严重冲击。为了最大限度地缩小这种冲击力,中亚各国紧随其后,于1992年1月相继放开了物价。但为了避免社会巨大震动,中亚国家在放开物价时,都采取了一定措施,对某些重要商品特别是居民生活必需品规定最高限价或在某种程度上继续保留价格补贴。在价格自由化的起始阶段,哈、吉、塔放开的幅度较大,占商品种类的80%—90%,乌、土两国较为谨慎,仅占70%左右。后随着改革的深入和私有化的加快,到1994年底和1995年初,哈、吉、塔三国几乎所有商品(包括基本食品)的价格已全部放开,改由市场供求调节。至此基本完成了价格体制改革。乌、土两国至今为止仍然有少量基本食品价格由国家调节,国家通过社会保障系统对其价格实行补贴。目前,乌兹别克斯坦约45%的预算支出用于社会保障,其中很大一部分就是用于居民生活必需品的价格补贴。土库曼斯坦约60%的预算支出用于对社会和文化设施的拨款,其中11%用于居民必要消费品的价格补贴。虽然两国政府均承认对消费品的价格补贴已成为沉重的国家财政负担,但为了保持社会稳定,两国仍无意放开某些基本食品的价格。

二 建立独立的金融体系和财税体系

(一) 建立独立的金融体系

对中亚国家而言,建立独立的金融体系是分两步完成的,即发行独立货币和构建金融系统。

发行本国货币是一个新生国家经济走向独立的开始。如前所述,1993—1995年,中亚国家相继完成了本国货币的发行任务。中亚各国对本币采取不同的管理方式,除土库曼斯坦以外多数国家已实现国内货币自由兑换。汇率也实行自由浮动汇率。

独立以后中亚国家都在苏联金融体系的基础上建立了本国的金融体系。中亚国家的银行分为中央银行和商业银行两级,按所有制性质可分为国有、合作、合资和外国独资四种。另外,各国都建立了有价证券市场,向国内外发行国家和企业债券,扩大融资渠道。大部分中亚国家采取浮动汇率制,允许货币自由兑换。只有土库曼斯坦采取双轨制,由中央银行制定的官方汇率始终为1美元兑换5200马纳特,而商业银行的商业汇率则随市场波动,如2006年7月为1美元兑换23800马纳特。

(二) 建立新的财税体系

税收是财政收入的最主要来源。中亚各国都实行分税制,税收分为中央税和地方税两大类。中央税一般包括:增值税、消费税、关税、有价证券交易税、资源使用税、社会保险税等;地方税一般包括:土地税、财产税、运输工具税等。为了提高企业积极性、降低企业负担和刺激经济增长,近几年,中亚国家相继参照国际通行税收条例而修改税法,规范税种、简化手续、降低税率并增加优惠政策,取得了很好的效果。比如哈萨克斯坦于2002年实行新税法,规定增值税税率由20%降至16%(2003年又降为15%),取消了原先的道路税、交易税以及多个消费税。

三 推行私有化,进行所有制改革

非国有化和私有化是中亚国家向市场经济转轨的一项重要内容,中亚国家普遍认为,国有资产的非国有化和私有化是建立市场经济的必由之路,是经济改革的核心内容。规定了私有化的方式、目标和具体过程。与实行全面私有化的东欧国家不同的是,中亚国家是部分资产(如住宅、小企业和部分中型企业等)转为私人所有,而某些关系国计民生或特种行业的大中型企业则改为国有企业,只转移经营权或部分产权。另外,中亚国家还规定土地、矿藏、水源、森林、动植物资源和其他自然资源,以及文化历史古迹等归国家所有,不实行私有化。

为了保证私有化政策的顺利实施,中亚国家首先制定了相关法律文件,有些国家甚至在苏联解体以前就通过了私有化法律文件,开始私有化进程。1991年6月22日哈萨克斯坦批准《非国有化和私有化法》。塔吉克斯坦在1991年通过《国有资产非国有化和私有化法》。同年吉尔吉斯斯坦通过《私有化法》。1992年1月17日吉又通过《非国有化、私有化和企业主活动法总则》。土库曼斯坦在1992年也出台了《国有财产非国有化和私有化法》等法律。

尽管目标模式大体相同,但在具体方法、步骤和程度上又各有区别,其中哈萨克斯坦、吉尔吉斯斯坦和塔吉克斯坦进展要快一些,而乌兹别克斯坦和土库曼斯坦则要缓慢一些。

(一) 哈萨克斯坦的私有化

哈萨克斯坦于1991年2月22日通过了《非国有化和私有化法》，正式开始了该国的非国有化和私有化进程。此后又相继通过了若干个具体的实施纲要。哈萨克斯坦提出，住宅私有化主要是通过无偿转让或发放住宅私有化有价证券的方式进行；国营农场的私有化主要通过租赁和承包等方式，建立农户私人农场，发展农村小企业；而工业企业国有资产的私有化分两种：第一种是"小私有化"，即员工人数在5000人以下的企业的私有化。其中，200人以下的企业要全部实现私有化，200人以上5000人以下的企业实行"大众私有化"，通过按工龄等因素向居民发放"投资库邦"，居民用自己所得"库邦"按一定程序购买企业的股票。第二种是"大私有化"，即5000人以上的企业或国家控制的特种企业按"专项方案"实行私有化，主要通过租赁、赎买、股份制和无偿转让等方式来实现。除此之外，哈还对少数大型企业试行了由外国公司的托管制，即按协议在一定期限内把某个大型企业委托外国公司全权经营管理，条件是外国公司要偿清哈方企业所欠债务和工资，保证不裁员，更新设备并进行投资。

(二) 乌兹别克斯坦的私有化

乌兹别克斯坦的私有化过程分为三个阶段。第一阶段是1991年至1994年，主要私有化对象是服务业和农业。第二阶段是1994年3月到1996年初，这一时期私有化主要是在运输、建材、食品工业、棉花加工和旅游业等领域进行。第三阶段是从1996年中期开始的，主要表现为大型国有企业非国有化与合资企业的飞速发展。

1991年苏联解体前夕，乌兹别克斯坦国内生产总值有85%是国有企业生产的，到1995年非国有企业的产值已经占到67%。1996年初，轻工业、建材工业、商业和服务业的非国有化和私有化工作已经基本完成。到2006年非国有性质的经济成分在国内生产总值中所占比重已经达到77.8%[1]。截至2007年1月1日，在乌登记的423347家各类企业中，国有企业24131家，占总数的5.7%，非国有企业399216家，占总数的94.3%。在后者中，私人企业占22.5%，股份制企业占0.5%，外商合资企业占0.9%，其他类型企业占14.5%[2]。除私有化进程比较顺利以外，乌兹别克斯坦还特别重视小企业的发展。到2007年初，小企业和私营企

---

[1] 《乌兹别克斯坦2006年经济统计数据分析》，中国驻乌兹别克斯坦使馆经商参处网站，http://uz.mofcom.gov.cn/aarticle/ztdy/200704/20070404584833.html。

[2] 同上。

业的总数已经达到了约35万家，比2000年增长了130%。

（三）吉尔吉斯斯坦的私有化

与中亚其他国家相比，吉尔吉斯斯坦国有企业的私有化进程要更加复杂，存在的问题也比较多。在被称为"小私有化阶段"的1991—1993年，小企业私有化进展比较快，当时全国86.7%的商贸企业和97.2%的餐饮和日常生活服务企业在很短的时间内就由国有转为私营。存在的问题主要是立法滞后，缺少经验和有效的监督机制。

1998年至2003年是吉尔吉斯斯坦的"大私有化阶段"。政府2000年推出了第三轮私有化企业纲要和名单，包括电信公司、航空公司、电力公司、热力公司、天然气公司、黄金公司、出版印刷公司等命脉企业，以及棉纺厂、汞业公司、灯泡厂、半导体厂等大型知名国企都在其中。根据有关材料，到2003年末，吉全国企业总数的72%已经完成了私有化或改制。

2004—2006年吉政府开始实施第四阶段私有化计划。大部分上一阶段未能完成预定私有化进度的大型国企都在计划之列。除了通过拍卖转让国有股权外，还将采用托管、租让等方式。

（四）塔吉克斯坦的私有化

塔吉克斯坦从1991年颁布"私有化法"以后，不同时期的私有化水平和速度因受各种因素的影响而进度各不相同。1991—1992年私有化迅速展开但较为混乱。1993—1997年内战期间又由于受政局动荡、经济危机等因素的影响，私有化进程基本中断。1995年通过的1995—2000年共和国经济改革纲要明确规定国有资产私有化是国家经济改革最主要任务之一。但该计划在1997年6月内战结束以后才真正得以实施。至2001年1月，塔吉克斯坦私有制结构中国有制企业占主体经济的27.8%，私有制占47.1%，集体所有制企业占19.3%，混合私有制企业和组织占5.8%[①]。

据塔国家资产委员会统计，全国共有国有企业10679家，其中小企业8961家，大中型企业1718家。到2004年，先后有7316家（68%）国企完成私有化改造，其中小企业6757家（75%），大中型企业559家（32.5%）。

（五）土库曼斯坦的私有化

土库曼斯坦于1992年开始实施私有化和非国有化战略。为配合这一战略的顺利实施，土相继出台一系列法律和法规，如国有财产非国有化和

---

① 刘启芸编著：《塔吉克斯坦》，社会科学文献出版社2006年版，第101页。

私有化法、企业法、破产法、商业活动法、外国投资法等。1992年土库曼斯坦新宪法正式确认了"对生产资料、土地、其他物质精神财富的私人占有权"。

土库曼斯坦的私有化首先从住房开始。实施私有化初期，日常服务行业和商贸企业，特别是这些领域的亏损企业是私有化的主要对象。由于问题较多，再加上独立以后的经济困难，私有化进展一直比较缓慢。总体讲，土库曼斯坦对待私有化问题比较慎重，对不同领域采取不同的政策，而且具有阶段性和渐进性特点。同时，政府强调社会保障和优惠措施。这些做法维护了社会稳定，使土库曼斯坦成为独联体地区在苏联解体以后社会秩序非常良好的国家之一。

第三节 市场化改革的进展

从中亚国家改革目标看，可以说有的国家或者是已经基本达到，或者说大体完成。经过十几年的变化和摸索，中亚国家形成了具有本国特点的经济发展模式，取得了积极成效。与独立初期相比，中亚国家经济体制已经发生了较大变化，主要包括：

一 多数国家都建立了以国家为主导的市场经济体制

中亚国家独立以后，先后放弃了计划经济体制，转而向市场经济过渡。目前各国基本上放弃了由国家下达计划指标的做法，改为市场调节，国家运用经济杠杆对经济进行宏观调控。初步形成了市场经济的基础设施，包括商品市场、资本市场和劳动力市场。农业体制也发生变化。原有的集体农庄和国营农场多改为小农场、合作社、股份公司以及个体经营者。各国都允许农产品自由上市，国家只通过市场订购部分农产品。

二 所有制形式和结构发生重大变化

通过对国有资产私有化，中亚国家的所有制形式和结构都发生重大变化，在各种经济领域，私有制成分已经占较大优势。据不完全统计，哈非国有制企业数量已占80%，吉为80.4%。而土库曼斯坦在1999年年初就已经有近2000家原来的国有企业实现了私有化。乌兹别克斯坦农业生产中2006年非国有经济成分已经达到99.7%。[①]

近年来，中亚很多国家在对原国有大型企业私有化政策方面有所变化，不再追求将一些重要国有企业完全私有化或非国有化，而是强调国家控股。在这方面哈萨克斯坦的变化最为显著，其他国家也有类似的情况。哈萨克斯坦总统纳扎尔巴耶夫访问新加坡时对国家通过控股公司在股份制企业中代表国家的利益非常感兴趣。为了有效改善国家对由国家控股的公司的管理，总统也责成哈萨克斯坦政府研究成立国家控股公司的问题。这个控股公司作为股东在国家控股企业中代表国家的利益。在比较的基础上哈萨克斯坦选择了在这方面很有经验的"McKinsey & Company"公司来帮助哈萨克斯坦政府成立哈萨克斯坦国家控股公司。于是哈萨克斯坦成立管理国家资产的控股公司——"萨姆鲁克"股份公司。在公司成立之初，其业务包括了五家大公司：哈萨克斯坦国家通信股份公司、哈萨克斯坦邮政股份公司、哈萨克斯坦国家电网股份公司、哈萨克斯坦国家油气股份公司和哈萨克斯坦国家铁路股份公司。目前，已经完成公司组建的第一阶段。第二阶段可能还会有17家国家控股的企业加入进来。

三 建立了比较健全的法律体系

苏联解体以前以及中亚国家独立以后，为适应向市场经济过渡，顺利实现私有化，中亚国家都先后制定了为市场经济服务的法规，并在实践中不断去完善。

哈萨克斯坦独立前两年就已经制定了《私有制法》《国有化和私有化纲领》《土地改革法》《对外经济活动基本法》和《外商投资法》等法律文件。在独立以后的1992—1993年间，先后颁布了《关于价格自由化措施的总统令》《关于加速物质生产部门资产非国有化和私有化工作措施的总统令》《保护和支持个体经营法》《对〈哈萨克斯坦共和国私有制法〉的修改与补充法》等。1994年以后又先后颁布了《关于建立有价证券市场的总统令》《关于商品交易所的总统令》《银行与银行活动法》《关于保险法的总统令》等，还颁布了新的《外国投资法》。[②]

塔吉克斯坦政府制定并颁布了《企业法》《企业注册法》《外商投资法》《对外经济活动法》《塔吉克斯坦共和国关于国有资产非国有化和私

[①] 施玉宇编著：《土库曼斯坦》，社会科学文献出版社2005年版，第97页。
[②] 参见赵常庆编著《哈萨克斯坦》，社会科学文献出版社2004年版，第91页。

有化法》《税收法》《土地法》等。

土库曼斯坦颁布的法律文件主要有《土库曼斯坦国有财产非国有化和私有化法》《企业法》《商业活动法》《国家税收法》《关税法》《破产法》《国家银行法》《商品交易法》《对外经济活动法》《股份公司法》《外国投资法》等。

乌兹别克斯坦颁布了《乌兹别克斯坦共和国外国投资法》《对外活动经济法》《自由经济区法》《乌兹别克斯坦外资政策》等。

四 支撑本国经济的优势产业得到发展

苏联解体以后，中亚国家之所以能够在较短时间内摆脱经济下降局面，在很大程度上正是依靠苏联时期建立起来的能源工业基础。苏联时期就已经形成的单一发展的行业基本上已经发展成支撑本国经济发展的优势产业，一些主要产业生产已经达到或超过独立以前水平。在这方面比较突出的是哈萨克斯坦和土库曼斯坦。哈萨克斯坦和土库曼斯坦近年来之所以经济发展比较迅速在很大程度上得益于本国丰富的能源资源、苏联时期建立起来的能源工业基础以及国际能源市场石油和天然气价格的居高不下。

哈萨克斯坦就是苏联重要的原油和煤炭产地，是苏联第三大煤炭基地。1990年哈萨克斯坦煤炭开采量为13130万吨，占全苏总产量的18.68%；原油开采量为2510万吨，占全苏原油产量的4.4%。根据哈萨克斯坦能源与矿产资源部公布的资料，2005年其石油开采量为6150万吨，2006年开采量为6480万吨，比2005年增长5.5%，石油出口量达5710万吨。

土库曼斯坦经济发展最重要的支柱产业是天然气生产，产值几乎占整个工业产值的一半。天然气产量的90%都可用于出口。2005年土天然气开采量为630亿立方米，其中出口452亿立方米。土库曼斯坦另一支柱产业是石油工业，2005年产原油和凝析油952万吨。苏联时期其产量在中亚国家中仅次于哈萨克斯坦，居第二位，在苏联各加盟共和国中位于第三位，居俄罗斯和哈萨克斯坦之后。

苏联时期中亚国家还是重要的农业和畜牧业产品产地。哈萨克斯坦的粮食生产已经达到相当水平，2006年粮食总产值为66.4亿美元，粮食产量达到1650万吨。当年出口粮食620万吨。乌兹别克斯坦、塔吉克斯坦和土库曼斯坦是著名的棉花产地，棉花在出口商品中占相当比重。

吉尔吉斯斯坦和塔吉克斯坦的优势主要是水电方面。苏联时期根据吉塔两加盟共和国水资源十分丰富的特点，建设了几个大型水利工程，有的甚至在苏联解体时还未完工。1989年吉尔吉斯斯坦发电量为151亿千瓦时，而塔吉克斯坦为153亿千瓦时[①]。向周边国家出口电力是两国重要的外汇来源之一。除电力以外，塔吉克斯坦工业生产中优势领域还包括有色冶金、建材工业等。从塔公布的2006年经济数据看，这些领域全年产值增长都比较明显，其中有色冶金工业同比增长9.0%，以电力为主的能源工业增长14.2%，建材工业增长22.9%，机械加工和制造增长16.0%。

五 经济复苏多数国家进入经济稳定发展阶段

中亚国家独立以后经济大都经历了衰退—恢复—发展这样的阶段。以1991年国内生产总值为100计算，到1995年哈萨克斯坦国内生产总值只相当于1991年的69.0%，吉尔吉斯斯坦只相当于那时的55.0%，塔吉克斯坦只相当于那时的57.7%，乌兹别克斯坦只相当于那时的81.6%。从当前中亚国家经济发展水平来看，哈萨克斯坦发展状况最好，其次是土库曼斯坦和乌兹别克斯坦，塔吉克斯坦经济发展水平较低，但近年也一直比较平稳，吉尔吉斯斯坦近几年经济发展状况一直不太好，基本陷于停滞状态。

哈萨克斯坦经济到1995年停止下滑，1995年至1999年经济处于低谷时期，经济既没有再次明显下降，但也没有明显上升。从1999年哈萨克斯坦经济恢复开始明显加速，到2002年已经达到苏联解体以前1991年的水平。最近几年凭借能源工业快速发展和国际能源市场价格居高不下的有利时机，国内生产总值一直以接近两位数或两位数的速度增长，其成就令世人瞩目。

从国内生产总值变化情况看，吉尔吉斯斯坦经济是在1995年滑落到谷底，1996年开始回升。与其他国家不同，一是回升速度比较缓慢，二是受政治安全环境影响有时会出现波动，比如在2002年和2005年都出现一定程度下降。

乌兹别克斯坦经济也是在1995年企稳回升的。与其他中亚国家相比，乌兹别克斯坦经济下滑幅度不是很大，这与其执行的比较稳健的经济政策有关。从1995年到2003年乌兹别克斯坦虽然经济一直都在增长，但增速基本上一直保持在4%—5%的幅度。2001年乌兹别克斯坦在中亚国家中

[①] 资料来自《走向新世纪的独联体国家》，中国统计出版社2000年版。

率先达到1991年苏联解体以前水平。2003年以后增速加快，达到7%以上。

塔吉克斯坦由于内战影响，经济下滑尤为严重，1996年跌至谷底，但从1997年开始转好，2000年以后增速加快。从1997年到2006年国内生产总值总计增长了55%。

土库曼斯坦经济复苏从1996年开始后头三年增速较小，最快也就是7%，后两年达到两位数。五年平均增长13.5%。进入21世纪以后，国内生产总值增长更一直保持在20%以上。与此同时，通货膨胀率却在不断降低，由当初的四位数降到1997年的21%。

六 国际组织对中亚改革的总体评价

在评价经济转轨的绩效时，市场经济国家地位是评判标准之一。欧盟在判断某国是否属于市场经济国家时有5个标准：（1）企业按照市场供求关系来决定价格、成本和投入（包括原材料、技术和劳动力成本、产品销售和投资等事项），其决策没有明显地受到国家干预，主要生产要素的成本反映市场价值；（2）企业要有一套明晰的基础会计账本，该账本是按照国际通行会计准则进行独立审计并有通用性；（3）企业的生产成本和财务状况没有受过去的非市场经济体制的显著影响，特别是在资产折旧、购销账本、易货贸易、偿债冲抵付款等；（4）企业应公平地享受《破产法》和《财产权法》的保护，以保证其在经营中法律资格地位的确定性和稳定性；（5）货币汇率由市场决定。

从1994年开始，欧洲复兴开发银行（EBRD）每年都按照一套量化指标对中东欧国家的改革进程给予评价，并发表《年度转轨报告》。该评价体系包括大企业私有化、小企业私有化、企业内部的公司治理和结构改革、价格自由化、贸易和外汇体制、反垄断政策、银行改革与利率市场化、证券市场与非银行金融机构以及基础设施改善等14项指标。每项指标都根据一定的标准从高到低分为4、3、2、1四个等级。设1991年各项指标均为1的话，则从2006年的报告中可以看出，中亚国家在私有化和价格自由化方面走得很快，但在公司治理和金融体系方面却相对滞后，另外，基础设施落后状况仍然严峻。由于基础设施落后，使中亚国家的市场机制建设缺乏物质基础，很多改革措施无法深入进行，这是中亚国家面临的共同难题。

按照欧盟的标准，如果将上述14项指标的分值相加，某一被评价国家的总分等于或者超过42分，并且各项指标中每一项指标的分值均不低于3分的话，那么该国的经济转型就被视为基本完成。结果表明：吉尔吉斯斯坦和哈萨克斯坦已接近转轨尾声，塔吉克斯坦和乌兹别克斯坦尚需继续努力，土库曼斯坦还遥遥无期。由此可见，尽管从独立至今经过近20年的发展，中亚国家已经基本建立了市场经济体系，但离西方认可的所谓成熟市场经济体制还有相当大的差距。

表10-1 市场化程度测评

	大私有化200人以上的企业	小私有化200人以下的企业	企业重组	价格自由	贸易与汇率体系	竞争政策	银行与汇率自由化	证券市场与非银行金融机构	基础设施改革	通信	铁路	电力	道路	水	指标分值总和
哈萨克斯坦	3	4	2	4	3.67	2	3	2.67	2.67	3	3	3.33	2	2	40.34
吉尔吉斯斯坦	3.67	4	2	4.33	4.33	2	2.33	2	1.67	3	1	2.33	1	1.67	35.33
塔吉克斯坦	2.33	4	1.67	3.67	3.33	1.67	2.33	1	1.33	2.33	1	2	1	1	28.66
土库曼斯坦	1	2	1	2.67	1	1	1	1	1	1	1	1	1	1	16.67
乌兹别克斯坦	2.67	3.33	1.67	2.67	2	1.67	1.67	2	1.67	2	2.67	2.33	1	1.67	29.02

资料来源：European Bank for Reconstruction and Development "Transition report 2006"；http://www.ebrd.com/country/sector/econo/stats/tic.xls。

本章小结

本章共分三节。第一节主要介绍中亚国家独立以后所选择的改革模式。独立初期，中亚国家经济改革目标基本相同，都是由计划经济体制向市场经济体制转变，但在模式选择上有所不同。哈萨克斯坦、吉尔吉斯斯坦和塔吉克斯坦采用的是激进改革模式，而乌兹别克斯坦和土库曼斯坦采用的则是渐进改革模式。第二节主要讲中亚国家的改革进程和成就。改革内容包括实行价格自由化，建立独立的金融和财税体系，推进私有化和进行私有制改革。这些改革基本上都达到了目的。第三节主要介绍了中亚国家市场化改革的主要进展，包括：多数国家都建立了以国家为主导的市场经济体制；其所有制形式和结构都发生了重大变化；已经建立了比较健全的法律体系；支撑本国经济的优势产业得到了发展；多数国家进入稳定发展阶段。

思 考 题

一　名词解释

1. 休克疗法
2. 渐进式改革
3. 货币双轨制
4. 私有化
5. 市场经济体制
6. 计划经济体制

二　简答题

1. 中亚国家经济改革模式有什么不同？
2. 激进式改革给中亚国家带来的负面影响是什么？
3. 哈萨克斯坦私有化有什么特点？
4. 简述吉尔吉斯斯坦的私有化进程。
5. 为什么塔吉克斯坦的私有化进程比其他中亚国家慢？
6. 国际组织对中亚经济改革给予了怎样的评价？

三　论述题

1. 近年来中亚一些国家私有化政策发生了哪些变化和调整？
2. 客观评价中亚国家经济复苏。
3. 阐述对中亚国家发展优势产业战略的看法。
4. 经过初步的经济改革之后中亚国家所有制形式和结构发生了怎样的变化？
5. 由计划经济体制向市场经济体制转变过程中应该注意哪些方面的问题？

阅读参考文献

1. 陆南泉主编：《独联体国家向市场经济过渡研究》，中共中央党校出版社1995年版。
2. 赵乃斌、姜士林主编：《东欧中亚国家私有化问题》，当代世界出版社1995年版。
3. 赵常庆主编：《中亚五国概论》，经济日报出版社1999年版。
4. 赵常庆（分卷主编）：《十年巨变——中亚与外高加索卷》，东方出版社 2003 年版。

5. 王海燕主编：《经济合作与发展——中亚五国与中国新疆》，新疆人民出版社 2003 年版。

6. 杨恕：《转型中的中亚和中国》，北京大学出版社 2005 年版。

7. 秦放鸣等：《中亚市场新视角》，中国社会科学出版社 2006 年版。

8. 赵常庆编著：《列国志——哈萨克斯坦》，社会科学文献出版社 2004 年版。

9. 吴宏伟：《中亚人口问题研究》，中央民族大学出版社 2004 年版。

10. 孙壮志、苏畅、吴宏伟编著：《列国志——乌兹别克斯坦》，社会科学文献出版社 2004 年版。

11. 施玉宇编著：《列国志——土库曼斯坦》，社会科学文献出版社 2005 年版。

12. 刘庚岑、徐小云编著：《列国志——吉尔吉斯斯坦》，社会科学文献出版社 2005 年版。

13. 刘启芸编著：《列国志——塔吉克斯坦》，社会科学文献出版社 2006 年版。

14. 赵常庆、吴宏伟、包毅：《"十一五"期间中国参与中亚区域经济合作构想研究》，载《新世纪、新战略》，中国计划出版社 2007 年版。

15. 张宁：《上海合作组织的经济职能》，吉林文史出版社 2006 年版。

16. 赵会荣著：《大国博弈——乌兹别克斯坦外交战略设计》，光大出版社 2007 年版。

17. Ислам Каримов. Узбекистан на пороге XXI века. Москва. Издательский дом《Дрофа》. 1997.

18. В. А. Ермаков. Казахстан в современном мире. Алматы. 1998 г.

19. Казаксиан тарихы. Алматы. 《Дәуір》 баспасы. 1994 г.

20. Международный институт Стратегических Исследований при Президенте Кыргызской Республики. Кыргызстан Политика и Экономика. . Бишкек . 2006 г.

21. Х. Бобобеков, Ш. Каримов . т. д. Ўзбекистон тарихи. Тошкент. 2000 г.

22. Асанканов. А, Бедельбаев. А. Кыргыз Республикасынын тарыхы. Бишкек. Кыргызстан басма үйү. 2000 г.

第十一章 中亚国家社会保障体系与政策

内容提要

独立后，随着相关社会条件发生巨大变化，除土库曼斯坦外，其他中亚国家被迫放弃并改革旧有的"全民社保"体制，实行与新国情相适应的社会保障制度，其中最主要的特征是"市场化和社会化"，即借助社会力量，由原先的国家统一管理变为国家、集体和个人共同参与，使社会保障体制更加适应市场经济的发展需要。目前，哈萨克斯坦已经建立了由社会救助、社会保险和社会福利三部分组成的较完整的社会保障体系，乌、塔、吉三国与哈国的改革相类似，但步伐稍慢。

第一节 社会保障领域改革历程、手段和形式

一 中亚国家独立初期的社会保障制度

中亚国家在独立初期仍执行苏联的社会保障制度。苏联的社会保障制度建立在单一的全民所有制（公有制）和计划经济基础上，其不同于西方国家的突出特点在于它的"低水平、全覆盖和国家化"，由国家统一筹措资金并实行高度的集中管理。苏联的社会保障制度的具体内容为：实行全民性的国家养老金制度、残疾补助金制度、对伤亡军人家庭和失去赡养者的家庭的抚恤金制度、对暂时丧失劳动能力或遇到暂时困难的居民和家庭提供补助金制度，此外还提供免费教育和医疗服务等。

独立后，中亚国家普遍出现了经济危机和政局不稳现象，由此也带来了严重的社会问题，给原有的社会保障体制带来极大的冲击。主要表现为：

第一，经济危机使得国家财政负担沉重，政治经济体制改革给原有的社会保障制度带来执行困难，公民无法获得充分的社会保障，国家的大部分社会保障措施有名无实，形同虚设。

第二，失业问题日趋增长。除土库曼斯坦外，中亚国家在经济转轨过程中均产生较为严重的失业问题，而且呈逐年迅速增长之势头。失业问题严重使得中亚国家在仿效西方建立社会保险制度的道路上步履维艰，常常陷入不建立保险制度不行，但建立后又很难推行的困境。

第三，随着非国有化和私有化的推进，社会结构发生重大变化，各阶层、各行业及地区间贫富差距悬殊，社会两极分化显著加大。过度的社会分化使得各阶层对社会保障制度的需求产生巨大差距，对制度模式的选择争论不休，比如养老金是实行现收现付制还是完全累积制，如何确定最低生活保障线等。

上述这些新的社会问题迫使中亚国家对原有的社会保障模式进行改革，根据本国国情制定新的社会保障制度。

需要指出的是，中亚国家独立后均确定了"面向社会的市场经济"的改革目标，因而它们在实行经济改革过程中都比较注重加强社会保障工作。各国预算中用于社会保障支出的比重都比较大。1996年乌兹别克斯坦国家预算的45%用于社会保障，而土库曼斯坦更高，达到国家预算的60%，把1996年预算收入4518亿马纳特中的2670亿马纳特用于社会保障。正因如此，尽管中亚国家在经济转轨过程中也产生失业、贪污、经济犯罪和社会犯罪逐渐增长等社会问题，但从总体上看，其社会问题远没有俄罗斯严重，这同各国重视社会保障不无关系。

二　社会保障改革指导思想和实施手段

（一）社会保障改革的指导思想

苏联时期的福利政策在相当一部分人、特别是低收入阶层中影响深远。因此尽管各国的政治和经济体制改革在独立初期甚至独立前就已开始，但各国的社会保障制度改革则是在政治经济形势大体稳定后才开始。改革的基本指导思想是走市场化道路，建立与市场经济相适应的社会保障体系，为政治经济体制改革保驾护航。中亚国家在改革时遵循的主要原则有：

第一，社会效益和经济效益相结合。在建国时间不长，国家需要加快发展以维护主权与独立的情况下，社会保障工作应起到刺激经济发展的作用，而不是加重政治经济负担，换句话说，该领域改革的首要指导思想就是为政府减负，让政府以最小的投入获得最大的受益面，不能一味追求社会公正和稳定而牺牲经济发展。

第二，风险和贡献相结合。社会保障的类别主要依据社会风险划分，适当考虑收入、年龄、职业等特点，以此来缩小社会差距，维护社会公平。尽管社保资金主要来源于公民的税收，但因收入多而多纳税的公民并不因此享有比纳税少的人更多的特权。作为杠杆和调节器，公民享受社会保障的程度主要是随着其面临的社会风险大小变化。同时，为了防止出现单纯的"劫富济贫"方法不利于调动社会成员积极性等现象，国家在考虑风险的同时，也参考公民对社会的贡献情况。通过建立社会保险制度，并鼓励公民向其个人账户积极缴费，实行多交多得，使得那些收入较多或工龄较长的公民在风险发生时可以得到更多的社保补贴。

第三，社会保障改革与加强政府自身建设相结合。实行市场化后，政府的很多行政职能都需要借助商业机制来完成，比如社保基金的管理和运营等。这个过程中极易产生腐败、寻租、效率低下等不良后果。因此，一方面要加强政府对社保工作的监督和管理，另一方面还要不断完善政府职能。在整个国家处于体制转轨的大背景下，只有实行配套改革才能使新制度发挥其应有的作用。

（二）社会保障改革主要实施手段

在上述思想指导下，除土库曼斯坦外，其他中亚国家的社会保障改革步伐不断加快，采取的主要手段和形式是：货币化、定向化、社会化和保险化。

1. 社会保障货币化。社会保障货币化是指以货币津贴取代制度优惠，用现金对有权享受社会保障的公民进行分类补偿，即将过去国家提供的各种免费的福利待遇（比如免费交通、疗养等）改为给每个公民发放货币补助，将各种补贴由"暗补"改为"明补"。这样做的好处是既可以减轻国家的财政负担，又可让社会底层的公民真正享受到社会保障的好处，真正起到维护社会公正和稳定的作用。为了配合福利货币化改革，中亚国家均建立起社会保障水平与物价和工资联动机制，防止实际社会保障水平因通货膨胀或工资增长而落后。独立后最初几年，中亚五国出现的物价飞涨、通货膨胀加剧，使社会保障发放的金额迅速贬值，那些依靠社保金生活的年老者、残疾人、无赡养人的人、退伍军人等更是苦不堪言。针对这种情况，中亚各国政府及时改变了苏联时期制定的定期计算老残优抚金及退休金的办法，实行社保金指数化，使之能随物价或工资上涨而相应增长，比如哈萨克斯坦的社保金与物价联动，吉尔吉斯斯坦的社保金与工资联动，而塔吉克斯坦则是同时综合考虑物价和工资水平。

2. 社会保障定向化。社会保障定向化是指国家将社会救助和补贴的重点放在"帮助真正需要的家庭上",即主要用于公务人员和社会弱势群体(养老金领取者、残疾人、失业人员、单身母亲等),将有限的社保资金向最需要的人群倾斜,使弱势群体得到更多的保护。过去社会保障资金人人有份,现在则保证重点,将社会保障与社会福利的功能区分开来。社会保障主要是为失去基本生活保障风险的人群设置,而福利政策则是在生活有了基本保障后,为进一步提高生活水平而设置的,因此,社会保障只能提供给那些社会风险较大的公民,而不能像社会福利那样人人享有。通过扶弱济贫的方法,使社会保障达到稳定社会秩序、促进社会和谐的作用,同时,防止社会保障因负担太重和功能太多而影响经济发展。

3. 社会保障社会化。社会化是逐步推进社会保障事业的非国有化和社会化。国家允许多种所有制成分参与社会保障事业,允许集体或者个人办社会事业,破除过去全部由国家统管的做法,由国家完全包揽逐步转化为国家和社会共同管理。这是在市场经济改革新形势、新条件下,中亚国家社会保障政策改革的特点和发展方向。按照新的社会发展模式,社会保障资金将由国家、企业、个人共同承担,这样就拓宽了社会保障资金的来源,使社会保障的经费来源多样化。

4. 社会保障保险化。保险化是依照社会风险类别,采取社会统筹与公民自愿相结合、国家基本保障与个人账户相结合等方式建立保险基金,并由保险基金支付风险支出。采取社会保险制度的好处就是可以利用保险特有的"转移风险""均摊风险""经济补偿""资金融通"和"社会互助"等功能,将早先全由国家负担的风险和费用转由国家、单位和个人共同负担,这样既可以极大地减轻政府财政负担,还可以为国家筹集大笔发展资金。因此,中亚国家非常重视社会保险制度建设,特别是在养老、失业和医疗等社保费用支出的主要领域更是不遗余力地推行。

第二节 现行社会保障体系与政策

独立以来,经过近二十年的发展,中亚国家的社会保障制度已经发生了巨大的变化,各国间社保水平的差距也很大。最典型的两个国家是土库曼斯坦和哈萨克斯坦。

独立后,土库曼斯坦的社会保障基本沿袭了苏联的国家保障体制,继续实行高福利和高补贴政策。国家先后颁布了一系列加强社会保障的法律，比如《劳动保护法》《国家补贴法》《二战老战士地位及其社会保障法》《残疾人组织及其成员社会优待法》《儿童权益保护法》《食品安全法》等。法律规定，国家向居民永久性免费提供水、电、天然气和食盐，同时向低收入居民低价定量供应面粉、肉类、黄油、食糖等食品，控制公共交通工具的票价，实行免费医疗和九年制义务教育。

与土国不同的是，哈萨克斯坦借鉴国际（特别是拉美国家）经验，在社保领域作了重大改革。经过十多年的努力，至今已经建立了较为完整的适应市场经济的社会保障体系。按资金的来源划分，包括国家（财政预算支出）、单位和个人三部分；按保障的性质划分，主要包括社会救助、社会保险和社会福利三个部分。乌、塔、吉三国与哈国的改革相类似，但步伐稍慢于哈国。因此，本节将主要介绍除土库曼斯坦外其他四个中亚国家的社会保障体制，并以哈萨克斯坦为主。

一　社会救助和补贴体系

社会救助和补贴是国家对特殊人群的专项帮助。其资金来源于国家财政和社会各界捐助，社会成员没有缴费的义务。该项制度不以公民是否有工资收入为依据，只要公民属于立法和政策划定的范围之内，就能按规定得到应该享受的津贴服务。有权享受国家救助和补贴的这些特殊人群主要分为两大部分：一是对低收入和困难群体的专项救助。救助的范围仅限于残疾人、失业者、失去赡养人的人和法定贫困线以下的居民（法定贫困线是指收入低于人均生活必需品支出的40%）。二是对某些特殊人群的额外补贴，享受额外补贴的群体类别并不固定，而是随着国家发展的需要逐渐调整。目前包括：多子女的家庭（有5个以上年龄不到18岁的子女）、有残疾儿童的家庭以及核试验的受害者等，还有对国家有重要贡献的人，比如二战老兵、获得英雄称号或勋章的人、军烈属等。

在实际操作中，由于各地生活水平差别很大，因此，除个别项目外，中央政府对社会救助和补贴项目一般只做原则规定，具体发放标准则由各地区根据本地实际情况采用"生活必需品法"确定，国家不作统一规定。生活必需品法（又称为实际计算法或菜篮子法）是国际上通行的一种计算社保标准的方法。它利用劳动者家庭调查资料，求出满足居民最低生活所需个人消费品的主要项目清单和消费量，然后乘以该地区相应的市场价格，计算出购买这些消费品所需的费用支出，并以此为基础确定各地区以及各类人群的最低生活费、最低赡养人口费用和最低工资额等社会保障项目的标准。据统计，哈国2007年3月的人均生活必需品支出为8721坚戈（其中食品支出5232坚戈，非食品支出3489坚戈），年长者和退休人员的生活必需品支出为8136坚戈，不满13岁儿童为6946坚戈，18岁以上成年男子为10402坚戈。在此基础上，国家对残疾人和失去赡养人的人的全国平均补助额为每人每月6660坚戈。

近几年，随着经济不断好转，中亚国家的社会保障水平也逐渐提高，除原有的救助和补贴外，又增加了一些新的补贴项目，主要集中在三个领域：一是针对有困难的或是对国家有贡献的退休人员；二是针对生育的母亲和家庭；三是针对第二次世界大战老兵。如，哈萨克斯坦政府规定，对于达到退休年龄的苏联英雄、劳动英雄、获得荣誉勋章的人、残疾人、在战斗中负伤的军人、军烈属、受过政治迫害的人、从事特种服务的人以及多子女的母亲等人，除应得的法定退休金外，每月还可得到国家额外的专项补贴，数额为0.5—15个"月核算指标"（2006年平均月核算指标为1030坚戈，约合8.2美元）。为了鼓励生育，哈国于2005年6月28日通过了《有儿童家庭的国家补贴法》，规定了三种补贴方法：第一是生育补助，国家给每一个生产的家庭一次性发放15个"月核算指标"（当时相当于15450坚戈，约123美元）的补贴。第二是对有婴儿（不满1岁）家庭的补贴。根据各个家庭中婴儿的数量，而不论其收入多少，国家每个月给每个家庭3—4.5个"月核算指标"（2006年时相当于3090—4635坚戈，约合25—37美元）。第三是对有未成年儿童（不满18岁）的困难家庭的补贴。困难家庭是指人均收入低于人均最低生活必需品支出的家庭。2006年，哈国为执行此项法律共支出了171亿坚戈（约1.3亿美元）。目前，在哈萨克斯坦共有36660位参加过第二次世界大战的老兵。在2005年5月纪念卫国战争胜利60周年之际，他们每人获得了约合224美元的国家一次性补贴，另外，独联体国家还约定给予他们免费乘坐火车出行的待遇。

在提供物质帮助的同时，中亚国家十分重视社会服务体系建设，其中最典型的就是失业救济制度，下大力气解决就业问题。比如，哈萨克斯坦和乌兹别克斯坦在保障失业人员基本生活的同时，组建了国家就业机构，建立了帮助居民就业的社会保障基金会和数以百计的职业介绍所；加强失业保险服务和就业服务的有机衔接；及时进行失业登记，积极提供就业信息，全面开展就业指导和职业介绍，帮助失业人员在技能、心理方面提高竞争就业的能力；增加失业保险基金对职业介绍、职业培训的投入；通过直接组织培训和政府购买成果的形式，广泛开展技能培训，增强失业人员的再就业能力。

二 社会保险体系

1. 社会保险的对象。社会保险是指国家通过立法强制实行的，由劳动者、企业（雇主）以及国家三方共同筹资，建立保险基金，对劳动者因年老、工伤、疾病、生育、残疾、失业、死亡等原因丧失劳动能力或暂时失去工作时，给予劳动者本人或其供养的直系亲属物质帮助的一种社会保障制度。它具有保障劳动者基本生活、维护社会安定和促进经济发展的作用。其实施对象是与用人单位建立劳动关系且以工资收入为主要生活来源的劳动者，包括已退休人员。社会保险制度实行社会统筹与个人账户相结合制度，保险基金来源于用人单位和劳动者个人缴纳，国家财政作适当的补贴，在社会保险制度下，用人单位和劳动者缴纳社会保险费是一种法定义务，不得由个人选择。社会保险实行权利义务对等的原则，即劳动者只有尽了劳动和缴纳社会保险费的义务后，才能享受各种社会保险待遇。社会保险的险种根据劳动者遭遇劳动风险的不同而有不同的规定。目前，中亚国家主要的社会保险是养老保险、失业保险、失去劳动能力保险、失去赡养人保险和医疗保险等。

在中亚国家的社会保险体系中，哈萨克斯坦的养老保险改革举世瞩目，比较成功。1996 年，在养老金收不抵支的情况下，哈萨克斯坦政府决定迅速进行彻底的养老金制度改革，并把该项改革置于当年国家工作的核心地位，希望借此带动其他领域的改革。从 1998 年 1 月 1 日起，哈开始执行新的《养老保障法》。2003 年 4 月 25 日，哈国又通过了《社会保险法》。两项法律综合起来，构筑了较完整的社会保险体系。有权享受社会保险的公民是退休、失业、失去赡养人以及失去劳动能力这四类人群。

2. 社会保险积累方式。为了保证改革过程中的社会稳定，这两项法律规定，不管是何种所有制，都要执行宪法赋予公民的社会保障权利。只要公民履行了法律规定的缴费义务，包括在哈常驻的外国公民，都有权享受此项保险。社会保险实行现收现付制和完全积累制相结合。对截至 1998 年 1 月 1 日已经有 6 个月及以上工龄的在职职工实施现收现付制社会保险（按照现行法律，男子 63 岁退休，妇女 58 岁），而对不足 6 个月的新近参加工作以及将要参加工作的职工实行个人账户制。这意味着，哈国的现收现付制预计最早将于 2043 年结束，而彻底退出并完全被个人积累制代替则要等到2075年才可能实现。

个人账户的社会保险金由三部分组成，即国家基本社会保险、企业补充保险和个人自愿储蓄保险。国家基本社会保险金是国家为每一位达到法定社会保险标准的公民提供的生活保证，2006年的标准为每人每月3000坚戈。企业补充社会保险是国家强制职工所在单位缴纳，费率为国家法定最低工资的1.5%（2005年）、2%（2006年），2007年以后为3%。为了提高公民的社会保险水平，国家还鼓励职工自愿缴纳社会保险金或参加商业性保险，扩大个人账户余额。公民达到法定退休年龄、国家规定的残疾人标准或失业标准后，将可从其个人账户中领取社会保险金，其数额将取决于账户内累积的金额。这意味着，公民不仅能得到统一标准的国家补贴，还可根据先前缴费多少领取金额不等的社保金，实现社保金既按社会风险类别又按公民收入和缴费时间长短发放，从而最大限度地达到社会公平。社会保险金可以提前支取，但须满足一定的条件，如残疾人需要达到法定的一、二级残疾标准；失去劳动能力的人需要缴足一定的金额且最早可从55周岁起领取养老金。

截至2006年11月1日，哈国有权享受基本社会保险的人数为840.13万人，参加个人自愿储蓄保险的人数为3.67万人。其中最低退休金标准为9700坚戈/月（约77美元），全国平均退休金标准为13009坚戈/月，而同期的全国职工人均月名义工资为33807坚戈。从1998年1月1日建立个人账户开始至2006年11月1日，哈全国养老金个人账户累计金额为8440.86亿坚戈（约合65.94亿美元），累计发放金额为460.34亿坚戈（约合3.59亿美元）。

3. 社会保险金的管理运营。在社会保险金管理和运营方面，哈萨克斯坦成立了14家负责个人账户管理的保险基金托管机构和11家负责保险基金投资营运的资产公司。这些机构都由哈中央银行集中统一监管，但它们有的由国家组建，有的则属于私营性质（注册资本不得低于1.8亿坚戈）。为了保证社保基金保值增值，哈国采取了切实有效的监管措施：首先，确保职工权益。规定职工可自由选择一家社保基金托管机构加入，并有权要求该机构提供个人相关财务信息。除用于投资运营外，托管机构留存的社保基金数额不得少于两个季度的发放额。国家将社保基金与通货膨胀指数联动，防止其贬值。其次，建立社保基金托管和运行相分离的制度。托管机构只负责社保基金的积累和发放，但没有投资经营权。资产公司负责社保基金的运营并接受托管机构的监督。再者，对社保基金投资收益提出明确要求。国家规定，负责社保基金投资的各资产管理公司的投资收益率不得低于下面两个指标中较小的一个：一是所有资产管理公司平均收益的5%；二是所有资产管理公司平均实际收益数减去2%。若达不到上述要求并致使基金减少，其缺口将由托管机构或资产管理公司的核心资产来补足。最后，限制基金投资公司的投资方向。比如，存入中央银行的基金不能超过基金总额的30%、购买国家有价证券的基金不能少于基金总额的50%等。

三 社会福利体系

社会福利是指国家依法为所有公民普遍提供旨在保证一定生活水平和尽可能提高生活质量的资金和服务的社会保障制度。与社会救助类似，社会福利的资金来源于国家财政和社会各界捐助，社会成员没有缴费的义务。该项制度不以公民是否有工资收入为依据，只要公民在立法和政策划定的范围之内，就能按规定得到应该享受的服务。较社会保险而言，社会福利是较高层次的社会保险制度，它是在国家财力允许的范围内，在既定的生活水平的基础上，尽力提高被服务对象的生活质量。目前，中亚国家主要的社会福利是免费义务教育和免费基础医疗、住房补贴等。

1. 坚持实行免费义务教育。独立后，中亚国家继续坚持免费义务教育制度。各国新宪法都有对公民实行义务教育的规定。如《土库曼斯坦宪法》第35条规定："每个公民都享有受教育权。普通中等教育是义务制，人人都有权在国家教育机关中免费接受这种教育。"《吉尔吉斯斯坦宪法》第32条规定："公民都享有受教育权"，"基础教育是义务和免费的"。义务基础教育的时间一般是9年，包括初级阶段的1—4年级和普通中学阶段的5—9年级，相当于中国的小学和初中。9年级毕业后，学生可以升入普通高中（10—11年级，毕业后可考取大学）、职业技术学校和中等专业学校。但是近些年，一些中亚国家（比如乌兹别克斯坦和哈萨克斯坦）为了加强公民的文化水平及国际交流，均仿照发达国家开始实行12年义务教育制度。

2. 保证基本医疗免费。独立前，中亚国家实行全民免费医疗制度，所有医疗费用由国家承担。独立后，这种旧的医疗体制使国家财政负担沉重，难以为继，其中的很多政策事实上都是有名无实。为此，除土库曼斯坦外，其他中亚国家均进行了医疗体制改革，仅保证基本医疗免费（ГОБМП：гарантированный объем бесплатной медицинской помощи）。

基本医疗的范围由国家确定，其各项支出由中央和地方两级财政共同负担。超出基本医疗名单范围的疾病和费用则由公民自行承担。不过，新的医保制度在实践中仍然存在很多问题，主要是财政拨款缓慢，还常常拖欠，所以医疗单位总是尽可能多地开具超范围药单，让患者自费。

3. 尝试建立医疗保险制度。为了克服免费基本医疗制度的缺陷及进一步提高医疗保障水平，从20世纪90年代中期开始，中亚国家便在免费基本医疗制度的基础上，尝试建立医疗保险制度，即采取类似养老金制度的办法，国家给每个公民建立一个医疗保险账户，由国家提供一定金额的基本补贴，再由职工所在单位缴纳一定的费用，共同组成保险基金。职工还可自愿向账户交费。公民就医时，可从医疗保险账户中报销一定比例的费用。但这项改革进行得并不顺利，主要原因是责任不清，资金不足。由于没有划分好保险基金、参保人员和医疗单位三方责任。在实际操作中，参保人员及其所在单位往往因经济困难而拖欠保费，继而保险基金没有足够的资金支付医疗单位，长此以往医疗单位便拒绝救治参保人员，最后致使哈国的医疗保险制度困难重重。尽管如此，由于医疗保险制度是当今世界比较成熟的，总体来讲也是比较适合中亚国情的社会保障机制，所以中亚国家均努力推行该制度。

四　社会保障领域的主要问题及应对措施

中亚国家的社会保障改革是其整体市场经济体制改革的一部分。经过多年的实践，取得了很大的成就。但是同时，该领域的改革也遇到了一些问题，其中最主要的就是资金不足导致实际保障水平低。由于经济基础薄弱，政府财政收入不多，尽管中亚国家将很大比例的预算支出用于社会保障，但平均到每个有权享受保障的公民身上时，数额还是不多。在实践中也常常出现缴费不足导致服务不佳，服务差又使公民更不愿意缴费，结果导致服务更差这样的恶性循环。

为了发展经济，提高社会保障效果，中亚国家采取的措施主要是增加就业和鼓励社会参与。中亚国家都意识到，只有加大就业力度，企业和个人才能多缴纳社会保险等税费，才能增加国家财政收入，才能改善社保环境。为此，中亚国家均积极发展中小企业。中小企业投资少，见效快，能吸纳较多的劳动力，包括那些技能稍差、竞争能力不强的人参加工作，从而缓和国内紧张的就业问题。哈萨克斯坦1997年通过或颁布了《国家支持小型经营活动法》《个体经营活动法》《关于国家支持和活跃发展小型经营活动的措施》《关于落实国家对自由经营活动保证的补充措施》等法律和总统令，为发展中小企业和个体经营活动提供了法律保证。与此同时，中亚国家还积极采取优惠措施，吸引社会力量参与社会保障工作。哈萨克斯坦在全国各地建立 7 个"社会企业集团"（СПК：социально-предпринимательская корпорация）。集团实行股份制，由国家控股，可以吸收民间企业入股。与一般商业企业不同的是，"社会企业集团"的收益将用于公益事业，发展所在地区的社会、经济和文化建设。

本章小结

本章重点介绍了中亚国家社会保障事业的发展历程和现状。独立后，中亚国家普遍出现经济危机、政局不稳和社会问题严重等困难，致使苏联遗留的"全民"社会保障体制遭受极大冲击，迫使中亚国家根据本国国情制定新的社会保障制度。除土库曼斯坦继续沿袭苏联的国家保障体制，实行高福利和高补贴政策外，其他中亚国家的社会保障领域改革大体始于1996 年。改革的基本指导思想是"市场化和社会化"，即走市场化道路，借助社会力量，由原先的国家统一管理变为国家、集体和个人共同参与，建立与市场经济相适应的社会保障体系，为政治经济体制改革保驾护航。基本原则是：社会效益和经济效益相结合；风险和贡献相结合；社会保障改革与加强政府自身建设相结合。采取的主要手段和形式是：货币化、定向化、社会化和保险化。

经过十多年的努力，中亚国家至今已经建立了较为完整的社会保障体系，主要包括社会救助和补贴、社会保险和社会福利三个部分。

社会救助和补贴是国家对特殊人群的专项帮助。特殊人群主要分为两大部分：一是对低收入和残疾人、失业者、失去赡养人的人和法定贫穷线以下的居民困难群体的专项救助；二是对某些特殊人群的额外补贴，包括：多子女的家庭（有 5 个以上年龄不到 18 岁的子女）、有残疾儿童的家庭、核试验的受害者、第二次世界大战老兵、获得英雄称号或勋章的人、军烈属等。救助和补贴的资金来源于国家财政和社会各界捐助，社会成员没有缴费的义务。只要公民在立法和政策划定的范围之内，就能按规定得到应该享受的救助和补贴。

社会保险是指国家通过立法强制实行的，对劳动者因年老、工伤、疾病、生育、残废、失业、死亡等原因丧失劳动能力或暂时失去工作时，给予劳动者本人或其供养的直系亲属物质帮助的一种社会保障制度，包括养老保险、失业保险、失去劳动能力保险、失去赡养人保险和医疗保险等。实行社会统筹与个人账户相结合，劳动者只有尽了劳动和缴纳社会保险费的义务后，才能享受各种社会保险待遇。

　　社会福利是较高层次的社会保险制度，它是在国家财力允许范围内，在既定的生活水平基础上，尽力提高被服务对象的生活质量。目前主要包括：免费义务教育、免费基础医疗、住房补贴等。社会福利的资金来源于国家财政和社会各界捐助，社会成员没有缴费义务。只要公民属于立法和政策划定的范围之内，就有权享受此福利。

思　考　题

一　名词解释
　　1. 社会保险
　　2. 社会救助
　　3. 社会福利
　　4. 个人账户
　　5. "全民制"社会保障

二　简答题
　　1. 社会保险和社会救助的区别是什么？
　　2. 社会福利与社会救助的区别是什么？
　　3. 社会保险和社会福利的区别是什么？
　　4. 中亚国家社会保障改革的指导原则是什么？
　　5. 中亚国家社会保障改革的主要措施有哪些？

三　论述题
　　1. 试述中亚国家社会保障体系改革的背景及措施。
　　2. 试述哈萨克斯坦的现行社会保障体系。
　　3. 试述哈萨克斯坦的社会保障改革对中国的启示。
　　4. 通过对比哈萨克斯坦和土库曼斯坦两国的社会保障体制，说明哈国放弃"全民社保"体制是否是该国实行市场经济体制改革的必然结果。
　　5. 如何评价中亚国家社会保障改革的得失？

阅读参考文献

　　1. 郑功成：《社会保障学理念、制度、实践和思辨》，商务印书馆

2000年版。

2. 郑功成：《社会保障学》，中国劳动和社会保障出版社2005年版。

3. 龚维斌：《中外社会保障体制比较》，国家行政学院出版社2008年版。

4. 吕学静：《社会保障国际比较》，首都经济贸易大学出版社2007年版。

5. 赵常庆（分卷主编）：《十年巨变——中亚与外高加索卷》，东方出版社2003年版。

6. 《土库曼斯坦社会保障法》（Кодекс Туркменистана о социальном обеспечении）。

7. 乌兹别克斯坦劳动和社会保障部网站：http：//www.mintrud.uz/norms.php。

8. 哈萨克斯坦劳动和社会保障部网站：http：//www.enbek.kz/。

9. 吉尔吉斯斯坦劳动和社会发展部网站：http：//www.mlsp.kg。

10. 塔吉克斯坦总统网站：http：//www.president.tj/rus/pravitelstvo.htm。

第十二章　中亚国家对外经济关系

内容提要

中亚国家独立以后对外贸易增长十分迅速，但也存在贸易结构不平衡的问题。俄罗斯及其他独联体国家是其主要贸易伙伴，但近年来与非独联体国家的贸易额增长十分迅速。中亚国家在吸引外资方面取得一定成效，外资主要投向领域集中在能源、矿产资源等领域。哈萨克斯坦是吸引外资最多的中亚国家。中亚国家对外经贸合作发展迅速主要得益于独立以后对外经贸合作管理体制和法律体系的不断完善，增加了投资者的信心。中亚国家对外贸易政策的特点主要是：保持和发展与独联体各国合作是对外经贸关系中的优先方向；重视同本地区国家以及周边国家的合作；积极发展同非独联体国家的经贸往来；积极参与地区和多边经贸合作。中亚国家与中国经贸合作取得积极进展，合作水平、档次和规模都有很大提高。从长远看，双方合作潜力巨大。

第一节　对外经济关系的发展与现状

独立后中亚国家的对外贸易基本上是从零开始。各国成立了主管外贸的部门，先后颁布了本国的《对外经济活动法》和《外国投资法》。在国家对进出口经贸实施有效管理和建立健全相关法律和制度的过程中，中亚国家的对外经贸合作有了较快的发展。独立17年来中亚国家对外经贸合作特点主要是：

一　外贸额增长迅速商品出口多以原材料为主

中亚国家独立以后，对外贸易增长十分迅速。2006年，哈萨克斯坦外贸额达到619亿美元，是独立初期72亿美元的8倍多，乌兹别克斯坦外贸额增长近6倍，吉尔吉斯斯坦外贸额增长近4倍等（见表12-1）。

在进出口结构方面，由于大部分企业面临工艺落后，产品缺少竞争力，轻工业基础薄弱等问题，这就导致中亚国家出口商品以原料和初加工产品为主。进口商品则以日用品、高科技产品等为主。如哈萨克斯坦的原料和初加工产品占出口总额的近90%，吉尔吉斯斯坦以黄金为主的贵金属产品出口所占比例为35.2%，乌兹别克斯坦主要的出口商品仍为棉花、石油、天然气和黑色金属等。近年来，为扭转这种局面，中亚国家大力调整产业结构，积极推动进口产品替代计划，并取得初步成效。不过，由于这种产业结构是长期形成的，中亚国家在缺少资金的情况下，只有通过自己的资源优势来吸引外资，通过出口能源和资源类产品来积累国家经济发展所必需的资金。而且独立以后吸引的外资也大部分投入到这些领域，加大这些产业的生产和出口能力。因此，外贸商品结构不合理的状况短时间改变的可能性不大，估计还要持续一段时间。

表12-1　　　　　1992—2006年中亚国家对外贸易情况　　　　单位：百万美元

年份	哈萨克斯坦	乌兹别克斯坦	吉尔吉斯斯坦	塔吉克斯坦	土库曼斯坦
1992		1799	738	353	
1993	7164	1872	808	882	
1994	6792	5299	657	1039	3613
1995	12804	6002	931	1559	3245
1996	13844	9311	1343	1438	2693
1997	15005		1313	1496	1934
1998	13658		1355	1373	1612
1999	11307		1054	1208	2665
2000	12635	12087	1059	1459	4318
2001			943		4969
2002	16254	5700	1073	1457	
2003	21336	8669	1299	1678	6144
2004	32877	8669	1660	2290	
2005	45195		1780	2239	7569
2006	61900	10781	2727	3122	

资料来源：1.《走向新世纪的独联体国家》，中国统计出版社2000年版。
　　　　　2.张森主编：《俄罗斯和东欧中亚国家年鉴（2001—2002年）》，当代世界出版社2004年版。

二 独联体国家特别是俄罗斯是主要贸易伙伴

由于历史的联系,独立后最初几年中亚国家对外贸易仍以独联体国家为主要贸易伙伴。与此同时,发展与非独联体国家的经贸关系也是中亚国家重点方向,贸易额在各国对外贸易总额中的比重逐渐增加。现在,与非独联体国家的贸易额在一些中亚国家中占对外贸易总额的一半以上。

2006 年,乌兹别克斯坦同独联体国家的贸易额为 46.54 亿美元,占其贸易总额的 43.2%。其中,出口额为 26.86 亿美元,占其出口总额的 42.0%;进口额为 19.71 亿美元,占其进口总额的 44.8%。而同年与非独联体国家贸易额为 61.29 亿美元,占其贸易总额的 56.8%,已经超过一半。吉尔吉斯斯坦 2005 年外贸进出口总值 18.69 亿美元。在进出口总额中,与独联体国家的贸易额为 9.89 亿美元,同比增长 15.3%,占同期外贸总额的 55.6%。塔吉克斯坦 2006 年与独联体国家的贸易额已经不到贸易总额的一半。2006 年与独联体国家的贸易额为 12.86 亿美元,占总额的 41.2%;与非独联体国家的贸易额为 18.356 亿美元,占总额的 58.8%。非常有特点的是塔出口主要以非独联体国家为主,达到 12.128 亿美元,占出口总额的 86.7%;进口则主要来自独联体国家,为 10.998 亿美元,占进口总额的 63.8%。

三 吸引外资初见成效,对外经济合作方兴未艾

中亚国家独立以后把吸引外国投资,促进经济合作作为推动经济发展的重要途径。为吸引外资和保护国外投资者利益,五国都制定和完善了相关法律和法规。

除与世界各国开展全方位投资合作,各国也有自己的重点方向。

第一,继续保持与独联体国家,特别是俄罗斯的合作。比如俄罗斯在哈萨克斯坦和土库曼斯坦石油天然气领域、在塔吉克斯坦和吉尔吉斯斯坦的水电领域都有较大规模的投资。

第二,将周边国家作为合作的重点。主要包括中国、土耳其和伊朗等。现在中国已成为中亚国家最重要的合作伙伴之一。

第三,大力同西方国家建立经济合作关系。西方国家在中亚地区的投资主要集中在能源开发、采矿等领域。在其他领域投资非常有限。

到目前为止,哈萨克斯坦是中亚国家中吸引外资最多的国家。截至 2006 年 9 月底,外国投资累计 480 亿美元。外资投入的主要领域是石油天

然气、矿山冶金工业、金融、不动产、加工工业等。

乌兹别克斯坦到2006年底共引入外资200亿美元。外资投入的主要领域包括交通通信、能源、石化、轻工业等。

塔吉克斯坦吸引外资主要是在1997年内战结束以后才开始的。随着经济发展逐渐走上正轨，外资也进入塔其他一些重要经济领域。近9年来，塔共吸引合同外资额416亿索莫尼（约130亿美元）。主要投资国包括中国、哈萨克斯坦、俄罗斯、美国、意大利、英国、韩国、伊朗等。

在吉尔吉斯斯坦投资较多的国家主要有哈萨克斯坦、俄罗斯、中国和一些西方国家。目前，哈是吉最大投资者。哈对吉投资已经涉及吉经济的各个领域，特别是在金融领域，哈萨克斯坦银行业在吉投资扩张极为迅速，有的商业银行哈资所占比重已经超过90%。2007年哈吉双方共同创建投资基金会，其中，哈投资1亿美元，吉投资2000万美元，目的是为双方重点合作项目进行投资。金融、制造业和采矿业是吉吸引外资较多的行业。

第二节 对外经贸政策与发展战略

一 建立涉外经济管理机构制定和完善相关法律

独立初期，中亚国家基本上经济都处于混乱状态，国家还没有来得及制定明确的对外经济战略、方针和政策，对外贸易方面多数国家处于企业自发状态。为规范对外经贸活动秩序，促进对外经济联系，中亚国家作了多方面的努力，主要是：建立或确定相关涉外经济管理机构，制定相关法规、完善法律基础，在建立市场经济的同时实行对外开放政策，为外国投资者创造比较好的投资环境。

独立以后，中亚国家都在较短的时间内建立了负责国家管理对外经贸活动的部门和机构。哈萨克斯坦有能源工业与贸易部、对外经贸联络部、外国投资管理局等负责相关事务的管理。乌兹别克斯坦涉外机构主要有对外经济联络部等。吉尔吉斯斯坦对外经济活动领导机构主要由外交部、财政部、工业和贸易部及司法部共同管理。在吸引投资方面，吉成立了国家国有资产管理和吸引直接投资委员会。塔吉克斯坦对外经济活动主要由经济和贸易部负责管理。土库曼斯坦则成立了国家外国投资管理局，负责实施国家贷款政策和吸引外资。除了行政管理机构外，许多中亚国家还设立了专门的银行来负责处理相关金融问题，如哈萨克斯坦有对外经贸银行，乌兹别克斯坦有国家对外经济合作银行等。

在建立管理机构的同时，中亚国家还相继制定了相关法律和法规，以规范本国企业从事对外经贸合作以及外国企业在本国境内从事经营活动的行为。为此，中亚五国都制定了外国投资法、对外经济活动法等基本法律，对外国企业在本国境内的投资和经济活动提供必要的保障。还有一些国家根据自己的特点颁布了更为细致的相关法规和政策，其中包括对外国企业来本国投资所给予的优惠政策，如哈萨克斯坦的《办理外汇业务条例》《引进外国劳务的新规定》《关于借用外债和外债管理法》《自由经济区条例》等，乌兹别克斯的《外资政策》《对外国投资者在政策法规上给予的优惠和保障》等；吉尔吉斯斯坦的《外贸管理制度》等；塔吉克斯坦的《外汇管理法》《出入境管理法》等。为保护投资者的利益，避免双重征税，多数中亚国家还和俄罗斯、中国、伊朗、印度、美国、土耳其和韩国等国签订了鼓励和相互保护投资的协议。这些法律的大部分随着时间的推移，在经过一段时间实践检验后，都进行过进一步补充和修改。

二 对外经贸合作政策

中亚国家的对外经贸政策是在实践中不断发展完善的。归纳起来，中亚国家对外经济政策主要包括：国家经济体系由封闭走向开放；不以意识形态来左右国家对外经济关系，在对外经济关系中逐步实现多元化；与世界各国发展经贸合作既全方位又有重点；国家减少直接对对外经贸活动的干扰，依靠经济杠杆对其进行调节；逐步取消除军品和特殊用品以外商品进出口许可证和额度，取消一些公司对进出口的垄断权；停止易货贸易；降低进口关税，等等。

在对外经济技术合作中，中亚国家都十分注重招商引资，把吸引外资，提高本国企业技术水平和竞争能力作为国家基本战略之一。在哈萨克斯坦国家经济发展战略中，积极引进和有效利用外资被列为主要战略目标之一，而且把外国大量投资看作使哈萨克斯坦经济健康增长的重要基础之一。在《哈萨克斯坦—2030》发展战略中，开发自然资源、基础设施建设、交通和信息四个领域被列为对哈萨克斯坦来说具有永久意义的战略领域，它们需要外国资本，也需要国家严格的战略监控。[①] 到目前为止，哈萨克斯坦是中亚国家吸引外资最多的国家。

针对出口产品中原材料占较大比重的实际情况，中亚国家提出由传统

---

① [哈]努·纳扎尔巴耶夫：《哈萨克斯坦—2030》，哈萨克斯坦总统1998年国情咨文。

原料出口型向成品出口型转变的战略,而在进口方面,积极推行进口产品替代战略,以减少贸易逆差。吸引外资也是土库曼斯坦发展对外经济活动的战略重点,特别是在具有战略意义的领域欢迎外资的进入。

中亚国家都有自己的对外经济关系的战略目标。哈萨克斯坦、塔吉克斯坦和吉尔吉斯斯坦的战略目标都是通过开展对外经济活动使本国经济由封闭型转变为开放型,使本国经济与世界经济一体化,尽快融入世界经济体系之中。哈萨克斯坦对自己未来的定位是在中国、俄罗斯和穆斯林三个快速增长的世界之间发挥经济和文化联系纽带的作用。

中亚国家独立以后所奉行的对外经济交往的主要原则是:在独立自主、平等互利的基础上发展对外经济联系;对外经济活动要为国内经济发展服务;一切从维护本国的国家利益和民族利益出发,不受意识形态的束缚;按国际惯例办事,尽快使本国的对外经济活动符合国际标准。

三 对外经贸政策特点

中亚国家在对外经济关系中普遍实行的是全方位开放政策,欢迎世界各国与本国开展经贸合作。这是一个总的原则。但由于历史和现实的因素,在实际对外经贸活动中中亚国家表现出很强的特点,主要表现在以下几个方面。

（一）把保持和发展与独联体各国合作作为对外经贸关系中的优先方向

中亚国家独立以后都积极参与独联体活动,参与签订了独联体框架内主要经济技术合作协议,与独联体多数国家签订了众多的双边和多边经贸协定和经济技术合作协定。

在独联体建立初期,中亚国家在发展与独联体国家关系时,一般遵循几个重要原则:独立自主、平等互利地发展国家之间的关系;强调独联体国家之间历史上形成的经济上密切的联系,在维护国家主权的基础上实现经济一体化;参加独联体的活动应该有利于维护本地区的和平稳定与经济发展;积极支持加强独联体国家的经贸关系,但反对把独联体建成超国家机构。

由于独联体经济一体化发展进程的滞后,使中亚国家对独联体的运转状况感到失望,认为独联体没有真正发挥自己的作用。在这种情况下中亚国家对独联体的态度开始出现分化,有的中亚国家甚至宣布退出独联体。尽管如此,今后相当一段时间内,与独联体国家的经贸合作在中亚国家中占重要位置。1996 年,吉尔吉斯斯坦与独联体国家的贸易额占其贸易总额的65%，土库曼斯坦与独联体国家贸易额占其贸易总额的67.4%[①]。

（二）尤其重视与俄罗斯的经济关系

在独联体内部，中亚国家都把与俄罗斯的经济关系看作最重要的经贸关系，尤其是哈萨克斯坦、吉尔吉斯斯坦和塔吉克斯坦都把俄罗斯作为经济交往最优先的方向。哈萨克斯坦1995年与俄罗斯签署《友好合作互助条约》，其中就有加强经贸关系的内容。吉尔吉斯斯坦也称俄罗斯是吉在独联体中的主要战略伙伴。乌兹别克斯坦独立以后有一段时间和俄罗斯关系比较紧张，离俄亲美现象比较严重，但在2005年安集延事件发生以后又走向靠近俄罗斯，参加了由俄罗斯主导的欧亚经济共同体，在政治经济上与俄罗斯建立了更加密切的关系。在经济上主要表现是乌兹别克斯坦与俄罗斯及其他独联体国家的贸易额显著增加。

（三）重视同本地区国家以及周边国家的经贸关系

中亚国家之间多数国家互为邻里。与中亚国家互为邻里的周边国家还包括俄罗斯、中国、阿富汗、伊朗等国。因为中亚国家之间在苏联时期形成的密切关系，所以中亚国家都把与本地区国家的关系放在十分重要的地位。从中亚经济合作组织的建立以及哈萨克斯坦积极推动中亚国家联盟体现了中亚国家的经济外交政策取向。中亚合作组织成立于2002年2月28日，其前身是中亚经济共同体，成员包括哈萨克斯坦、乌兹别克斯坦、吉尔吉斯斯坦和塔吉克斯坦。该组织成立之初主要目的就是寻求区域经济一体化，互相帮助，加快发展地区经济，提高地区经济话语权，自己的事自己做主。2004年俄罗斯加入该组织。2005年10月6日，中亚合作组织在俄罗斯圣彼得堡举行元首峰会时在俄罗斯的主导下通过决议将该组织并入欧亚经济共同体，使中亚国家经济与俄罗斯经济以及欧亚经济共同体成员国之间经济更加密切结合在一起。中亚国家经济一体化的尝试被中断。2005年9月在塔吉克斯坦首都杜尚别举行的欧亚经济共同体政府首脑会议上决定，从2006年起欧亚经济共同体成员国将开始实施统一关税制度。

在中亚合作组织并入欧亚经济共同体以后，中亚国家领导人一直也没有放弃建立只有中亚国家参加的经济一体化组织。在这方面哈萨克斯坦的态度更加积极一些。哈萨克斯坦总统纳扎尔巴耶夫在2005年国情咨文中再次呼吁建立中亚国家联盟。按照哈萨克斯坦的设想，该联合体应该以哈

[①] 郑羽主编，李建民副主编：《独联体十年：现状、问题、前景》（上卷），世界知识出版社2002年版，第209—210页。

萨克斯坦、乌兹别克斯坦和吉尔吉斯斯坦三国签订的永久友好条约为基础，同时也欢迎中亚地区其他国家加入。这个联盟应该向着统一市场和统一货币的方向努力。

中亚国家也十分重视与该地区周边国家的经贸关系。中亚国家与阿富汗经贸关系十分密切，积极参与阿富汗的经济重建工作。伊朗也在中亚国家对外经济关系，特别是在塔吉克斯坦对外经贸关系中占有十分重要的位置。伊朗是塔吉克斯坦棉花的主要出口国之一，2006年进口塔的棉花占塔棉花出口总量的17%。根据塔国家统计委员会资料，伊朗在塔出口国中位于第三位[①]。

（四）积极发展同非独联体国家经贸关系

中亚国家在努力保持与独联体国家传统经济联系的同时也积极发展同世界上其他国家的经济关系，其中特别注重发展与美国、日本、韩国、土耳其、欧盟国家的经贸关系，一方面争取他们的援助项目；另一方面争取这些国家的投资，将其作为摆脱对俄罗斯的过度依赖和控制的手段和途径。这种政策直接的结果是导致同独联体国家贸易额在中亚国家贸易总额中所占比重在逐年减少。

哈萨克斯坦1994年与独联体国家的贸易额占本国对外贸易总额比重为59.6%，到1999年已经降至31%。1996年吉尔吉斯斯坦与独联体国家的贸易额占其贸易总额的比重65%，到2005年这个比例已经降到55.6%；塔吉克斯坦2005年与非独联体国家的贸易额已经占到贸易总额的53.4%；乌兹别克斯坦2005年与独联体国家贸易额占其贸易总额的35.8%，与非独联体国家贸易额占其当年贸易总额的68.2%。

（五）积极谋求参与重要国际经济组织加强区域经济合作

作为巩固国家独立，争取国际组织和国际金融机构的支持与援助，促进本国经济快速发展的重要途径，中亚国家都积极参加国际组织，特别是重要的国际经济组织，在多边框架下开展区域经济合作，使本国经济尽快与世界经济融为一体。即使在政治上采取"中立"政策的土库曼斯坦在经济上对与国际经济组织的合作也并不排斥。

独立伊始，中亚国家就作为平等创始国参加了独联体，签署了在独联体各经济领域签订的众多的合作协议，如1993年9月24日签署了建立经济联盟条约，1994年又通过建立独联体自由贸易区协议。协议众多，但

---

① 《2006年塔吉克斯坦对外贸易回顾》，中国驻塔吉克斯坦大使馆商 http://tj.mofcom.gov.cn/aarticle/ztdy/200702/20070204364809.html。

由于各种原因,真正得以实行的协议非常少。

哈、吉、塔、乌四国还参加了 2000 年由哈、俄、白、吉、塔五国在"关税同盟"基础上成立的欧亚经济共同体和 2001 年成立的上海合作组织。这两个国际组织是目前中亚地区在经济上最有影响力的国际组织。欧亚经济共同体成员国经济一体化,特别是在海关、关税、贸易政策等方面合作程度已经相当深入。上海合作组织经济合作也是该组织一项非常重要的内容。中亚国家还参加了世界银行、国际货币基金组织、亚洲开发银行等国际金融机构,与它们展开了非常密切的合作,并从这些银行获得大量优惠贷款。此外,中亚全部或部分国家参与的国际经济组织和金融机构还有联合国亚洲和太平洋经济社会委员会、中西亚经济合作组织、亚太经济合作组织、里海合作区、欧洲复兴开发银行、伊斯兰发展银行等。有材料说,仅哈萨克斯坦正式参加的国际经济组织就有 20 多个。中亚国家参加的国际经济和金融组织大体相同,只是土库曼斯坦参加独联体及中亚地区的多边经济合作比较少。

中亚国家中,吉尔吉斯斯坦早在 1998 年率先加入世界贸易组织。其他国家现在也在进行入世谈判。

(六)以建立"自由经济区"和"经济特区"来促进对外经济合作

中国建立经济特区的成功经验也给中亚国家一定的启示。为了吸引外国企业投资,吸收和引进国外先进技术和管理经验,推动进口替代产品生产,增强本国产品的质量和竞争能力,中亚一些国家也建立了"自由经济区"或"经济特区"。一些国家还专门为此立法。一般情况下,在自由经济区和经济特区内企业可享受如税收优惠、取消或降低区内企业生产的出口产品关税及简化其商品过境手续等优惠政策。在 1991—1999 年期间,吉尔吉斯斯坦先后建立了"纳伦""卡拉科尔""比什凯克"和"马伊马克"4 个自由经济区。哈萨克斯坦在阿斯塔纳和克孜勒奥尔达等城市建立了经济特区。土库曼斯坦在 1999 年已经建立了 8 个自由企业活动经济区和两个自由经济区。2007 年 6 月更是计划将里海沿岸城市土库曼巴希市定为自由经济区。不过,独立以后中亚国家的"自由经济区"开办了不少,但多数效果并不很好。

第三节 中亚国家与中国的经贸关系

中亚国家独立以后,其与中国的经贸合作基本是从零起步。近年来双边贸增速明显加快，经贸关系越来越密切，中国已经成为中亚国家最重要的伙伴之一。中国与中亚国家除了签署有关法律文件，还建立了政府间经贸科合作委员会。各类经贸合作混委会每年都要举行例行的会议，制定经贸合作计划，讨论经贸活动中存在的问题，对加深彼此了解，扩大经贸合作起了积极作用。

一 中亚国家与中国经贸关系特点

1. 彼此都非常重视与对方的经济合作，都有进一步发展经贸合作的强烈愿望，在政治关系等方面没有阻碍经贸合作的任何障碍。

2. 中亚国家与中国经济合作起步晚，发展快，合作范围和层次不断扩展。中国与中亚国家建交第一年即1992年，其与中亚五国的贸易总额为4.6亿美元，2006年已经达到120.6亿美元，14年中增长了25倍。

表 12–2　　　　　中亚国家与中国的贸易规模　　　　　单位：亿美元

年份	土库曼斯坦	乌兹别克斯坦	吉尔吉斯斯坦	哈萨克斯坦	塔吉克斯坦	当年总额
1992	0.045	0.4752	0.3549	3.691	0.0275	4.5936
1993	0.0465	0.5426	1.0242	4.3473	0.1236	6.0842
1994	0.1126	1.2367	1.05	3.35	0.0318	5.7811
1995	0.176	1.1855	2.31	3.91	0.2386	7.8201
1996	0.1147	1.8725	1.0548	4.599	0.1172	7.7582
1997	0.1524	2.0291	1.0662	5.2741	0.2023	8.7241
1998	0.1252	0.9025	1.98	6.36	0.1923	9.56
1999	0.0949	0.4034	1.3487	11.3878	0.0804	13.3152
2000	0.1616	0.5147	1.7741	15.5696	0.1717	18.1917
2001	0.3271	0.538	1.1886	12.8837	0.1076	15.045
2002	0.8752	1.3178	2.0187	19.5474	0.1239	23.883
2003	1.13	3.4706	3.143	32.8643	0.3882	40.9961
2004	0.9874	5.7551	6.0229	44.9823	0.6893	58.437
2005	1.0987	6.8056	9.722	68.1032	1.5794	87.3089
2006	1.7858	9.7209	22.257	83.5778	3.2378	120.5793

* 资料来源：根据独联体统计年鉴有关年份编辑。

3. 中亚各国与中国的贸易规模上存在较大差距。其中，中哈贸易增长最快，贸易额最多，2006年仅双边贸易额就已经达到83.6亿美元，占中国与中亚国家贸易总额的 69.31%。与土库曼斯坦的双边贸易额仅有 1.8 亿美元，仅占中国与中亚国家贸易总额的 1.48%。中亚各国在中国与中亚国家贸易总额中所占比重情况见图 12-1。

```
土库曼斯坦 1.48%
塔吉克斯坦 2.69%
乌兹别克斯坦 8.06%
吉尔吉斯斯坦 18.46%
哈萨克斯坦 69.31%
```

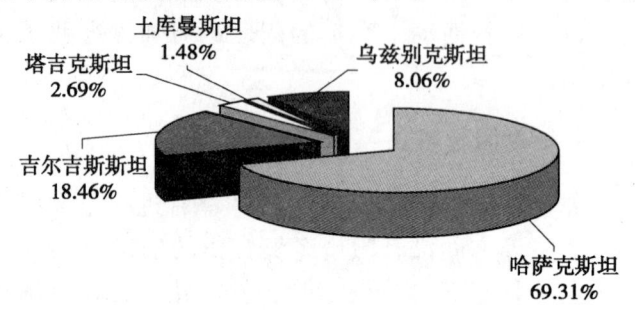

图 12-1　2006 年中国与中亚五国贸易各国所占比重

4. 投资合作规模有限。与双边贸易快速发展相比，中亚国家与中国相互投资却相对滞后。目前双方的投资合作以中国对中亚国家的投资为主，且重点投资领域相对集中在能源、水电、采矿等资源性部门，合作规模和档次都有待进一步提高。

5. 从进出口平衡情况看，从 2005 年开始，中国对中亚国家已基本从过去的贸易逆差转为贸易顺差。

二　发展前景

总体看，中国与中亚国家在贸易和经济技术合作方面存在较强的互补性，合作潜力巨大，前景广阔。中国出口以工业制成品为主，进口以能源和原材料为主。中亚国家向中国出口的商品以原材料为主，而进口以轻纺产品、食品、家用电器、化工原料等为主。近年来，中国出口有关国家的商品结构也在不断优化。与独立初期中国出口商品以食品、鞋帽和羽绒制品为主不同，目前机电、音响设备及其零件和附件、计算机和生物制药等技术含量高的产品的比重明显增加。

中国企业正在进入中亚，参与能源、机电、建筑、建材、电信、农业的开发。中亚国家具有的石油、天然气、矿产、水力等自然资源优势，为双边开展合作创造了条件。随着一批大型合作项目完工以及新项目开工建设，特别是中吉乌公路和铁路、中哈石油管道二期工程、中哈天然气管道、中土天然气管道项目都将极大促进中国与中亚国家的经贸合作规模和档次。近年来，随着中亚国家经济发展，有越来越多的有实力的大公司也开始到国外进行投资，中国是一个重要选择。几年来，中亚国家在中国的投资有逐年增加的趋势。过去中亚国家企业在中国的投资主要集中在中西部地区，现在也开始向中国东部和南方地区发展，甚至出现哈萨克斯坦商人到海南省投资旅游业的情况。以上变化预示着双方合作潜力巨大，前景非常广阔。

本章小结

本章主要讲中亚国家的对外经济关系。第一节重点介绍中亚国家对外经济关系的发展与现状。独立以后中亚国家对外贸易特点一是外贸额增长迅速，外贸商品出口多以原材料为主，近年贸易结构有所改善；二是独联体国家仍然是中亚国家主要贸易伙伴，但近年同非独联体国家的贸易额在迅速增加；三是吸引外资初见成效，对外经济合作方兴未艾。第二节主要是介绍中亚国家的对外经贸政策和发展战略，主要包括建立对外经贸管理机构，制定和完善相关法律。在发展对外经贸关系方面，中亚国家都把保持和发展与独联体各国关系作为对外经贸关系中的优先方向，尤其重视与俄罗斯的经济关系，但也注重对外经贸关系的多元化。中亚国家对外经济交往的主要原则是：在独立自主、平等互利的基础上发展对外经济联系；对外经济活动要为国内经济发展服务；一切从维护本国的国家利益和民族利益出发，不受意识形态的束缚；按国际惯例办事，尽快使本国的对外经济活动符合国际标准。第三节主要讲中亚国家与中国的经贸关系。总体看，中国与中亚国家经贸关系呈现出几方面的特点：第一是彼此都非常重视与对方的经济合作；第二是双边贸易额增长极为迅速；第三是总体上双方经济合作规模有限，存在诸多不平衡情况；第四是经济结构互补性强，进出口商品结构不断优化；第五是经贸合作潜力巨大，前景广阔。

思 考 题

一　名词解释
1. 中亚合作组织
2. 欧亚经济共同体
3. 中亚国家联盟
4. 区域经济合作
5. 中哈天然气管道

二　简答题

　　1. 中亚国家进出口商品结构都有哪些特点？
　　2. 近年来中亚国家主要贸易伙伴发生了哪些变化？
　　3. 中亚国家对外贸易中有哪些不平衡状况？
　　4. 中亚国家对外经济政策和原则是什么？
　　5. 中亚国家都参加了哪些区域性国际组织？

三　论述题

　　1. 中亚国家独立以后对外经贸合作的特点是什么？为什么会具有这样的特点？
　　2. 论述中国与中亚国家经贸合作特点。
　　3. 为什么中亚国家在对外经济合作方面既重视俄罗斯也要实行多元化战略？
　　4. 中亚国家为什么加入独联体，你对独联体的未来和前途怎么看？
　　5. 你对推动中国与中亚国家经贸关系有什么好的想法和建议？

阅读参考文献

　　1. 陆南泉主编：《独联体国家向市场经济过渡研究》，中共中央党校出版社1995年版。
　　2. 赵乃斌、姜士林主编：《东欧中亚国家私有化问题》，当代世界出版社1995年版。
　　3. 赵常庆主编：《中亚五国概论》，经济日报出版社1999年版。
　　4. 赵常庆（分卷主编）：《十年巨变——中亚与外高加索卷》，东方出版社2003年版。
　　5. 赵常庆等：《中亚五国与中国西部大开发》，昆仑出版社2004年版。
　　6. 王海燕主编：《经济合作与发展——中亚五国与中国新疆》，新疆人民出版社2003年版。
　　7. 杨恕：《转型中的中亚和中国》，北京大学出版社2005年版。
　　8. 秦放鸣等：《中亚市场新视角》，中国社会科学出版社2006年版。
　　9. 赵常庆编著：《列国志——哈萨克斯坦》，社会科学文献出版社2004年版。
　　10. 孙壮志、苏畅、吴宏伟编著：《列国志——乌兹别克斯坦》，社会科学文献出版社2004年版。

11. 刘庚岑、徐小云编著：《列国志——吉尔吉斯斯坦》，社会科学文献出版社 2005 年版。

12. 施玉宇编著：《列国志——土库曼斯坦》，社会科学文献出版社 2005 年版。

13. 刘启芸编著：《列国志——塔吉克斯坦》，社会科学文献出版社 2006 年版。

14. 吴宏伟：《中亚人口问题研究》，中央民族大学出版社 2004 年版。

15. 赵常庆、吴宏伟、包毅：《"十一五"期间中国参与中亚区域经济合作构想研究》，载《新世纪、新战略》，中国计划出版社 2007 年版。

16. 张宁：《上海合作组织的经济职能》，吉林文史出版社 2006 年版。

17. 赵会荣：《大国博弈——乌兹别克斯坦外交战略设计》，光大出版社 2007 年版。

18. Асанканов А. Бедельбаев А. Кыргыз Республикасынын тарыхы. Бишкек. Кыргызстан басма үйү. 2000 г.

19. В. А. Ермаков. Казахстан в современном мире. Алматы. 1998 г.

20. Казаксиан тарихы. Алматы. 《Дәуір》 баспасы. 1994 г.

21. Основные показатели социально экономического развития республики Узбекистан за 1998—2001 год. Ташкент.

22. Абдижапар Абдакимов. История Казахстана. "Казахстан". Алматы. 2003 г.

23. Х. Бобобеков, Ш. Каримов . т. д. Ўзбекистон тарихи. Тошкент. 2000 г.

乌克兰等国家篇

第十三章　新东欧六国独立前的经济概况

内容提要

乌克兰、白俄罗斯、摩尔多瓦和波罗的海三国（即立陶宛、拉脱维亚和爱沙尼亚）在地理位置上同处欧洲东部地区，独立后又都强调自己是欧洲国家。因此，我们在对苏联15个国家分类时，不妨将其称作新东欧六国。

新东欧六国曾是苏联最重要的地区之一，总面积超过100万平方公里，总人口约7070万。[①] 这几个国家具有下述特点：第一，它们都是多民族国家，而且都具有悠久的历史。第二，它们曾经是苏联时期最重要的经济地区之一。第三，它们是苏联各加盟共和国中率先宣布独立的一批国家。第四，它们的地缘战略地位非常重要。本章介绍独立前乌克兰、白俄罗斯、摩尔多瓦、立陶宛、拉脱维亚和爱沙尼亚的经济概况。

第一节　独立前的乌克兰经济

一　资源储备和工业发展

乌克兰国土面积占全球陆地总面积的0.4%，占欧洲次大陆的5%。就此而言，乌克兰可被视为欧洲第二大国，仅次于俄罗斯。在苏联，乌克兰的经济规模居第二位，仅次于俄罗斯，是哈萨克的2倍。乌克兰的人均国内生产总值（以名义汇率计算）在苏联地区15国中名列第7位，居波罗的海三国、俄罗斯、哈萨克和白俄罗斯之后。

乌克兰曾是苏联第二大加盟共和国。悠久的历史、灿烂的文明给乌克兰人民带来了丰厚的历史遗产。基辅罗斯时代的精神财富、哥萨克时期的民主成就和苏维埃时期的科技成果为乌克兰社会经济的发展奠定了坚实的

---

① 张森等主编：《1999年俄罗斯和东欧中亚国家年鉴》，当代世界出版社2001年版。

基础。

乌克兰的经济区域分为三个部分：顿涅茨—第聂伯河沿岸经济区、西南经济区和南方经济区。顿涅茨—第聂伯河沿岸经济区位于乌克兰东南部，是乌克兰最大的重工业区，农业生产也较发达。西南经济区是乌克兰面积最大、人口最多的经济区，农业发达，工业发展水平相对比较低。南方经济区包括克里米亚自治共和国、尼古拉耶夫州、敖德萨州、赫尔松州，是面积和人口最少的经济区。该地区是加工型工业区，机电、食品工业和轻工业较发达。农业以种植业为主，是乌克兰优质冬小麦等农作物的重要产区。此外，该地区的海运和旅游业都很发达。

据20世纪70年代统计，乌克兰土地面积不足苏联总面积的3%，但其拥有的自然资源潜力却占全苏的13%。乌克兰自然资源结构中占主导地位的是土地资源、农业气候资源、矿藏资源、水利资源、森林资源和旅游资源。土地资源占资源总额的44.4%、矿藏资源占28.3%、水利资源占13.1%、旅游资源占9.5%、森林和动物资源占4.7%。

乌克兰的经济地理位置非常优越，几乎所有国土面积都很有利于工农业生产和交通运输的发展。其拥有的黑土地约占世界总量的30%，农业用地约占全部国土面积的70%，可耕地面积超过55%，名列世界前茅。乌克兰居民人均拥有的耕地面积由外喀尔巴阡地区的人均0.15公顷，到尼古拉耶夫、赫尔松和基洛夫格勒等地的1.3—1.5公顷不等，全国人均为0.78公顷。

乌克兰的矿产资源（尤其是黑色金属）非常丰富。1990年开采的矿物资源为210亿美元，占世界第8位。[①] 乌克兰拥有的锰矿石储量占世界的20%（其中50%是富矿）、铁矿石超过世界铁矿石总储量的5%。第聂伯河流域的锰矿是世界上最大的锰矿。铁矿石主要产地是克里沃罗格、刻赤、克列缅丘格、别洛泽尔斯科耶四大矿区。其中克里沃罗格矿区是世界上最大的铁矿之一。除了黑色金属外，乌克兰还拥有镐、钴、铌、铬等稀土金属矿藏。乌克兰燃料能源中煤炭储量极其丰富，但石油和天然气储量较为有限。

无论在革命前的俄国，还是在苏联，乌克兰都是最重要的经济地区之一。18世纪，乌克兰封建农业经济发展迅速。18世纪后半期，封建农奴

---

① ［乌］帕夫洛夫斯基：《过渡时期的宏观经济——乌克兰的改革》，何宏江等译，民主与建设出版社2001年版，第27页。

制度逐渐瓦解，资本主义制度开始在乌克兰形成。1913年，乌克兰生产的工业产品占俄国全部工业产品的20%以上，煤占78.2%，钢占57.7%，铁占2/3。然而，在经历了第一次世界大战、国内战争和外国武装干涉的多年战乱后，乌克兰经济遭受了严重打击。为了重振经济，乌克兰参加了列宁倡导的全国电气化计划，实行新经济政策。第二次世界大战再次使乌克兰经济遭到很大的破坏。第二次世界大战后乌克兰迅速恢复国民经济，并在第二次世界大战后第一个"五年计划"期间就超过了战前水平。

在加入苏联的60多年中，乌克兰经济获得了显著的进步，发展成为一个工农业都比较发达的共和国。1980年乌克兰工业产值超过1940年13倍，超过1913年103倍。1980年农业产值比1940年增加了1.1倍。[①] 至1991年，乌克兰的国民生产总值和国民财富在全苏经济中的比重分别占16.5%和16.8%。在这期间，人民生活水平也得到了很大的提高。但至独立时，乌克兰的人均国民生产总值、人均国民财富和人均消费水平均低于全苏水平，分别为全苏水平的92%、93%和97%。

从20世纪70年代起，乌克兰和苏联的其他共和国一样，经济增长速度放慢，计划经济模式显露出严重的弊端。尽管20世纪80年代以后苏联进行了一些改革，但经济发展始终没有脱离中央计划经济体制，经济发展基本陷入停滞状态，人民生活水平提高迟缓。

总的说来，由于自然资源比较丰富，乌克兰经济多样化程度较高。产业结构的主体是工业和农业。1990年在工农业总产值中，工业占75%，农业占25%。而当时全苏的平均水平分别是80.8%和19.2%。

乌克兰工业基础比较雄厚，其中重工业和国防工业比较发达，轻工业相对薄弱。1990年工业产值为1469亿卢布，占全苏工业产值的16%。乌克兰许多工业部门在苏联占有重要地位，多种工业产品名列前茅，为苏联经济及乌克兰自身的经济发展起过重要作用。

1990—1991年，乌克兰产煤量占世界总量的4%，因此煤炭工业是乌克兰最重要的工业支柱，顿巴斯是煤炭生产的主要基地。乌克兰铁矿石产量占苏联的44.5%，钢产量为5260万吨，占全苏总产量的34.1%。是苏联第二大钢铁生产基地。1990年，乌克兰的电力工业，尤其是核电站比较发达。1990年的发电量占全苏的17.3%。80年代以来，由于采矿业部门的发展潜力日益减少，工业结构开始向技术密集型倾斜，一些高科技产

[①]《苏联百科手册》，山东人民出版社1988年版，第687页。

品的生产已初具规模。此外,家用电器、纺织、化学和食品加工等部门的生产也有较大的发展潜力,其产量在苏联工业部门中均占有较大的比重。

二 农业发展情况

乌克兰拥有丰富的农业资源和良好的农业生产条件。独立前,乌克兰曾是苏联最为发达的农业生产基地之一,长期享有"苏联粮仓"的美誉。1990年,乌克兰农业总产值占苏联的22.5%,远远高于其土地面积和人口在苏联所占的比重。如1986—1990年,乌克兰的可耕地面积虽然只占苏联的15%,但它生产的谷物、肉和向日葵籽却占整个苏联产量的24%、22%和44%。

在苏联时期,乌克兰农产品不仅保证了自己的内部需求,而且还向其他国家出口大量农产品。农产品是乌克兰对外贸易的重要组成部分。1985—1990年,农产品出口占乌克兰出口贸易的18%—19%。乌克兰还是苏联时期最大的畜牧业产品、糖、罐头水果和面包制品出口国。乌克兰的食品出口占苏联各加盟共和国之间食品贸易的35%。因此,它在满足苏联的食品需求方面发挥了举足轻重的作用。但乌克兰也进口了大量食品,1985—1990年的进口量占进口总量的10%—12%。乌克兰传统的出口农产品主要包括谷物、食糖、植物油、蔬菜、水果、肉和奶制品。在苏联时期,乌克兰的出口农产品主要销往苏联的其他共和国(占90%以上),而乌克兰的农产品进口则主要来自苏联以外的国家(占50%以上)。

乌克兰农业主要由种植业和畜牧业构成。在20世纪80年代末和90年代初,种植业和畜牧业分别占农业产值的45%和55%。1990年,粮食产量为5100万吨,占全苏的23.4%,人均产量为982公斤,大大高于俄罗斯和苏联的平均水平(751公斤)。乌克兰的畜牧业也相当发达。主要畜产品有牛、羊、猪、马和家禽。1990年肉产量为435.8万吨,占全苏的21.8%。向全苏交售的肉为全部采购量的24.3%。

三 基础设施

乌克兰位于欧洲腹地,交通地理位置非常优越,境内海、陆、空交通都很发达。公路运输在乌克兰交通运输结构中占据主导地位。乌克兰境内公路纵横交错,四通八达,其运输能力及条件均优于苏联地区其他国家。铁路是乌克兰长途货运和客运的主要工具之一,其在客、货运输中位居第二。管道运输在乌克兰货物运输中占据第三位。乌克兰管道总长度为4.02

万公里，其中天然气管道 3.48 万公里，占 87%，石油管道 2500 公里，占 6%，石油制品管道 2900 公里，占 7%。乌克兰拥有许多天然深水良港。敖德萨是乌克兰最大的海港。其他主要港口包括尼古拉耶夫、奥查科夫、赫尔松、刻赤、塞瓦斯托波尔、叶夫帕托里亚等。其中深水不冻良港塞瓦斯托波尔是黑海舰队司令部驻地。乌克兰各大城市均有设备良好的机场，国际和国内的航空客货运输都很方便。

第二节 独立前的白俄罗斯经济

20 世纪 80 年代中期以前，白俄罗斯人的生活水平在苏联各加盟共和国中名列前茅。1990 年，它的国民生产总值和国民财富在全苏联所占的比重分别为 3.8% 和 3.7%，仅次于俄罗斯、乌克兰和哈萨克。按人均计算，白俄罗斯的经济发展水平和人民生活水平高于苏联平均水平。如在 1990 年，白俄罗斯的人均国民生产总值、人均国民财富和人均消费水平分别为苏联的 106%、103% 和 108%，均居第 5 位，仅次于波罗的海三国和俄罗斯。

一 自然资源

白俄罗斯的自然资源不是非常丰富，境内已经发现的矿产约有 30 种。其中主要矿藏有钾盐、泥炭、岩盐、石油等。能源和原材料绝大部分靠进口。泥炭是白俄罗斯主要燃料资源，其总储量占全苏总量的 7%。由于泥炭储量比较丰富，因此以泥炭开采为主的燃料工业相当发达。著名的波列西耶沼泽地是泥炭的主要产地。白俄罗斯钾盐储量占欧洲第二位。位于普里皮亚季湾的大型盐矿面积超过 2.6 万平方公里，盐层厚度为 2—3 公里，储量约达 200 亿吨。其他主要矿产包括油页岩、煤、褐煤、铁矿石、铜、镍、铝、锌、钼、铌、钽、铍等。

白俄罗斯森林资源比较丰富，森林覆盖率约占 40%。分布最广泛的森林树种是松树、云杉、桦树、黑赤杨、柞树和山杨。除了丰富的木材资源外，森林野果、蘑菇、药材、养蜂业资源和森林动物资源也很可观。从 1991 年起，外国狩猎者可以在白俄罗斯的林地里狩猎。森林猎物达 50 多种。

白俄罗斯水资源很丰富。大小河流两万多条，总长 9.06 万公里。有 1 万余个湖泊，享有"万湖之国"的美誉。在中等降水年头，河水流量为

300多亿立方米，湖水储量为70亿立方米。地下水多为高质量的饮用水，勘测储量约为160多亿立方米。矿泉水资源很丰富，但大多未得到应有的开发。

白俄罗斯是苏联工农业生产都比较发达的共和国之一，不仅拥有门类比较齐全的工业，而且还拥有机械化程度较高的农业。1990年，其工农业产值在苏联经济中的比重为4.1%和5.9%，分别占第三位和第四位。

二 工业基础

在苏联时期，尤其是在第二次世界大战后，白俄罗斯的工业生产规模和生产水平发展很快。1980年工业产值比1913年增长了234倍，比1940年增长28倍。[①] 至独立前的1990年，白俄罗斯工业产值已占其国民生产总值的43.11%。白俄罗斯工业基础比较雄厚，共有100多个生产部门，1400多家大型企业。许多工业部门在苏联占有重要地位，多种工业产品名列前茅，为苏联经济及白俄罗斯自身的经济发展发挥了重要的作用。

机械制造业是白俄罗斯工业的主导部门，其构成主要包括农机制造业、汽车制造业、机床制造业、电机工业等。1990年机械制造业生产的产值超过白俄罗斯整个工业产值的1/4。白俄罗斯汽车制造业比较发达，其产品不仅在苏联市场上享有盛誉，而且在东欧国家也很有市场。白俄罗斯是世界第三大拖拉机生产国（居美国和日本之后）。独立前，白俄罗斯生产的拖拉机和摩托车分别占全苏产量的1/6和1/5。机床制造业企业主要分布在明斯克、维帖布斯克、戈梅利、奥尔沙、莫洛杰奇诺等地。该部门生产的金属切削机床曾占全苏的1/8。

电子工业在苏联军工综合体中发挥重要作用。其主要产品是收音机、电视、电子测量仪器、控制和调节仪器等。苏联时期，白俄罗斯电子工业产品在各加盟共和国很有销路。

白俄罗斯的食品工业、轻工业和化学工业相当发达。食品工业以肉和奶制品加工为主。轻工业以纺织业、针织业和皮鞋制造业见长。化学工业的主要产品是钾肥、磷肥、氨肥、塑料及合成树脂等。这些产品在苏联有一定的消费市场。此外，木材加工业也颇具规模，其生产的家具、胶合板及火柴约占全苏的20%。丰富的森林资源赋予白俄罗斯以巨大的木材采伐及加工潜力，但木材工业长期得不到开发。

---

① 《苏联百科手册》，山东人民出版社1988年版，第691页。

三 农业发展

历史上,白俄罗斯是一个农业国。在苏联时期,白俄罗斯农业发展很快,基本上实现了农业机械化。1980年农业产值比1940年增长90%。1990年农业总产值为267.8亿卢布。白俄罗斯单位面积产量比较高,其农业用地为1240万公顷,只占苏联农业用地总面积的1.2%,但生产的农产品却占全苏总产量的5.4%,居第5位。主要农作物是谷物、亚麻、土豆和甜菜。亚麻和土豆是白俄罗斯两大传统农作物,产量分别占全苏总产量的26.6%和13%,居第一位和第二位。畜牧业发展潜力很大,其产值约占农业产值的3/4。白俄罗斯生产的奶制品和肉类制品产量分别占全苏产量的7%和6%,居第三位和第四位。白俄罗斯的养牛业和养猪业专业化程度比较高。由于采用专业化工艺,养禽业的发展水平可与发达国家媲美。此外养兽业、养蜂业和池塘养鱼业发展也很快。

四 基础设施

白俄罗斯历来重视交通设施的建设。除海运外,铁路、公路、航空、内河及管道运输方式门类齐全,长途运输以铁路为主。作为陆路连接欧亚两大洲的要冲,国际客、货过境运输占据白俄罗斯运输业的很大比重。四通八达的交通运输网不仅保证了自身的对外联系和贸易往来,而且也为发展欧亚两大洲的交往提供了方便。白俄罗斯本国没有出海口。其进出口货物主要通过铁路和公路运输运抵立陶宛的克拉佩达港、拉脱维亚的文茨皮尔斯港、俄罗斯的加里宁格勒港。白在黑海的主要港口是乌克兰的赫尔松港和尼古拉耶夫港。

第三节 独立前的摩尔多瓦经济

历史上,由于资源匮乏和政局动荡,摩尔多瓦是一个较为贫穷落后的地方。其经济以农业生产为主,城市经济活动基本上局限于小商业、食品加工和简单的消费品生产。在苏联时期,摩尔多瓦的经济取得了较快的发展。尤其在第二次世界大战后,工业生产迅速增长。除传统的食品加工业以外,纺织业、机床和电子工业也得到了较快的发展。20世纪70年代,摩尔多瓦经济取得了快速增长。1980年工业产值比1940年增长50倍,比1913年增长297倍。进入80年代后,增长速度明显放慢,而在80年代末再次获得较快的增长，甚至高于整个苏联的经济增长率。但摩尔多瓦在苏联经济中的地位并不重要。至独立时，摩尔多瓦国民生产总值和国民财富仅占全苏的1.2%和1.5%。

摩尔多瓦的农业资源比较丰富，2/3的土地是黑钙土。矿产资源比较有限。主要矿藏有磷灰石、褐煤等。石油和天然气资源较为匮乏，需要从国外进口。森林面积占土地总面积的8%，主要树木是柞木、千金榆、水青冈树等。境内河流众多，地下水资源丰富。

农业在摩尔多瓦国民经济中占有重要地位。1991年，农业占物资净产值的42%，农业部门中的劳动力占劳动力总数的36%。摩尔多瓦拥有丰富的农业资源。由于土地肥沃，气候适宜，摩尔多瓦能种植多种农作物。大力发展用工多、产值高的种植业是摩尔多瓦农业部门结构的主要特点。粮食作物以玉米、冬小麦为主，大麦和稞麦也是主要的谷类作物。摩尔多瓦粮食生产自给有余，其单位面积产量曾在苏联名列前茅。水果和蔬菜是农业的传统部门，其种植面积约占全部农业用地的12%。主要蔬菜是西红柿、白菜、葱、黄瓜、甜椒等，主要水果是苹果。水果主要种植在北部和中部等地，以玉米为主的粮食作物以及甜菜和烟草等经济作物则在全国各地都种植。葡萄种植业是摩尔多瓦农业的主要部门之一。在苏联时期摩尔多瓦生产的葡萄占全苏葡萄总产量的1/5。摩尔多瓦的气候条件比较适合于种植向日葵，甜菜生产的发展潜力也很大。烟草是摩尔多瓦重要的经济作物之一。此外，摩尔多瓦部分地区的药用植物生产也很有开发价值。摩尔多瓦的畜牧业也较为发达，主要饲养牛、猪、羊、家禽等。畜牧业产值约占农业产值的50%。

摩尔多瓦的工业基本上全部是在苏联时期建立的。食品工业。机械制造业和轻工业是工业中的主要部门。主要工业产品包括电动机车和设备、工业用泵和农用泵、拖拉机、汽车设备、塑料、人工纤维、油料和水泥等建筑材料。食品工业是摩尔多瓦工业中的重要部门之一。该部门主要包括葡萄酒酿造、蔬菜和水果罐头制造、肉类加工和制糖业。摩尔多瓦的酿酒业名闻遐迩。1991年，酿酒业产值占食品加工业的28%。在戈尔巴乔夫当政时期，由于政府开展了声势浩大的反酗酒运动，摩尔多瓦的酿酒业受到极大的打击，进而影响了整个国民经济的增长速度。酿酒业共有150多家生产企业，其生产的产品多达100余种。葡萄酒酿造企业主要分布在基希纳乌、卡拉腊什、蒂拉斯波、别尔策等地。葡萄酒、香槟酒和白兰地产量曾占全苏1/5。摩尔多瓦的制糖业在苏联占有重要地位，砂糖产量占全苏第三位，仅次于俄罗斯和乌克兰。

摩尔多瓦的交通运输以铁路和公路运输为主。铁路网连接着乌克兰和罗马尼亚的一些城市。公路连接着国内的主要城市。由于缺乏资金，铁路和公路没有得到很好的维修，从而使运输能力大幅度下降。摩尔多瓦共有4个机场，其中最大的机场是基希纳乌国际机场。摩尔多瓦内河航线长1200公里，但水路运输在整个交通运输体系中的作用不大。摩尔多瓦的通信设施较为落后。

第四节　独立前的波罗的海三国经济

波罗的海三国在历史上本是三个独立的国家。1940年三国入盟苏联并非自愿，而是根据苏德1939年秘密条约被强行划入苏联版图的。尽管在苏联时期波罗的海三国经济有了较大发展，工业产值的增长速度始终高于全苏平均水平，居民生活水平也明显高于其他加盟共和国居民的平均水平。但是，该地区许多居民并不对此感到满意。不少人认为，如果能够摆脱莫斯科的控制，三国经济会发展得更快，人们的生活会过得更好。事实上，波罗的海三国的经济发展虽然比其他加盟共和国快，但与邻近的西北欧发达国家相比，却依然处于落后地位。1940年加入苏联前，三国经济与瑞典、丹麦、挪威和芬兰不相上下。而到20世纪80年代末，三国人均生产总值已明显低于这些国家。

波罗的海三国是苏联各加盟共和国中率先宣布独立的一批国家。他们争取独立的斗争不是在独立降临到每一个加盟共和国时才开始的。入盟后，三国"民族主义者"争取民族独立的斗争此起彼伏，从未间断过。一有机会三国人民就联合起来为争取独立而进行坚决斗争。在争取独立的进程中，波罗的海三国人民对独立后可能遭遇的经济封锁乃至武力干涉等困难有一定的思想准备。加之三国在文化、宗教、语言等方面与欧洲国家（尤其是北欧国家）有着很深的渊源，极易认同和接受西方的民主政体和经济体制。因此，独立后，三国即着手制定符合民族利益和目标的经济政策，建立自由和全面开放的市场经济体制，有效控制住了转轨初期的混乱局面，从而成为苏联版图上实现经济增长的第一批国家。

一　工业发展基础

波罗的海三国都是小国。独立前，三国经济在苏联国民经济中所占的比重并不大。至独立时,立陶宛、拉脱维亚和爱沙尼亚三国的国民生产总值分别占全苏的1.6%、1.2%和0.7%。但三国的许多人均指标却高于全苏水平。例如,就人均国内生产总值和人均国民财富而言,爱沙尼亚均为全苏平均水平的140%,居各加盟共和国之首;拉脱维亚分别为133%和122%,居第二位;立陶宛分别为123%和108%,居第三位。

从民族国家形成史看,波罗的海三国的资本主义发展相对比较早,经济和科技基础都比较好。1940年8月,立陶宛、拉脱维亚和爱沙尼亚先后加入苏联。从此三国政治和经济体制完全纳入全苏政治和经济框架之内。第二次世界大战曾使三国经济惨遭破坏。第二次世界大战后,国家对饱受战争之害的三国经济予以了许多政策上的优惠,其他兄弟加盟共和国也对三国经济给予了不少物质援助,从而促进了三国经济的复兴。在苏联各族人民的支援下,三国人民集中精力恢复国民经济,在第二次世界大战后第一个五年计划期间就超过了战前水平。1954年与1940年相比,苏联的工业产值增长了1.8%,立陶宛增长了3.2倍,拉脱维亚增长了4倍,爱沙尼亚增长了5倍。

在苏联时期,波罗的海三国经济都得到了较快的发展。一些新兴的工业部门从无到有,从小到大,形成了一定的优势。至1980年,三国的工业产值都有了很大增长。在苏联时期,三国农业生产也获得很大发展。1980年与1940年的农业总产值相比,爱沙尼亚增长80%,拉脱维亚增长40%,立陶宛增长80%。至20世纪90年代初苏联解体时,三国均已发展成为工农业都比较发达的共和国。

三国经济中一个共同的特点是自然资源不平衡。虽然三国均拥有丰富的森林和水利资源,但矿物资源却很匮乏,不能满足本国工业生产所需。因此三国对外经济依赖性很强。

爱沙尼亚经济基础雄厚,是苏联经济发展水平最高的加盟共和国之一。其经济结构的主导部门是工业,按人均计算的工业产值曾在全苏名列前茅。该国盛产优质油页岩,其产量曾占全苏联的80%。凭借丰富的油页岩资源,爱沙尼亚大力发展动力工业、化学工业和建材工业。电力工业是爱沙尼亚发展最快的部门之一。其人均发电量曾居全苏首位,居世界第三位。化学工业中除了油页岩化学工业外,矿肥生产也很闻名。机械制造业和金属加工业也是主要工业部门。其主要产品是石油加工设备、农机、采矿机械、天然气管道和挖掘机电器设备等。木材加工业、轻工业和食品工业是爱沙尼亚的传统工业部门。

拉脱维亚是苏联工业最发达的国家之一。机械制造业和金属加工业是工业的两大主导部门。主要产品是仪器、动力机械、畜牧业和饲料生产设备、邮电通信设备、电机设备和无线电电子产品等。拉脱维亚生产的电气化铁路发动机和车辆、市际电话复式交换机产量在苏联各加盟共和国中居第一位,自动化电器设备的产量占第二位。化学工业主要生产化纤、玻璃纤维、合成树脂、塑料和化学药品等。此外,木材加工业、轻工业和食品工业也很发达。其生产的家具、火柴、针织品、黄油奶酪等产品驰名苏联市场。工业的特点之一是重工业发达,但能源紧缺,能源自给率约为50%,其余部分需进口。水电站和火电站是动力的主要来源。

立陶宛是波罗的海三国中矿物资源最贫乏的国家。其所需的石油、天然气、棉花和金属几乎全都依赖进口。但是,立陶宛比较善于利用有限的资源来发展经济,从而使自己成为波罗的海三国中工业增长速度最快的国家。电子、电机和无线电器材工业是立陶宛工业优先发展的重点部门。其产品在全苏同类产品生产中占有很大比重。例如,立陶宛生产的家用电表占全苏同类产品的100%,电动机床占90%,电视机元件占70%,拖拉机零件占30%。由于森林资源丰富,立陶宛的木材加工和造纸业比较发达,其生产的家具在苏联和东欧国家市场上很有销路。凭借濒临大海的优势,立陶宛大力发展造船业、捕鱼业和运输业。此外,琥珀、陶器、木刻和皮革压花等手工艺品富有民族特色,很有市场销路。闻名遐迩的琥珀是立陶宛发展民族传统手工业得天独厚的瑰宝。由于受"劳动分工"的影响,立陶宛工业结构也存在严重的不合理现象。例如,尽管自身很少生产石油,但在"劳动分工"原则下,立陶宛却按国家规定大力发展石化工业。其原料主要来自俄罗斯的西西伯利亚、科米自治共和国等地。立陶宛生产的化肥居波罗的海沿岸地区第一位,化纤居第二位。

二 农业发展状况

在苏联时期,农业在波罗的海三国中占有不同的地位。立陶宛和拉脱维亚的农业在各自的国民经济中占有"重要地位"。这两个国家在发展工业的同时,也比较重视发展农业。而在爱沙尼亚,农业则几乎是一个被忽视的部门。

由于受苏联"劳动分工"的影响及自然条件的限制,爱沙尼亚农业长期处于欠发达状态。爱沙尼亚的土质欠佳,不太适合种植业的发展。农作物主要有谷物、荚豆和土豆。畜牧业以养牛和养猪为主，其收入约占农业总收入的 2/3。

拉脱维亚种植业以生产谷物、亚麻、饲料粮、甜菜和土豆为主。其中饲料作物约占 62%。畜牧业是农业的主导部门，以养猪和养牛为主，其奶制品和肉制品的产量和质量都比较高。此外，养蜂、养鱼和养兽业发展也很快。其生产的貂皮和狐皮在苏联市场上很受欢迎。

立陶宛曾是一个农业国，是波罗的海三国中农业最为发达的国家。全国约有 1/3 的从业人口务农。1989 年该国农业在国民生产总值中的比重为 7.3%。种植业以生产谷物、亚麻、甜菜、土豆和蔬菜为主。畜牧业则主要是养牛和养猪。在苏联时期，立陶宛牛奶制品和肉制品的人均产量位居全苏各加盟共和国之首。此外，养蜂业和养鱼业发展也很快。

三 交通运输

波罗的海三国地理位置优越，交通设施完备，铁路、公路、海运和空运都比较发达。爱沙尼亚主要运输方式是铁路运输、海上运输和公路运输，航空运输业也比较发达。硬路石公路的密度在苏联各国中居首位。海运在国民经济中具有重要意义，其运输量占总货运量的 50% 以上。塔林是爱沙尼亚最大的海港。拉脱维亚主要运输方式是铁路和海运。其中铁路运输约占总货运量的 95%。里加、文茨皮尔斯和利耶帕亚是苏联最重要的海上门户，与世界各大洲有贸易往来。其货运量和客运量占苏联通过波罗的海运输总量的 40%。立陶宛交通发达，主要运输方式是铁路和公路。海运和空运也比较发达。克莱佩达港是不冻港，可四季通航。

本章小结

独立前，乌克兰、白俄罗斯、摩尔多瓦和波罗的海三国各有各的比较优势。除了摩尔多瓦以外，其他五国经济发展水平在苏联加盟共和国中是比较高的。从 20 世纪 70 年代起，这些加盟共和国的经济增长速度放慢，计划经济模式显露出严重的弊端。尽管 20 世纪 80 年代以后苏联进行了一些改革，但经济发展始终没有脱离中央计划经济体制，经济发展基本陷入停滞状态，人民生活水平得不到快速的提高。

思 考 题

一、名词解释
1. 新东欧六国
2. 波罗的海三国
3. 计划经济
4. 国内生产总值
5. 国民生产总值

二、简答题
1. 简述独立前乌克兰的经济概况。
2. 简述独立前白俄罗斯的经济概况。
3. 简述独立前摩尔多瓦的经济概况。
4. 简述独立前波罗的海三国的经济概况。

三、论述题
1. 如何比较新东欧六国独立前经济发展的特点？
2. 新东欧六国独立前的比较优势是什么？

阅读参考文献

1. 《乌克兰社会经济地理学》，利沃夫，1995年版。
2. 苏联科学院历史所编：《苏联民族——国家建设史》，赵常庆、李兴汉等译，商务印书馆1997年版。
3. 《苏联百科手册》，山东人民出版社1988年版。
4. 徐葵主编：《苏联概览》，中国社会科学出版社1989年版。
5. 董晓阳、何卫：《乌克兰：东西方争夺的焦点》，中国社会科学院俄罗斯中亚东欧研究所编印，2002年版。
6. 李兴汉：《列国志——波罗的海三国》，中国社会科学院俄罗斯中亚东欧研究所编印，2001年版。
7. [乌] 库奇马：《乌克兰：政治、经济和外交》，路晓军、远方等译，东方出版社2001年版。
8. 英国经济学家情报部：《国家概况：白俄罗斯》，2003年版。
9. 英国经济学家情报部：《国家概况：爱沙尼亚》《国家概况：拉脱维亚》《国家概况：立陶宛》，2000年版、2003年版。

第十四章 新东欧六国的产业结构

内容提要

在苏联时期,中央政府为了保证全国经济的综合发展而在发挥各地区资源、技术和人才优势的基础上建立了全国性的劳动分工体系。当时,原材料和机器设备的供应、产品的销售等都有统一的计划,形成了一个一体化的国民经济体系,相互依赖性很强。这一体系对苏联的发展曾起过积极的作用,并使 15 个加盟共和国之间保持着密切的经济联系,但这种分工也导致生产力布局与资源分布严重脱节、供求关系缺乏对称性,从而造成了各国产业结构的畸形发展。本章阐述新东欧六国的产业机构以及调整产业结构的政策。

第一节 乌克兰的产业结构

乌克兰从苏联继承过来的产业结构虽然具有多样化程度高的特点,但也存在严重的比例失调。尽管其本身很少产石油和天然气,但乌克兰在苏联劳动分工中所扮演的角色却是大力发展耗能高的重工业和军事工业。相对于重工业而言,其轻工业和服务业比较薄弱,在国民经济中所占的比重不大。1990 年,重工业固定生产基金占整个工业的比重高达 89.1%,占工业总产值的比重为 69.3%,而轻工业的上述比重分别为 10.9% 和 30.7%。

一 产业结构特点

(一) 能源短缺

独立后,乌克兰经济面临的一个突出问题是能源短缺。庞大的开采业、冶金业、化学工业都是耗能大户,但本国生产的能源却远远不能满足其巨大需求。乌克兰石油自给率仅达 10%,天然气为 40%。在欧洲,乌克兰是能源消费量最大的国家之一。一方面,进口能源占能源消费总量的

40%；另一方面，能源的利用率却很低（比处于同等发展水平的国家低很多）。在苏联时期高度集中的中央计划经济体制下，能源和原材料的供应都能通过行政手段得到保证。当时乌克兰主要靠俄罗斯供应大量廉价的石油和天然气（部分天然气由土库曼斯坦供应）。独立后，俄罗斯大幅度提高了石油和天然气价格，并且减少了供应量。乌克兰的重工业优势因此反而转化成了沉重的包袱。

（二）国民经济高度军事化

国民经济高度军事化是乌克兰产业结构中的另一重要特征。乌克兰曾是苏联军事工业的重要基地，其军事工业非常发达。制造 SS—19 和 SS—24 洲际导弹的第聂伯罗彼得罗夫斯克南方机械制造厂，建造航空母舰的尼古拉耶夫黑海造船厂，生产"安"系列的安东诺夫飞机设计院等举世闻名的设计和生产单位，都在乌克兰。乌克兰从苏联继承了约 30% 的军事工业及其科研体系，其中包括大批军事技术领域的高科技人才和世界尖端军事技术。乌克兰机械制造业、冶金、燃料动力等工业部门的许多企业和科研机构都与国防工业有联系。其生产的许多产品名扬世界。然而，军工生产的繁荣在带来军火贸易丰厚利润的同时，也导致国民经济比例的长期严重失衡及资源和经济力的过大耗费。随着冷战的结束，军工产品订货大幅度下降，武器市场不断萎缩，军工企业失去了昔日的优势。

乌克兰独立后，历届政府都很重视产业结构改革，并将其作为摆脱经济危机的一个主要途径。政府认识到，在向市场经济过渡时，必须对原有的产业结构进行重大调整，使轻重工业协调，使采掘工业和加工业协调，使军事工业尽快转向民用生产，以满足市场需要。

二 调整措施

为实现上述目标，乌克兰政府采取了以下措施。

（一）优先发展高科技产业和日用消费品工业

乌克兰产业结构调整的重点之一是进行工业内部结构的调整，优先发展耗能量低、科技含量高的产业和大力发展日用消费品工业。政府在这方面的政策是：（1）优先发展那些能在近期内有助于增加国内生产总值、经济效益高的具有一定科技潜力的部门；（2）有选择地进行生产改造，以增加在成本和质量上都具有竞争力的产品的产量；（3）通过专项纲要补贴、提供贷款和税收优惠、吸引外资等方式，有计划地发展耗能量小的新一代产品、新工艺和设备；对某些工业部门的产品进行国内外市场需求中期前景预测，确定产品进口额和进口结构，以确保对外经济贸易的顺差；（4）重视环境保护，最大限度地减少工业部门对自然资源的消耗量，更多地在电力工业、化学工业和冶金工业中采用生态安全设备，发展无污染产品的生产；（5）大力发展日用消费品工业，增加消费结构中复杂的家用电器的产量。（6）通过深化市场改革，逐步将能源部门实行私有化，解决能源欠款和能源易货交易中的问题，取消某些能源资源享受的税收优惠，扩大石油和天然气的勘探和生产规模，并力求能源进口的多样化。

（二）大力发展第三产业

独立后，随着小私有化的开展，乌克兰的第三产业发展较快。例如，专业化商店网络（如直销店、仓储商店、自选市场、寄售商店和快餐业）初步建立，日常生活设备维修、干洗业、私人交通工具出租和技术维修服务业也发展很快。第三产业在国民经济中的比重不断增加。当然，就总体而言，乌克兰商业和居民生活服务业的发展水平不仅落后于其他发达国家，也落后于本国的工业及其他经济部门。

独立以来，乌克兰的旅游业取得了一定的发展。乌克兰位于东欧西南部，南濒黑海和亚速海，境内山水秀丽、风光迷人，名胜古迹遍布全国各地，因此旅游业开发潜力很大。为了扩大外汇收入来源，独立后乌克兰采取了一系列措施。1995年，乌克兰在苏联国家中率先通过了《国家旅游法》，后又通过了《2005年前国家旅游业发展规划》。政府在保护原有旅游资源的同时，积极开发新的旅游线路和景点。目前，乌克兰共有3000多家旅游公司、3000多个疗养所和度假地、1400多家旅馆饭店。乌克兰已加入世界旅游组织，并与国际上一些主要旅游组织和其他国家的旅游组织签署了旅游合作协议。乌克兰比较重视与意大利、德国、加拿大、奥地利、埃及、塞浦路斯、以色列等国建立双边旅游联系，与独联体国家的旅游关系也得到了很大的发展。乌克兰欢迎外国投资者参与建设乌克兰的旅游基础设施。可以预料，不久的将来，乌克兰有望成为世界旅游者向往的旅游胜地，旅游业将成为乌克兰重要的产业部门之一。

通信业是乌克兰经济中发展较快、外资最感兴趣的部门之一。国内各主要地区均建有数控长途电话站。乌克兰与独联体其他国家的电话服务由地面线路和微波无线电中转站提供，与167个其他国家的电话服务由卫星和150条国际租赁线路提供。1997年完成的意大利—土耳其—乌克兰—俄罗斯光纤通信线将极大地改善乌克兰的国际电话服务。乌克兰已开始与一些外国电话公司进行合作。近年来，移动电话和无线传呼电话业务在乌克兰发展很快。随着通信市场的不断开放，乌克兰的商业和个人通信中已大量引进国外先进技术。但是，政府和军方却对此持审慎态度。政府一再强调要开发本国的通信技术，启动民族通信发展计划。

（三）对国防工业和机械制造业的军工生产部门进行转产

军事工业曾经是乌克兰国民经济的主要组成部分。冷战消失后，乌克兰政府认识到，继续保留庞大的军事工业将拖累经济转轨。此外，由于军工订货下降，军费开支削减，以及轻工产品和民用品缺乏，政府决定将大部分军工企业改造为民用企业。

乌克兰的军转民始于1988年。独立后，随着经济转轨的不断深入，该部门许多企业都能灵活地对待市场的变化，利用雄厚的科技和生产潜力转产市场需求量大的日用品。一些军工转产企业很重视宇宙通信、电视和无线电定位系统、无污染的燃气轮装置、汽车、电力交通工具和电子技术等高科技产品的研制开发。此外，彩电、录像机、冷冻设备、吸尘器、洗衣机、缝纫机、医疗设备、农机等产品也是转产企业转产的重要产品。

目前，乌克兰的主要军工领域正在加速军转民过程。例如，南方机器厂正在进行大规模的军转民改造，生产了诸如拖拉机、除尘器、厨房器械以及食品加工设备等民用品。造船工业和航空工业也在努力扩大商船和运输机生产。能够建造航空母舰的百年老厂《黑海造船厂》通过企业的结构改组降低造船成本。由于该厂技术力量雄厚，可以建造各种类型的船只，因此近年来其产品在希腊、挪威等国很有市场。

然而，由于资金匮乏等因素，部分企业的军转民收效并不尽如人意。为了解决资金不足的难题和推动军转民改造，乌克兰政府努力寻求国际合作，并鼓励外商参加乌克兰的军转民。独立以来，乌克兰已与美国等国家在军转民方面进行了合作。一些企业与外国公司建立了直接联系。为了更多地吸引资金，政府还鼓励对部分军工企业实行私有化。对于那些产品没有销路而又因资金和技术问题无力转产的企业，政府鼓励对其实行私有化。外国投资者可以赎买、租赁或以合资的方式参与这些企业的私有化。对于那些处于停产状态而又不允许私有化的企业，则予以关闭。

在军转民的过程中，乌克兰还继续保留和发展处于科技领先地位的军工部门，鼓励军工企业挖掘出口潜力，开拓国际军火市场。苏联重点发展的"优先技术"中，许多技术与乌克兰的军工企业密切相关。这些技术包括火箭制造技术、飞机制造技术、船舶制造技术等。乌克兰航空制造业居世界领先地位，其许多产品的科技水平目前在世界上只有少数几个国家才能达到。造船工业的科技潜力也很雄厚，苏联6个建造大型水面舰船的造船厂，有3个位于乌克兰黑海沿岸，其中"黑海造船厂"是苏联唯一能制造航空母舰的造船厂。

凭借雄厚的军事科技基础，乌克兰及时制定和调整了发展高科技武器出口的政策，以求在竞争激烈的世界武器市场上站稳脚跟，并希冀以此来推动国内军事工业的发展。为此，乌克兰改造和完善了部分武器独立生产机制，积极发展与国外的军事技术合作，努力寻求多元化的高科技武器市场的合作伙伴。乌克兰先后建立了能自主生产高性能坦克等高科技武器的独立生产线，研制出多种高性能、高质量飞机。乌克兰已与世界上数十个国家建立了军事技术合作关系，并与其中的40多个国家签订了军火出口贸易协议。

为了促进武器出口，以换取更多的外汇，1999年初库奇马签署总统令，决定成立由总统直接领导的国家武器出口委员会，从而使武器出口的权力完全控制在总统的直接领导下，强化了国家对武器出口的干预。2000年库奇马又颁发总统令，放宽了对武器生产厂家的限制，简化了出口程序，使武器出口渠道多样化。目前，乌克兰已成功地跻身世界武器出口大国之列。其生产的高科技武器不仅在中东、非洲、拉美和亚洲一些国家很有市场，而且正在逐渐进入欧洲市场。

三　现存的问题

乌克兰在产业结构调整方面取得了一定成效，第三产业有了不同程度的发展。但从总体上说，原产业结构中的一些缺陷尚未得到根本性的改变。

（一）科技含量高、耗能低的部门没有得到长足的发展

众所周知，产业结构调整是一项十分复杂的工程，没有相应的原始资本、强大的经济刺激、合理的投资构成、先进的工艺技术，没有适应市场经济运作的宏观和微观经济管理体系，产业结构调整是很难顺利进行的。

（二）民族工业受挫影响了部门内结构的合理调整

乌克兰经济改革中一个很大的失误就是没有处理好对外开放与保护民族工业的关系。为获得西方的财政援助，政府不得不全盘接受外部条件。其结果是，乌克兰本国生产的产品不仅在国外市场，而且在国内市场失去了竞争力。大量洋货随着贸易自由化的展开而涌入乌克兰市场。据报道，目前乌克兰国内市场上进口消费品超过2/3，进口商品比重如此之高，客

观上使乌克兰民族工业遭受了重大打击。尽管乌克兰经济界和政界已有人意识到摆脱乌克兰经济危机的根本出路是能否把本国生产搞上去，但对如何正确把握对外开放与发展本国生产的关系，至今尚无良策。政府的复兴经济计划也仍未给予工业部门以足够的重视。由于国内企业课税过重，加之国内经济危机给企业带来了冲击，饱受重创的民族工业很难按政府的计划对部门内结构的合理发展有所作为。

（三）科技实力的下降致使工业结构难以向现代高科技领域转换

乌克兰从苏联继承的是一份实力雄厚的科技遗产，其科技力量约占苏联科技实力的1/4。在苏联时期，乌克兰培养的工程技术及其他方面的专家几乎比欧洲任何一个国家都多。乌克兰在导弹、航空、飞机、造船等其他战略领域的科研和设计水平高于其他加盟共和国。

独立之初，人们曾为乌克兰的科技实力而骄傲，并将其视为振兴民族、发展经济的杠杆之一。然而，独立后，由于国民经济长期处于危机之中，国家对科技的投入大幅度减少，科技潜力因此而急剧萎缩。乌克兰科研投资在国内生产总值中的比重大大落后于世界发达国家的水平。据统计，乌克兰科研人员的人均费用仅占欧洲其他国家科研人员的1/40。由于科研人员的待遇普遍降低，科研工作环境的持续恶化，大量高水平科技人才严重流失。据估计，在乌克兰的许多领域，每一万人口中从事科研工作的专家不足10人，已明显具有欠发达国家的特征。失业率（包括隐形失业）在科技界约达90%，而在整个国民经济中则为40%。[①] 1991—1997年，乌克兰共有6000多名科学家出国，其中国家科学院出国的专家达1000多人。乌克兰因此而被人视为对美国、加拿大、西欧国家、俄罗斯等国的智力投资者。一些乌克兰学者认为，乌克兰人才资源流失造成的经济损失超过国外已承诺的或预期的借贷额。尽管部分科研人员在数学、控制论、材料科学、宇宙研究、飞机制造等领域的研究成果依然占据世界领先地位，但国家科研活动整体上处于徘徊状态。科研成果转化、科技信息的交流均处于危机之中。改革初期，乌克兰对美国优先发展的所有20个知识密集型领域都有研究，而10年后仅剩下7个领域。独立之初，乌克兰人均科技发明情况与美国不相上下，而现在在乌克兰却很少有人申请专利。在乌克兰企业中，仅4%的企业利用本国科技成果。90%的乌克兰产

---

① ［乌］帕夫洛夫斯基：《过渡时期的宏观经济——乌克兰改革》，何宏江等译，民主与建设出版社2001年版，第133页。

品因缺乏科学保障而在国内市场丧失了竞争力。科技实力的下降无疑已成为工业结构落后的主要原因之一。

（四）农业部门在产业结构调整中仍然没有得到长足的发展

在20世纪80年代前期，乌克兰农业生产的年均增长率为2%，此后开始下跌。20世纪90年代初期，农业产量大幅度下降。尤其是在独立后，作为国民经济重要支柱的农业部门始终未能发挥其应有的作用。由于苏联区域内贸易体系的崩溃及乌克兰国内经济危机给农业带来的冲击，农业生产规模大幅度萎缩，农业产量持续下降。素有"粮仓"之称的乌克兰曾一度食品紧张。本国生产的农产品缺乏竞争力，大量进口食品充斥国内市场。农业发展的滞后已严重影响了人民的生活水平，并成了经济发展的制约因素。自2000年起，农业部门终于摆脱了持续下降的局面。但畜牧业形势依然十分严峻，牲畜存栏数继续减少，行业亏损面仍然很大。

第二节　白俄罗斯的产业结构

第二次世界大战以前，白俄罗斯经济以农业为主。第二次世界大战后建起了许多规模较大的工业企业，使工业部门取得了较快的发展。事实上，白俄罗斯是苏联的工业基地之一，拥有大批化工、机器制造、电子、军工和冶金企业，生产大量汽车、家用电器和军火。但工业所需的投入（包括零部件和原料）却必须依赖于俄罗斯和其他一些加盟共和国。

白俄罗斯东部和西部的农业分别于20世纪30年代和20世纪40年代实现集体化以后，取得了一定的发展。白俄罗斯向俄罗斯的一些工业地区提供肉类、奶制品和土豆等农产品，同时从俄罗斯进口化肥和农药等农业投入。

苏联解体后，白俄罗斯的这种严重依赖俄罗斯的产业结构遇到了严重的困难。例如，由于从俄罗斯进口的投入按国际市场价格计算，白俄罗斯蒙受的进口成本大幅度上升。可见，对畸形的产业结构进行调整，是白俄罗斯独立后一个刻不容缓的任务。

军转民是白俄罗斯结构改革的重点之一。国民经济军事化是独立前白俄罗斯经济的一大特征。工业部门中军工生产的比重超过一半。工业部门中许多企业与军工生产相关。这些企业拥有一支高水平的科研人员队伍和现代化的生产工艺技术。其产值约占工业总产值的80%以上。白俄罗斯军工部门优先发展方向是研制和生产雷达设备、电子技术产品和其他武器部件及军事技术装备。随着国际形势的缓和及苏联的解体,在美苏军备竞赛中发展起来的军事工业处于衰退之中。由于军工企业在白俄罗斯国民经济中占据举足轻重的地位,因此军工生产的下降对整个国民经济来说无疑是一个不小的打击。

为了稳定经济形势,白俄罗斯通过了国防企业的转产纲领。除生产具有优势的高科技产品的企业外,其他军工企业均实行转产。政府鼓励优先转产的领域是电子设备、计算技术和自动化系统、远距离通信和通信装置、日用和工业用无线电电子机械设备和光学设备、医疗技术设备、农工综合体加工部门所需的机械设备及现代化的民用产品。

从1993年起,白俄罗斯加强了对军工企业的扶持力度。政府制定了一些政策,对优先发展的部门和具有重大战略意义的科技项目给予税收和信贷等方面的优惠。军事工业部门的形势因此而有所好转。

为了解决资金不足的难题,白俄罗斯积极寻求国际合作,并鼓励外国投资者参加军转民。多年来,白俄罗斯已相继与美国等西方国家就军转民问题进行合作,并取得了一定的成效。

发展第三产业也是白俄罗斯产业结构调整的重点之一。但是,总的说来,白俄罗斯第三产业的发展比较缓慢。此外,农业部门改革的滞后也在一定程度上制约了白俄罗斯产业结构的调整。

1998年,政府批准了一个旨在加快工业发展的长期计划。根据这一计划,至2015年,工业产值将增加80%—85%。为了实现这一目标,政府将对经济生活进行强有力的干预,鼓励现有工业企业开展研究与开发活动,并通过进口替代来扩大家庭日常生活用品的生产。

第三节 摩尔多瓦的产业结构

摩尔多瓦的产业结构比较单一。在苏联时期建立的工业部门基本上以重工业为基础,而相对发达的种植业则使食品工业和轻工业得到了很大发展。尤其是食品工业,在苏联国民经济中占有重要地位,其产值占工业总产值一半以上。

摩尔多瓦拥有丰富的农业资源。农业部门历来在摩尔多瓦国民经济中占有重要地位,是整个国民经济的基础。自20世纪80年代后期起,摩尔多瓦的农业生产开始出现不景气。因此,至1991年,农业产值已降低到20世纪70年代的水平。独立后,农业生产进一步下降,其原因包括:农业投入减少，农业机械因资金匮乏而得不到维修，不良的交通运输体系制约了农产品运输，国营农场和集体农场中的激励机制不利于发挥劳动积极性，自然灾害频繁，德涅斯特地区的政局不稳，等等。

尽管如此，摩尔多瓦的一些农产品不仅能满足本国市场的需求，而且还能出口国外。葡萄酒和白兰地在国际市场上享有盛誉。在苏联时期摩尔多瓦酒类产品的2/3出口到其他加盟共和国。独立后，摩尔多瓦积极开拓西欧和北美市场。目前，摩尔多瓦葡萄酒除了出口到独联体国家外，还出口到英国、荷兰、德国、丹麦和美国。约一半以上的植物油和食糖出口独联体国家、罗马尼亚等国家。罐头果蔬产品在独联体市场上很有销路，部分水果的浓缩果汁已开始向德国、奥地利、荷兰、加拿大、美国等市场出口。烟草产品也是农产品出口的重要组成部分。

摩尔多瓦经济的最为严重的问题之一就是缺乏能源。这一问题的根源是：第一，摩尔多瓦国内仅有少量水电和热电（发电量约为310万千瓦）。这些能源只能满足1%的需求。第二，绝大多数能源来自动荡的德涅斯特河左岸地区或通过该地区输送。第三，许多发电设备和输电线路破旧老化。由于得不到修理或更新，发电设备和输电线路无法高效率地工作。由于缺乏能源，摩尔多瓦的生产活动和居民生活受到了极大的影响。许多企业常因能源不足而停产，甚至居民家庭也被迫在冬天使用定量供给的能源。尽管摩尔多瓦缺乏能源，但它仍然向罗马尼亚和保加利亚出口电能，不过出口量在不断减少，而且必须以石油作为交换。

能源部门改革的滞后既影响了经济活动和居民生活，也阻碍了其他部门的改革。1996年，政府开始重视能源部门的改革。第一，针对能源部门债务沉重的特点，政府实施了重新安排债务的计划，督促有关企业向能源部门偿还欠款，并对能源部门内部企业之间的"三角债"进行相互豁免。第二，鉴于能源部门长期面临着资金匮乏和亏损严重的困境，政府分别于1997年3月和6月两次提高能源价格，使能源价格基本上能等同于生产成本。第三，重组电力部门中的企业，通过私有化和减少垄断等手段来增强竞争。第四，努力争取来自外部的资金援助和技术援助。

独立前，摩尔多瓦经济与苏联其他共和国的经济有着密切的联系。在苏联的中央计划经济体制下，摩尔多瓦的产业结构具有非常明显的专业化。不仅工业投入需要依赖于苏联的其他共和国，而且其工业产品也很少立足本国市场。因此，苏联的解体对摩尔多瓦的工业部门产生了重大的负面影响。此外，与德涅斯特地区的独立运动联系在一起的军事冲突，也在一定程度上加剧了产业结构不合理的弊端,因为该地区拥有摩尔多瓦的大量工业企业。据估计,20世纪90年代后期,摩尔多瓦的工业产值仅相当于独立后初期的1/3。

与乌克兰等国相比,摩尔多瓦的国防工业不大。独立时,摩尔多瓦有11家军事工业企业。政府力求将其中的10家转化为民用工业企业。总的说来,"军转民"努力的收效不太明显。所有"军转民"企业的开工率仅在15%—20%之间。

第四节 波罗的海三国的产业结构

苏联时期的专业化劳动分工曾对波罗的海三国经济的发展发挥了不容忽视的积极作用,但其局限性同样显而易见。

首先,工业部门结构的发展严重脱离本国国情,加剧了三国经济对俄罗斯等其他共和国的依赖性。按照"分工"和"协作"原则,波罗的海三国主要发展加工业、轻工业、食品工业和重工业等,而三国工业原料普遍匮乏,需从其他共和国调入。三国实际上成了工业原料输入国和成品输出国。例如,立陶宛许多工业部门,如机械制造业、金属加工业、化学工业、棉织业、丝织业所需原料来自其他加盟共和国。畜牧业是拉脱维亚优先发展的部门。该部门用进口精饲料生产肉和奶,而用生产的产品"付账"。

其次,三国自身优势得不到充分发挥,本国资源,尤其是动力资源未得到应有的开发。例如三国拥有丰富的油页岩、泥炭和水利资源,但这些资源在三国燃料平衡中所占比重却很小。

再次,三国农业出现"单一化"发展趋势。在分工原则下,三国农业优先发展的部门是畜牧业。根据第9个五年计划(1971—1975年)规定,三国畜牧业进一步实行了专业化生产。其结果是造成大量农田改为牧场和草地。为此,该地区一些领导人曾批评苏联农业部的农业政策脱离各地区的实际情况,并抱怨联盟无故削减用于农业发展的资金和原材料。

此外,苏联的劳动分工还加剧了波罗的海三国与联盟之间的不平等。许多人认为,三国在"分工"和"协作"原则下向其他加盟共和国输出的东西太多,而三国所需的工业原料和日常生活用品却严重匮乏。有人甚至对三国加入苏联始终耿耿于怀,认为如果摆脱联盟的控制,三国的经济会发展得更快。20世纪80年代末,随着这种"不平等"继续加大,三国对联盟的不满情绪日益公开化，并最终导致三国率先脱离苏联而走上独立之路。

三国独立后，原有的经济联系被中断，在旧的分工体系下形成的畸形产业结构自然成了制约经济发展的障碍。为此，独立后，三国根据各自的国情，实施了行之有效的产业结构改革。改革的重点是：

第一，大力发展第三产业。独立后，三国根据本国资源匮乏的特点，大力发展服务业、旅游业、运输业和金融服务业。这些过去曾长期遭冷落的部门如今已是三国国民经济中的龙头产业。

第二，改造工业部门。苏联时期，波罗的海三国的工业以机械制造业、金属加工业、仪表业为主。独立后，除了继续保留和发展电子产品和电机工业外，三国普遍将发展重点放在农产品加工、林业和木材加工部门。

第三，积极引进外资，依靠外资的技术和管理技能来提升产业结构。

上述改革措施使波罗的海三国的产业结构发生了显著的变化。变化的标志是服务业（尤其是零售业和金融服务业）取得了快速的发展。

但是，在产业结构调整的过程中，三国农业在国民经济中的比重普遍呈下降趋势。在波罗的海三国中，立陶宛的农业基础略好于拉脱维亚和爱沙尼亚，下降速度最小。而拉脱维亚和爱沙尼亚两国的农业在各自国民经济中的比重都在大幅度下降。农业问题已成为三国经济中的"薄弱环节"，成了经济发展的制约因素。

一 爱沙尼亚的产业结构

在苏联期间，爱沙尼亚的工业部门取得了长足的发展，但也面临着技术设备落后和国际竞争力弱等缺点。独立后，一些工业企业实现了私有化，并在外资的刺激下取得了一定的发展。东北部地区的一些设备陈旧、技术落后和产品销路不佳的企业则被关停并转。

食品加工业一直是爱沙尼亚最重要的制造业部门之一，约占工业总产值的五分之一。奶制品则是食品工业中最重要的产品。独立以来，由于该部门吸收了大量投资，奶制品产量上升很快，产品也越来越多样化。1998年，爱沙尼亚获得了向欧盟国家出口奶制品的许可证，因此，出口市场从苏联国家转向欧盟。饮料是食品工业中的第二大产品，产品主要面向本国市场。

木材加工业也是爱沙尼亚的传统工业，是制造业中的第二大分支部门，占工业产值的 12%，全国约有 300 家木材厂。20 世纪 90 年代期间，由于一些可耕地的地质越来越差，它们被用来种植树木。因此，最近几年，林业取得了较快的发展。大多数木材出口到欧洲国家。

电子工业是爱沙尼亚的传统产业，专业化程度比较高。独立后，随着苏联统一市场的瓦解，电子产品的销路发生变化，该部门的生产大幅度下降。最近几年，随着国内电信市场的发展，该部门开始呈现出一些增长的势头。

独立后，爱沙尼亚农业的下降幅度在转轨国家中是最大的。这与多方面的原因有关，其中最主要的是：第一，政府在独立后取消了对大部分农业投入的补贴。虽然 1996 年恢复了一些种类的补贴，但农业生产并没有得到相应的增长。第二，大多数集体农庄被私有化，个体农业单位从 1993 年初的 8412 个增加到 2001 年初的 60895 个。但这些农业单位并没有提高劳动生产率。

爱沙尼亚农作物主要有谷物、荚豆和土豆。近年来，主要粮食作物产量持续下降。从 1995 年起，爱沙尼亚的粮食进口大于粮食出口。畜牧业以养牛和养猪为主。由于欧盟的有关规定要求申请国必须在肉类食品卫生和福利方面达到一定的条件，爱沙尼亚的畜牧业将面临巨大的挑战。

交通运输、储运和通信产业在爱沙尼亚国民经济中占有重要地位，其占国内生产总值的比重约为 16%，已成为爱沙尼亚主要经济支柱之一。爱沙尼亚地理位置优越，是俄罗斯重油中转西输的重要通道。中转运输业给爱沙尼亚带来了巨大的经济收益，对于平衡其经常项目收支发挥了重要作用。

爱沙尼亚通信产业发展很快，移动电话人均拥有率在波罗的海三国中居首位。由于政府早就对电信部门实行了私有化，大量外资的流入使该部门受益匪浅。2001 年，每百人拥有 35.2 部电话，这一密度在苏联各国中是比较高的。据估计，每百人拥有 45.5 部移动电话和 17.5 台个人电脑。政府大力鼓励民众上网，因此上网人数的比重在苏联和东欧地区仅次于斯洛文尼亚。

旅游业对于拉动商业和运输业的增长发挥了重要作用。2001 年，爱沙尼亚接待的外国旅游者达 323 万人，为 1993 年的 2 倍，也是爱沙尼亚全国总人口的 2.4 倍。这些外国旅游者为爱沙尼亚的交通运输业和商业带来了商机，并在一定程度上为爱沙尼亚提供了大量就业机会。

二 拉脱维亚的产业结构

独立后,拉脱维亚根据本国国情的特点,实施了行之有效的产业结构改革,克服了苏联"劳动分工"的后遗症。与其他转轨国家相比,拉脱维亚产业结构的变化较快,其特点是服务业在国民经济中的比重快速上升。

工业部门的特点之一是重工业发达,但能源紧缺,能源自给率约为50%,其余部分需进口。独立后,拉脱维亚工业生产持续下滑,直至1995年才恢复增长。机械制造业和金属加工业是工业的两大主导部门。随着关税壁垒的降低,上述工业品受到了进口产品的激烈竞争。通过调整产业结构和强化科技能力,拉脱维亚的制造业在20世纪90年代后期停止了下滑的趋势,其产品的国际竞争力也有所提高。但制造业占国内生产总值的比重由1995年的22.7%下降到2003年的14.9%。

拉脱维亚的工业力量主要集中于劳动力密集型以及低附加值的部门,比如食品加工,与木材相关的产品,纺织等。近些年来发展最快的产业是出口导向型产业。

林业是拉脱维亚最重要的出口工业。木材及其相关产品约占出口总额的1/3(2004年为31%)。其主要出口市场包括英国、德国、葡萄牙和西班牙。木材及其相关产品的出口增长很快,但是该部门的附加值仍然很低,尽管政府一直努力在争取外国投资并使之转向高附加值的木制品。食品加工在工业中所占的份额也很大。苏联国家市场是该部门产品的主要市场。

拉脱维亚农业相对落后,农业产值在 GDP 中的比重很低。农业对外部市场的依赖性很高,许多农产品需要进口。独立后,拉脱维亚农业大幅下滑,到1999年滑入谷底,仅为独立前的36.6%。近几年有所恢复。畜牧业增长较快。

三 立陶宛的产业结构

电子、电机和无线电器材工业是立陶宛工业优先发展的制造业部门。由于森林资源丰富,立陶宛的木材加工和造纸业比较发达,其生产的家具在独联体国家和东欧国家市场上很有销路。凭借濒临大海的优势,立陶宛大力发展造船业、捕鱼业和运输业。此外,琥珀、陶器、木刻和皮革压花等手工艺品富有民族特色。闻名遐迩的琥珀是立陶宛发展民族传统手工业得天独厚的瑰宝。

立陶宛曾是一个农业国,是波罗的海三国中农业最为发达的国家。种植业以生产谷物、亚麻、甜菜、土豆和蔬菜为主。畜牧业则主要是养牛和养猪。此外,养蜂业和养鱼业发展也很快。

独立后,政府对产业结构进行了调整。首先,随着私人经济的发展,服务业(尤其是旅游业、运输业和金融服务业)在国民经济中的重要性越来越突出,许多外资也开始进入这一部门。其次,除了传统的电子产品和电机工业外,农产品加工、林业和木材加工部门得到更多的重视。

本章小结

在苏联的劳动分工体系中,新东欧六国的生产力布局与资源分布严重脱节,供求关系缺乏对称性,从而造成了产业结构的畸形发展。独立后,苏联各加盟共和国之间原有经济联系的中断对新东欧六国经济的发展带来很大的困难。因此,改造和调整原来不合理的产业结构是各国经济转轨中的重要任务之一。总的说来,在产业结构调整过程中,六国除了继续保持和发展各自的优势产业外,还大力发展高科技含量产业、日用消费品生产和第三产业,加快军转民步伐。

思 考 题

一 名词解释
  1. 第三产业
  2. 私有化
  3. 民族工业
  4. 市场经济
  5. 产业结构

二 简答题
  1. 简述乌克兰产业结构的特点。
  2. 简述白俄罗斯产业结构的特点。
  3. 简述摩尔多瓦产业结构的特点。
  4. 简述波罗的海三国产业结构的特点。

三 论述题
  1. 独立前新东欧六国的产业结构有什么特点?
  2. 独立后新东欧六国是如何调整产业结构的?

阅读参考文献

1. 英国经济学家情报部：《国家概况：爱沙尼亚》，2000年版、2003年版。

2. 英国经济学家情报部：《国家概况：拉脱维亚》，2000年版、2003年版。

3. 英国经济学家情报部：《国家概况：立陶宛》，2000年版、2003年版。

4. 英国经济学家情报部：《国家概况：乌克兰》，2000年版、2003年版。

5. ［乌］帕夫洛夫斯基：《过渡时期的宏观经济——乌克兰的改革》，何宏江等译，民主与建设出版社2001年版。

6. 李兴汉：《列国志——波罗的海三国》，中国社会科学院俄罗斯中亚东欧研究所编印，2001年版。

7. 何卫主编：《新东欧六国十年巨变》，中共党史出版社2004年版。

8. 徐葵主编：《苏联概览》，中国社会科学出版社1989年版。

9.《苏联百科手册》，山东人民出版社1988年版。

10.《乌克兰之声报》《乌克兰明镜周报》《乌克兰真理报》《白俄罗斯苏维埃报》《爱沙尼亚报》《立陶宛回声报》《摩尔多瓦独立报》等俄文报纸。《乌克兰经济》《乌克兰议会文件集》等俄文杂志。《经济学家》《立陶宛季刊》等英文杂志。

第十五章　新东欧六国的私有化

内容提要

私有化是新东欧六国经济转轨最重要的组成部分之一。私有化的目的是要建立一种以具有竞争机制的多种所有制形式为基础的混合经济。新东欧六国的私有化在速度、规模和方式等方面不尽相同，但它产生的影响是非常巨大的。本章介绍新东欧六国开展私有化的方式方法及政策措施。

第一节　乌克兰的私有化

一　基本措施

1. 立法准备。乌克兰于1992年3月颁布了《国有企业财产私有化法》后，又相继通过了《国有小企业私有化法》《住宅基金私有化法》《私有化证券法》《土地付费法》《土地法典》《外国投资法》等一系列相应的配套法规和条例。

2. 明确私有化的原则。私有化主要按下列原则进行：（1）每个乌克兰公民都有权在法律基础上获得私有化项目；（2）将被实行私有化的企业的工人可以优先购买国有财产；（3）确保私有化过程中乌克兰公民享有社会保障和平等的权利；（4）向每个乌克兰公民提供购买国有财产的优先权；（5）向每个乌克兰公民无偿转让一份国有财产；（6）按有偿原则（采用私有化证券）进行国有财产私有化；（7）遵守反垄断法；（8）完全、及时、切实地向公民通报私有化活动的信息；（9）劳动集体对选择所有制形式和购买本企业享有优先权。

3. 建立私有化管理机构。根据《乌克兰国有企业财产私有化法》规定，乌克兰国有财产基金会是主管和协调私有化进程的最高行政机构。该基金会隶属于乌克兰最高苏维埃，其主席由最高苏维埃根据总统提名任命。基金会的主要职能是：（1）改变国家所有制企业的组织立法形式，将其改造成为经营公司，或充当国有财产的出租人。(2) 在私有化过程中出售国有财产，其中包括已清理企业财产和未竣工的建筑工程。(3) 建立私有化委员会。(4) 批准国有财产私有化计划。(5) 签署有关制定私有化计划和评估企业财产价值的协定。(6) 向经纪人发放许可证。(7) 制定并向乌克兰内阁提交国家私有化纲要草案，并组织和监督其实施。(8) 与地方私有化机构进行联系。为了对私有化纲要的实施情况和私有化法的执行情况进行监督，乌克兰议会成立了由人民代表组成的私有化问题监察委员会。

二 私有化的基本内容

乌克兰的私有化主要包括国有企业财产私有化、住房私有化和土地私有化。

（一）国有企业财产私有化

国有企业财产私有化是指将全国所有制、自治共和国（克里米亚自治共和国）政府所有制和地方政府所有制的财产转让给自然人和非国有企业的法人。《乌克兰国有企业财产私有化法》是乌克兰实施私有化的基本法规。该法就国有企业财产私有化主体、私有化对象、实施原则、范围和程序、私有化进程中当事人的利害关系、责任和义务等问题做了如下规定：

1. 私有化的对象。包括大私有化和小私有化两类。大私有化的对象是大中型企业，如企业、车间、生产部门、工段的财产以及其他划分为独立的企业并成为某个财产综合体部门的财产、未完工建筑、经营公司和其他联合公司财产中属于国家的那部分股份（股金、股票）。小私有化的对象是小型企业，即账面价值、企业财产的股份（股金、股票）不超过150万卢布的国有小企业的财产，其中包括未完工建筑；法律允许的重置价值超过上述数额的国有小企业财产。这类企业主要分布在加工工业和地方工业、建筑材料工业、轻工业和食品工业、居民日常生活服务业、住宅开发和修理业。由商店、理发店、工场和作坊等部门组成的企业可划分成各个独立的企业。这些构成部门也是小私有化的对象。

有关法令还规定，下述国有企业不允许实行私有化：国家政权机关和管理机关、武装力量、国民卫队、国家安全机关、边防部队、护法机关和海关等国家部门或机构拥有的财产；黄金和外汇基金及储备、国家后备物资、发行和储备系统；印制有价证券和纸币的企业的整套财产；政府的机要和专门通信设施；国家计量机关的设施；乌克兰民族的文化和历史珍品、地下资源、水利资源以及其他属于乌克兰人民专有的设施;由预算拨款的教育和科研设施及其在工艺上与教学和科研过程有联系的分支机构(属于企业和主管部门的教育设施可以在保留教育任务的情况下进行私有化);生产和销售麻醉药、武器、炸药、放射性物质的企业的整套财产;原子能发电站;其他一些履行国家职能所必需的国有设施。

乌克兰对土地私有化范围的确定也很谨慎。不允许转让所有权的土地包括:采矿工业、统一的动力系统和宇航系统、交通运输、邮电和国防部门的土地;用于自然保护、卫生健康、娱乐性的历史文化用途的土地;居民点公用的土地和国家政权机关建筑物占地;森林占地(属于农业企业、私人农场农业用地的5公顷以下的小面积森林除外)和水域面积(属于农业企业、私人农场农业用地的3公顷以下的小面积水域和沼泽地除外);农业科研机关和学校及其实验农场、学校的教学农场、国营良种试验站和良种养畜场等。

2. 私有化的主体(参与者)。乌克兰公民、外国公民、无国籍人士、法律允许的在乌克兰登记的法人和其他国家的法人均可购买国有企业财产。但是,由国家、自治共和国(克里米亚自治共和国)和地方私有化纲要专门规定的法人,包括国家所有制份额超过25%的那些法人、国家政权机关和管理机构、国有财产基金会及其地方分会和地方私有化机构的工作人员(这些工作人员使用私有化证券的情况除外),不能成为买主。

按规定,外国投资者有权购买任何私有化项目(法律禁止的除外)。他们在私有化财产中的比重也不加限制。外国投资者可以用在乌克兰境内获得的收入(利润)来购买私有化项目,可以租赁合同为依据,租赁价格在1000万美元以下的国家和集体财产(超过1000万美元的乌克兰国家和集体财产,须经国家主管该财产的机关同意后方可租赁)。为了鼓励外国投资者参加乌克兰的私有化进程,国家在税收、进出口、外汇调控等方面给外资企业和合资企业提供了一些优惠条件。目前,合资企业在乌克兰的非国有化和私有化进程中起着积极作用。乌克兰境内许多合资企业中外商股份超过50%。

3. 私有化的方式。乌克兰国有财产私有化的主要形式有四种:(1)以拍卖的形式出售。(2)以招标的方式出售。(3)把国有企业和组织的国家财产改造成股份公司。这一形式主要适用于大中型企业的私有化。(4)以赎买的方式出售私有化项目。这一形式主要在小私有化范围内进行。除了上述四种形式外,私有化也可以在法律规定的条件下按其他方式进行。在选择私有化的具体形式时，通常取决于企业的部门特点、其物资基础状况、经济效率、产品的竞争能力等。

4. 私有化的程序。实行国有财产私有化的程序主要是：（1）投资者以书面的形式向国有财产基金会及其机构或私有化项目所在地相应的共和国（克里米亚自治共和国）或地方私有化机构提交国有企业财产私有化的申请书。（2）乌克兰国有财产基金会或私有化项目所在地的私有化机构在接到申请后的一个月内进行审核，并在此基础上通过关于私有化项目的决议。对于不能批准的私有化申请，有关机构应向申请者陈述拒绝的理由。（3）批准并实施国有企业财产私有化计划。私有化计划由私有化项目委员会负责编制。其主要内容包括私有化的期限和组织形式、私有化项目的开始、应收应付账款的核算、付款形式、使用私有化财产证券的限额等。如果财产私有化企业的劳动集体不同意委员会制订的私有化计划草案，该集体可以准备一份可供选择的计划草案。委员会制订的计划草案和劳动集体可供选择的计划草案均应提交乌克兰国有财产基金会或地方私有化机构审核。上述机构须在 10 天内审核这些方案，并将审核结果通知有关人员。申请者如对批准计划的决议有异议，可在 10 天期限内向乌克兰国有财产基金会、克里米亚自治共和国最高苏维埃和地方人民代表苏维埃提出上诉。

5. 资金来源。购买国有财产的资金来源应该是有资格参加私有化活动的买主的闲置资金和借贷资金。公民私有化项目的金额如超过其最低工资额的 50%，应提交收入申报单。买主用于购买私有化项目的资金必须通过其在乌克兰银行设立的账号用公开方式转账。每个乌克兰公民都可用相应的私有化证券购买生产资料、住房和土地。这些证券是国家无偿提供的。

私有化证券的发行量根据应无偿转让给乌克兰公民的国有财产的总价值确定。按规定，首批无偿分配的财产额不能低于应实行私有化财产总价值的 40%。私有化财产证券的分配方法是在有权获得这些证券的公民中平均分配。1992 年底，政府发行了 1.52 亿库邦私有化财产证券，每个居民均可无偿获得总额为 3 万库邦的私有化账号。外国投资者和外资企业在私有化过程中购买国有财产时，应用可自由兑换货币支付（可自由兑换货币在所付款项中占的比重与外国投资者在企业财产中所占份额成正比）。被私有化项目的价值与可自由兑换货币的结算方法按乌克兰国家银行规定的汇价进行。乌克兰公民和无国籍法人用可自由兑换货币支付其购买的国有财产时，也按这一汇价进行。

6. 私有化所获资金的用途。出售国有财产获得的资金列入预算外国家私有化基金、克里米亚自治共和国和地方行政单位的预算外私有化基金。上述资金用于偿还国家的内债以及在国家私有化纲要规定的范围内用作补偿与私有化有关的开支，向已私有化的企业发放技术改造贷款，发展经营活动和创造新的就业机会。通过私有化获得的外汇收入用于企业的技术革新，也用来补充国家银行的外汇储备和外汇基金（其中包括地方人民代表苏维埃相应的基金）。私有化资金不得用于弥补国家和地方的预算赤字。

7. 提供有关优惠措施。政府在私有化过程中比较重视社会保障问题，并给本国公民提供了一些优惠措施。这方面的举措主要有：（1）每个乌克兰公民有权无偿地获得一份国有财产，数额相当于其所得到的私有化证券。（2）给实行私有化企业职工购买国有财产提供优惠。这些职工可按分配给自己的私有化财产证券的全部票面价值优先购买股票，用闲置资金按分配给自己的私有化财产证券票面价值的半数优先购买股票。这一优惠也适用于企业的退休职工、因工伤或职业病辞退的残疾人等。（3）劳动集体对选择所有制形式和购买自己的企业具有优先权。私有化企业职工依法建立的买主协会在与其他投标者提出相同的买价时，可优先购买企业财产，同时，还有权在不超过3年的期限内分期付款，但第一次付款不得低于拍卖或招标时购买价的30%。如果买主协会在通过赎买企业、拍卖和招标形式购买企业，或购买51%以上的股票而成为本企业的所有者的情况下，在其同意下可从相应的国家私有化机构手中无偿获得该企业用社会发展基金（或类似的基金）建立起来的，按低价、按财产原始价购得财产的社会生活设施。（4）私有化企业的劳动关系仍然由乌克兰劳动法调节。新主人或其代表机构与劳动集体签订集体合同的程序及被解雇职工的安置，由乌克兰劳动和就业法及企业法调节。

乌克兰国有财产私有化始于1992年。国有企业的私有化先从小企业开始。《乌克兰经济改革计划与政策》规定：

（1）在1992年年底以前，绝大部分商业、公共饮食、生活服务、汽车运输、加工和地方工业、建材企业以及满足居民需要的其他经济成分的企业将转归私人所有。

（2）在1992年期间，通过把国有企业改造成为股份公司和其他经营公司的方式完成国有企业合作化的过程并做好其私有化的准备工作。

（3）1992—1993年，在财政领域进行改革，建立股份商业银行、保险公司和其他金融机构，逐步实行私有化。

(4) 1992 年在农业领域依靠国有土地和破产的农庄、农场的土地实现农用土地私有化,加速把农庄改造成为农场主合作社和经营公司的过程,确保每个农庄庄员退出农庄和建立自己的私人农场的权利。

(二) 国有住房私有化

国有住房私有化是将属于国家所有的住房及其杂用房屋转让给公民。为了进行住房私有化,政府给公民发放了总价值为 6060 亿卢布的住房支票(按 1992 年 7 月 1 日的物价计算),平均每个公民为 1.2 万卢布。这种住房支票是私有化证券,可以在国有住房的私有化过程中使用,也可以用于国有企业财产和土地的私有化。住房所有权属于自己的公民可以利用住房支票购买国有企业财产和土地。住房私有化按自愿的原则进行,每人只能进行一次。私有化住房的所有者有权按自己的意愿支配住房,如出售、赠送、继承、出租、交换和抵押等。

有关法律规定,每个乌克兰公民都有权无偿获得 21 平方米的住房。在此基础上,每个家庭还可无偿获得 10 平方米的追加面积。如果公民的住房总面积小于该家庭应无偿获得的面积,国家应向承租人及其家庭成员发放住房支票。如果居民住房的总面积超过该家庭按规定有权无偿获得的面积,房主就应该支付现金或国有企业私有化证券。多余面积的应付款可在 10 年内分期支付。不愿意对现有住房进行私有化的居民有权在承租的条件下保留其使用住房的现行程序。

住房私有化得到了相当一部分居民的欢迎。他们希望通过私有化使自己成为住房的真正主人。但是,也有人指出,乌克兰的住房私有化实际上是国有资产的一种流失,既有损于国家利益,也不利于人民利益。他们认为,在通货膨胀急剧上升、货币不断贬值的情况下,没有人会抛弃不动产。

由于国家规定的公民应该无偿获得私有化住房的人均指标很高,国家实际上很难靠实行国有住房私有化来获得收入,而住房极其困难的居民也没有获得相应的补偿。此外,居高不下的通货膨胀率使私有化证券的实际价值不断下跌。

还有人对国有住房私有化的公平性持怀疑态度。由于居民原来的居住面积和条件存在很大的差异,加之不少人的居住面积低于国家规定的标准,因此尽管法律赋予每个公民参加住房私有化的平等权利,并规定给不足的人均标准部分和需要修理的住房发放住房支票和修房补助费,但这些费用根本不足以支付购房和修房的真正所需。他们认为,在原有的并不合理的住房条件下进行私有化势必会影响住房改革的公平性。

由于住房涉及各个阶层的切身利益，政府对住房私有化问题非常重视。为了确保住房私有化在严格的法律规范下顺利进行，政府就如何成为住房的所有者等问题通过了一系列文件，对私有化过程中的一些具体问题和住房私有化后的善后工作规定了具体的实施细则。

（三）国有土地私有化和农业企业国有财产私有化

乌克兰的农业改革主要包括以下两个方面，一是土地改革，二是农业企业和农工综合体企业财产所有制改革。

1. 土地改革。历史上，乌克兰曾进行过3次土地改革。前两次是乌克兰在俄罗斯帝国时期进行的，第三次是在苏联时期进行的。就土地改革的深度和广度而言，第三次最为重要。它取消了土地的私有制，对地主和富农的土地财产实行了国有化，并在此基础上建立了集体农场和国营农业企业。

1991年独立后，乌克兰又开始进行土地改革。政府在进行经济体制转轨的过程中认识到，强化市场机制的调节功能和取消国家对农业的控制，有利于发展农业生产。但在实现这一目标以前，必须对土地所有制进行改革。为此，乌克兰先后制定《农场法》《土地所有制形式法》《集体农庄组织法》《土地法》《土地支付法》等。此外，政府还于1991年成立了国家土地改革委员会（后改名为国家土地资源委员会），以协调全国的土地改革。

这次土地改革的目标包括两方面：一是为建立一个买卖、租赁土地的市场奠定基础；二是通过将一部分国有土地转让或租赁给私人的方式，取消国家对农用土地的管理权。

1992年3月13日通过的《乌克兰土地法典》明确规定，在实行土地国有制的同时，也实行土地集体所有制和土地私有制，这给土地关系带来了根本的变化，打破了土地所有制的单一形式，奠定了乌克兰土地非国有化和私有化的基础。

目前，乌克兰实行3种土地所有制形式，即国家所有制、集体所有制和私人所有制。国家所有制的土地可以转让给集体或私人，或提供给他们使用，其中包括采用租赁形式。每个乌克兰公民都有权获得土地所有权。按规定，土地不得归还给过去的所有者和他们的继承人，但可以按照有关规定及当事人自己的意愿将其他土地转让给他们或提供给他们使用。

《乌克兰土地法典》明确规定，土地是受国家特殊保护的最主要的国家财富，土地所有权受国家保护。农业企业有权对其拥有的土地进行投资开发，可以将土地按合同买卖或赠送给其他公民，也可将土地与其他公民的土地进行交换。土地可以租赁给乌克兰公民、法人、外国公民、无国籍者、外国法人、国际联合会及外国政府。土地私有者可依法在其拥有的土地上开发利用普通矿藏、泥炭、森林植被、水资源等其他资源，有权在其拥有的土地上建造住宅及其他建筑。公民通过私有化获得的土地受法律保护。对私有土地的侵犯，应依法进行处理。而公民在行使对土地的所有权时，应履行法律赋予的相关义务，如不得侵害社会利益及其他公民的正当权益、不得破坏生态环境和土质、对其所获得的私有化土地进行土壤改良、按时缴纳土地税等。

除了转让土地所有权和使用权外，土地还可以实行租赁制。在租赁的条件下，土地可提供给乌克兰公民、企业、机关和组织、社会团体、宗教组织、联合企业、由乌克兰和外国法人和公民参加的跨国联合公司和组织，外国独资企业，以及外国法人和无国籍的自然人等。但是土地所有权不得转让给外国人和无国籍人士。土地的租赁期最短不少于 5 年，最长不超过 50 年。承租人可按有关协议将部分或全部承租土地转租给第三者使用。土地使用者可按规定在其拥有的土地上种植农作物或从事其他经济活动。

农业用地只能转让给那些从事农业的工作人员，以前从事农业和现在居住在农村的退休人员，以及在农村社会领域工作的职工。《乌克兰土地法典》规定，农业用地是指进行农业生产及农业科研、教学活动以及为将来安置相应的生产基础设施而占用的土地。适合于农业生产的土地，应首先确定为农业用地。与农业生产无关的工业建筑、市政设施、铁路、公路、电力输送设备、通信设施、管线铺设等用地，应使用非农业用地或地质较差的农业用地。农业用地可转让给公民个人、农业企业用来种植农产品；转让给农业科研机构和学校进行教学研究和农业先进技术的推广工作；转让给非农业企业和有关机构从事农业辅助工作。农用土地禁止转让给外国公民、无国籍者、外国法人、外国政府。公民、法人有权将自己拥有的农业土地租赁给国家机关团体和农业企业使用。权力执行机关和地方自治机关有权收回提供给国家机关团体和农业企业的农业用地的使用权，并可将收回的农业用地作为储备用地或提供给其他公民、法人使用。

实行私人农场主经营方式是乌克兰农业改革的目标之一。为鼓励发展私人农场和个人副业，国家划拨出一部分闲置的国有土地归私人农场经营。根据有关土地法,农场工人或不从事农业生产活动的人员(但必须掌握一定的农业生产技术)可建立私人农场。这种农场的土地拥有量的上限为50公顷可耕地,加上非可耕地可达100公顷。但是,根据乌克兰农业经济研究所在1993—1994年所做的调查和统计,私人农场的规模一般在20公顷以下(国营农场和集体农场在3000公顷左右),只有5%的私人农场在50公顷以上。

随着乌克兰政治制度自由化的出现和农业体制改革的深化,乌克兰的私人农场越来越多。1991年有2000个,1994年4月已达30000个,占有土地620548公顷。但是,由于以下几方面的原因,私人农场在国民经济中的重要性依然很有限,在农业部门总产值中所占的比重并不大:第一,政府没有采取鼓励私人农场快速发展的刺激性措施;第二,许多人对政府的土地政策和农业政策能否保持不变持观望态度;第三,私人农场能够得到的并非全部是地理位置好和土质高的土地。

大部分私人农场以生产种植业产品为主,饲养牲畜为辅。这主要是因为:第一,相对而言,畜牧产品的价格较低;第二,无足够的土地种植饲料。因此,在私人农场的收入中,75%来自谷物,20%来自牲畜,5%来自非农业生产活动。

私人农场主的年龄一般为42岁左右,自出生以来一直生活在农村。60%的私人农场主过去曾是集体农场工人,其中许多人曾担任过技术员或场长,因此他们拥有独立经营私人农场所需的技能。私人农场基本上依赖于本家庭的劳动力,但在农忙季节则雇佣劳动力。只有4%的私人农场常年雇工。

私人农场主要种植糖甜菜、向日葵和谷物(国家向私人农场订购的农产品仅限于谷物)。它们的谷物产量一般说来比国营农场和集体农场低20%—30%,而牛奶产量则高于乌克兰的平均数。私人农场的大部分产品出售给国家,而在畜牧产品中,只有50%的牛奶和20%的肉类产品出售,而且并非全部出售给国家。据调查,私人农场主抱怨的困难是:农产品销售渠道不畅,国家的收购价格太低,而且不能立即从国家那里获得支付款。10%的私人农场主认为其家庭收入无法满足家庭的日常生活需求,但60%的农场主认为其收入足够负担一般的家庭开支,但难以购买耐用消费品。

私人农场的农业投入主要来自国家和集体农场的渠道。由于许多私人农场缺乏农业机械,它们的农机需求几乎完全依赖于集体农场。集体农场在满足其农机需求方面发挥了重要的作用。但有些私人农场也能向其他农场提供种子和剩余的燃料等物资。

个人副业是乌克兰农业中不可忽视的生产形式。国家鼓励发展个人副业。为了提高农村居民的收入，政府扩大了自留地和家庭花园用地的面积，从而使自留地的上限达到每户2公顷，家庭花园为每户0.15公顷，果园为每户0.12公顷，草场为每户1公顷。至1994年1月，自留地和各种自有花园、果园和草场的总面积已达500万公顷，占农业用地的11%。人们在自己的"菜园子"里种植谷物、土豆、蔬菜、葵花籽，饲养牲畜和家禽，以减轻收入下降带来的生活压力，保障家庭的食品需求。

1992年12月22日，乌克兰内阁通过了有关土地私有化的法令，对居民拥有的1300万公顷宅旁园地、果园和车库用地实行私有化。1993年4月26日，乌克兰内阁审核了一项土地改革纲要。根据这项纲要，1993—1995年，乌克兰将对2000万公顷的农业用地实行私有化。1994年11月10日，乌克兰签署了关于加快土地改革的总统令。此后，乌克兰的土地改革分三步进行。第一步，实行土地非国有化。1994年1月1日，乌克兰农业用地的96%属于国家所有。而到了1999年1月1日，46%的土地（2780万公顷）已归集体农业企业所有。同时，农业用地总面积的16.2%已归个人使用。国家转让的土地都是无偿提供的，其实际价值约达1900亿格里夫纳。第二步，由集体农庄分配其获得的土地。至1999年1月1日，1.09万家原集体农庄和国营农场向其所属的600万职工和退休职工颁发了土地股份证书，平均每股为4.2公顷。第三步，在新的集体经济的基础上进行改革，即在土地私有的基础上形成私人租赁、股份制或其他能被农民接受的经营方式。这一改革进展缓慢。

乌克兰国内对土地改革的目标和深度以及集体农场和私人农场的地位等问题的争论较为激烈。有人主张对所有农业用地（包括集体农场的土地）实行私有化；但也有人要求将土地私有化的规模限制在家庭和私人农场的范围内，把大部分土地保留在集体所有制中。

2. 农业企业和农工综合体企业财产所有权改革。独立前，乌克兰农业中主要生产组织形式包括：集体农庄、国营农场、农业跨部门企业、农工综合体企业、庄员和职工的个人副业。集体农庄和国营农场是农业中主要的生产组织形式。1990年，乌克兰约有8600个集体农庄、2600个国营农场和2000多个农业跨部门企业。它们共拥有4810万公顷土地（占乌克兰全部国土的80%），其中4140万公顷为农用土地（占98.4%）。每个农业企业平均拥有3600公顷土地，其中3100公顷是农用土地。农工综合体是农业与生产农业生产资料的工业部门以及农产品原料加工部门进行生产合作、相互联系的形式。

独立前，农工综合体在乌克兰国民经济中发挥着极其重要的作用。1990年，农工综合体产值占社会总产值的40%，超过国民收入的50%及固定生产基金的1/3。农工综合体中农业产值占其总产值的54.3%。

独立后，乌克兰政府把农业企业所有权改革视为提高农业效率的重要途径。对各类农业企业进行改革，首先是改变其所有制与所有者形式，放弃国家集中管理，建立新的农业经营形式。乌克兰农业企业的私有化进程不是很快。至1996年1月1日，全国共有938家国有农业企业实行了私有化。其中792家是农产品生产企业。乌克兰南部地区实行私有化的速度相对较快，西部地区农村实行私有化的速度相对要慢。大部分非国有化和私有化农业企业从1994年起就开始在新的经营条件下运作，但其生产和财政指标仍然像大部分集体或国有农业企业一样并不理想。

第二节 白俄罗斯的私有化

独立后，白俄罗斯曾先后通过了《白俄罗斯共和国关于国家财产非国有化和私有化法》《住房私有化法》和《土地所有权法》等一系列关于非国有化和私有化的法令和法规。这些法律文件就私有化的概念、实施原则、范围和程序、私有化进程中当事人的利害关系、责任和义务等问题做了明确规定，从而为实行私有化奠定了法律基础，确保私有化在严格的法律规范范围内得到推行。

白俄罗斯的非国有化是指国家把经营主体的职能部分或全部转让给自然人和法人。根据国有财产非国有化和私有化法规定，白俄罗斯实行私有化的原则是：（1）采取有偿和无偿相结合的方式；（2）每个白俄罗斯公民均有权获得无偿转让的一份国有财产；（3）以不同的方法、形式和手续来实行私有化；（4）对私有化企业劳动集体的成员提供必要的社会保障；（5）国家对私有化进程进行监督；（6）保证私有化过程具有广泛的公开性；（7）分步骤、分阶段地实行私有化；（8）遵守法制。

为了保证私有化和非国有化的顺利进行，白俄罗斯成立了部长会议国家财产管理委员会、国家财产基金会和私有化委员会等有关机构。这些机构的职能是：拟定私有化纲要；组织实施私有化纲要并对其进行监督；通过私有化的有关建议；对属于私有化的国有企业用组织法律形式进行必要的改造；充当股份公司和其他经营公司的创办人；管理私有化和非国有化的收入，并提出如何使用这些收入的建议；组织并主持私有化企业的招标和拍卖工作。白俄罗斯公民、外国投资者、无国籍人士、法律规定的在白俄罗斯登记的法人均可在白俄罗斯的私有化过程中成为获得国有财产的主体。私有化主体的活动可以通过其代表（委托人）进行。法律规定，国家保护私有化企业的财产，并确保其应有的各项权利。

白俄罗斯国有企业财产私有化的主要对象是住房、企业、车间、生产单位、工段以及上述企业的分支机构、设备、楼房、建筑物、许可证、执照、企业及分支机构的其他财产；国家和地区行政实体在股份公司资本中所占份额（股金、股票）；等等。按规定，白俄罗斯一些重要的国有企业不允许进行非国有化和私有化。不得实行非国有化和私有化的企业及财产的清单由白俄罗斯最高苏维埃根据白俄罗斯共和国部长会议的提议决定。

国有企业私有化的方式主要是租赁、赎买、竞标拍卖及以记名私有化证券无偿转让。根据有关法律，白俄罗斯2/3的国有财产应该实行私有化（国家住房基金私有化没有任何限制）。这些国有财产的一半由白俄罗斯公民以记名私有化证券的形式获得，其余部分则通过拍卖和竞标来实行私有化。

为了确保社会平等，白俄罗斯国有财产私有化法规定了向白俄罗斯公民无偿转让部分国有财产的要求。向公民无偿转让国有财产的比重由白俄罗斯最高苏维埃确定，公民的无偿私有化权通过使用记名财产私有化证券加以实现。根据《白俄罗斯共和国记名私有化证券法》，国家向公民发放"住房"和"财产"两种记名私有化证券。这两种证券可以合在一起使用，但国家鼓励专券专用，即公民应首先将两种证券用于各自指定的用途。在不可能将住房证券部分地或全部地用于指定用途时，住房证券可用于国有企业财产的私有化。

白俄罗斯私有化进程的第一阶段主要是对商业、饮食业、服务业等小企业进行私有化，方式一般以租赁和赎买为主。具体做法是将企业优惠出售给劳动集体，让其先租赁，后赎买。如在1992年，在按计划应进行私有化的企业中，64%的企业采取的是租赁和赎买的方式，19%改组为集体企业，15%改组为股份公司，2%以竞争拍卖的方式出售。为了完善国有财产的非国有化和私有化进程，1995年，白俄罗斯政府颁布了一个非国有化和私有化纲要。该纲要确定的目标是，应在国有企业和租赁企业的基础上，建立一个能够适应市场条件、在国内外市场上具有竞争力的非国有经营主体，把国有企业和租赁企业改组成为开放式股份公司或控股公司。为了实现这一目标，纲要规定了一系列实施细则和优惠措施。例如，共和国所属的林业、交通运输业、服务业、商业、公共饮食业的国有企业和租赁企业在改组为开放式股份公司时，职工人数一般不应少于50人，其他物资生产部门的企业，职工人数不应少于100人。开放式股份公司的法定基金按1996年1月1日私有化时财产评估的作价构成。如果企业同意向已建立股份公司的法定基金提供贷款，该企业可以成为股份公司的创办人。国有企业和租赁企业可改组为控股公司，将企业的分支机构改造为独立的股份公司，其法定基金的控股股票属于主体公司。外资参加的开放式股份公司有权享受国家为外资企业规定的有关优惠。属于白俄罗斯共和国的开放式股份公司的股票，在股票登记之后5个月内，可以低于票面价值20%的优惠出售给劳动集体成员或与其享有平等权利的人员，但这些股票的价值不得超过购买者最低工资的100倍。按竞标原则或拍卖原则出售国有企业时，须保留一定量的职工工作岗位，林业、交通运输业、服务业、商业、公共饮食业企业的职工人数不得少于50人，其他物资生产企业的职工人数不得少于100人。不能有效使用的固定资产、破产企业的财产以及未完工建筑设施，一般按竞标拍卖的原则给予转让。

白俄罗斯住房私有化的形式主要是出售公房和自筹资金建房。政府鼓励个人和企业自筹资金建房，但同时也为贫困家庭、残废军人、烈士家属等提供住房。

土地私有化按《白俄罗斯共和国土地所有权法》进行。根据其规定，白俄罗斯共和国土地所有制分为国有和私有两种形式。白俄罗斯公民有权获得个人副业用地、建房用地和别墅用地。外国法人、外国自然人、有外资投资的企业、外国公司和国际组织不得拥有土地所有权，但根据土地法，可以租赁的形式获得使用权，其期限可长达99年。凡根据土地法将国有土地转归公民所有的土地属私有土地。土地的私有权由相关的人民代表苏维埃予以确认。根据土地法规定，公用土地（广场、街道、胡同、道路、堤岸、公园、街心花园等），交通运输和邮电用地，国防用地，遭受切尔诺贝利核电站事故放射污染的地段，自然保护区，国家公园和苗圃，禁伐林区，自然界珍贵遗址和建筑物占地，疗养地，森林和水利资源占地，牧场，居民点公共用地等土地不得进行私有化。拥有私有土地的公民应依法缴纳土地税。

与新东欧六国中的其他国家相比,白俄罗斯的私有化速度显然比较慢。私有化计划没有极大地改变所有制结构。例如,白俄罗斯的集体农场和国营农场占全国农田总面积的82%。农业土地结构基本上保持了苏联的特征,农业部门基本上没有进行私有化,但农民自留地从1990年的1300公顷上升到1998年的5.25万公顷。卢卡申科总统表示,政府将努力保留现有的那种以集体农场和国营农场为主体的农业生产结构,尽管独立以来这些农场生产状况令人失望。他还认为,私有经济应该得到发展,但不能给国家利益带来损失。私有化不是目的,而是作为建立有效所有制的手段。目前已开始的部分大型国企的股份化改造在第一阶段的控股权必须掌握在国家手里,目的是找到严肃而长期的投资者。

第三节 摩尔多瓦的私有化

摩尔多瓦的私有化始于1991年。当年,摩尔多瓦颁布了财产法、私有化法和土改法。1992年又实施了旨在稳定和发展经济的行动纲领。这一纲领进一步明确了私有化的目标和方式。但是,大规模的私有化直到1994年才全面展开。在有资格参与私有化的人口中,90%以上的人用政府发放的私有化券购买了约2500家不同规模的企业。

1995年3月,议会通过了《1995—1996年私有化计划》。该计划规定了私有化的方式、范围和目标。根据这一计划,摩尔多瓦的私有化将大力依靠外国资本,并力求尽快建立一个资本市场。这一计划提出,除国营企业以外,国有土地也可被私有化。

一 国有财产私有化

摩尔多瓦的私有化是指国家权力机关把国有财产转让给公民及其联合组织的过程。这些组织包括股份公司、集体企业、合作企业、私营企业和建立在摩尔多瓦共和国公民所有制基础上的各类企业。

摩尔多瓦私有化的基本原则是:确保居民得到社会保护;充分考虑私有化对象劳动集体的意见;公民有权平等地获得一份国有财产;采取有偿和无偿相结合的形式转让国有财产;保证私有化过程中信息披露的公开化。

摩尔多瓦的经济、文化和社会领域的所有部门均可实行私有化。私有化适用于摩尔多瓦境内各种国有财产实体和自然资源。根据《摩尔多瓦私有化法》的规定,一些重要的国有企业财产不允许进行私有化。这些国有财产包括:决定国防能力与国家安全的项目;民族文化遗产;国家应该向居民提供的无偿社会服务项目;国家的专营项目;列入国有土地总额的地块,以及按规定已转让给修道院的土地等。文化设施和社会领域的设施实行私有化时,应保留物资技术基础,以保证向居民提供必需的无偿服务。

摩尔多瓦公民和法人(其财产不属于国有者),外国法人和公民可以使用可兑换货币购买国有财产实体。这些实体的清单由摩尔多瓦共和国议会审批。

购买私有化实体的资金来源主要是:摩尔多瓦共和国人民财产证券、公民的私人存款、在摩尔多瓦境内注册的公民联合企业中的私有资金、银行贷款、外国投资者和无国籍人士的资金。为了防止资本过于集中和垄断生产,私有化局对法人购买股票、股份和其他财产的限额作了某些规定。出售私有化项目获得的资金纳入国家私有化基金。其用途主要包括:向公民提供贷款以购买国有财产、培训和安置私有化过程中下岗的职工等。

国有企业财产私有化的形式主要有两种:(1)以拍卖和招标的方式出售私有化财产。(2)拍卖私有化财产的股票。私有化对象的劳动集体在与其他买主同等条件下参加购买私有化项目的招标时享有购买企业的优先权。此外,私有化企业和非私有化企业的职工有权获得不超过20%的企业股份。曾在这些企业中工作10年以上的前工作人员,也可享有这一权利。

农业私有化主要是指土地私有化和农业企业国有财产私有化。土地私有化依据摩尔多瓦土地法进行。摩尔多瓦私有化法规定,在2001年1月1日以前,土地不得进行买卖。

住房私有化过程中国家规定的住房标准面积为每人18平方米,有家属的每人增加9平方米。国有住宅可由承租人凭人民财产证券和其他资金购买。如在国家规定的住房标准范围内购房,可按国家定价付款。超标部分则按商业价格付款。

摩尔多瓦私有化过程的组织工作由摩尔多瓦共和国国家私有化局负责协调。该局是实施国有财产私有化统一政策的机构。其职责是根据摩尔多瓦共和国法律开展工作,组建国有财产私有化的地方机构,制定国家私有化纲要,组建专门委员会以制定国有财产具体项目的私有化计划,并向议会报告工作。

摩尔多瓦私有化也经历了由慢到快、由小到大的过程。1993—1994年的国家私有化纲要批准了第一阶段的私有化计划。然而该纲要实际上是从

1994年年中才开始着手落实。因此摩尔多瓦大规模的私有化直到1994年才全面展开。

1995—1996年私有化纲要规定了第二阶段的私有化计划。纲要规定，该阶段的主要任务是：本国公民使用人民财产证券对国有财产实行普遍的私有化；无偿分配农业企业财产和土地；把50%的农业加工企业的股份无偿转让给原材料供应人；出售国家的某些设施和财产；以无偿转让和有偿购买相结合的原则进行住房私有化。至1996年底，摩尔多瓦完成了以人民财产证券实行私有化的计划。2235家企业实行了全部私有化或部分私有化，其中1142家是大中型企业，1093家是小企业。310万公民（占人民财产证券持有者的90%）参加了普遍私有化。这一时期，工业部门中实行私有化的企业占50.2%，农产品加工企业中占93%，轻工业和商业中占82%。此外，对119.82万公顷的农业耕地和近20万套国有住宅（占国有住房基金的85%）实行了私有化。私人经济开始在摩尔多瓦国民经济中占据优势。

摩尔多瓦第三阶段私有化的特点是通过出售国有财产实行私有化。该阶段的主要目标是吸收投资者进行生产性投资；整顿企业、刺激经济增长、建立新的工作岗位；发展资本市场，其中包括证券交易所和不动产市场；增加国家收入，降低国家对国有企业的补贴；在已私有化企业设立高效益的集团式领导，使企业转变为富有竞争力的营利单位。这一阶段私有化的范围比以往更为广泛，方法也更加多样化。根据私有化纲要的规定，下列国有财产都可以进行私有化：统一的生产综合体；垄断型企业，包括基础设施中的这类企业；以前已部分实行私有化的企业中的国家股份，以及在私有化过程中用人民财产证券无人领取的国家股份；未完工建筑项目；不动产基金中的住房和建筑物，包括租赁出去的住房和建筑物；已私有化企业的附属地段和别墅地段的土地。纺织企业，缝纫企业，电机企业，机器组装企业，化工企业，家具、皮货、粮食、包装材料等产品的生产企业，旅馆、饭店等企业都应全部实行私有化。

二 土地私有化

在独立之初，摩尔多瓦全国共有约1000个国营农场和集体农场。它们的机械化程度比较高，能源消费量也很大。独立后，由于放开了能源价格，加之进口农产品不断增多，摩尔多瓦的农业部门面临着巨大的压力。此外，农业部门拖欠的债务也越来越多，以致商业银行不愿意提供信贷，除非用农产品来抵押。一方面,农业部门面临着上述种种问题,另一方面,农村人口占全国总人口的50%,其中一半的农村居民应该享受养老金保险,但养老金拖欠问题也十分严重。

正是为了解决农村面临的一系列问题,摩尔多瓦政府才下决心通过私有化的途径来调动农民积极性,为整个国民经济向市场经济转轨创造条件。

应该说,摩尔多瓦的土地私有化早在1991年就开始了。当时,土地私有化这一提法尚不普及,官方的文件和公众的舆论一般使用"非集体化"的叫法。由于各派政治力量主张对农业体制维系现状,因此非集体化并没有在较大的范围内展开。

1996年1月,宪法法庭对土地法进行修订,取消了妨碍土地私有化的一些法律规定,从而为土地私有化的顺利进行创造了条件。但是,直到1997年初丘布克总理上台后,尤其在1998年3月议会选举结束后,摩尔多瓦的政治气候才越来越适合土地私有化。

摩尔多瓦的土地私有化又叫做"全国土地计划",基本上是分两个阶段进行的。第一阶段涉及73个国营农场和集体农场,主要做法是将它们组建为合股公司和有限责任公司。在这一过程中,个人可获得公司的股份,并对公司的经营管理有表决权。这一阶段基本上于1998年初完成。

1998年3月,卢钦斯基总统在一个有1500个农场场长、市长和各级地方政府官员参加的会议上宣布,"全国土地计划"将进入一个新的阶段,对550个国营农场和集体农场进行私有化,而实际报名愿意参与该计划的农场多达824个。美国国际开发署和世界银行为这一阶段的土地私有化再次提供了经济上的援助和技术上的指导。

在第二阶段,土地私有化开始扩展到全国。至1999年,土地私有化计划已在1300多个农场展开,其中400个农场已完成了私有化,约20万人获得了土地所有权。

为了使土地私有化进程顺利进行,有关部门制定了详细的规章制度和程序,其中包括:(1)在决定某一农村是否要进行私有化以前,必须召开农场全体人员的大会,赞同私有化的人必须超过与会者的50%。(2)列出将被私有化的资产和土地的清单,并对其估价。(3)开列出有资格获得土地所有权的所有人的名单。(4)丈量土地,并对土地面积和农场财产进行重新登记。

在"全国土地计划"实施之初,人们担心国有农场和集体农场的大片土地分给个人后,规模经济效应会降低。实践表明,由于农民的积极性得到了调动,土地的经营效益并没有降低。还应该指出的是,一方面,由于经济方面或体力方面的原因,有些人(尤其是老年人)不愿意耕种或无力耕种自己的土地;另一方面,有些人(尤其是以前的农场场长、生产队长或机械师)有能力种植更多的土地。为此,"全国土地计划"鼓励那些有经营能力的人租赁其他人的土地,以便提高规模经济效益。一般情况下,租赁期为一年,租赁的成本(或报酬)是以实物形式支付10%—20%的收入。

在分配土地的过程中,争论比较大的一个问题是,在集体农场工作的教师、医生和护士等公益活动劳动者却不能分得土地。因此许多人认为,这种土地分配是不公平的。

根据有关规定,1992年1月1日以前在农场工作的人(包括已故者)均可获得同样份额的土地,已故者的土地由其继承者领取。每份土地平均为1.5公顷。截至1999年7月1日,"全国土地计划"共向20万个过去在国营农场或集体农场工作的人发放了50万份土地所有权。[①] 据估计,在这一计划结束时,约100万人能获得土地所有权。由于广大农民获得了土地,因此私有化计划在政治上得到了有力的支持。此外,许多人已开始将自己的土地作为获取银行信贷的抵押品,或进行买卖。只是由于规范土地市场的法规尚未成形,因此土地买卖仅在很小的范围内进行。

在土地私有化的过程中,如何解决国有农场和集体农场拖欠的债务是一个棘手的问题。土改以前,由于经营不善和管理不严等原因,摩尔多瓦的农场拖欠了约20亿列伊的债务。这些债务的债权涉及政府、金融机构和农场工人等方面,其中欠国家和地方政府的约6亿列伊,占债务总额的30%以上。

为了解决债务问题,摩尔多瓦政府在美国国际开发署的帮助下起草了《重新安排农场债务法》。摩尔多瓦议会于1999年6月通过了这一法律。根据这一法律,解决债务问题的方法包括:(1)拖欠3年以上的债务可以被自动豁免,其他债务则用实物抵押或补偿等方法来解决,拖欠雇员的工资被一笔勾销。上述方法能减少2.2亿列伊。(2)在农场雇员决定关闭农场的公告发布一个月以后无人认领的债务,也被自动豁免。据估计,这一

[①] 在摩尔多瓦,果园的所有权不同于可耕地的所有权,因此一个人除了获得土地所有权以外,还可获得果园的土地所有权。

措施能减少3.8亿列伊。（3）用农场的社会资产（如道路、学校）和其他资产（如农场在它下属的加工企业中拥有的股份）来抵债。这一方法能减少12亿列伊。（4）剩余部分采用互相豁免或清理"三角债"等方式。①

国际货币基金组织认为，摩尔多瓦结构性改革中最为成功的就是土地私有化计划。土地私有化在一定程度上调动了原农场工人的劳动积极性。但是，由于农业投入不足，加之农业基础设施没有随私有化的展开而得到改善，因此农业部门并没有摆脱萧条的困境。此外，土地私有化后，经营单位变得很小，平均每户为1.5公顷，而且常常是分散在多片土地上或果园中。其结果是，农业生产的规模经济效应得不到很好的发挥。同样不容忽视的是，私有化后，原国营农场或集体农场的财产被分割，一些人分得一辆拖拉机的一个轮胎，使许多农业机械无法投入使用。

第四节　波罗的海三国的私有化

波罗的海三国是转轨国家中率先实行私有化的国家。事实上，在波罗的海三国，私有化早在其独立前就开始了。在戈尔巴乔夫"改革"政策的影响下，这些国家就出现了第一批私人企业。但是，在当时的政治气候下，三国的私有化规模是有限的，而且在官方文件中很少正式使用"私有化"这样的词汇。

独立后，私有化全面展开。在捷克的私有化计划的启发下，立陶宛率先于1991年4月开始实施私有化券发放计划。第一批国有企业于同年9月实现私有化。拉脱维亚于1992年11月通过了类似的私有化券计划，但直到1994年年中才正式发放私有化券。发放的对象有一定的限制，第二次世界大战以前来到拉脱维亚的居民能获得一定的优惠，而第二次世界大战后来到的移民只能得到少量的私有化券，与苏联军队或克格勃有关系的居民则根本得不到私有化券。爱沙尼亚发放了两种私有化券。一种是资本券，在1992—1996年期间所有人都可获得，一般与其工龄挂钩；另一种是1994年开始发放的补偿券，仅发放给那些在苏联时期早期被收归国有的财产所有者。

爱沙尼亚和拉脱维亚从1994年开始允许私有化券在市场上买卖，其

---

① 例如，农场欠国家债务，而农场拥有的燃料公司却未能从国家有关部门收回能源费。在重新安排债务的过程中，这些债务就被相互抵消。

价格由市场供求关系确定。最初,私有化券的价格常常低于券面价值,后来才有所回升。拉脱维亚还规定,私有化券的交易必须缴纳2%的税。立陶宛不允许买卖私有化券,但从1993年起准许其持有者用它来购买1991年12月设立的私有化投资基金。

设立私有化投资基金是波罗的海三国推动其私有化进程的独特做法。应该说,投资基金在推动私有化的过程中发挥了重要作用。但是,由于政府监管不力以及缺乏经验等原因,投资基金违规经营的情况十分普遍。1995年,爱沙尼亚最大的投资基金倒闭,由此而来的经济损失超过了1992—1993年期间爱沙尼亚银行危机招致的损失。从此以后,政府加强了对私有化投资基金的管理和监督,一些经营不善或有舞弊行为的基金被关闭。这种因政府监管不力导致多个投资基金被迫关门的情况,也出现在拉脱维亚和立陶宛。

在波罗的海三国,私有化的对象既有国有企业,也有国有住房和土地,甚至还包括归还私人财产,即归还三国在1940年加盟苏联时被充公的私人财产及此后至1990年期间被征用的私人土地、建筑物、船舶、工厂、企业等财产。这种私有化被称为"重新私有化"。

总的说来,大中型企业通常采用公开拍卖的方式来进行。但在私有化进程的早期阶段,这三个国家或多或少地鼓励本企业的职工和管理人员用私有化券来参与小企业的私有化。这种方式也有显而易见的缺陷。例如,企业的资产常常被低估;企业的管理人员容易利用职权营私舞弊;不利于吸引外资参与私有化进程。因此,"小私有化"进行一段时期后,三国政府先后修改了有关政策法规,限制企业出售给本企业职工和管理人员。尽管如此,在立陶宛,一些大企业仍然被该企业的职工获得。

"小私有化"进程也遇到资金不足等困难。在有些情况下,本企业的雇员和管理人员因难以筹措到足够的资金而最终不得不放弃参与私有化。这时候,银行的作用尤为重要。那些与银行有各种密切关系的人,常常能获得资金,购买到一般的"内幕人"无法获得的企业。据报道,在这一过程中,腐败和违法乱纪的行为经常出现。

波罗的海三国的小企业私有化于20世纪90年代中期基本结束后,大中型企业的私有化立即全面展开。波罗的海三国的"大私有化"在一定程度上模仿了德国的私有化模式,即通过在国际上招标来选择投资者。竞标者(投资者)必须提交一份较为详尽的企业发展规划,列出未来的投资额、雇工的规模和技术改造的长远设想。本企业的雇员同样有权投标,但不得享受任何优惠。在有些情况下，某一大企业可被分成若干部分，以便吸引更多的投资者，或使企业能在今后面临更多的竞争。

波罗的海三国在实施私有化之初就设立了专门机构，并颁布了相应的法律。随着"小私有化"的结束和"大私有化"的启动，这些机构的职能和有关法规越来越不适应形势的需要。为了使"大私有化"在有序的框架内进行，三国政府对私有化机构作了一些调整（一般来说都是扩大其职能），并颁布了正式的私有化法或修改原有的条例和规章制度。

在实施私有化的过程中，波罗的海三国的政府对外资的参与基本上持鼓励和欢迎的态度。爱沙尼亚和拉脱维亚甚至确定了一大批可以"不受限制地"被外国投资者购买的企业的名单。但在90年代前期，外资参与私有化的热情不高。如在拉脱维亚，三年时间内只有4家企业被外资收购。这种状况与企业的定价太高、有关部门的办事效率低下以及民众对外资参与私有化有抵触情绪等因素有关。

90年代后期，为了吸引外国投资者，波罗的海三国修改了有关外资参与私有化的条例，简化了有关程序，并在定价和招标等方面增加了信息的公开性和公正度。其结果是，外资参与私有化的热情有所上升。如在立陶宛，仅1997—1998年就有13家大企业被外资实现了私有化，总价值达20亿立特。

波罗的海三国有大量国有住房。如在拉脱维亚，1996年的统计表明，全国共有54万套250万平方米的国有住房。从90年代末开始，波罗的海三国开始实施国有住房私有化。政府规定，居民也可以用私有化券购买住房。迄今为止，绝大多数国有住房实现了私有化。

本章小结

独立后，新东欧六国实施了大规模的经济转轨。这一转轨的理论基础是"华盛顿共识"。私有化是转轨的重要组成部分，其目的是要建立一种以具有竞争机制的多种所有制形式为基础的混合经济。新东欧六国的私有化在速度、规模和方式等方面不尽相同，但它们产生的影响是非常巨大的。

思 考 题

一 名词解释
　　1. 混合经济

2. 非国有化

3. 大私有化

4. 小私有化

5. 重新私有化

二　简答题

1. 简述乌克兰私有化的特点。

2. 简述白俄罗斯私有化的特点。

3. 摩尔多瓦是如何进行土地私有化的？

4. 波罗的海三国是如何进行私有化的？

三　论述题

1. 新东欧六国是如何进行私有化的？

2. 如何评价新东欧六国的私有化？

阅读参考文献

1. 何卫主编：《新东欧六国十年巨变》，中共党史出版社 2004 年版。

2. ［乌］帕夫洛夫斯基：《过渡时期的宏观经济——乌克兰的改革》，何宏江等译，基辅技术出版社 1999 年版。

3. ［波］科勒德克：《从休克到治疗》，上海远东出版社 2000 年版。

4. 《2001 年乌克兰统计年鉴》，基辅技术出版社 2002 年版。

5. 英国经济学家情报部：《国家概况：白俄罗斯》，2003 年版。

6. 英国经济学家情报部：《国家概况：爱沙尼亚》，2000 年版、2003 年版。

7. 英国经济学家情报部：《国家概况：拉脱维亚》，2000 年版、2003 年版。

8. 英国经济学家情报部：《国家概况：立陶宛》，2000 年版、2003 年版。

9. 赵乃斌主编：《东欧中亚国家私有化问题》，当代世界出版社 1995 年版。

第十六章 新东欧六国的对外经济关系

内容提要

在苏联时期，新东欧六国的外贸部门由国家统一管理，各加盟共和国难以发展独立的对外经济关系。苏联解体后，这些国家的对外贸易体制发生了根本性的变化。政府希望通过大力发展对外经济关系和外贸自由化政策来克服国内经济困难，增加国内市场供应，解决社会问题，创造良好的投资环境，提高自身的国际竞争力。本章分析新东欧六国对外经济关系的主要内容及成效。

第一节 乌克兰的对外经济关系

独立后，乌克兰制定了对外经济关系发展战略，将其作为经济转轨的重要组成部分之一。

一 对外经济关系发展战略的主要内容

（一）实施贸易自由化

居住在乌克兰的法人和自然人在对外经济关系部进行简单的注册后就可以从事外贸活动。除少数商品外（主要指军火和毒品），企业可从事任何商品的进出口贸易。为了发展对外贸易活动，乌克兰出台了《对外经济活动法》等一系列有关外贸体制改革的法令和配套措施，从而确立了外贸管理体制的改革和发展方向，基本形成了独立的外贸管理机制和调控机制。根据有关规定，乌克兰对外经济活动主要由乌克兰对外经济关系部负责协调。其他外贸管理机构还有：特种商品出口委员会、跨部门进口协调委员会、跨部门出口委员会、国家海关委员会、工商会等。

在改革外贸制度的过程中，政府放松了对外贸企业的管制，国家不再对外贸企业包负盈亏，而是对一些外贸企业实行私有化，鼓励建立贸易信托公司，以拍卖和招标的形式向外贸公司分配国家订货。国家在管理外贸时更多地利用关税调节,许可证的发放范围逐步减少。目前,国家仅对有色金属、贵重金属和稀有金属等少数商品实行配额和许可证管理。然而,为了保证支付平衡和维护国内商品市场秩序,在某些特定的条件下仍对进出口商品实行许可证制度和配额管理。

乌克兰政府每年公布一次进出口配额许可证管理商品名单。实行配额许可证管理的商品名单以及期限由议会批准。经济部及其授权的下属部门会同有关部门负责发证,并监督其使用,海关凭有关文件对商品数量进行登记后予以放行。

除了对少数商品实行行政调控外,乌克兰还对大部分商品实行关税调节。独立后,政府颁发了一系列关于调整进出口关税的法律文件,并试图通过逐步规范关税制度来调节外贸活动。

乌克兰制定进口税率的原则是对本国不生产、必须依赖进口的商品实行"零税制";对于本国生产能力不足、需要进口的新兴产业的商品征收2%—5%的关税;对于本国生产基本可满足需求的商品,征收10%以上的关税;对于可满足出口需求的商品征收高关税,产量越高的商品,税率越高。为了更好地与国际市场接轨,从1996年起,乌克兰逐渐降低进口税。至2000年,乌克兰的平均税率已降低到23%。

根据《统一关税税率法》,乌克兰的进口税有三种:税率为25%的特殊税,税率为50%的优惠税和普通税。在出口方面,除了牲畜及皮毛制品、金属和特种装备以外,其他出口商品免征出口关税。根据有关规定,国家对部分商品和技术的出口进行严格的管理。这些商品和技术包括武器、军事技术,部分军火生产原材料、设备和工艺。国家对下述商品实施指导性价格:在乌克兰境内外遭到反倾销惩罚和反倾销调查的商品、受配额许可证限制的商品、国家专项控制的商品、乌克兰为履行国际义务而出口的商品。此外,乌克兰还实行外贸合同登记制度。

乌克兰对进口商品实行认证制度。国家标准计量认证委员会和各州的标准认证中心负责进口商品的检验和认证工作。乌克兰进口商品的检验等级分三类:强制性认证的商品、非强制性认证的商品和互免认证的商品。

乌克兰实行外汇管制。境内禁止外汇作为支付手段流通,本国货币格里夫纳是唯一的支付手段。企业的进口所需外汇通过有外汇经营权的商业银行在银行间外汇交易所购买。出口应在90天内在乌克兰境内银行结汇。外国投资者在照章纳税后可按规定将所得收入汇出境外。

（二）谋求贸易伙伴的多元化

独立前，乌克兰的主要贸易伙伴是苏联地区国家（约占乌克兰外贸总额的80%）。独立后，由于旧的贸易协定和支付协定不复存在，乌克兰与苏联各国的贸易受到严重影响。但乌克兰仍然努力维系与俄罗斯和其他苏联国家的贸易关系，继续将这些国家视为自己的主要贸易伙伴。政府于1992年4月23日公布的《乌克兰经济改革计划及政策》指出，乌克兰将扩大同俄罗斯和苏联其他国家的贸易关系，并为此创造特殊的合同条件、关税条件、支付条件和结算条件，保障商品、支付款和人员自由通过独联体各国边界。库奇马总统在许多场合表示，乌克兰要与俄罗斯和苏联其他国家发展战略性伙伴关系，以恢复传统的经济联系和解决乌克兰的能源及原材料短缺问题。乌克兰外经贸部制订的历年工作计划，都将俄罗斯和其他苏联国家作为"优先"考虑的贸易伙伴。其他主要贸易伙伴是土库曼斯坦、白俄罗斯、摩尔多瓦和哈萨克斯坦。

为了扩大出口市场和获得本国严重缺乏的能源、消费品和生产资料，乌克兰积极谋求贸易伙伴的多元化。除了继续保持与苏联地区国家的贸易关系外，乌克兰还积极发展与西方国家的经济关系，并重视与国际金融机构的合作。此外，乌克兰还把发展中国家视为其对外经济活动的合作伙伴。

欧盟国家是乌克兰拓展经贸关系的重点之一。乌克兰于1995年11月加入欧委会，是欧盟优惠援助体系成员之一。乌克兰商品可以低税进入欧盟市场。乌克兰向欧盟出口的主要商品是非贵重金属、矿产品和纺织品等；向欧盟进口的产品以机械设备和消费品为主。

在致力于"融入欧洲"的同时，乌克兰也重视发展与其他国家（尤其是美国）的关系。独立后，乌克兰与美国的贸易关系发展迅速。总的说来，美国对乌克兰的出口基本保持稳定增长，而乌克兰对美国的出口则时常出现波动。因此，乌克兰与美国的贸易经常出现逆差。

亚洲国家在乌克兰对外贸易格局中的地位正在上升。乌克兰与土耳其、中国、韩国等亚洲国家和地区也保持良好的经贸关系。

二 对外经贸特点

综观独立以来乌克兰的对外贸易，可以看出以下几个特点：

（一）很难保持巨额贸易顺差

这一问题的根源主要是：（1）乌克兰不仅大量进口能源，而且还进口多种工业原料。虽然政府在取消能源价格补贴后，能源消费量有所减少，但是，由于进口能源的价格已达到国际市场的水平，因此乌克兰的能源进口费用不仅没有下降，反而在扩大。(2) 乌克兰的出口贸易因苏联解体后传统的贸易关系消失以及独联体其他成员国的购买力下降而受害匪浅。最近几年，虽然一些独联体成员国的经济开始呈现出好转的趋势，但乌克兰出口到独联体国家的商品受到了来自北美洲、西欧和亚洲国家的出口商品的有力竞争。

（二）进出口商品结构远未实现多元化

在出口商品中，黑色及有色金属占出口总额的32%。而在进口商品中，矿产品的比重则占50%左右。导致这一问题的原因无疑与苏联时期遗留的经济结构和资源禀赋有关。例如，在苏联分工体系的安排下，乌克兰的重工业较为发达，其他工业则相对落后。重工业是能源密集型部门，而乌克兰自己却很少生产石油和天然气，因此绝大部分能源需要依赖进口。此外，由于国民经济长期处于危机之中，工艺设备和能源运输工具得不到及时的革新或维修，能源消耗和浪费难以控制。

尽管历届政府都表示要克服进出口商品结构单一化的问题，但是，政府的努力离这一目标仍然相去甚远。出口产品结构中低附加值商品和半成品的比重仍呈上升趋势。由于出口产品结构单一，产品质量缺乏竞争力，所以乌克兰无法扩大出口市场。这也是乌克兰与发展中国家的贸易基本上都能保持顺差、与发达国家的贸易却经常出现逆差的原因之一。

（三）易货贸易的重要性有所下降

在苏联时期，乌克兰与其他加盟共和国的贸易主要以易货贸易方式进行，也有一小部分以卢布结算。1991年前，乌克兰出口的70%—75%以可转账卢布计价。自1991年1月1日起，由于乌克兰的东欧贸易伙伴开始以硬通货计价，所以乌克兰外贸的一半左右以可兑换货币结算，其余部分以易货贸易方式进行，或以不可兑换货币结算。独立后初期，易货贸易在进出口总额中依然占据很大的比重。如在1992年，易货贸易占出口总额的比重超过50%。在3000多亿乌克兰卢布的出口产品中，收硬通货销售的出口产品达1500亿乌克兰卢布。虽然在交易双方都缺乏硬通货的情况下，易货贸易确实不失为一种有效的替代方法，但这种贸易方式意味着出口者同时也是进口者。这势必为双方扩大贸易量增加难度。

为了改变易货贸易比重过大的状况，乌克兰加大了对易货贸易的控制力度。例如，在进行易货贸易前，出口商需向乌克兰有关授权银行预先缴纳合同金额50%的出口收入抵押金，并规定对方发回货物的时间不得超过出口商品办理海关手续后90天，否则将处以罚款。随着乌克兰与苏联以外国家和地区外贸的发展，以及进出口制度的日趋规范化，乌克兰易货贸易进出口在商品贸易总额中的比重不断下降。

（四）俄罗斯依然是乌克兰最大的贸易伙伴

如前所述，多年来，乌克兰一直在试图扩大其贸易伙伴关系的多样化。然而，乌克兰始终未能摆脱对俄罗斯能源进口的依赖。乌克兰是俄罗斯石油和天然气的最大进口国。随着生产的恢复和发展，能源耗量日趋增加，每年都需要从俄罗斯进口大量能源。鉴于乌克兰对俄罗斯能源的依赖性，俄罗斯仍将在相当长的时间内继续成为乌克兰最重要的贸易伙伴。为此，"十年战略"也强调，乌克兰将优先发展与俄罗斯的经济关系，与俄罗斯的经济关系应与乌克兰的欧洲一体化方针相协调。乌克兰与俄罗斯两国面临的共同任务是，切实执行业已达成的协议，将合作提升到真正的战略伙伴关系水平。

三　吸引外资情况

利用外国直接投资是乌克兰对外经济关系的重要组成部分。独立以来，乌克兰经济一直处于困难之中，资本形成的能力和规模极其有限，内部资金严重不足，投资"饥饿症"已严重影响了国民经济的发展。因此，为了加快经济建设和消除内部资金不足的"瓶颈"，积极引进外部资金成了历届政府的首要目标之一。

独立后，乌克兰根据自身利益的需要，制定了《外国投资法》《外国投资管理办法》《鼓励外商在乌克兰投资国家纲要法》和《乌克兰外国投资办法》等法规。这些法规具有以下几个特点：

（一）投资领域比较开放，投资形式多样化

按规定，凡未被乌克兰立法直接禁止的一切领域，外资均可以进行投资。投资形式可采用以下几种：以外汇投资；以各种动产、不动产及其相关的产权投资；以股票、债券和其他有价证券进行投资；以著作权、发明权、商标权、科技产品等具有一定价值的知识产权投资；以自然资源投资；等等。

此外，外国投资者还可以与乌克兰法人共同组建合资企业或部分地购买现有企业；建立外资独资企业或全部购买现有企业的财产；直接购买乌克兰法律允许的动产或不动产（包括土地、住宅、设备、运输工具和其他财产），或以股票、债券和其他有价证券直接购买财产；独资或与乌克兰法人和自然人共同购买土地使用权及资源开采的特许权，外资企业可拥有100%的所有权。

（二）投资程序比较简便

1992年通过的《外国投资法》规定，外国投资的注册登记由乌克兰财政部统一管理。外商按规定向财政部提交书面申请书。申请书一式两份，其内容包括总投资额、投资形式和期限、投资对象及投资者的有关情况。办理登记手续一般不超过3天。为了鼓励外国投资者参与乌克兰国有财产私有化的程序，1994年3月1日生效的《乌克兰鼓励外国投资纲要》又简化了一些与外资注册登记有关的程序。

（三）外资可获得法律保障

1. 对外资不实行国有化，国家机构也无权征用外资。

2. 在乌克兰国家机构或其工作人员的失职造成外资亏损时，外国投资者有权进行起诉并要求赔偿。

3. 外国投资者在终止投资活动时有权要求在6个月内归还资本。

4. 外国投资者在照章缴纳税款和其他必要的费用之后，可以自由地以外汇形式向国外汇出其所得的收入和利润以及其他资金。

除制定外资政策以外，乌克兰政府还为改善投资环境作出了努力。应该指出，乌克兰的"硬环境"是比较令人满意的。例如，乌克兰拥有丰富的自然资源，如沥青、无烟煤、锰、铬、钛、铅、锌、铝等等，其中沥青和无烟煤均占苏联总蕴藏量的60%。此外，乌克兰还因拥有大片肥沃的"黑土"带而曾被称为"苏联的粮仓"。又如，乌克兰的地理位置十分重要。乌克兰东界俄罗斯联邦，南濒黑海和亚速海，西与波兰、斯洛伐克、匈牙利、罗马尼亚和摩尔多瓦接壤，北与白俄罗斯为邻。乌克兰还是苏联连接欧洲国家和地中海岸国家的重要枢纽。海、陆、空运输和管道运输都很齐备。再如，气候温和，半年以上平均气温高于10摄氏度。

虽然乌克兰的"硬环境"比较好，但它的"软环境"则不太理想。

第一，国民经济长期处于严重的困境之中。在所有转轨经济国家中（不包括受战争影响的国家），乌克兰是经济危机最严重的国家之一。严重的经济危机极大地影响了人民生活，贫困问题越来越普遍。由于生活水平低下，需求疲软，购买力得不到提高，外国投资者对乌克兰市场的兴趣大减。虽然近3年来乌克兰经济持续增长，但外国投资者仍认为乌克兰的债务和权益工具有太多的风险，资金流动性差。

第二，对外资投资政策法规的多次修订变化，使一些投资者无所适从。《外国投资法》等法规规定了许多刺激性的超国民优惠。例如，从事生产活动的外资企业，自获利之日起5年内免交税款；从事批发商业活动的外资企业的免税期为3年；从事中介业务企业的免税期为2年。此后，第一类企业缴纳50%的税款，第二和第三类企业缴纳70%的税款。外资企业收入的再投资部分免征所得税。对优先部门和地区，外资企业还可享受特殊税收优惠政策。而1996年颁布的《乌克兰外国投资办法》取消了对外资的上述税收优惠，规定外资企业应按乌克兰法律纳税，对外资或合资企业同乌克兰本国企业一视同仁。

与世界上的许多国家相比，乌克兰政府向外国投资者提供的优惠是较为有限的。例如，在利润汇出方面，外国投资者事实上要受到多方面的限制。在税收方面，外国投资者也无优惠可言。现行的税收制度是目前影响外国投资者的一个最重要的因素。此外，尽管政府在其制定的一系列吸引外资的法律中，对在乌克兰的外国投资者享有的权利，对合资企业及外国投资者的财政税收政策等作出了明文规定，但因缺少配套措施，许多条文并未真正得以实施。

第三，有些法规在实施的过程中，常常受到政府部门官僚主义作风的影响。许多外国投资者抱怨，在乌克兰，办事拖拉和低效率等不良作风司空见惯，令投资者望而生畏。还应该指出的是，独立以来，乌克兰的腐败行为泛滥，社会治安状况欠佳，外国投资者缺少安全感。事实上，乌克兰已被国际社会视为投资贸易高风险地区，成了世界上吸引外资水平最低的国家之一。一些外国投资者对乌克兰的投资环境多有抱怨，认为在乌克兰投资经常遭到刁难，从事正常的经营活动手续复杂、各种税收名目繁多、私有化缺少透明度，加之官员腐败成风，致使投资经营活动无法进行，一些投资者因此而撤资。

第四，缺少现代化的公司管理制度。许多投资者认为，控制企业的能力是保护投资者唯一的方法，安全的股份比例应是70%—75%。因此，外国购买者试图想获得企业多数股权以便控股，而不想拥有少部分的股权或在新兴市场进行有价证券投资。

第五，基础设施有待进一步改善。在苏联时期，乌克兰的基础设施曾有过很大发展。但由于近几年来国家用于该部门的投资不仅没有大幅度增长，反而有所减少，能源供给不足、交通运输不敷需求和通信落后等问题比较严重。

四 建立经济特区

独立后,政府通过了《乌克兰经济特区法》等一系列有关建立经济特区的法律文件,为特区建设奠定了法律基础。为了更好地协调特区建设,乌克兰还成立了经济特区委员会。乌克兰建立经济特区的目的是:创造良好的投资环境,以便吸引更多的外资(其中包括吸引大量流入国外的本国资金返回乌克兰);确保外资和本国资本流入国家重点发展的产业和地区,促进经济结构的调整;引进先进的工艺技术,充分发挥各地区和各部门的优势,挖掘地区出口创汇的潜力,扩大地区与其他国家的经贸和科技合作;创造新的就业机会,解决失业人员的就业问题;培养新型的管理人才,寻求符合市场经济运行的经营方式,促进市场经济体系的形成。

1995年6月30日,库奇马总统签署命令,宣布建立乌克兰第一个经济试验区——谢瓦什经济试验区,并以此为试点,相继宣布授权一些地区建立经济特区。

乌克兰的经济特区大致可分为三类。第一类是一般的经济区。其目的是创建现代化的运输基础设施,发展对外经济关系。目前,乌克兰共有11个经济特区:顿涅茨克特别经济区、亚速特别经济区、列尼特别经济区、弗兰克港特别经济区、斯拉乌季奇特别经济区、雅沃罗夫特别经济区、尼古拉耶夫特别经济区、克里米亚港特别经济区、考维尔国际港特别经济区、外喀尔巴阡特别经济区、特鲁斯卡维茨疗养地特别经济区。第二类是工业特区和优先发展区。其目的是通过各种税收优惠来吸引投资,以创造新的生产能力,并实现老企业的技术改造和现代化。

目前有9个优先发展区:顿涅茨克州优先发展区、外喀尔巴阡优先发展区、卢甘斯克州优先发展区、苏梅州绍斯特卡市优先发展区、切尔尼戈夫州优先发展区、沃伦州优先发展区、哈尔科夫市优先发展区、日托米尔州优先发展区、克里米亚自治共和国优先发展区。第三类是技术园区,其目的是简化高科技科研成果的商品化过程,扩大具有国际市场竞争力产品的生产。目前有三个技术园区,都是在"半导体技术材料和光电子传感器技术研究所""巴顿焊接研究所""单晶体研究所"等科研单位的基础上建立的。

由于乌克兰经济长期不景气,投资环境欠佳,因此经济特区建设雷声大,雨点小,正常运转的并不多。事实上,即便这些特区吸引外资的情况也并不尽如人意。

第二节 白俄罗斯的对外经济关系

如同其他转轨国家那样,白俄罗斯在独立后十分重视对外经济关系的发展。白俄罗斯在对外经济领域实行的战略方针是:全方位对外开放,加强白俄联盟,保持独联体市场,恢复东欧市场,发展与西方国家的贸易关系,开发地中海国家、中东、北非和东南亚市场。然而,与其他转轨国家相比,白俄罗斯的开放度相对较低。

一 对外贸易管理

独立后,白俄罗斯相继出台了一系列有关外贸体制改革的法规和配套措施。白俄罗斯共和国对外贸易法规定,白俄罗斯的外贸活动由白俄罗斯共和国宪法、白俄罗斯共和国对外贸易法和白俄罗斯共和国其他法律负责调节。白俄罗斯与外国的对外贸易关系建立在遵守公认的国际法准则以及白俄罗斯共和国参加的国际条约义务基础之上。对外贸易活动应以平等互利、尊重主权、不干涉内政的原则为基础。国家依法对其外贸活动实行管理和监督。国家保护对外贸易活动参加者的合法权益、不允许国家机构无理干涉对外贸易活动经济实体。

白俄罗斯实行独立的对外贸易政策。对外贸易政策是白俄罗斯对外政策的重要组成部分。在履行白俄罗斯所承担的国际义务时,国家保护国内市场和本国商品生产者的利益,并促进将本国商品推向国际市场。白俄罗斯反对将经济关系政治化,认为经济关系的发展战略应以互利合作为目的,对东西方市场一视同仁。为使白俄罗斯经济融入世界经济一体化,并提高其国际地位,白俄罗斯积极参加关于海关联盟、自由贸易区及其他国家间组织的国际条约。

白俄罗斯对进出口主要通过关税来调节。在进口方面,除了对一般进口商品征收关税、增值税和其他税费外,对烟、酒、毛皮、石油和石油制品、水晶制品等商品征收消费税。国家鼓励进口药品、儿童用品、粮食、食糖、植物油等本国市场紧缺商品。对植物保护剂、工业废料等商品的进口须实行许可证制度。国家禁止进口那些无法加工的含放射性和有毒物质的工业废料,禁止进口有损于国家政治经济利益和国家安全、危害公民健康和道德的印刷品、音像制品及其他信息出版物。政府对一般出口商品免征关税、消费税和增值税,并取消了配额和许可证管理。但是对贵金属和各种宝石、贵金属和宝石制品及半成品、含贵金属和宝石成分的制品和半成品、琥珀及其制品、柞木、物龄超过100年以上的收藏品和古玩等商品的出口必须实行许可证管理。白俄罗斯对重要战略商品的出口合同实行登记制度。这类商品包括粮食、酒精、皮革及其原料、木材、亚麻纤维等。

从20世纪90年代中期起，白俄罗斯开始逐步放松对外贸制度的管制，并降低了大部分进口商品的关税，取消了对一般商品设立的出口限额和许可证，降低了出口关税。为鼓励出口，政府提供了一些出口商品免缴消费税和增值税的优惠。

白俄罗斯实行售汇制，出口收汇进账后5天内必须将其50%在外汇交易所出售。有关法律允许外国投资者可不受限制地将其所得兑换成外汇后汇往国外。外国公民可自由带出500美元或等值的其他外汇，超过部分须出示海关出具的带入等额外汇的证明和白俄罗斯境内银行出具的外汇携带证等有关证明。

独立前，由于受苏联劳动分工原则的影响，白俄罗斯对苏联地区国家（尤其是俄罗斯）的依赖性很强。其80%—90%的外贸是与苏联的其他加盟共和国进行的。俄罗斯是最大的贸易伙伴。独立后，这一关系没有改变。因此，经济上对俄罗斯的依赖性决定了白俄罗斯的经贸走向。白俄罗斯政府始终重视与俄罗斯的经济联系，并将与俄罗斯建立经济联盟视为复兴经济乃至国家生存的希望所在。1995年1月6日，白俄罗斯和俄罗斯签订了关税同盟条约，其主要目的是彻底消除相互间各种贸易限制，实行统一的贸易制度和关税税率。同年5月，该条约生效，两国间商品开始在统一的关税下自由流通。

与周边国家在苏联时期形成的经济联系和相互依存关系在白俄罗斯国民经济的发展中始终发挥着重要的作用。《白俄罗斯2000—2005年出口战略》指出，只有与各邻国在边防、海关的建设与发展中协调一致，才能解决运输和能源的过境问题，发展互利的边境贸易，共同开发自然资源。为此，白俄罗斯重视发展与周边国家的经贸关系。例如，与独联体国家发展经贸关系是白俄罗斯对外经济关系中的重点之一。白俄罗斯与乌克兰、哈萨克斯坦、吉尔吉斯斯坦等国保持着密切的经济联系，与波罗的海三国、摩尔多瓦、亚美尼亚、塔吉克斯坦和土库曼斯坦等国关系也有不同程度的发展。

白俄罗斯与西方国家的经贸关系发展缓慢。1996年，欧洲安全和合作组织不愿意接受白俄罗斯就总统权力举行的全民公决的结果。此外，西方国家还指责白俄罗斯的人权状况不佳。因此，自1996年以来，白俄罗斯与西方国家的关系一直处于较为紧张的状态，对外经济关系也因此而大受影响。

白俄罗斯对外贸易的一大特点是易货贸易比重较大。2000年，易货贸易占出口总额的比重为26.5%（1999年为35.6%），占进口总额的比重为21.7%（1999年为29%）。2000年，白俄罗斯向独联体国家出口的贸易额中，易货贸易达17.212亿美元，其中与俄罗斯的易货贸易达16.462亿美元；从独联体国家进口的贸易额中，易货贸易达16.34亿美元，其中从俄罗斯进口的易货贸易额达15.093亿美元。2001年，易货贸易比重过大的情况有所好转，其占进出口贸易额的比重分别为14%和18%。

二　投资环境

1991年，白俄罗斯出台了《白俄罗斯投资法令》和《白俄罗斯外国投资法》。此后，白俄罗斯就投资问题又颁发了多部法令法规，并对外国投资法进行了修改。这些法律文件确定了外国投资者在白俄罗斯进行投资活动的法律原则、规定了外国投资者享有的权利和应尽义务。从而为吸引外资创造了有利条件，促进了白俄罗斯社会经济的发展，并加快了其与世界经济一体化的进程。

白俄罗斯有关投资法规指出，外国投资，指外国法人和自然人为获得利润（收入）或达到社会效益对各类项目投入的资金和物资，以及赋予白俄罗斯共和国经济实体的财产和知识产权。

白俄罗斯对外资投资领域的限制很小。外资可以参股创办合资企业，购买现有企业、房产、股票和有价证券，创办独资企业，开办外国法人的分支机构，购买土地和自然资源的使用权以及购买其他产权。外国投资者可以按规定参与白俄罗斯的非国有化和私有化。

根据有关规定，外资企业在缴纳利润税时享有一定的优惠。例如，外资占股份30%以上的合资企业或独资企业，自企业获利之时起3年免征利润税（贸易型外资企业除外），如果外资企业生产的产品非常重要，则在3年优惠期后可再享受3年减征50%利润税的优惠。企业享受减免利润税优惠的条件是，外资企业必须在注册第一年内发达资金到位50%，第二年到位100%。否则，应与白俄罗斯本国企业一样全额缴纳利润税。企业法定基金中外资超过30%的企业无须办理商品出口许可证即可出口自己生产的产品。

国家对外国投资者提供法律保护，保证对外国投资者提供非歧视政策、保证立法不变、保证不实行国有化和被征用。对于因国家对投资者失信而造成的损失，一经法院裁决，将由政府承担责任并予以补偿。外国投资者将其外汇收入汇出境外的行为受法律保护。企业关闭时外国投资者有权按剩余部分的价值以货币或商品的形式收回自己在企业财产中的股份。

白俄罗斯鼓励外资投入的部门是：轻工业、农工综合体、建筑和建筑材料业、仪表制造业、化学和石化工业、石油加工业、电子工业、木材加工和造纸业、制药业、服务业、汽车工业、运输和邮电、能源工业等。国家不干涉企业家在投资领域的活动。政府鼓励外资进入高新技术产业、能够替代进口的产业以及有利于扩大出口和改善生态环境的产业。

白俄罗斯引进的外资主要来自美国、德国、荷兰、波兰、英国、塞浦路斯、俄罗斯、立陶宛、意大利等国。外资主要流入工业、贸易、运输、农业等领域。近年来，外国投资者对生产性项目的投资逐渐增加，项目的投资额也有所增大。

由于得不到双边贷款和多边贷款，更是由于无法进入国际资本市场，白俄罗斯的外债一直维持在较低的水平上。值得指出的是，多年来美国等西方发达国家以白俄罗斯的人权状况不佳为由，拒绝向它提供信贷。

三　特区建设

建立自由经济区是白俄罗斯实施对外开放政策的重要步骤之一。《白俄罗斯共和国自由经济区法》指出，自由经济区是指具有明确行政界限并实行专门法律制度的区域。为了更多地吸引外资，政府在关税、金融和税收等多方面向进入特区的外资提供了许多优惠，以便给这些地区和全国的投资活动和经济发展创造有利条件。例如，在自由经济区进口货物可免征进口关税、增值税、国内消费税，出口免征关税（手续费除外）。国家保障自由经济区内投资者依法应该享有的权利和人身自由，不允许歧视和非法限制经济实体的权利，不允许非法采取强制性国有化，征用或类似的行为。外国投资者对自由经济区投资的应得收入部分（包括外汇）可自由转移。

自由经济区的类型视建区的目的和自由经济区内的投资活动方向而定。在自由经济区内可以从事发展生产、科技、出口、贸易、旅游休闲、保险、银行和其他活动。自由经济区行政机关由白俄罗斯共和国部长会议设立并具有法人资格。行政机关的条例由白俄罗斯部长会议批准。自由经济区行政机关的职权由《白俄罗斯共和国自由经济区法》、自由经济区行政机关条例和白俄罗斯共和国其他法律确定。

白俄罗斯共有6个自由经济区：布列斯特自由经济区、明斯克自由经济区、戈梅利自由经济区、维捷布斯克自由经济区、莫吉廖夫自由经济区和格罗德诺自由经济区。

创建于1992年的布列斯特自由经济区占地面积约61平方公里，国际货物运输线路通过此区，区内有国际机场。布列斯特是白俄罗斯的西部门户。独特的独立位置使该区成了白俄罗斯第一个自由经济区。布列斯特自由经济区对投资者们提供了多种优惠条件。区内企业只需缴纳：所得税15%，增值税10%，营业税、生态税、国家和社会保险费及国内消费税等6种税率（白俄罗斯约有20种税率）。目前，布列斯特自由经济区已发展成为一个集出口、生产、自由关税、旅游娱乐、银行保险等各种经济职能为一体的综合经济区。区内主要生产家具、食品、电器、木材加工品和轻工业产品等其他产品。至2001年1月1日，区内共注册企业85家。最大的外国投资者是德国、俄罗斯、英国、波兰、捷克等。

明斯克自由经济区占地面积1390公顷，其中800公顷为明斯克市工业区，其余分布在莫吉廖夫公路沿线及明斯克国家机场区内。该区科技实力雄厚、交通便利、政策比较宽松。明斯克自由经济区优先鼓励发展生产型企业、服务型企业以及生产出口型产品和进口替代产品的企业。主要投资领域包括印刷、建筑、机械制造、金融、医药、海关服务、食品加工等部门。近年来，该区从申请注册到售后纳税已经形成机制和规模。由于不断加大引资力度，一些外企开始关注明斯克自由经济区。

戈梅利自由经济区位于戈梅利市东北部，占地4712公顷，其中595公顷属戈梅利市区，4117公顷属戈梅利郊区，是集生产、出口和自由关税区为一体的综合区。戈梅利自由经济区的科技潜力比较雄厚，因此其发展重点是高新技术产品、外向型产品和出口替代产品。

维捷布斯克自由经济区位于维捷布斯克市东北东南交界处。该区占地面积近9000公顷，区内林业资源丰富，自然环境优美，可适合不同的投资项目。维捷布斯克自由经济区鼓励外商在无线电、家用电器、机械工程、农副产品加工、服务项目及其他领域投资。

莫吉廖夫自由经济区是第五个自由经济区，其占地面积242.71公顷，期限为30年。莫吉廖夫州自由经济区包括生产区、出口区和自由海关区。其发展重点是生产出口及进口替代产品，发展高新技术产品等。

格罗德诺自由经济区位于白俄罗斯北部，是重要的工业区之一。与莫吉廖夫自由经济区一样，格罗德诺自由经济区的发展重点也是生产出口、进口替代产品，以及发展高新技术产品。来自波兰、立陶宛、德国、英国等国30家企业是该区第一批入驻企业。

由于白俄罗斯投资环境不太理想，因此各区吸引外资的情况不尽如人意。总的说来，布列斯特自由经济区、明斯克自由经济区、戈梅利自由经济区的发展情况好于其他三个区。白俄罗斯自由经济区的主要贸易伙伴是俄罗斯。对俄罗斯的出口额约占其出口总额的90%。其次为德国和乌克兰。白俄罗斯自由经济区的进口主要来自独联体以外的国家（约占进口额的3/4）。波兰、德国、俄罗斯和意大利是主要进口国。

第三节　摩尔多瓦的对外经济关系

独立前，在苏联的中央计划经济体制下，国家控制着整个外贸部门，并对一些原材料和商品实行进出口许可证制度。独立后，在外贸制度的改革中，摩尔多瓦取消了国家对外贸的垄断，放松了对外贸企业的管制，减少了许可证的发放范围，实现了对外贸易自由化。

一　对外贸易

与其他独联体国家相比，摩尔多瓦的贸易体制比较开放。1995年，摩尔多瓦废弃了谷物出口配额，并于1996年降低或取消了大部分进口关税。目前，除了部分特殊商品（武器、贵重金属、爆炸物、毒药、医药、医疗器械）外，其他商品均可以自由贸易。这些改革措施有效地增加了外贸部门的活力，促进了对外贸易的发展。

在苏联时期，摩尔多瓦对外贸易的主要合作伙伴是其他加盟共和国。独立后，摩尔多瓦在继续维护和发展与苏联地区国家贸易关系的同时，积极发展新的贸易伙伴关系。但是其主要贸易伙伴依然是苏联时期的各加盟共和国。

由于地理位置和历史上的原因，摩尔多瓦与俄罗斯有着特殊的关系。尽管独立后摩尔多瓦因注重强调民族利益而与俄罗斯常有冲突，但俄罗斯始终是摩尔多瓦对外经济合作的主要伙伴。

摩尔多瓦之所以难以扩大对非独联体国家的出口，主要是因为：第一，发达国家（尤其是欧盟成员国）市场的保护主义比较严重；第二，摩尔多瓦的出口产品质量较低，无法达到许多欧盟进口国的要求；第三，在转轨过程中，摩尔多瓦未能有效地开拓海外市场的渠道。近年来，随着国内经济形势的好转，摩尔多瓦与非独联体国家的贸易额也开始出现增长。

在苏联时期，摩尔多瓦的农产品出口获得了中央政府的大量补贴，补贴的形式主要是高估农产品价格和压低能源等农业投入的价格。独立后，摩尔多瓦的对外贸易依然以农产品出口为主。

能源是摩尔多瓦的主要进口产品。独立后，为了提高工业产量，摩尔多瓦对苏联时期遗留的机械设备进行了大规模的更新和维修，并进口了大量较为先进的机械设备。

二 投资环境和吸引外资情况

独立以来，摩尔多瓦历届政府都主张积极吸引和利用外资。为此，政府制定了一系吸引外资的法律和法规，其中包括《外国经济活动法》（1992年1月颁布）、《企业法》（1992年1月颁布）、《合资公司法》（1992年1月颁布）和《外国投资法》（1992年4月颁布）等法律。这些法律为投资者规定了比较开放的投资领域和多样化的投资形式。

根据有关法律规定，外国投资者有权在摩尔多瓦建立合资企业或外资企业，依法购买成为外国投资者财产的房屋和其他商品，以直接投资或有价证券。两种投资方式购买企业，以银行资本进行投资，在证券交易所进行交易，办理银行专项存款，购买财产所有权和非财产所有权，参与私有化过程等。

政府鼓励外商投资的部门是农业、酿酒业、烟草业、建筑材料业、建筑和运输基础设施、医药等领域。一些国际金融组织认为，摩尔多瓦吸引外资的潜力在于其劳动力成本低廉而素质较高，较有吸引力的投资部门是农产品加工、金属工业、轻工业和服务业。

为了吸引外资，摩尔多瓦政府向外资提供了多方面的好处，其中包括免税优惠、允许外国资本自由返回、国家对外资予以保护等。

但是，摩尔多瓦在吸引外资方面也面临着以下一些障碍：第一，主管和审批外国投资的机构严重官僚化，而且缺乏透明度。管理外资的三个法律（财政法、预算法和外国投资法）中有矛盾的条款，使外国投资者无所适从。第二，海关条例复杂多变，而且注册和审批的程序十分烦琐。例如，外国投资者必须提交20多份文件，供有关部门审查和盖章。其中仅注册一项就需要征得10个政府部门的同意，审批的程序达27道。此后，外资企业还要每年接受有关部门的一次复查,而其他名目的检查则更多。第三,外国投资者在申请签证和工作许可证等方面常遇到拖拉和延误等难题。此外,外资企业在申请土地使用权时,同样很难。第四,知识产权保护法的执法工作没有力度。第五,方便外国投资者往来的符合国际标准的航空服务、高星级的旅馆和高效的银行服务业尚未到位。

摩尔多瓦引进的外国直接投资主要来自俄罗斯、罗马尼亚、美国和德国等。最大的投资者是俄罗斯的天然气公司和法国的国际移动通信国际公司。外国直接投资主要分布在银行、能源、农产品加工、食品和电信等部门。农业是政府鼓励外商投资的部门之一。

确保摩尔多瓦经济与世界经济区域及分工机制接轨是摩尔多瓦经济发展中的一个重要问题。独立后,摩尔多瓦积极参与国际组织活动,相继加入了独联体、欧洲安全与合作组织、联合国、世贸组织、"古阿姆"集团、黑海经济合作组织、东南欧稳定公约组织。

摩尔多瓦于1992年加入世界银行。至2000年,世界银行已向摩尔多瓦的13个项目提供了3.8亿美元的援助。自1991年起,欧洲委员会启动了为摩尔多瓦经济和社会发展提供援助的计划。1991—2001年,欧洲委员会通过该项计划向摩尔多瓦提供援助8900万欧元。美国是向摩尔多瓦提供援助最多的国家。向摩尔多瓦提供援助的其他国家还包括瑞典、英国、荷兰和日本等发达国家。

1996年7月,为了吸引外国资本,摩尔多瓦在首都基希纳乌建立了一个自由贸易区。外国投资者在特区可享受多方面的税收优惠。迄今为止,该特区已吸引了60家外资公司。

第四节 波罗的海三国的对外经济关系

在苏联时期,波罗的海三国的主要贸易伙伴是苏联各加盟共和国。独立后,随着回归欧洲这一基本国策的确立,三国经贸关系重点也逐步由东方转向西方,大力发展与欧盟国家的经贸关系。为了实现这一目标,波罗的海三国对外贸体制进行了改革。改革的重点是实行贸易自由化。

一 对外贸易加快发展

与其他转轨国家相比,波罗的海三国的贸易自由化程度比较高。独立以来,波罗的海三国在开放型的对外经济体制的运作下,重视拓展经济空间，积极寻找海外市场，在发展对外经贸合作方面取得了一定进展，外贸进出口总额明显提高。然而，它们的进出口商品结构没有发生重大的变化。例如，爱沙尼亚出口商品仍然是机械设备、矿物产品、化学产品、食品、木材及制品、服装等。进口食品主要是机械设备、能源、农产品、非贵重金属、运输设备等。拉脱维亚出口商品主要是木材及其制品和纺织品，进口商品主要是矿产品、机械设备、化工产品、能源等。立陶宛出口商品主要是纺织品、矿产品、化工产品、机械设备、电器和录音录像设备、交通运输设备、畜牧产品、食品、木材制品和金属制品等。进口商品主要是能源、矿产品、机械设备、交通运输设备、化工产品、纺织品、金属制品、食品、饮料等。能源进口在三国进口额中占很大比重。这既是苏联时期遗留的经济结构和劳动分工格局所致，也是波罗的海三国经济发展受制于外部世界的主要原因之一。

二 积极参与区域经济合作

除改革贸易体制和开拓海外市场以外，波罗的海三国还针对各自的实际情况，开拓与其他国家的新的合作领域，积极参与一些国际组织的活动，并先后于2000年和2001年正式加入世界贸易组织。

此外，波罗的海三国之间的经济联系也在加强。由于三国在实现其加入欧盟的战略目标中处于同一起跑线上，加之地缘相接、地理和自然环境基本相似，因此，独立以来三国间的区域经济合作得到了实质性发展。1994年达成的波罗的海自由贸易协定为波罗的海三国发展贸易关系提供了动力。在这一自由贸易协定的基础上，三国又先后签署了有关运输、环保等主要领域合作的政府间协定。1995年7月，三国政府签署了《关于在环境保护领域合作的协定》。该协定由三国环保管理机关负责实施，相应的工作组根据协定的内容开展工作。1997年1月，三国达成了农产品自由贸易协定。根据这一协定，具有三国产地证的农产品（含食品）贸易在三国之间实行零关税。然而，1998年的俄罗斯金融危机使三国自由贸易（尤其是农产品自由贸易）受到一定的消极影响。1997年11月，三国签署了《关于在爱沙尼亚、拉脱维亚和立陶宛三国贸易中取消非关税壁垒的协定》。该协定以具有三国产地证的商品为基础，其实施进一步发展和拓宽了三国之间自由贸易的空间。1998年7月签署的《关于三国之间中转运输程序的协定》涉及陆路运输的海关合作，其目的在于简化手续、吸引物流。除了政府间合作外，波罗的海三国部门间合作也发展顺利。1998

年10月,三国经济部签署了《关于在能源领域合作的协定》。根据这一协定,三国相关的能源组织保持着经常的业务联系。

三 改善投资环境

波罗的海三国发展对外经济关系的另一个重要措施是努力改善投资环境,积极争取西方援助。为此,三国实行优惠的外资政策,发挥本国优势,为更多地吸引外资而创造有利条件。

波罗的海三国都是小国,资源贫乏、国内市场狭小,易受周边国家的影响,因此投资的硬环境并不十分理想。但是,波罗的海三国的软环境相对比较优越。在向市场经济转轨的过程中,三国政府普遍认识到,只有加大对外开放的力度,创造宽松的投资环境,才能使经济快速走向良性发展的轨道。

独立以来,三国政府始终致力于推行市场经济,充分运用市场经济杠杆的调节作用,减少行政部门对经济过多的干预。三国相继通过了一系列关于吸引外资的法律文件,规定在税收等方面给予外资以多方优惠,并尽量简化审批手续。例如,立陶宛对合资和外国独资企业在税收方面予以一定的优惠,其优惠额度取决于投资的份额。如果外资额超过200万美元,企业可在3年内免交利润税,并在此后3年内再减免50%。但是,此优惠不适用于贸易利润超过销售额30%的从事石油产品零售及批发的企业。外资按规定可将所获利润兑换成外汇汇出。外国人不可以购买土地,但可租用土地,最长租赁年限为99年。自1996年初起,立陶宛允许外国投资者购买地产。国家保护投资者的利益。外国投资者所投资产不被私有化或被没收。爱沙尼亚和拉脱维亚也相继制定了一系列行之有效的优惠措施来吸引外国投资。例如,爱沙尼亚政府允许外国投资者购买土地,并在税收等方面提供优惠。根据2000年1月1日实行的新版《所得税法》,国家对本国和外国企业的利润再投资免征所得税。

由于三国的经济政策比较透明开放,国家保障对外资者的利益,社会秩序稳定,加之三国地理位置优越、土地廉价、劳动力素质普遍较高而其价格低廉等有利条件,因此许多外国投资者(尤其是北欧国家的投资者)普遍看好它们的投资前景。尤其在三国加入欧盟后,外国投资者更加青睐其投资环境。

除了利用外资外,波罗的海三国还在利用外援方面也取得了很大的成效。加入欧盟后,三国得到欧盟的援助显著增加。

本章小结

　　在苏联时期，乌克兰、白俄罗斯、摩尔多瓦和波罗的海三国无法开展独立的对外经济关系。独立后，新东欧六国将扩大对外经济关系作为实施经济转轨的主要目标之一。除了实施贸易自由化以外，新东欧六国还采取了大力吸引外资等一系列措施。但从外贸发展和吸引外资战略的实施看还不尽如人意。

思 考 题

一　名词解释

　　1. 世界贸易组织

　　2. 贸易自由化

　　3. 关税壁垒

　　4. "古阿姆"

　　5. 易货贸易

二　简答题

　　1. 简述乌克兰的投资环境。

　　2. 简述白俄罗斯的投资环境。

　　3. 简述摩尔多瓦的投资环境。

　　4. 简述波罗的海三国的投资环境。

三　论述题

　　1. 独立前新东欧六国的外贸体制有什么特点？

　　2. 独立后新东欧六国是如何发展对外经济关系的？

阅读参考文献

　　1.《独联体国家经济统计年鉴》，独联体跨国统计委员会编。

　　2.《俄罗斯和东欧中亚国家年鉴》（1992—1995年），中国社会科学院东欧中亚研究所编印。

　　3.《俄罗斯和东欧中亚国家年鉴》（1996—2001年），当代世界出版社1998年版、1999年版、2000年版、2001年版、2002年版。

　　4. 英国经济学家情报部：《国家概况：乌克兰》，2003年版。

5. 《2001年乌克兰统计年鉴》，基辅技术出版社2002年版。
6. 英国经济学家情报部：《国家概况：白俄罗斯》，2003年版。
7. 英国经济学家情报部：《国家概况：爱沙尼亚》，2000年版、2003年版。
8. 英国经济学家情报部：《国家概况：拉脱维亚》，2000年版、2003年版。
9. 英国经济学家情报部：《国家概况：立陶宛》，2000年版、2003年版。
10. ［乌］索科连科：《全球化与乌克兰经济》，思想出版社1999年版。

第十七章　新东欧六国经济转轨的特点和启示

内容提要

新东欧六国的经济转轨具有鲜明的特点。这些特点包括：转轨初期面临多方面的困难，"华盛顿共识"是转轨的理论基础，转轨的基本要素相同，转轨伴随严重的经济衰退或危机，转轨在一定程度上受到了外部因素的影响，非正规经济在转轨过程中快速发展，经济转轨伴随着政治转轨，发展对外经济关系与谋求独立自主的外交政策相得益彰。

从新东欧六国的经济转轨历程中，我们可以得出以下几点启示：第一，经济转轨必须正确处理政治改革与经济改革的关系。第二，经济转轨必须选择恰当的速度。第三，在实施转轨时必须正确处理经济发展与社会发展的关系。第四，宏观经济稳定是确保经济转轨顺利进行的必要条件之一。第五，经济转轨并不意味着政府的宏观调控作用是可有可无的。

第一节　新东欧六国经济转轨的特点

综观新东欧六国的经济转轨过程，我们可以看出以下几个显著的特点。

一　转轨初期面临多方面的困难

如同其他转轨国家那样，新东欧六国在开始转轨时，面临的困难是多方面的。第一，它们很难获得"他山之石"，也不愿意从中国和其他一些社会主义国家那里借鉴成功的经验。第二，它们国内的经济环境十分不利。例如，它们的国内市场发育不全，私人经济微乎其微，宏观经济不稳定。第三，由于政治改革进程陷入了无序化境地，加之市场经济所需的法律体系欠佳，它们的经济转轨缺乏稳定的国内政治环境。第四，发展市场经济所需的制度基础设施十分落后。例如，它们没有完备的金融市场和劳动力市场，税收体系效率低下，管理私人经济的法规是一个空白，价格体系严重扭曲。

二 以"华盛顿共识"作为转轨的理论基础

新东欧六国经济转轨的理论基础也是20世纪80年代末以来颇为流行的"华盛顿共识"。其核心就是:将政府的作用降到最大限度,对国有企业实施私有化,通过放开价格和降低贸易壁垒等手段来推动自由化和开放国民经济。

上述主张对纠正中央计划经济体制中的一些弊端是有益的,但在付诸实践的过程中,却经常出现偏差,甚至过分迷信市场这只"看不见的手"的功能。值得注意的是,世界银行副行长斯蒂格利茨也指出了"华盛顿共识"的不足之处。他说:"华盛顿共识认为良好的经济增长要求开放贸易、实现宏观经济稳定和确定正确的价格;一旦政府能解决这些问题,一旦政府能'让路',私人市场就能高效率地配置资源和创造出高速增长。上述几点固然是市场得以很好地运转的条件。……但是华盛顿共识提出的政策并不全面,有时是令人误入歧途的。市场的运转不仅需要低通货膨胀率,而且还需要稳妥的金融管制、竞争政策以及有利于技术转移和有利于增加透明度的政策。这些都是华盛顿共识忽视的根本问题。"新东欧六国的转轨进程表明,斯蒂格利茨的上述论断是颇有见地的。

三 转轨的基本要素相同

新东欧六国经济转轨的内容与其他转轨国家大致相同,即(1)放弃中央计划经济体制,由市场经济体制取而代之。(2)由市场配置资源,实现经济活动、价格和市场经营的自由化。(3)通过私有化等途径,提高企业的管理水平和经济效益。(4)建立一整套与市场经济体制相适应的法律框架,以保护产权和实行法治。

此外,在转轨过程中,除白俄罗斯以外,其他5个新东欧六国都把对外经济关系的重点置于西方国家。独立前,它们在经互会的制度安排下承担特殊的国际分工,与西方国家的经济联系十分有限。转轨进程启动后,它们认识到,面对快速发展的全球化趋势,必须最大限度将本国经济融入世界经济体系之中。为此,它们除了降低贸易壁垒以外,还用不同的方式开放经济,引进外资,参与国际组织,等等。

四 伴随严重的经济衰退或危机

经济转轨的过程是极其痛苦的。"转轨的首要目标是把不健康的经济拉回到追赶型的发展道路上",①然而,转轨进程启动后,新东欧六国都遇到过严重的经济衰退或经济危机。值得指出的是,波罗的海三国在较短的时间内走上了增长之路,而乌克兰等三国则直到90年代中后期才摆脱生产大幅度下降的不良局面。此外,除经济增长以外,波罗的海三国转轨的其他业绩也优于乌克兰等国。事实上,即便在苏联的所有转轨国家中,波罗的海三国的业绩也是比较好的。

经济转轨的过程也是一种制度重建的过程,因此,对转轨业绩产生重大影响的因素,应该是转轨的方式、力度以及政策的有效性。国外学术界的许多研究也表明,改革深度大、范围广的转轨国家,能够较早地实现经济的复苏和较快地降低通货膨胀率。乌克兰的第一届政府全身心地致力于让世界确认自己的国家,其改革只是在经历了严重和长期的经济倒退以后才开始加速进行的。相比之下,波罗的海三国的改革步伐比较快,力度也大,政策的有效性也更强,因此其转轨的业绩较为突出。

那么为什么改革深度大、范围广的国家能够取得较快的复苏?新东欧六国的转轨进程表明,在改革进程步履蹒跚的情况下,"寻租"的机会层出不穷,因此既得利益者更容易抵制改革,从而使转轨陷入一种进退两难的境地。换言之,虽然波罗的海三国与苏联其他加盟共和国的起始条件基本相同,但是波罗的海三国的改革速度大大快于独联体国家,自由化的程度也更高,因此取得了"可观的增长率"。②此外,在经济转轨的过程中,外资的作用是不容忽视的。波罗的海三国引进的外国直接投资比较多,人均70—75美元。③

五 在一定程度上受到了外部因素的影响

新东欧六国的经济转轨都在一定程度上受到了外部因素(尤其是俄罗斯形势)的影响。尽管苏联解体了,但历史上形成的传统关系总是以某种形式影响苏联地区各国的经济关系。尤其是乌克兰、白俄罗斯和摩尔多瓦三国,在能源和贸易等方面甚至可以说是严重依赖于俄罗斯。因此,俄罗斯经济形势的好坏,在一定程度上能影响新东欧六国的转轨进程。例如,1998年爆发的俄罗斯金融危机,对它们带来了严重的不良后果。

---

① C. 维普洛茨:《十年转轨的宏观经济教训》,《1999年世界银行发展经济学年会论文集》,第321页。
② 国际货币基金组织:《金融与发展》(中文版),1999年6月,第15页。
③ 同上书,第14页。

六 非正规经济在转轨过程中快速发展

在转轨过程中,非正规经济获得了快速发展。非正规经济是相对于正规经济而言的。区分非正规经济和正规经济的标准就是看这一经济活动"是否遵循公认的游戏规则",或是否照章纳税,是否受政府部门管理。国外学术界对非正规经济(或非正规部门)的研究很深。按照一般的定义,非正规经济还有其他一些含有非褒义色彩的叫法,如"地下经济""秘密经济""隐蔽经济""灰色经济""影子经济""黑暗中的经济""不受注意的经济""无人知晓的经济""无记录的经济""二级经济""平行经济"和"黑色经济",有时则干脆被称作"非法经济"。

非正规经济的特点决定了政府部门无法对其规模进行准确的统计。一般说来,新东欧六国非正规经济的规模大约相当于正规经济的20%—50%。尽管非正规经济为穷人提供了一种别无他法的生计,也为正规经济部门中的就业人员提供了一定量的廉价商品和服务,但该部门的存在及发展也对整个国民经济及社会产生一系列不良后果:(1)由于许多非正规活动难以受到政府的管制,经营者经常偷税漏税。(2)非正规部门中劳动者得不到必要的劳动保护,也无法享受医疗保险或退休金等社会保障服务。(3)非正规部门缺乏先进的生产技术,因此其产品的原材料消耗和能源消耗总是大大高于正规部门。(4)非正规部门中还有不少违反法律的活动。

七 经济转轨伴随着政治转轨

新东欧六国的转轨包括经济转轨和政治转轨。实现政治多元化和建立三权分立体制,是新东欧六国在转轨过程中追求的政治目标。毫无疑问,新东欧六国在这一方面取得了显著的成效。例如,政党政治的框架初步形成,民众的民主意识日益增强,选举制度不断完善。但是,激烈而无序的党派之争同样使经济转轨陷入了一种"经济问题政治化"的不良局面。在许多情况下,三权分立演变为"三权分裂"。此外,金钱与政治家权力的结合,使民众对西方式的民主和政治制度越看越失望。这一事实在乌克兰、白俄罗斯和摩尔多瓦三国尤为明显。但是必须指出,在乌克兰等国,政治多元化并没有为其经济转轨创造良好的外部环境。

八 发展对外经济关系与谋求独立自主的外交政策相得益彰

发展对外经济关系与谋求独立自主的外交政策是新东欧六国转轨的重

要组成部分。独立后，新东欧六国面临的任务很多。它们既要在经济上加速转轨，又要争取国际社会的承认，以便在变动中的世界格局中找到应有的位置。可见，这些任务是十分沉重的。此外，在发展对外关系时，这些新独立的国家既要保持与俄罗斯的特殊关系，又要进一步发展与西方国家和包括中国在内的第三世界国家的双边关系。这些必要性使新东欧六国的外交面临着更加艰难的挑战。

毫无疑问，新东欧六国的经济实力和军事实力相差甚远，其战略地位重要性也各不相同。然而，总的说来，绝大多数新东欧六国在国际舞台上都很好地发挥了自己的优势，以某种方式积极参与国际事务。例如，乌克兰因拥有核武器和特殊的地理位置而在国际上拥有较多的讨价还价的回旋余地；波罗的海三国因成功地加入北约和即将被欧盟接纳而令人刮目相看；白俄罗斯与俄罗斯结成俄白联盟，以至于一些分析人士认为，这一联盟具有"统一国家"的性质。相比之下，摩尔多瓦在外交上似乎没有表现出多少引人注目的"成就"，但它的长期悬而未决的德涅斯特河左岸地区的民族分裂，却多次引起国际社会的忧虑。

第二节 新东欧六国经济转轨的启示

从新东欧六国的经济转轨历程中，我们可以得出以下几点启示。

一 经济转轨必须正确处理政治改革与经济改革的关系

如同其他转轨国家那样，新东欧六国的经济转轨与国内政治气候的变化是同时出现的。政治气候变化的主要特点是从一党制向多党制过渡。

正如世界银行的《1996年世界发展报告》所指出的那样，非经济因素也会对转轨产生影响。例如，"波罗的海三国邻近西欧，一直受到欧洲政治规范和文化的影响，而且愿意加入欧盟。因此，1989年后的'政治突破'在这些国家尤为猛烈。政治改革有力地推动了经济改革"。在波罗的海三国和许多中东欧国家，"当政治改革既迅速又彻底时，激进的经济改革已被证明较易进行。这些国家中支持新政治体制的公民也支持以市场为导向的经济政策。先前体制的传统权力堡垒（如国有企业及其主管部委）被削弱了，而且在改革开始时几乎没有形成反对改革的利益集团。希望之窗（即'特殊政治'阶段）开启了，在此期间，意义深远的改革可以在没有什么阻力的情况下进行"。① 但是,新东欧六国的政治改革显然没有为经济改革创造出有利的环境,而是导致更为激烈的党派斗争。更为严重的是,党派斗争还损害了政府与立法机关之间的团结和协调。

二 经济转轨必须选择恰当的速度

就广义而言,经济转轨的速度不外乎"渐进式"和"激进式"两种。捷克总统哈维尔曾用这样的话来赞赏激进式改革:"跨越深渊时不可能用两步"。这一生动的比喻似乎表明,激进式改革优于渐进式改革。诚然,"在某些情况下,改革需要迅速行动,为进行重大变革打开这扇狭小的希望之窗"。② 此外,延误改革(尤其是价格领域和贸易领域中的改革)通常会导致严重的通货膨胀和缓慢的经济复苏。但是,这两种方式孰优孰劣,难以一概而论。一般说来,采取何种方式,既要考虑到政府在同反对改革的势力进行较量时是否具有足够的政治力量和决心,也要看政府在公众心目中是否具有较高的威望,甚至还要估计到转轨会带来多大代价和产生何种不良影响,其中包括公众的承受力和国民经济的适应性等因素。

还应该指出的是,"有些变革的确可以在一夜间发生。市场可以开放,对小企业的限制可以取消,外汇控制措施可以废止。这些只要大笔一挥即可完成。宏观经济稳定化措施也可以很快得以实施,甚至是利用简单的政策工具就能做到。但绝大多数其他类型的改革则肯定是进展缓慢的。正式的私有化可能用一至二年就能实现,但改变大企业的基本管理方法几乎总是要花费更长的时间。开发支持市场的体制,如法律和金融体系,要花费数年乃至数十年的时间,因为这涉及技能、组织和态度的根本性变化"。③

三 在实施转轨时必须正确处理经济发展与社会发展的关系

作为经济领域中一场"革命",经济转轨必然会对社会各阶层带来巨大的冲击和影响。因此,政府在推进改革时,必须注重社会发展,并尽可能考虑到社会承受力的大小,否则就会事倍功半,加剧改革措施的副作用,进而影响转轨的全局战略。

应该说,在中央计划经济体制下,新东欧六国的政府是比较重视社会

---

① 世界银行:《世界发展报告(1996年)》(中文版),中国财政经济出版社1996年版,第11页。
② 同上书,第9页。
③ 同上。

发展的，收入分配也比较公正。但转轨进程彻底改变了原有的分配模式，政府在社会领域中的作用也发生了巨大的变化。其结果是，一方面，政府因财政收入拮据而大幅度压缩在社会发展领域中的开支，另一方面，转轨进程中出现的致富机会基本上落入了少数人手中。因此，整个社会的贫富两极分化越来越严重。除白俄罗斯以外，其他新东欧六国的基尼系数是比较高的。

除收入分配不公以外，贫困问题也十分突出。根据1995年的统计，白俄罗斯的贫困人口占全国总人口的22.5%，摩尔多瓦为23.3%，乌克兰则高达31.7%。毫无疑问，经济危机影响了人民的经济收入，而收入的减少则直接降低了生活质量。如在乌克兰，2000年初的普通劳动者的货币收入只相当于1992年的2/3。1990年以来，乌克兰人的鱼类、肉类、鸡蛋和水果的消费量分别减少了75%、50%、40%和20%。据联合国有关部门的调查，乌克兰人每顿饭的能量从1990年的3597千卡下降到1996年的2752千卡。由于维生素和高蛋白质食品的食用量减少，居民的营养水平在下降，与贫困有关的一些疾病（如白喉、霍乱和结核）的发病率明显上升。在摩尔多瓦，世界银行的统计表明，由于营养不良导致发病率增加，男人的预期寿命从1990年的65岁降低到1997年的不足63岁，妇女的预期寿命从同期的71.8岁减少到70.3岁。在白俄罗斯，一些社会发展指标也呈现出恶化的态势。例如，每1万人拥有的病床数量从1989年的133张减少到1995年的117张。

四 宏观经济稳定是确保经济转轨顺利进行的必要条件之一

对于世界上任何一种类型的国家来说，维系宏观经济稳定始终是十分重要的。而对于转轨国家来说，实现这一目标似乎尤为重要，难度也更大，因为这些国家的市场体制不健全，而且政府缺乏必要的经验。

在维系宏观经济稳定方面，新东欧六国面临的难题之一就是如何控制通货膨胀。转轨进程启动后，新东欧六国的通货膨胀率飞速上升。如在1992年，摩尔多瓦和乌克兰的通货膨胀率均在1200%以上。其他4国也在1000%上下。

新东欧六国的居高不下的通货膨胀率是由以下几个原因造成的。一是生产下降导致市场供给不足，二是政府用增加货币发行量的办法来弥补财政赤字，三是政府实施了价格自由化政策。这几个原因是相辅相成的，而且在一定程度上互为因果，从而使控制通货膨胀率的任务变得尤为艰巨。

许多研究表明,通货膨胀率一旦超过40%,经济增长率就会急剧下降,因为高通货膨胀率会对储蓄和投资产生抑制作用。如果经济得不到发展,供给就会出现不足,政府的财政收入来源也会变得越来越少,政府不得不通过开动印钞机器来弥补预算赤字。

一些国家曾试图通过汇率的杠杆来控制通货膨胀。从理论上说,固定汇率似乎更为有助于降低通货膨胀率。但在新东欧六国,汇率制度的选择对通货膨胀率的影响不是非常明显。例如,爱沙尼亚奉行的是固定汇率,通货膨胀率较低;而拉脱维亚和摩尔多瓦采用了浮动汇率制,同样使通货膨胀率保持在较低的水平上。这几个国家都设法控制了通货膨胀。由此可见,在货币政策和财政政策出现问题时,用汇率政策来控制通货膨胀是不会成功的。

五 经济转轨并不意味着政府的宏观调控作用可有可无

正如世界银行的《1997年世界发展报告》所指出的那样,"良好的政府不是奢侈品——它是发展所必需的。……如果没有一个有效的政府,经济和社会的可持续发展是不可能的。有效的政府(而不是小政府),是经济和社会发展的关键,这已越来越成为人们的共识。政府的作用是补充市场,而不是替代市场"。[①] 在一个国家从计划经济向市场经济转轨的过程中,政府的作用和功能也应该发生相应的变化,以适应这一转轨。换言之,转轨进程启动后,政府的作用便发生质的变化。在市场经济体制下,政府不再通过直接控制或超常的干预来管理经济生活,而是应该通过税收制度、预算、规章制度和宏观调控等手段来发挥作用。

然而,新东欧六国的转轨进程表明,要使市场经济很好地运转,必须建立一个能够制定和执行"游戏规则"的政府,倡导普遍认同的社会目标。换言之,政府必须在以下几个方面发挥更大的作用。第一,提供一种良好的宏观经济环境和微观经济环境,使其为经济活动创造必要的激励机制。第二,提供能够促进长期投资的机构性基础设施,如财产权、法律秩序以及规则。第三,提供基础教育、医疗保健以及经济活动所必需的物质基础设施,并努力保护环境。第四,确保每一个人都能从改革带来的好处中受益。第五,为了使市场机制发挥更好的作用,政府除了建立有效的调控机制以外,还应该培养一大批能够胜任管理工作的技术专家。

[①] 世界银行:《1997年世界发展报告》(中文版),中国财政经济出版社1997年版,第15—18页。

本章小结

新东欧六国的转轨并非一帆风顺。这一转轨既取得了一些积极的成效，但也产生了许多问题。从新东欧六国的经济转轨历程中，我们可以得出以下几点启示：第一，经济转轨必须正确处理政治改革与经济改革的关系。第二，经济转轨必须选择恰当的速度。第三，在实施转轨时必须正确处理经济发展与社会发展的关系。第四，宏观经济稳定是确保经济转轨顺利进行的必要条件之一。第五，经济转轨并不意味着政府的宏观调控作用是可有可无的。

思 考 题

一 名词解释

    1. 华盛顿共识
    2. 激进式改革
    3. 渐进式改革
    4. 固定汇率制
    5. 浮动汇率制

二 简答题

    1. 转轨初期新东欧六国面临的主要困难是什么？
    2. 新东欧六国转轨的基本要素是什么？
    3. 如何处理经济发展与社会发展的关系？
    4. 在经济转轨过程中政府应该怎样发挥作用？

三 论述题

    1. 新东欧六国的经济转轨有什么特点？
    2. 我们从新东欧六国的转轨中能得到什么启示？

阅读参考文献

1. 何卫主编：《新东欧六国十年巨变》，中共党史出版社2004年11月。

2. ［乌］帕夫洛夫斯基：《过渡时期的宏观经济——乌克兰的改革》，何宏江等译，民主与建设出版社2001年版。

3．［乌］帕夫洛夫斯基：《乌克兰的改革之路》，基辅技术出版社1996年版。

4．［波］科勒德克：《从休克到治疗》，上海远东出版社2000年版。

5．国际货币基金组织：《世界经济展望》，2000年版。

6．世界银行编：《2002年世界银行发展报告》，中国财政经济出版社2002年版。

7．联合国开发计划署编：《2001年人类发展报告》，中国财政经济出版社2001年版。

8．联合国开发计划署编：《2000年人类发展报告》，中国财政经济出版社2001年版。

9．《金融与发展》，《国际货币基金组织季刊》2000年9月号。

中东欧国家篇

第十八章　东欧经济转轨的初始条件、目标模式与转轨战略

内容提要

本章对东欧国家经济转轨的国际条件、社会政治条件和经济条件进行了考察，阐述了东欧经济转轨的目标模式，指出了经济转轨的要素，分析了两种典型的转轨战略即休克疗法与渐进改革的理论渊源和政策主张，并以波兰和匈牙利为案例对两种转轨战略进行了比较分析。

第一节　经济转轨的初始条件

东欧经济转轨的初始条件包括国际条件、社会政治条件与经济条件。

一　国际条件

东欧一直是大国角逐争夺的舞台。第二次世界大战后由于冷战的降临，东欧成为苏联的势力范围。作为苏联集团的成员国，东欧国家只能在苏联默许的条件下对其政治和经济体制进行有限的改革。1968年捷克的"布拉格之春"改革运动就遭到了被苏联坦克粉碎的厄运。1989年，柏林墙的倒塌和美国总统布什与苏联总统戈尔巴乔夫的马耳他会晤标志着冷战的结束，东欧摆脱了苏联的控制，从国际舞台的配角成为主角，从此东欧各国可以独立自主地制定自己的内外政策。

二　社会政治条件

（一）东欧各国都发生了政治剧变，从一党执政向多党议会民主制转变，这种转变为实施经济体制的变革提供了契机，使得迅速地改变经济体制成为可能。政治上变化的特点是长期执政的共产党在选举中败北，反对党登上了政治舞台，成为执政党。巴尔采罗维奇认为，政治上的变化可区

分为非常政治时期与正常政治时期。① 非常政治时期是指政党尚未在政治生活中找到其位置,人们思考问题不是出于狭隘的党派利益而是考虑比较全面。正常政治时期是指通常的政党和政党政治。他从推行经济转轨的角度出发认为非常政治时期应尽可能地长,以进行困难的经济变革。在非常政治时期,一方面具有政治感召力的政治领导人可以适时利用民众的情绪推进激进的改革,而随着时间的推移,民众对于政治变动的热情会逐渐消退,另一方面反对党及公开化的利益集团不可能在短期内得到有效的集聚,不可能对于政府的决策产生足够的影响以阻碍政府政策的实行。而在正常政治时期,利益集团已形成,政党政治日趋完善对于经济转轨施加了新的约束。经济政策会成为各个政党及利益集团讨价还价的对象,为政策的制定、实行增加了许多困难。其可能的后果是或者延缓某项改革的实行或者使改革有利于某个集团。因此明智的政治家总是善于利用政治转变后的非常政治时期,进行不受欢迎的但是必要的改革。

(二) 政治转变初期东欧各国社会政治化的程度不尽相同,那些未实行过市场取向经济改革或政治改革的国家的社会政治化的程度高于实行过改革的国家。阿尔巴尼亚、保加利亚、罗马尼亚、民主德国的社会政治化程度较高,国家牢牢控制了社会生活的各个方面,社会上不同的利益表达受到压抑,不存在市民社会。南斯拉夫、匈牙利、波兰、捷克斯洛伐克则由于有过经济改革或政治改革的历史社会政治化程度有所减弱,国家对于社会的控制有所放松,社会上不同的利益得到一定表达,在体制内及体制外产生了一些有组织的社会力量,有市民社会的萌芽。如捷克斯洛伐克的七七宪章运动、波兰的团结工会以及匈牙利社会主义工人党党内的改革派成为推动社会政治转变的主要力量。上述两种不同的状况对于经济转轨具有不同的含义,一般而言,后者为社会接受并适应经济转轨的能力要好于前者。

(三) 东欧长期存在的社会平等是有利于经济转轨的重要因素。东欧社会主义国家保持了相对公平的收入分配是一个成就。基尼系数通常用于衡量收入不平等的程度。东欧地区的基尼系数在转轨初期为25.4,而拉美的基尼系数为49.5,南亚为42.8,亚洲新兴工业化国家与日本为38.3,西欧为31.4,美国为32.6,瑞典、挪威分别为20.5和24.3(详见

---

① Leszek Balcerowicz, Democracy is no Substitute for Capitalism, *Eastern European Economics*, March-April 1994.

表18-1)。由此可见,东欧收入不平等程度略高于斯堪的纳维亚国家,低于东亚、西欧、南亚和拉美。这种相对平等的收入分配状况有利于经济转轨,不至于使经济转轨从一开始就陷入收入分配争斗的旋涡之中。

表18-1　　　　　　　一些国家与地区的基尼系数

国家和地区	基尼系数
匈牙利	24.4
波兰	24.3
苏联	25.6
捷克斯洛伐克	20.7
南斯拉夫	32.1
美国	32.6
瑞典	20.5
挪威	24.3
东欧	25.4
拉美	49.5
亚洲新兴工业化国家与日本	38.3
西欧	31.4

资料来源:Milanovic(1990)。

三　经济条件

(一)无论是进行过经济改革的国家还是未进行过经济改革的国家都继承了一种运行不良的经济体制。阿尔巴尼亚、保加利亚、罗马尼亚、民主德国、捷克斯洛伐克未对经济体制进行真正的改革,继承了一种低效率的中央计划经济体制。而南、匈、波虽然进行了经济改革,但并未形成运行良好的经济体制,而形成了一种非计划非市场的经济体制。总之,东欧各国都存在一种非市场的经济体制。这种体制有如下几个特点。

1. 国有部门居支配地位,国有企业规模庞大,而且无效率企业居多。东欧国家国内生产总值的65%—90%是由国有部门创造的,而工业化国家平均只有10%,发展中国家也只有15%。[1] 以波兰为例,1982年500人

---

[1] Alan Gelb, and Cheryl Gray, *The Transformation of Economics in Central and Eastern Europe: Issues, Progress and Prospects*, The World Bank, 1991, p.21.

以上的国有企业占工业总产量的 83.6%，占总就业人口的 82.3%。东德 1971—1987 年制造业企业的规模越来越大，500 人以下的企业数目锐减，500 人以上的企业数目剧增。[①] 国有企业不是独立的商品生产者，经济效益不佳。东欧各国都继承了一个庞大的低效率的国有部门。

2. 东欧存在一个扭曲的价格体系。由于存在大量的价格补贴及管制价格，价格并不反映要素的稀缺性，价格在资源配置中的作用遭到抑制。

3. 东欧实行管制贸易，贸易结构主要偏向经互会，与西方市场的联系受到限制。东欧的外贸基本上由国家垄断，企业与私人不能从事对外贸易，而且国家还通过配额、许可证等方式对外贸进行管理，外贸主要是与经互会国家进行的，匈牙利、捷克斯洛伐克、保加利亚、罗马尼亚对于经互会贸易有很大的依赖性。东欧国家的贸易政策服务于进口替代的工业化战略，这就剥夺了国际市场的竞争，使国内企业感受不到竞争压力。

4. 东欧汇率体系不合理，存在多重汇率，本国货币定值过高，平行市场的汇率与官方汇率相差数倍，而且本国货币是不可兑换的。

5. 东欧缺乏宏观经济管理的经验。长期实行计划经济的东欧国家对于经济实行直接的行政协调，而进行过改革的国家则开始从直接的行政协调向间接的行政协调转化，但并未建立起合理的宏观控制体系。

6. 东欧缺乏市场经济的基础设施，没有真正独立的中央银行，没有股票交易所，没有弥补政府财政赤字的政府债券，没有现代的税制、会计、审计及统计制度。政府官员的素质也不适应发展市场经济的需要。法律制度也不适应市场经济的需要，迫切需要进行修正或重新制定。因此，制度重建的任务十分繁重。

（二）东欧长期以来实行优先发展重工业的工业化战略，这种战略有助于尽快摆脱落后，建立本国的工业基础及独立的国民经济体系，但却造成了国民经济比例的失调，形成了畸形的经济结构。根据科尔内的观察，东欧国家在经济发展上存在着三种优先：首先是制造业的发展优先于农业，其次是物质产品的生产优先于服务业，最后是可用于贸易的产品的生产优先于不可用于贸易的产品的生产。[②] 这种发展战略的结果是经济结构失衡，东欧存在过度的工业化，而服务业则发展不足。重工业发展过度，轻工业则相对落后。

[①] Michael P. Clandon and Tamar L. Gutner, *Comrades Go Private: Strategies for Eastern European Privatization*, New York University Press, 1992, p. 105.

[②] ［匈］亚诺什·科尔内:《短缺与改革》，黑龙江人民出版社 1987 年版，第 89 页。

（三）东欧在社会指标（劳动力参与率、医疗、教育等）上高于发展中国家，接近于中高收入国家，但在经济发展水平上与发达国家的差距却越拉越大。1937年，波兰人均收入为100美元，英国人均收入为440美元，约为波兰的4.5倍，而到了1988年，波兰人均收入为1860美元，英国人均收入为12810美元，是波兰的6倍。波兰1988年的人均国民收入水平处于中等收入国家的下游，属于墨西哥与毛里求斯的水平，人均国民收入为瑞士的1/15，为联邦德国、丹麦的1/11，为法国、奥地利、荷兰、比利时的1/9。第二次世界大战前属于10个工业最发达国家的捷克斯洛伐克到1988年人均国民生产总值降至世界第40位。20世纪70年代以来，东欧经济停滞不前，而亚洲新兴工业化国家与地区则迎头赶上，超过了东欧。东欧在某种程度上已沦为第三世界。东欧劳动生产率低、生产结构落后、技术水平落后、管理方法落后等因素制约着东欧的经济发展。一些东欧学者承认，东欧更接近于南方，而不是西方。

（四）经济转轨前东欧国家存在不同程度的宏观经济问题，这主要表现在以下几个方面。

1. 经济转轨前东欧各国都出现了经济负增长。1989年保加利亚、匈牙利、波兰、罗马尼亚和南斯拉夫国内生产总值分别下降了1.4%、0.9%、0.5%、5.8%和7.2%，只有捷克斯洛伐克经济增长了1.3%。

2. 东欧各国存在不同程度的通货膨胀。1989年，保加利亚、捷克斯洛伐克、匈牙利、罗马尼亚的通货膨胀率分别为6.3%、1.3%、18%和2.5%，而波兰、南斯拉夫则出现了恶性通货膨胀，波兰通货膨胀率达到了2400%，南斯拉夫通货膨胀率达到了约2800%。

3. 东欧各国存在不同程度的预算赤字。在20世纪80年代东欧国家政府总的预算占国内生产总值的比例为60%（南斯拉夫除外，南斯拉夫为35%）。1989年，波兰预算赤字占国内生产总值的近8%。匈牙利预算赤字占国内生产总值的比例从1986年、1987年的3%下降到1988年、1989年的1%。保加利亚预算赤字占国内生产总值的比例从1988年的6%下降到1989年的3%。捷克斯洛伐克1989年预算赤字占国内生产总值的比例为1.5%（20世纪80年代只有南、罗保持了预算盈余）。

4. 东欧各国存在不同程度的外债负担。1989年波兰的净外债占国内生产总值的比例为44%，而捷克斯洛伐克、匈牙利、保加利亚、罗马尼亚分别为16%、61%、63%和2%。到20世纪80年代末，东欧有1000多亿美元的外债，国与国之间在外债拥有量上不尽平衡（见表18-2）。

表 18-2　　　　　　　　　东欧的外债（1988年）

国家 \ 数额	总计（美元）	人均（美元）
波兰	389 亿	1000
匈牙利	177 亿	1800
民主德国	204 亿	1250
南斯拉夫	227 亿	960
保加利亚	61 亿	820
罗马尼亚	49 亿	90
捷克斯洛伐克	25 亿	40

资料来源：M. G. Roskin, *The Rebirth of East Europe*, Prentice-Hall, Inc. 1991, p. 128。

从上述经济条件出发，东欧国家需要进行经济体制的转轨、经济结构的调整和宏观经济问题的处理。

尽管东欧各国在经济转轨的初始条件上存在一些共同之处，但也存在一些差异，因此各国在制定经济转轨战略时必须从本国的具体条件出发，选择适合本国特点的经济转轨战略。

第二节　经济转轨的目标模式

认识到中央计划经济的低效率并不很难，但是选择何种经济体制作为目标模式替代运行不良的中央计划经济，以及以何种方式实现经济体制的转变，无疑要困难得多。

一　目标模式的选择

经济体制转轨必须首先解决经济体制向何处去的问题，政策制定者必须在头脑中有一个初步的蓝图即经济转轨后经济体制具有何种特点，以使经济转轨有目标地向这一终结状态推进。这就涉及经济转轨的目标模式的选择问题。

世界各国的经济体制千差万别，但基本上可分为市场经济体制与非市场经济体制两类。作为非市场经济体制的中央计划经济虽然在集中动员大量人力物力财力进行工业化方面取得了不小的成就，实行中央计划经济的东欧国家在第二次世界大战后一段时期内曾使国民经济获得了很大的发展，但是这种中央计划经济体制由于缺乏内在的激励机制与创新机制，导致经济缺乏生机与活力。东欧经济到20世纪70年代增长放慢，20世纪80年代初西方经济中曾出现过的滞涨的阴影无情地降临到了东欧。经济发展初期推行的工业化并没有保证东欧经济长期稳定的增长。东欧经济在世界经济中的地位一落千丈，每况愈下。东欧中央计划经济的失败迫使这些国家的决策者寻求可以替代中央计划经济的可行的经济体制。

东欧国家不可能选择不发达的市场经济作为经济转轨的目标模式，选择如此低起点的市场经济作为经济体制转轨的目标模式是一种慢性自杀行为，它不会使东欧积重难返的经济问题获得解决。因此，东欧国家纷纷将发达的市场经济作为经济体制转轨的目标模式，一些国家在其经济改革纲领中开宗明义地指出经济转轨的目标在于建立在发达国家经过考验的行之有效的市场经济体制。针对关于"第三条道路"的说法，捷克经济转轨的设计师克劳斯加以拒绝，他在1990年明确指出"第三条道路是走向第三世界最快的道路"。[①]

美国哈佛大学的经济学家杰佛里·萨克斯曾直接参与了许多东欧国家经济体制改革的设计。他在1990年年初就指出，东欧国家为经济改革的目标而争吵不休是没有什么意义的。经济改革的主要争论应是转变的方式，而不是转变的目标。无论选择瑞典式的社会民主制还是撒切尔的自由主义，这都可以等待。瑞典、英国都有完善的私有制、发达的私人金融市场和活跃的劳动力市场，而东欧则缺乏这些体制。在他看来，对东欧而言，可供选择的西欧模式是相同的。[②] 确实，各种不同的市场经济模式都有其共通的东西。

二　市场经济体制的特点

作为一种经济体制的市场经济有以下几个特点：

（一）私有产权居支配地位，公有产权在市场经济中虽然存在，但比例很小。

（二）经济决策分散化，经济决策是由无数个厂商出于自己的利益根据市场提供的价格信号自主做出的。

（三）资源配置是通过市场进行的。在市场经济中存在着商品市场、

[①] Vaclav Klaus, Transition from Communism: A Decade After, CERN Web Note JHJ6, April 21, 1999.

[②] Jeffrey Sachs, Eastern European Economies: What is to be Done? *The Economist*, January 13, 1990.

劳动力市场和资本市场等,反映要素稀缺性的价格在生产要素的配置中起着十分重要的作用。

除了产权私有化、决策分散化、资源配置市场化之外,市场经济还需要一套法律制度,以界定和实施产权,同时也需要一个能够有效监督市场活动、规定可接受的市场行为标准、阻止不正当竞争与促进竞争、提供公用品的政府。

第三节 经济转轨的要素

按照萨克斯的看法,东欧国家从中央计划经济向市场经济过渡的三个要素是宏观经济的稳定化、价格及国际贸易的自由化和国有经济的私有化,简称稳定化、自由化和私有化。[①] 同时,经济体制过渡也是一个制度重建的过程。应运而生的市场经济需要指导经济交易乃至经济运行的新的机构、新的规范和新的法律,这涉及国家作用的重新界定。因此,经济体制过渡是一个制度化的过程。因此,东欧经济转轨包括四个要素:稳定化、自由化、私有化和制度化。

一 稳定化

宏观经济的稳定化是东欧国家过渡经济面临的首要议程,因为没有宏观经济的稳定,其他领域的改革很难取得实质性进展。人们很难设想在恶性通货膨胀居高不下、货币严重过量以及对外经济存在严重不均衡的条件下,不对宏观经济的不稳定进行治理便能成功地进行其他领域的改革。

稳定化的主要内容如下:政府不再奉行扩张性的货币和财政政策,而是实行限制性的货币和财政政策。紧缩政策是经济转轨初期宏观经济政策的核心。其内容包括本国货币进行贬值,调整汇率,以纠正本国货币定值过高的偏差;政府大幅度削减补贴,不再通过预算赤字向经营不佳的国有企业提供补贴;大幅度提高利率,改变长期存在的名义正利率、实际负利率的状况,以使利率反映资本的稀缺水平;在过渡初期限制工资的过快增长,控制通货膨胀。

[①] David Lipton and Jeffrey Sachs, Creating a Market Economy in Eastern Europe: The Case of Poland, *Brookings Papers on Economic Policy*, Number 1, 1990.

二 自由化

自由化包括价格的自由化与外贸的自由化，旨在解决资源的合理配置问题。

价格自由化是与以价格改革为核心的市场改革相联系的，商品市场、劳动力市场及金融市场的市场化是改革的方向。价格自由化的主要内容如下：放开绝大多数商品和劳务的价格，使价格由市场根据供给与需求进行调节；放开劳动力市场，使劳动力市场的价格即工资根据劳动力市场的供给与需求进行调节；放开金融市场，使资本市场的价格即利率根据资本的供给与需求进行调节。

外贸自由化的主要内容如下：取消中央计划经济中长期实行的外贸垄断，使企业、个人可以自由从事进出口贸易；实现本国货币的国内可兑换性；为使本国货币成为国际可兑换货币做准备；减少乃至取消进口配额，取消出口许可证制度；确立合理的关税水平。

三 私有化

私有化的主要目的在于通过国有企业的私有化提高经济效益。从更广泛的意义上看，国有企业的私有化与私人部门的发展是该领域并行不悖的两个方面。

私有化的主要内容如下：以内部私有化、外部私有化、无偿分配实行国有企业的私有化；界定和分配国有产权包括农业用地、工业资产、住房以及商用房地产等；对未出售的国有企业进行改造，强化企业的公司治理，把国有企业置于真正的硬预算约束之前；国有企业的非垄断化；促进私人部门的发展。

四 制度化

制度化的目的在于为新的经济体制有效运行提供适当的制度框架。制度化首先涉及法律改革。法律改革的范围较广，它包括宪法对于私人产权的确认，有关财产、契约等法律的制定，以及公司法、私有化法、反不正当竞争法、银行法、合资法、破产法等法律的制定。制度化也包括适合于市场经济的信息体系的建立，这涉及统计、会计、审计等制度的更新。制度化还包括国家作用的重新界定。国内对于经济的管理将从过去的直接管理转向间接管理，因此需要新的政策手段。国家需要改革税制，建立以增值税和所得税为核心的税制。国家也需要进行预算改革,建立预算和支出控制的机制。国家还需要间接的货币管理制度,建立两级银行体系,确保中央银行的真正独立性。制度化也涉及社会领域,如建立适当的社会保障网,以减少经济转轨给人们带来的阵痛。

就以上四个要素而言,我们很难一般地指出经济体制过渡的阶段以及阶段性目标,因为正在进行体制转轨的东欧国家的国情不尽相同,经济体制过渡的政策优先性也不尽相同,各国在经济体制过渡中的阶段和阶段性目标可能有很大差异。

第四节 经济转轨战略的选择

从中央计划经济向市场经济过渡是否存在最佳的途径,曾是一个有争议的问题。但是抽象地谈论经济转轨的最佳途径并无多大意义,因为正在进行转轨的东欧国家的国情存在着差异,每个国家应该寻求适合自身条件的经济体制过渡方式。因此那种能结合国情、适合本国特点的过渡方式可称为该国经济转轨的最佳途径。东欧的经济转轨中有两种转轨战略即休克疗法与渐进改革,其中休克疗法占了上风。

事实上,早在东欧剧变前的经济改革中曾出现过"目的论"与"发生论"之争,亦即激进改革与渐进改革的争论。时任捷克共和国总理克劳斯早在剧变之前就撰文分析了经济体制转轨的两种方式,一种是小步改革的方式,其优点在于可以避免付出较大的社会代价,缺点在于渐进的改革只会延续现存的结构危机。另外一种是休克疗法,许多经济学家认为长痛不如短痛,主张实行激进的改革,并提到了第二次世界大战之后德国很快过渡到所谓的社会市场经济的成功范例。[①] 剧变之前一些东欧国家曾进行过不同程度的市场取向的经济改革,但经济改革战略基本上是渐进式的。唯一的例外是1987年波兰政府试图实行激进的价格改革,但由于该计划缺乏必要的社会支持,被全民否决。东欧剧变以来休克疗法在该地区大获青睐,除匈牙利和斯洛文尼亚外,大部分东欧国家都先后选择了休克疗法,以下将就休克疗法与渐进改革两种经济转轨战略进行分析。

---

① Vaclav Klaus, The Imperatives of Long-term Prognosis and Dominant Characteristics of the Present Economy, *Eastern European Economics*, Summer 1990.

一 休克疗法

休克疗法亦称"大爆炸",是经济体制从中央计划经济向市场经济过渡的激进方式。尽管在东西方主张经济转轨采用休克疗法的学者不在少数,但竭力主张东欧实行休克疗法并直接参与东欧经济改革政策咨询的首推美国经济学家杰佛里·萨克斯。

(一) 休克疗法的起源

萨克斯向东欧国家建议的休克疗法起源于20世纪80年代中期,那时他担任了玻利维亚等拉美国家的经济顾问,从事有关经济政策的咨询。1985年,他担任了玻利维亚总统顾问,协助玻利维亚政府制定克服严重经济危机的激进的经济纲领。这一纲领内容广泛,不仅包括贸易自由化,而且也包括行政和税制改革以及私有化。其主要内容是:实行紧缩的货币和财政政策,通过货币贬值实现汇率的稳定;限制政府支出,缩减有关部门的工资支出;改革行政和税收制度,取消补贴;取消价格管制,实行价格自由化;取消对进出口的限制,实行贸易自由化;实行私有化;重新安排债务和接受外援。上述政策实行不到一周便已奏效,恶性通货膨胀得到遏制,月通货膨胀率从50%转为价格稳定。1986—1987年7月,年通货膨胀率为21.51%,1989年为16.56%,恶性通货膨胀受到遏制是休克疗法取得的最大成就。1989年萨克斯在波兰谈到玻利维亚的情况时说:"4年前我当上了玻利维亚总统顾问,当时年通货膨胀率为24000%,而生活水平在1980—1985年之间下降了30%,国家处于无政府状态和经济崩溃的边缘。如今价格稳定,并克服了债务危机。"萨克斯还指导了重新安排债务的谈判,使玻利维亚的外债形势有所缓解。休克疗法取得了一定的成就,但也产生了一些问题,如失业增加和经济下降等。玻利维亚实行的休克疗法实际上是一种危机管理手段,是在经济处于严重不均衡如出现恶性通货膨胀、巨额外债的情况下实行的应急措施。[1] 玻利维亚的休克疗法属于政策改革手段,而萨克斯建议东欧实行的休克疗法则具有明显的经济转轨色彩,其目的在于实现从中央计划经济向市场经济的转变。但玻利维亚的情况与东欧国家的情况存在一定的相似性:两者都存在庞大的经营不善的国有部门;政府的财政赤字引起了严重的财政危机;巨额外债已成为经

---

[1] 关于玻利维亚实行休克疗法的详尽讨论,参见李建民《休克疗法:从政策改革到经济转轨》,载刘悌和主编《东欧市场经济走向》,时事出版社1993年版。

济发展的包袱;通货膨胀居高不下,发展成了恶性通货膨胀。玻利维亚1985年的改革可以视为东欧实行的休克疗法的起源。1992年3月,玻利维亚驻美国大使雷斯波—贝拉斯科在国际货币基金组织举行的一次讨论会上不无自豪地说,玻利维亚的稳定化计划是在东欧开始改革之前实行的,"正是在这个意义上,我们是先驱者"。① 正因为玻利维亚与东欧具有一定的相似性,才使得萨克斯把他在玻利维亚的经验应用到东欧。在他看来,取消预算赤字、改造为市场经济和减少外债应成为一个负债国稳定经济纲领的组成部分。

(二)实行休克疗法的原因

萨克斯认为,东欧国家从中央计划经济向市场经济转变应当采取果敢而迅速的行动,实行一步到位的激进的转轨战略即休克疗法。波兰1990年实行了休克疗法,他认为其他东欧国家也应当实行类似的转轨战略。

在萨克斯看来,实行休克疗法的原因有以下四个。②

1. 经济改革是一个严密的网络,牵一发而动全身,零敲碎击的做法不会起作用。因为改革中的每一部分将对其他部分起促进作用。对公共部门的财务管理需要积极的市场竞争,而自由竞争反过来又依赖于自由贸易和自由获得外汇。稳定的货币可兑换性又需要限制性的货币和财政政策,因此宏观和微观经济的改革必须配套进行。

2. 这种转轨战略可减少行政体系的阻力。在整个东欧,庞大的行政体系依然存在。新的政府并不能改变其方向,也不可能取而代之。解决的办法是通过让市场机制发挥作用来避开行政体系。例如大幅度的货币贬值能消除外汇的行政性分配。

3. 就体制转轨所需调整的规模而言,也需要实行激进的体制转轨。在调整中,一些部门特别是受保护的重工业不得不收缩,其他部门特别是服务业和住房建设必须加快发展。这些变化最终将是有益的,但在实行过程中会遭到收缩部门许多人的反对。民粹主义的政治家试图与遭到严重打击部门的工人、经理和官僚结盟,以使调整放慢或使之逆转。因此,在改革初期,确立自由贸易、货币可兑换性和自由经营的原则是至关重要的。

4. 波兰、南斯拉夫(1989年)严峻的经济形势需要实行迅速的体制转轨。至少在波兰和南斯拉夫,经济改革的起点是恶性通货膨胀。如果不

---

① Seminar Examines Current State of Bolivia's Economy, IMF Survey, April 27, 1992.

② Jeffrey Sachs, Eastern European Economies: What is to be Done? *The Economist*, January 13, 1990.

加以控制，税收制度、预算过程和国家最基本的职能的削弱将对社会构成破坏。阿根廷、巴西、秘鲁在制止通货膨胀中渐进主义的失败便是明证。

从以上四点可以看出，在实行休克疗法的原因上，萨克斯更多地强调政治经济上的迫切性。

（三）休克疗法的主要内容

萨克斯在东欧经济转轨初期，指出休克疗法的转轨战略应包括以下四个部分。[①]

1. 政府应努力建立一种市场出清的相对价格。价格管制应当中止，补贴应削减和取消。经济应向国际贸易开放。灵敏的价格对于资源的有效配置是重要的。有了市场出清的价格和来自外贸的竞争，政府关闭长期亏损的企业就有了坚实的基础。为了促进自由贸易，货币应当是可兑换的，使进口者能够得到所需外汇。对于许多东欧经济学家而言，货币可兑换性是一个遥远的梦想，但是通过将限制性的宏观经济政策和对国有企业的财务控制相结合，能够迅速实现。这是走向市场经济的主要步骤之一，因为东欧国家经济规模小，且接近于东欧，开放的国际贸易对于国有企业提供了激烈竞争的直接来源。

2. 取消对私营经济活动的限制。应当制定新的商法，取消行政壁垒使私人部门获得解放。公司法应使建立新的企业变得容易起来。税法应当取消惩罚性的过高税率，对外贸和国内投资的各种许可限制应当取消。

3. 对国有企业进行约束。通过私有化迅速降低国有企业的数目，但这需要时间。通过允许私营企业和进口商的竞争，通过取消补贴、廉价的贷款和税收减免，通过中止中央政府担保的借贷，通过反托拉斯法以打破工业巨头的垄断。通过亏损企业破产，国有企业必须接受真正的市场约束。

4. 确立或保持价格的稳定性。这可以通过紧缩的货币和财政政策加以实施。在实践中这需要平衡预算，不再向国有企业提供廉价的贷款，同时对于工资确定进行直接控制，因为国有企业没有约束工资的激励。

后来萨克斯又将休克疗法的主要内容概括为稳定化、自由化与私有化。休克疗法在剧变后的东欧成为一种受欢迎的经济改革战略，1990年

---

① Jeffrey Sachs, Eastern European Economies: What is to be Done? *The Economist*, January 13, 1990.

波兰、南斯拉夫率先实行休克疗法，随后捷克斯洛伐克、保加利亚等国也群起效仿，1992年俄罗斯也实行了类似的经济改革。

（四）休克疗法为何在东欧大获青睐？

休克疗法为何在东欧大获青睐，有如下几个原因：

1. 东欧一些共产党政权曾进行了长时期的渐进式的经济改革，但渐进式的改革成效不大，不仅没有产生有效运行的经济体制，反而造成了经济运行的紊乱和经济状况的每况愈下。选择激进式的经济改革无疑是对长期的渐进式改革失败的一种反应。与其久拖不决，延续旧体制的无效率，不如速战速决，迅速过渡到新体制。

2. 东欧剧变后新上台的政党希望通过激进的改革来赢得广泛的社会支持，巩固其地位。因为在剧变之初人们倾向于支持与旧体制决裂最彻底的政党，这些政党上台之后要兑现选举中对于选民的承诺，否则会失信于民。

3. 这与萨克斯的个人影响有关。萨克斯29岁被聘为哈佛大学经济学教授，担任过玻利维亚、委内瑞拉、厄瓜多尔、阿根廷等国的经济顾问，同时还是世界发展经济学研究所、联合国大学的客座研究员。他在国际货币基金组织、世界银行中有一定影响，被称为"国际金融界的金童"。东欧国家也希望通过激进改革来争取国际金融组织的贷款与援助。

二 渐进改革

渐进改革是一种较为稳健的渐进的过渡方式，在东欧只有匈牙利等少数国家实行渐进的改革，其中匈牙利最为典型。渐进改革的赞成者如彼得·莫雷尔和亚诺什·科尔内也有其系统的理论，虽然他们并未直接参与经济改革计划的设计，但他们的思想仍具有相当的启迪作用。

渐进改革的理论：

彼得·莫雷尔教授是东欧渐进改革的主张者。这位美国马里兰州大学经济学教授，在1990年出版的《社会主义经济的性质：东欧外贸的教训》一书中，对于经济改革讨论中居统治地位的"新古典的""瓦尔拉斯"范式提出批评。[①] 他认为，要了解东欧经济的实绩不佳，需要从经济过程性质的渐进的或熊彼特式的角度来进行分析。他在几篇重要的论文中阐明了

---

① Peter Murrel, *The Nature of Socialist Economies: Lessens from East European Foreign Trade*, Princeton University Press, 1990.

对于渐进改革的看法①,以下就其主要观点作一介绍。

1. 渐进改革的理论基础。渐进改革的理论基础主要来自渐进经济学和保守政治学。熊彼特、纳尔逊和温特是渐进经济学的代表人物,渐进经济学注重实证的经济分析,信息问题是其核心。伯克、波普尔和奥克肖特是保守的政治哲学的代表人物,保守的政治哲学关注规范的政治问题,特别是社会变化的方式。渐进经济学与保守政治哲学在以下方面具有共同之处:第一,在对社会经济进程的看法上,两种理论都将社会经济机制视为一个信息加工机制,强调个人知识能力的有限性和社会安排的复杂性,关注社会如何有效利用现有的知识和社会经济进程如何保持和增进社会中现有的知识。第二,关于假定与推论:有两个关于人类知识的重要假定:一是个人知识能力的有限性,这些有限性严重约束了制度与组织的结构与运作;二是存在两种不同的知识即技术知识与实践的或个人知识,前者可以通过学习过程获得,后者只有靠直接的实践活动才可以获得。一个社会个人知识的储备是通过长期的历史进程获得的,并由特定社会的制度与组织塑造的。第三,在对改革的看法上,两者都强调经济和政治决策受社会知识有限性的制约,尤其受过去继承下来的知识的有限性的制约。因此社会的个别组织和制度的行为具有很大的连续性,那种认为组织可以摆脱过去、接受全新的行为方式的假定是一种堂吉诃德式的幻想。政策制定者不能设计一种固定的、完美无缺地向新秩序转变的蓝图,因为社会经济进程非常复杂,社会的信息储备受旧秩序的制约。改革必须与一定的社会形势固有的东西相配合。现有组织和制度的行为不可能迅速改变,至少从其运作方式上看。如果破坏不是目标,许多现有组织的特点就必须被接受,如果人们试图立即消除所有这些特点,就会造成经济崩溃。从长远看,现有的组织可以被日益增长的私人部门及其制度所取代。渐进改革的第一步是使现有的制度接受新制度的挑战,而这只有通过鼓励新生的私人部门才能实现。

2. 渐进改革的政策主张。在莫雷尔看来,改革的中心问题是处理过去的影响与新的要求之间的冲突。关于过去的影响主要有两个:一是企业依靠适合于以行政配置、行政监督和持续的过度需求为特点的环境的习惯做法。在一个完全不同的环境下,这样的企业不可能有效运作。没有经济单

---

① Peter Murrel, An Evolutionary Perspective for Eastern Europe, *Socialist Economies in Transition*, Volume 1, No. 4, 5, July, August 1990; Peter Murrel, Evolutionary and Radical Approaches to Economic Reform, *Economics of Planning*, 25, 1992.

位自然选择和人员再配置的长期过程,环境的迅速改变可能会大幅度降低现有组织的效率。二是社会主义经济现有组织框架产生了过度需求的环境,中央计划机构能够以行政做法遏制过度需求,并可避免最糟糕的结果。仅仅改变激励和决策中心不可能消除过度需求的压力。新的要求有以下三个特点:第一,社会必须为新的经济组织的产生创造条件,改革的一个重要问题是国家应促进国内私人部门的发展,私人公司需要贷款以为其增长提供融资。第二,经济单位的选择是毁灭还是生存,是扩大还是收缩必须以经济标准为基础,这需要一个合理的价格体系。第三,为了选择过程的有效性,必须有环境的连续性,应创造一个稳定的环境,这一环境应尽可能地与改革过程的目标所设想的环境相同。在过去的影响与新的要求之间存在着冲突。这些冲突主要表现在五个方面:其一,根本改变环境即改革可能会降低国有部门的生产效率,而私人部门尚未做好准备以利用新的机会。私人部门选择过程的有效性要求一个稳定的环境,这一环境必须与改革结束时的环境相同。改革如何才能保持国有部门与过去的连续性和私人部门与未来的连续性?其二,历史经验表明只有严厉的宏观经济政策才能控制市场化后国有部门的过度需求,而新的私人部门的发展需要非限制性的宏观经济政策。改革如何才能将国有部门限制性的宏观经济政策与私人部门非限制性的宏观经济政策结合起来?其三,如果没有严厉的财政、货币和汇率政策,行政干预仍需要以遏制国有部门的过度需求压力,然而这与基于经济标准选择经济单位不一致。如何才能将国有部门的行政干预与私人部门的自由市场相结合?其四,国有部门立即向外贸开放基于两个原因是非常有风险的:采用世界市场价格与贸易条件可能会引起国有部门生产率的大幅度下降;没有宏观经济紧缩的开放意味着国有部门外债的积累。因为长期目标是外贸开放,私人部门必须在有外部竞争的环境下选择。如何才能将国有部门的封闭与私人部门的开放结合起来?其五,如果立即建立市场经济,国有经济的决策而不是竞争性的私人企业将决定总体的经济结果,因为从过去继承下来的组织结构仍很有影响。如何才能阻止国有部门破坏私人部门的选择过程?

基于以上分析,莫雷尔认为,唯一的可能性是在转轨时期保持二元经济即国有部门与私人部门并存的格局。国有部门必须从属于传统的行政控制,在某种情况下,在过渡的初期甚至需要重新集中化。同时私人部门将允许在不受中央帮助或阻碍的条件下自由运作。他建议实行全面的政策,立即将所有资本主义的功能因素引进小的—增长的私人部门,而国有生产部门向私人部门的转移应分阶段——一个企业、一个部门地进行。

3. 实行渐进改革的原因。实行渐进改革的原因有如下几点：

（1）只要政治领导人始终不渝地致力于市场改革，不淡忘市场经济的目标，只要经济改革具有适当的顺序性，渐进改革也会发挥作用。

（2）渐进改革有助于减少改革带来的社会成本，使人们逐渐承担改革的社会代价。这有益于增加对于改革的社会支持，从而扩大改革的社会收益。

（3）在一个经过漫长的经济改革，市场文化已深入到整个社会的国家有可能避免激进的改革，选择渐进改革的战略。

（4）在一个宏观经济相对稳定的国家实行渐进改革较为有利。宏观经济相对稳定包括以下因素：通货膨胀处在可控水平，没有发展为恶性通货膨胀；政府的预算赤字并不很高；没有出现债务清偿危机。

渐进改革的内容也包括稳定化、自由化、私有化和制度化，只不过在具体实施中体现出循序渐进的特色。

三 休克疗法与渐进改革之比较：波兰、匈牙利的案例

波兰与匈牙利在经济转轨中实行了不同的战略，波兰实行了休克疗法，匈牙利则进行了渐进改革。波、匈的案例在东欧具有典型意义，因此我们将选择波、匈作为分析的重点。

早在1989年波兰议会选举刚刚揭晓之时，萨克斯便来到华沙，向团结工会议员推销其政策建议。他建议波兰实行激进的经济纲领。马佐维耶茨基政府组成后，他被聘为波兰政府经济顾问。他提出了如下建议：取消补贴，放开价格；外贸自由化；兹罗提自由兑换；国有企业私有化；创办企业完全自由；停付外债；争取外援等。由当时的波兰政府副总理巴尔采罗维奇制定的政府经济改革纲领基本采纳了萨克斯的建议，经济体制过渡采取了激进的、一步到位的方式即休克疗法。

处在大转变时期的经济学家不会放过在政策咨询中大显身手的机会，匈牙利在政治变动之后也有许多经济学家向政府提出了经济转轨的政策建议，其中最为著名的当属蓝条委员会的报告和科尔内的经济改革方案。虽然匈牙利政府并未直接接受任何一种方案，但上述两个方案仍有很大的影响。由匈牙利与西方国家的著名的经济学家、企业家组成的蓝条委员会公布了题为《匈牙利向自由与繁荣过渡》的报告，其中诺贝尔经济学奖获得者莫里斯·阿莱斯参与了该委员会的活动。报告提出为了向完全的市场经

济过渡需要进行激进的变革,激进改革是该方案的核心。① 因研究社会主义经济蜚声国际的匈牙利经济学家亚诺什·科尔内长期潜心于纯经济理论问题的研究,在33年间首次就匈牙利的经济转轨提出其经济政策建议,② 这就是1990年出版的《通向自由经济的道路》一书。在他看来,自由经济就是市场经济,是一种不受阻碍自由进入和退出的公平竞争的经济。自由经济是与一定的产权即私有产权相适应,同时植根于民主的政治秩序之中。他对于经济转轨的思路是渐进式的,赞成"有机的转轨",认为转轨进程可能需要20年甚至更长的时间。科尔内认为应同时在以下三个领域进行改革:所有制、宏观经济的稳定化和经济与政治的关系。关于所有制问题,他赞成完全放开私人部门活动(进入、退出、定价、契约、就业和汇兑),同时对于国有企业实行严格的财务约束。他赞同私有化,但又认为这一进程应当谨慎,所有交易必须严格按市场价格进行,所有制的中间解决方式如控股公司、国有公司之间的跨所有制或工人管理的企业遭到怀疑。他反对国家低价出售社会资产,赞成把所有权转让给能够承担金融风险的企业家,证券投资者(投资公司、保险公司、养老基金等)则具有辅助作用,不是私有化的主要依靠力量。在转轨中经济体制将被转变为"二元经济",最初严格受控制的社会部门企业居支配地位,然后逐步向私有化过渡,直到私人部门居主导地位。关于宏观经济的稳定化,科尔内对于初期的稳定化一揽子计划(他称之为外科手术)和长期发展的框架进行了区分。稳定化的外科手术不应拖延,应立即实行下列措施:降低通货膨胀、平衡预算、限制信贷、严格约束公共企业的工资、货币可兑换性、统一汇率、放开外贸、税制改革。长期转轨战略包括对于国有部门的企业进行有效的管理、稳健地进行国有部门的私有化、吸引外国投资者、从社会稳定的应急措施转向全面的社会保障体制以及促进工会、国家与私人部门的建设性合作等。关于政治与经济的关系,科尔内强调要解决好转轨时期中出现的各种政治问题,为经济体制的平稳过渡创造条件。经济过渡过程将是长期的、艰巨的,必须妥善解决好如转轨的潜在反对者如国有企业的职工、穷人以及新的失业者的问题。尽管科尔内未直接参与匈渐进改革计划的制定,但是匈牙利政府的经济改革计划的一些主要思路与他的想法不

---

① Hungary: Blue Ribbon Commission Report, *Socialist Economies in Transition*, Volume 1, No. 1, April, 1990.

② Janos Kornai, *The Road to a Free Economy: Shifting from a Socialist System: The Example of Hungary*, W. W. Norton & Company, New York, 1990.

谋而合，尤其是渐进的改革战略。匈政府1990年5月通过的"国家复兴三年计划"以及1991年通过的"四年经济改革纲要"集中反映了匈牙利渐进改革的设想。

波兰、匈牙利均有过有限的市场取向经济改革的经验。到20世纪80年代末，波兰、匈牙利的中央计划逐渐停止活动，但并未形成真正的市场经济。科尔内颇有见地地评述了波、匈经济体制的变化。他认为，中央计划在波、匈的收缩并不意味着出现了通常的竞争性的市场关系，相反，在共产党领导的经济改革中，中央计划部分被市场型的控制所取代，部分被企业与财政当局特定的讨价还价所取代。从名义上看，企业受价格、利率、税率而不是实物分配的调节，但在实际上，价格、利率、税率仍是持续的讨价还价的对象。波兰、匈牙利经过改革后的经济体制仍是一种经过修正的中央计划经济。剧变之后，波兰、匈牙利都开始了从中央计划经济向市场经济的过渡，因此在经济转轨中呈现出一定的相似性。稳定化、自由化、私有化及制度化就是波兰、匈牙利经济转轨的四个要素。

波兰、匈牙利实行了不同的经济转轨战略主要体现在经济改革的顺序性以及经济改革力度的差异上。波兰、匈牙利的经济转轨存在以下差异。

（一）宏观经济政策紧缩力度的不同。波兰、匈牙利在经济转轨初期为了实现宏观经济的稳定，都实行了紧缩的货币和财政政策，试图通过减少补贴、削减开支、提高利率、抑制需求、取消税收优惠等措施实现宏观经济的稳定。相比之下，波兰的紧缩政策比匈牙利的紧缩政策更为严厉、更为严格。匈牙利在紧缩政策的运用上有一定的回旋余地，政策运用较为灵活。这种差别或许反映了波、匈经济转轨前不同的宏观经济状况。两国都存在宏观经济的不平衡，但匈牙利从未出现波兰那样的恶性通货膨胀。

（二）价格自由化和外贸自由化的步骤不同。波兰于1990年1月1日一步到位，全面放开了90%的商品的价格，解除了进口的数量限制，实行了统一20%的关税（除对奢侈品加征附加税和对一些商品免税外），同时取消了出口的大部分数量限制，降低了出口税收。贸易自由化将竞争引入了经济之中，被视为是行之有效的反垄断政策。匈牙利则逐步实行价格自由化和贸易自由化。自1988年开始放开价格，到1990年已有80%的价格放开，到1992年90%的价格已放开。1990年匈牙利78%的进口已放开，1991年90%的进口不受任何限制，1992年完全放开进口。

（三）实行货币可兑换性的步骤不同。波兰1990年兹罗提大幅度贬值，使官方汇率接近于平行市场的汇率，外汇黑市交易完全消失，实现了兹罗提的国内可兑换性。匈牙利逐步将福林贬值,使之具有可兑换性。1989年1美元兑换59.07福林,经过1990年、1991年、1992年、1993年数次贬值,到1993年年底,1美元可兑换85福林。目前官方汇率已接近于平行市场汇率,福林成为国内可兑换货币。

(四)私有化方式的差别。波兰国有企业私有化以直接出售和无偿分配为主。蒂博尔·里斯卡赞成无偿分配国有企业的股份,科尔内则对此持有异议。他认为,为了产生有效的所有制,企业应当审慎地以逐一进行的方式出售,而不是无偿分配。[1] 匈牙利在私有化中明确拒绝了波、捷以资产券方式无偿分配国有资产的建议,而以直接向匈国内外的出价者出售国有企业的方式来实行私有化。匈牙利拒绝无偿分配国有资产是基于两方面考虑:一是担心无偿分配会导致国有资产的流失,二是政府对于这种方式行政上的可能性抱有疑虑。

波兰、匈牙利的经济过渡方式虽然不同,但经济转轨后面临的问题却非常相似。失业与经济衰退便是过渡的副产品。波兰国内生产总值1990年、1991年分别下降了11.6%、7%,而1992年则增长了1%,从此走上了经济复苏之路。匈牙利国内生产总值1990年、1991年、1992年和1993年分别下降了4%、12%、5%和3%,1994年才开始增长。波兰工业生产在1990年、1991年两年间下降了38%,1992年则增长了4%。匈牙利工业生产1990年、1991年和1992年分别下降了9.2%、18.1%和9.8%。波兰1990年、1991年、1992年、1993年的失业率分别为6.1%、11.8%、14.0%和16%,匈牙利同期的失业率分别为2.5%、8.0%、12.3%和13%。此外两国都面临预算赤字增加、企业间债务扩大等问题。

虽然面临上述问题,两国在经济转轨上确实取得了重大进展。两国的宏观经济趋于稳定,通货膨胀得到遏制,尤其是波兰成功控制了高达2000%的恶性通货膨胀;经济自由化进展顺利,价格自由化、外贸自由化都已按部就班完成;两国国有企业的私有化取得了初步的进展,但大型国有工业企业的私有化进展相对缓慢;波、匈两国在建立市场经济所需的制度框架上也取得了初步的进展,一些市场经济所需的基础设施已基本就位。

波兰、匈牙利实行不同的经济转轨战略是由各自的国情决定的。波兰

---

[1] Janos Kornai, *The Road to a Free Economy: Shifting from a Socialist System: The Example of Hungary*, W. W. Norton & Company, New York, 1990, pp. 81—93.

在剧变之前的经济改革时间较短,而且缺乏连贯性,成效不大;波兰在政治制度急剧变化后整个社会赞同在经济转轨上走激进道路;波兰面临严重的宏观经济不平衡,恶性通货膨胀迫使波兰采取激进措施以稳定经济;波兰新政府缺乏有经验的管理经济的政府官员也迫使政府尽可能多地依靠市场力量,萨克斯强调激进改革也是克服团结工会缺乏控制政府机构的适当人员的政治战略。[1]

匈牙利情况则不同。匈牙利有过20多年经济改革的历史,经济改革引起了经济体制的变化,促进了政府官员、企业家和普通居民观念的革新和思维方式的变化,推动了商业文化的复兴。在科尔内看来,1989年之前经济改革的最重大的成就是私人部门的发展。[2] 20世纪80年代改革表明建立市场经济的目标日趋明确,改革已不可逆转。改革后观念的变化主要表现在匈牙利人承认私人财产在经济中的重要性,相信政府在经济中的作用应减少,对于私有化采取实用的而不是意识形态的看法,并愿意承受大规模经济改造造成的失业与生活水平的下降。经济改革的经验有助于匈牙利实行渐进的转轨战略;匈牙利政治制度相对渐进、平稳的过渡也有助于经济体制渐进式的转变;匈牙利虽存在宏观经济不平衡,但没有达到宏观经济严重失衡的程度,匈牙利通货膨胀处在可控水平,经济中的短缺不很严重。

休克疗法虽然在东欧占了上风,但也遭到了激烈的批评。休克疗法在波兰实行之初,波兰的一些经济权威指责西方的新古典经济学家如何错误,他们不懂波兰的事情。该计划被攻击为只有休克没有疗法。[3] 萨克斯认为,长痛不如短痛,与其一段一段剁狗尾巴,不如一刀剁下来。休克疗法的批评者认为萨克斯教授建议砍掉狗尾巴,却把刀剁在了狗脖子上。[4] 对于休克疗法这一从精神病学借用过来的词汇,布拉班特认为这一词不能很恰当地阐明转型经济中实行的政策。[5] 斯蒂格利茨认为,在反通货膨胀计划上与休克疗法没有争论,存在争议的问题在于将休克疗法作为制度改

---

[1] Jeffrey Sachs, *Poland's Jump to the Market Economy*, The MIT Press, 1993, p. 43.
[2] Hungary: Blue Ribbon Commission Report, *Socialist Economies in Transition*, Volume 1, No. 1, April 1990, pp. 35—36.
[3] Jeffrey Sachs, *Poland's Jump to the Market Economy*, The MIT Press, 1993, p. 58.
[4] 沈小红:《J. 塞克斯教授论"休克疗法"和俄罗斯、波兰的经济改革》,《改革》1993年第1期。
[5] Van Brabant, Lessons from the Wholesale Transformations in the East, *Comparative Economic Studies*, Vol. 35, No. 4, Winter 1993.

革的方式。他认为以休克疗法改变制度与法国大革命时期的雅各宾主义和俄国革命时期的布尔什维克主义有共通之处，强调休克疗法低估了社会组织和信息资本的重要性，低估了建立新企业的障碍，而且对于公司治理结构问题没有给予足够的重视。[①] 捷克经济改革的设计师克劳斯在1991年就认为休克疗法是一个伪问题，因为稳定化、自由化可以迅速实行，而私有化、适合市场经济的经济法律的制定不可能一蹴而就。他访华期间在中国社科院的学术讲演中，指出休克疗法是一个令人误导的概念。巴尔采罗维奇也认为，休克疗法这一从精神病学借用的词汇易于使人们的判断倾向于反对激进措施。[②] 萨克斯则认为，人们在经济改革争论中把改革的时间与经济结构调整的时间混为一谈，改革应立即实行，但经济结构的调整却需要10—20年时间。波兰是东欧国家中率先摆脱衰退、走上经济复苏的国家，这使休克疗法的赞成者颇感欣慰。曾任波兰马佐维耶茨基政府中财政部副部长的马雷克·达勃罗夫斯基1994年分析东欧经济转轨四年的经验时指出，那些实行休克疗法的国家也是率先控制生产下降并走上增长之路的国家。[③] 虽然匈牙利也面临许多问题，但渐进改革并未受到很大的责难。1992年1月27日，当时的匈牙利财政部长彼得·鲍德在国际货币基金组织举行的一次讨论会上指出，匈牙利独有的特点为渐进、成功地从中央计划经济向市场经济过渡打下了基础。他认为，对那些虽不具备这样有利条件的国家，只要可能，就应以渐进方式进行改革。[④] 但从东欧的转轨进程看，渐进改革付出的代价并不比休克疗法付出的代价小。匈牙利进行了渐进改革，经济增长姗姗来迟，转轨几年来国内生产总值下降的幅度与波兰不相上下。匈牙利1990—1993年，国内生产总值下降了20%多，而波兰1990—1991年间国内生产总值下降了近20%，1992年开始增长。波兰经济在1992年、1993年、1994年国内生产总值分别增长了2.6%、3.8%、5.2%。20世纪90年代下半期波兰经济的年平均增长率保持在5%左右。如果1990年的国内生产总值为100，那么到2000年波兰的国内生产总值为147，匈牙利为109。人们之所以对于休克疗法颇多非议，一个可能的

---

① Joseph E. Stiglitz, Whither Reform? Ten Years of Transition, ABCDE Keynote Address, April 28—30, 1999.

② Leszek Balcerowicz, Common Fallacies in the Debate on the Transition to a Market Economy, *Economic Policy*, December 1994.

③ Marek Dabrowski, *Experience of Four Years of Transformation*, 1994.

④ Gradual Reform Works, Says Hungarian Official, *IMF Survey*, February 3, 1992.

原因是对于休克疗法抱有过高的期望。波兰的经验表明，休克疗法在遏制恶性通货膨胀，实现宏观经济的稳定化和经济的自由化上颇有成效，但是私有化、制度化则是一个相对缓慢的过程。

休克疗法与渐进改革是相对性的概念。休克疗法是一种激进方式，但激进改革也包括渐进的因素，如私有化、制度化便是一个长期、渐进的过程。渐进改革也并不排斥在经济改革的特定阶段以激进方式推进改革。克劳斯1999年在总结10年转轨的教训时不无自豪地指出："我们很早就了解人为采用'休克疗法与渐进主义'两难选择的谬误，制度变革是整体改革中不同组成部分在不同时间内一系列不同的选择，而不是单一的选择。"① 美国经济学家斯坦利·费舍尔指出，休克疗法与渐进改革的两分法过分简化了改革的速度问题。实行休克疗法的国家如波兰、解体之前的南斯拉夫、捷克斯洛伐克、民主德国、保加利亚、罗马尼亚等国的实际差别在于，为过渡实施各项具体的改革存在差异。② 即使是实行同一种经济转轨战略的国家在实际的改革中也有许多差异。③ 匈牙利经济学家科尔内在评论休克疗法与渐进改革孰优孰劣的争论时指出，这是一个不恰当的问题。休克疗法与渐进改革都包含着一个标准即速度。速度虽然重要，但它不是成功的主要标准。④ 至于休克疗法与渐进改革孰优孰劣我们很难做出绝对的判断，但重要的是经济转轨战略的选择要符合国情。条条道路通罗马，通向市场经济的道路不止一条，只要从本国国情出发，激进改革、渐进改革都会走向市场经济。

本章小结

东欧国家从中央计划经济向市场经济过渡都必须考虑经济转轨时的初始条件，建立发达的市场经济已被视为经济转轨的目标模式。经济转轨的

---

① Vaclav Klaus, Transition from Communism: A Decade After, CERN Web Note JHJ6, April 21, 1999.

② [匈]斯坦利·费舍尔：《社会主义经济改革——前三年的经验教训》，载《经济社会体制比较》1993年第3期。

③ 关于实行休克疗法的波兰与南斯拉夫、波兰与捷克斯洛伐克的初步比较，参见李建民《东欧经济改革：模式选择与体制转轨》，载《苏联东欧问题》1991年第2期；《从中央计划经济到市场经济——波兰与捷克斯洛伐克经济转轨战略之比较》，载《苏联东欧问题》1991年第6期。

④ Janos Kornai, Ten Years After The Road to a Free Economy: The Author's Self-evaluation, ABC-DE, April 18—20, 2000.

要素包括稳定化、自由化、私有化与制度化。东欧经济转轨的要素为稳定化、自由化、私有化和制度化。休克疗法与渐进改革两种迥异的转轨战略的差异并不在于经济转轨要素的不同，而在于经济改革的顺序性与经济改革力度的不同。究竟休克疗法与渐进改革何者是经济转轨的最佳路径主要取决于各国在进行过渡时的国情。

思 考 题

一　名词解释
  1. 中央计划经济
  2. 市场经济
  3. 稳定化
  4. 自由化
  5. 私有化

二　简答题
  1. 简述东欧经济转轨的初始条件。
  2. 如何理解东欧经济转轨的目标模式。
  3. 简述东欧经济转轨的要素。
  4. 简述休克疗法与渐进改革两种转轨战略的理论渊源和政策主张。

三　论述题
  1. 东欧国家为何选择市场经济为经济转轨的目标模式？
  2. 试论休克疗法与渐进改革两种转轨战略的异同。

阅读参考文献

1. Jeffrey Sachs, *Poland's Jump to the Market Economy*, The MIT Press, 1993.

2. Janos Kornai, *The Road to a Free Economy: Shifting from a Socialist System: The Example of Hungary*, W. W. Norton & Company, New York, 1990.

3. Peter Murrel, *The Nature of Socialist Economies: Lessens from East European Foreign Trade*, Princeton University Press, 1990.

4. Vaclav Klaus, Transition from Communism: A Decade After, CERN Web Note JHJ6, April 21, 1999.

5. Janos Kornai, Ten Years After The Road to a Free Economy: The

Author's Self-evaluation, ABCDE, April 18 – 20, 2000.

6. Leszek Balcerowicz, Common Fallacies in the Debate on the Transition to a Market Economy, *Economic Policy*, December 1994.

7. Peter Murrel, Evolutionary and Radical Approaches to Economic Reform, *Economics of Planning*, 25, 1992.

8. ［美］斯坦利·费舍尔：《社会主义经济改革——前三年的经验教训》，载《经济社会体制比较》1993年第3期。

9. Joseph E. Stiglitz, Whither Reform? Ten Years of Transition, ABCDE Keynote Address, April 28 – 30, 1999.

10. Hungary, Blue Ribbon Commission Report, *Socialist Economies in Transition*, Volume 1, No. 1, April 1990.

第十九章　东欧国家宏观经济的稳定化

内容提要

宏观经济稳定化是存在严重的宏观经济不平衡的东欧经济的迫切要求，也是东欧全面、系统的经济转轨计划的重要组成部分。宏观经济的稳定化不仅有助于消除宏观经济的不稳定，而且有助于为其他领域的改革创造有利的宏观经济环境。本章将主要分析东欧向市场经济过渡中宏观经济稳定化的初步经验，并对稳定化中的一些具体的改革措施如财政体制、金融体制的改革进行简要的探讨。

第一节　宏观经济稳定化的初步经验

东欧从中央计划经济向市场经济过渡之初就存在着或多或少的宏观经济问题，通货膨胀、财政赤字和外债的累积困扰着转轨中的东欧经济。波兰、南斯拉夫1989年出现了恶性通货膨胀，宏观经济出现了严重的不稳定，其他国家也出现了程度不同的宏观经济不稳定。只有捷克斯洛伐克秉承其宏观经济管理保守主义的传统，保持了宏观经济的稳定，但是微观经济的严重扭曲对于宏观经济的稳定构成了潜在的威胁。剧变后新的政府迫切需要解决宏观经济的不稳定问题，这不仅是重建对于政府经济政策信任的重要举措，而且是全面的经济转轨计划的题中应有之义。

一　宏观经济稳定化的内容

解决宏观经济不稳定必须对症下药，只有正确地判断宏观经济不稳定的根源，才能从根本上采取措施根除宏观经济的不稳定。中央计划经济中宏观经济不稳定的根源何在呢？在我们看来，中央计划经济中扩张性的货币政策、定值过高的货币、预算赤字的货币化和工资管理的失控是造成宏观经济不稳定的主要根源。中央计划经济中实行扩张性的货币政策，以大量贷款支持经营不佳、投资饥渴的国有部门；本国货币定值过高，造成了汇率体系的不合理,存在着多重汇率,官方的汇率与平行市场的汇率相差数倍或十几倍;向生产者与消费者提供的大量补贴造成的预算赤字通过中央银行的货币发行来弥补;经济分权化之后,国有企业在工资决定上获得了自主权,收入扩张驱动增强,工资的增长超过了劳动生产率的增长。上述四个因素造成了宏观经济的不稳定,解决宏观经济的不稳定必须消除上述四个因素。因此,宏观经济的稳定化计划必须包括下述内容:实行限制性的货币政策、确立合理的汇率、实行限制性的财政政策和严格的工资控制。

东欧国家的宏观经济稳定化的主要内容如下:

(一)实行限制性的货币政策,大幅度提高利率,改变长期存在的名义正利率、实际负利率的不正常状况,使利率反映资本的稀缺水平,进行金融部门的改革。

(二)本国货币大幅度贬值,确立合理的汇率,使官方汇率接近于平行市场的汇率,纠正本国货币定值过高的偏差。

(三)实行限制性的财政政策,政府不再对居民和经营不佳的国有企业提供补贴,削减补贴,减少支出,同时进行税制改革,增加财政收入。

(四)在转轨初期国有部门仍是主导的经济部门,工资增长的压力仍很大,因此需要以税收为手段遏制工资的过快增长,对于工资增长过快的企业加征重税。

东欧实行的稳定化计划与依赖财政和货币约束的正统的稳定化计划不同,巴尔采罗维奇和盖博认为,东欧存在两种非正统稳定化计划的变种:一种是实行工资控制的稳定化计划,另一种是既实行工资控制又实行固定汇率的稳定化计划。[1] 东欧的稳定化也有其独特性,它是向市场经济过渡的经济转轨计划的一部分,与一般的发展中国家的稳定化计划不同,这些发展中国家虽然存在软预算约束、金融上受压抑的商业部门和高补贴的国有企业,但其基础结构是市场取向的,私人产权得到了明确的界定。东欧则要求进行制度基础设施的根本变化包括金融体制、财政结构、社会保障网、建立私人产权、实行私有化等。[2] 因此东欧的稳定化计划比一般的非

---

[1] Leszek Balcerowicz and Alan Gelb, Macropolicies in Transition to a Market Economy: A Three-Year Perspective, Proceedings of the World Bank Annual Conference on Development Economics 1994, World Bank 1995.

[2] Michael Bruno, Stabilization and Reform in Eastern Europe: A Preliminary Evaluation, IMF Staff Paper, Vol. 39, No. 4, 1992.

中央计划经济的稳定化更为困难。

二 宏观经济稳定化的实施

东欧宏观经济稳定化是与经济自由化同时进行的,其稳定化计划都得到了国际货币基金组织的支持。波兰、匈牙利、捷克斯洛伐克、保加利亚、罗马尼亚在1990—1991年实行了稳定化计划。

波兰在1990年1月实行稳定化计划,其主要措施为:提高利率,确立正的利率,实行限制性的货币政策;在大幅度对本国货币一次性贬值之后实行固定汇率,汇率确定在1美元兑换9500兹罗提的水平上;实行限制性的财政政策,削减补贴,控制支出;严格限制工资增长,征收超额工资增长税。

捷克斯洛伐克1991年1月实行稳定化计划。其主要措施是:实行限制性的货币政策,在稳定化计划实行之前便提高了利率,随后对利率进行灵活的管理;在稳定化计划实行之前于1990年10月、12月对于本国货币分别贬值35%和15%,稳定化计划后实行固定汇率;削减补贴,减少开支,实行限制性的财政政策;控制工资增长,对于过快的工资增长征税。

匈牙利1991年1月实行稳定化计划,稳定化计划的主要措施是:取消对于利率的最高限额,利率由市场决定,实行限制性的货币政策;本国货币贬值15%,小幅度调整汇率;实行限制性的财政政策,削减补贴,减少开支;对于工资过快增长征税。

保加利亚1991年2月实行稳定化计划,该计划的主要措施是:利率在该计划实行之前就进行了大幅度调整,稳定化实行之后对利率进行灵活调整,实行限制性的货币政策;实行浮动汇率,对外汇市场进行干预,限制其可兑换性;实行限制性的财政政策,削减补贴,控制支出;实际工资削减了35%,对于工资实行最高限额,限制工资的增长。

罗马尼亚1991年4月实行稳定化计划,其主要措施是:提高利率,定额存单实行灵活利率,推行限制性的货币政策;实行固定汇率,将官方汇率与银行同业间汇率合并;实行限制性的财政政策,削减补贴,减少开支;对工资超额增长征税,限制工资的过快增长。

综观上述五国的宏观经济稳定化计划,其核心是紧缩政策。这种紧缩的宏观经济政策实行之后的结果如何呢?

(一)宏观经济稳定化和经济自由化的实行有助于消除中央计划经济中长期存在的短缺。东欧国家在放开价格、放开外贸和取消对于私人企业从事经济活动的限制之后,在实行紧缩的宏观经济政策之后,商品的供应状况大有改善,一向货架空空的商店摆满了琳琅满目的商品,短缺在经济生活中迅速消失。

(二)宏观经济稳定化实行之后,通货膨胀有所下降。波兰实行的稳定化计划成功控制了1989年高达四位数的恶性通货膨胀,以消费品价格指数计算的通货膨胀率1990年为249%,1991年为60.4%,1992年为44.3%,1993年为37.6%,1994年为29.5%。捷克斯洛伐克在稳定化计划实行之后将通货膨胀率控制在20%以下。匈牙利的通货膨胀也在可控范围之内。罗马尼亚则由于渐进式地放开价格导致了持续的通货膨胀预期。国有企业通过企业间债务、补贴以及汇率、利率的扭曲可以免受市场价格的冲击,同时政府也不能保持紧缩的货币和财政政策的连续性,到了1993年中期,罗马尼亚经济出现了滑向恶性通货膨胀的可能性。

(三)稳定化实行之初导致了财政赤字的大幅度下降,但好景不长,大量财政赤字在大多数国家又重新上升。波兰在1990年有财政盈余,保加利亚在1991年财政赤字也有大幅度的下降。但到了1992年除捷克斯洛伐克外,大量的财政赤字又重新出现。匈牙利1992—1993年,财政赤字达到了国内生产总值的7%。保加利亚在1993年财政赤字占国内生产总值的13%。预算赤字的增加表明经济活动下降造成了政府税收的减少,痛苦的转轨也引起了社会支出的增加。

(四)在稳定化实行的初期,波兰、匈牙利、捷克斯洛伐克、保加利亚都实现了经常项目的顺差,但是到了1993年,除捷克共和国外,经常项目都出现了逆差。其中,保加利亚、匈牙利的逆差较为严重。

三　宏观经济稳定化的初步经验

东欧宏观经济稳定化有何经验教训呢?

(一)激进的、连贯的紧缩的宏观经济政策有助于宏观经济的稳定,渐进的、连贯的宏观经济政策也有助于宏观经济的稳定,但渐进的、不连贯的宏观经济政策不利于宏观经济的稳定。波兰、捷克斯洛伐克、保加利亚实行了激进的稳定化,同时也实行了激进的自由化,放开了价格和外贸,这些国家基本实现了宏观经济的稳定。

匈牙利实行了渐进的稳定化与渐进的自由化,渐进的稳定化是政府深思熟虑的结果,宏观经济政策保持了连续性,宏观经济仍保持了相对稳定。而罗马尼亚渐进地进行经济的自由化,延缓了必要的价格的调整,同时政府的宏观经济政策也不够连贯，政府不能保持紧缩的财政与货币政策，仍然通过货币扩张来弥补政府的预算赤字，造成了宏观经济的不稳定。与匈牙利的渐进的稳定化不同，罗马尼亚的渐进的稳定化是屈从于利益集团政治压力的产物。农业和重工业的院外集团向政府施加压力，迫使政府发放低于通货膨胀率的贷款。取消企业的净债务，同时注入了大量的补贴性贷款，进一步加剧了宏观经济的不稳定，造成了严重的通货膨胀。

（二）经济自由化是促进稳定化的重要因素，自由化与稳定化必须协同推进。供给的刚性与需求的强制替代造成了计划经济严重的短缺，解决微观经济的短缺要求实行经济自由化，放开价格和国际贸易。经济自由化需要充分的宏观经济约束以保持自由化之后经济环境的稳定。宏观经济的稳定化也需经济自由化的支持。正如巴尔采罗维奇和盖博所言："稳定一个保持着广泛的价格管制和政府与企业间制度联系的高度受控制的经济是非常困难的，即使对于一个强大的国家也是如此，因为企业可以将其亏损归咎于控制。"[①] 经济的自由化有助于稳定化，自由化与稳定化应协同配合，同时推进。

（三）在转轨时期保持必要的工资控制对于宏观经济的稳定十分重要。这是因为在转轨初期，国有经济仍在经济中居主导地位，国有企业的私有化不可能一蹴而就，私有化肯定会滞后于稳定化与自由化。国有企业的所有者约束随着政治控制的放松而减弱，即将面临私有化的国有企业追求有利于本企业职工的收入扩张冲动仍然很强。国有部门工资的过快增长仍会对脆弱的宏观经济稳定构成威胁。因此实行对工资过快增长征税的收入政策就显得非常重要。实行工资控制主要是针对国有部门的，如果对有所有者约束的私人部门采取同样的措施会造成不利的影响，不利于劳动力的合理流动。基于这一考虑，波兰1991年不再将超额工资增长税应用于私人部门。

（四）紧缩的宏观经济政策是转轨初期稳定化计划的核心，这种限制性的宏观经济政策主要是针对经营不善的国有部门，但对于新生的私人部门有不利的影响。私人部门在限制性的宏观经济政策下得不到必要的贷款，制约了私人部门的发展，而私人部门的成长正是新的经济体制的重要因素。人们对于是否应实行差别化的宏观经济政策存有争论。对

[①] Leszek Balcerowicz and Alan Gelb, Macropolicies in Transition to a Market Economy: A Three-Year Perspective, Proceedings of the World Bank Annual Conference on Development Economics 1994, World Bank 1995.

于决策者而言,必须在限制性的宏观经济政策与私人部门的发展之间加以权衡,尽量将限制性的宏观经济政策对于私人部门的不利影响降至最小。

(五)在经济转轨初期保持限制性的宏观经济政策是至关重要的,但是这一政策会受到一些利益集团的抵制和反对,一些转轨中受冲击最大的部门如国有工业部门等会向政府施加影响,要求政府向这些部门提供补贴,政府、议会中的一些成员也会附和这些部门的要求,要求政府对其稳定化政策改弦更张,放弃限制性的宏观经济政策,实行扩张性的宏观经济政策。如果政府屈从于利益集团的压力,转而实行扩张性的宏观经济政策,向这些部门提供补贴并以货币发行来弥补财政赤字,这会造成通货膨胀的死灰复燃,威胁到宏观经济的稳定。如前所述,罗马尼亚的情况便是如此。俄罗斯也很典型。1992年俄罗斯实行稳定化计划在前三个月运行正常,但是4月到12月中央银行受到了工业部门的压力,放弃了紧缩政策,为刺激工业生产增加货币供应,预算赤字转化为货币,造成了通货膨胀的加剧和宏观经济的不稳定。[①] 因此,在转轨时期政府必须能够抵制住来自利益集团要求改变宏观政策的政治压力,坚定不移地奉行限制性的宏观经济政策,宏观经济政策的朝令夕改,不仅威胁宏观经济的稳定,而且会损害政府改革政策的信用。

(六)宏观经济的稳定化有利于经济增长。转轨国家的经验表明,稳定化的实行有助于经济增长。国际货币基金组织副总裁斯坦利·费舍尔认为,几乎可以这样说:转轨国家如果不把月通货膨胀率降至一位数就不能实现经济增长。一般而言,宏观经济在获得稳定一到两年间会出现经济增长。到1994年几乎所有东欧国家都实现了经济增长,而且增长的势头将持续下去。在高通货膨胀的条件下,经济不可能实现持续、稳定的增长。只有实现宏观经济的稳定,将通货膨胀控制在一定的可承受水平,经济才能摆脱衰退,实现增长。国际货币基金组织的专家2000年在总结东欧10年转轨的经验时指出,稳定化政策与结构改革(特别是私有化)有助于经济增长。[②]

(七)在经济转轨时期,财政改革的任务十分繁重。在转轨时期,一

[①] Jeffrey D. Sachs, Russia's Struggle with Stabilization: Conceptual Issues and Evidence, Proceedings of the World Bank Annual Conference on Development Economics 1994, World Bank 1995.

[②] Stanley Fisher and Ratna Sahay, The Transition Economies After Ten Years, IMF Working Paper, WP/00/30.

方面政府的收入来源呈下降趋势,另一方面用于社会保障体制的支出剧增。在政府财政收入下降、支出需要剧增的情况下,以旧体制中常用的超发货币的方式来弥补政府支出的做法不仅不合时宜,而且也有损于改革进程,会影响到宏观经济的稳定。因此,转轨经济迫切需要重建财政体制,一方面加快进行税制改革,实行以增值税和所得税为核心的税制,另一方面严格支出管理,确定支出的优先性。迄今为止,东欧国家在这方面只取得了初步的进展,财政赤字尚未得到有效控制,财政改革的任务依然十分艰巨。

（八）金融改革的深化从长远看将有助于宏观经济的稳定。从目前看,东欧金融改革明显滞后,银行在大多数国家向企业提供融资上起的作用并不很大,这提出了一个鸡生蛋与蛋生鸡的问题：如果银行向不健全的企业贷款,银行就是不健全的,而企业如果没有外部的融资就不可能得到发展。金融改革的主要任务是加强中央银行的独立性,完善商业银行的金融服务,特别是要解决国有商业银行中的呆账存量问题,促进资金的合理配置,保证新的贷款流向有清偿能力的增长的企业。在这些方面,东欧的金融改革进展不大。金融改革的长期裹足不前也是影响宏观经济稳定的重要因素。因此,为促进宏观经济的稳定,金融改革的深化刻不容缓。

（九）没有汇率的稳定,稳定化是不可思议的。在东欧的稳定化计划中,一些国家实行了固定汇率,一些国家实行了浮动汇率。在转轨初期,汇率的暂时稳定有助于迅速降低通货膨胀。本国货币的贬值,汇率的更加现实化,有利于改变本国货币定值过高的状况,稳定货币,稳定宏观经济。即使在稳定化计划实行之初选择固定汇率,也不意味着汇率将不变动,汇率将根据具体的经济情况进行灵活的调整。

（十）稳定化意味着消除高通货膨胀或恶性通货膨胀,这些通货膨胀或者是已存在的公开的通货膨胀,或者是抑制性的通货膨胀（存在着公开的预算赤字、软预算约束和货币过量）。治理通货膨胀必须对症下药,力求从根本上加以根治,实现宏观经济的稳定。对于转轨经济而言,稳定化具有首要的意义,但这并不排除个别国家因为种种原因在稳定化上进展不大却在自由化、私有化及制度改革上取得重大进展。俄罗斯便是一个独特的例子,转轨初期稳定化一直进展不大,但却在私有化上取得了重大进展。当然,其他领域取得的进展并不能替代宏观经济的稳定化,宏观经济的不稳定会影响其他领域的改革成效。

第二节 东欧的财政体制改革

财政体制改革是改革议程中的重要组成部分。财政改革包括两个方面,一是支出方面的改革,二是收入方面的改革。首先,经济转轨要求公共支出的投向更多地集中在提供基础设施、社会服务和公用品,这涉及预算改革;其次,经济转轨需要以更具选择性、预见性的、非歧视性的方式向这些支出提供资金,这就涉及税制的改革。以下我们将分析财政改革的两个重要方面——预算改革和税制改革。

一 预算改革

(一) 中央计划经济下的预算

东欧在经济转轨之前,政府总的预算平均占国内生产总值的约60%(除南斯拉夫之外,南斯拉夫国家预算占国内生产总值约35%。关于预算结构的比较,详见表19-1)。东欧在转轨之前存在着程度不同的预算赤字。东欧国家固定投资占国内生产总值的比例一般都超过30%,有时甚至超过40%。大部分的投资是由公共部门控制的,无论是由政府还是由国有企业控制。虽然并不是所有的投资都通过预算进行,但政府通常参与重要投资项目的投资。但令人遗憾的是,这些投资通常效益不佳,浪费严重,而且周期颇长。东欧国家对于消费品和企业的补贴在预算支出中占有很大的份额,预算补贴一般占国内生产总值的20%。1989年,直接的预算补贴占国内生产总值的比例,波兰、匈牙利为11%,捷克斯洛伐克为16%,保加利亚为15%。东欧国家的消费品补贴一般集中在基本的商品如面包、牛奶、肉、糖、取暖燃料、药品等以及房租、交通等公共服务上。国有企业也是补贴的主要接受者。东欧的社会服务的支出也需要进行调整,以提高激励,促进平等。为了实现宏观经济的稳定,需要进行预算改革。

表19-1 政府总的预算结构的比较(1985年)
(占 GDP/GNP 的百分比) (单位:%)

预算项目	东欧五国	苏联	欧共体
总收入	56	46	44
企业税	17	18	4
个人所得税	4	4	9

续表

预算项目	东欧五国	苏联	欧共体
社会保险	11	4	13
贸易税	2	6	—
支出税	16	12	11
其他	6	2	7
总支出	55	56	46
日常的商品与劳务	20	21	16
投资货物	3	8	3
对企业的补贴与转移支付	19	18	4
对家庭的转移支付	12	8	15
利息支付	1	—	5
其他	—	1	3

资料来源：Michael Bruno（1992）。

注：东欧五国为波兰、匈牙利、捷克斯洛伐克、保加利亚和罗马尼亚。

（二）预算改革的主要内容

1. 对于政府机构与人员进行精减，减少政府支出。

2. 政府的公共投资将主要用于改善基础设施，发展公路、港口、公共交通、通信、灌溉设施，提高能源效率，不再主要用于重工业的投资。

3. 大幅度削减对于生产者和消费者的补贴。虽然不可能一下子全部取消补贴，但应尽量将补贴减少到最低限度。波兰补贴占国内生产总值的比率从1989年的11%减少到1990年的6%。匈牙利的补贴占国内生产总值的比例也从1989年的约13%下降到1990年的约9%。其他国家在稳定化计划中也大幅度削减了补贴。

4. 对于社会服务方面的支出应进行调整，减少药品的补贴，严格获得病假津贴的条件，发展医疗保险体制，建立适合于市场经济的教育制度，并允许私人部门参与社会服务的供给。

（三）预算改革的结果

东欧国家预算改革的核心是削减支出，目的在于实现预算平衡。如前所述，稳定化之后仅出现了短暂的预算平衡，预算赤字在随后又重新抬头。虽然补贴已被大幅度地削减，但支出占国内生产总值的比例仍高于通常的中等收入国家。其主要原因在于东欧经济转轨之后用于社会保障方面的转移支付剧增，补贴的减少部分地被日益增长的社会支出所抵消。[①]表19-2表明东欧社会支出的比例大大高于人均国内生产总值较接近的拉美，接近于高收入的经济合作与发展组织的水平。表19-3则显示了东欧经济转轨初期社会支出与补贴的变化态势。值得注意的是，社会支出的增长主要的不是来自失业人口增加后失业津贴支出的增长，而是来自养老金支比的大幅度上升。以波兰为例，养老金支出占国内生产总值的比例从1989年的8%增加到1994年的16%，同期，从国家预算向社会保障基金的转移支付从占总支出的2%上升到20%。波兰1989年社会支出占国内生产总值的比例为10%，1994年则为20.2%。养老金支出剧增一方面是由于人口老龄化，适龄退休人口的上升，另一方面是提前退休也增加了领取养老金的人员的数量。匈牙利1000万人口中退休者就占到了300万。波兰领取养老金的人口占总人口的22%，占成年人口的32%，占劳动力的48%。保加利亚退休者占成年人口的比例为35%。东欧退休人口占选民的比例很高，占30%—40%，这会造成要求大量社会支出的政治压力。东欧社会支出居高不下，预算改革的任务仍任重道远，建立适当的社会保障网势在必行。

表19-2　　　　1985—1990年年均社会支出占国内生产总值
比例的国际比较（%）

地区	人均国内生产总值（MYM）	社会支出占GDP的百分比			
		社会福利	教育	医疗	总计
南亚	1260	0.7	3.4	1.4	5.5
东亚	3210	3.4	2.8	2.2	8.4
拉美	5360	3.4	4.2	2.4	10.0
东欧	5210	14.9	4.8	5.2	24.9
经合组织	19000	16.3	4.9	5.9	27.1

资料来源：UN World Development Handbook 1994。

[①] Jeffrey Sachs, Postcommunist Parties and the Politics of Entitlements, *Transition*, Volume 6, Number 3, March 1995, World Bank.

表 19-3　东欧国家社会支出与补贴的变化（占国内生产总值的百分比）（单位：%）

国家	社会支出 1989 年	社会支出 1993 年	补贴 1989 年	补贴 1993 年
保加利亚	10.4	12.9	15.5	3.9
捷克	13.2	14.6	16.6	—
匈牙利	15.8	22.5	10.7	3.1
波兰	10.0	21.0	12.9	3.3
斯洛伐克	13.2	17.0	16.6	4.8
斯洛文尼亚	25.9a	30.5	4.2a	4.1

资料来源：European Bank for Reconstruction and Development, Transition Report, 1994; and national data. a：1991 年的资料。

东欧国家政府支出在转轨后的下降程度并不平衡，在转轨领先的国家政府支出只有微弱的下降，而在那些转轨相对落后的国家政府支出的下降幅度较大（见表 19-4）。

表 19-4　东欧国家政府总支出和净贷款占国内生产总值的百分比（1989—1998 年）　　　　　　　　　　　　　（单位：%）

年份 国家	1989	1990	1991	1992	1993	1994	1995	1996	1997	1998
阿尔巴尼亚	56.8	62.1	61.9	44.3	40.2	36.3	34.3	30.3	29.4	31.0
保加利亚	58.8	65.6	55.0	43.6	48.1	45.7	42.4	45.2	34.1	33.3
捷克共和国	61.1	61.1	54.2	47.1	45.4	45.8	45.3	43.6	43.4	39.4
匈牙利	…	46.0	52.1	53.7	54.6	52.1	48.7	47.5	48.5	46.4
波兰	…	42.1	49.1	49.5	50.5	49.2	48.0	47.5	47.5	45.7
罗马尼亚	42.8	38.7	38.7	42.0	34.2	33.9	34.7	34.1	34.3	33.7
斯洛伐克	60.3	61.7	59.3	58.0	51.3	47.8	48.3	49.0	50.1	48.2
斯洛文尼亚	41.7	49.1	41.0	45.6	46.7	46.1	45.7	44.9	45.7	46.3

资料来源：Tanzi, Tsibouris, Fiscal Reform over Ten Years of Transition, IMF WP/00/113, June 2000, p.22.

二　税制改革

（一）中央计划经济下的税制

科尔内曾将社会主义经济的演化区分为三个阶段：古典社会主义、改革社会主义和后社会主义过渡。世界银行的格雷根据这一划分，对于东欧税制的演化进行了分析。① 中央计划经济下的税制主要是指前两个阶段的税制。在古典社会主义下,中央当局通过计划控制所有经济变量包括投入产出组合、价格和收入分配,税制是获得经济剩余和把收入上缴国家的基本手段。在正统的中央计划经济中,国有制居主导地位,实际上所有的税收都是由国有企业支付的。这些税收包括周转税与对于生产要素的征税如对劳动力所征的工资税和社会保险费、对资本所征的利润税,其中周转税是最重要的税收。在这些主要的税收之外,还有另外一些税种如农业土地税、城市财产税、非工资个人所得税、超额工资或利润税作为补充。通常税率有数百种,并且以特定方式确定和变更。国家既是收税者又是所有者,许多税收可视为是资本所有权的收益。在古典社会主义中,税收在筹集收入、提供激励、促进平等上不起独立的作用。税制只是完成中央计划的手段。从 20 世纪 60 年代开始到 20 世纪 80 年代,古典社会主义逐渐向改革社会主义演化,税制也发生了相应的变化。随着经济决策的分权化和企业自主权的扩大,政府日益需要间接杠杆影响经济变量与获得经济剩余,于是税制在引导经济活动上具有了初步的独立作用。周转税、利润税和工资税仍是主要的税收来源,但其作用发生了变化。周转税的税率更具差别性,日益具有调节价格的功能。为促进资源的有效利用,利润税税率在部门间更为统一,但是由于这一税收的特定的、随意的可谈判性,其激励效应并不很大。此外,在经济改革中也实行了一些新的独特的税收,为了刺激资本的更有效利用,实行了固定资产税,在缺乏劳动力市场约束下为了控制工资确定实行了超额工资税。在分权化的社会主义经济中,税率是政府与国有企业持续的谈判对象,政府在税收上抽肥补瘦,抑强扶弱,对于整个经济有着不利的影响。在经济转轨之前,国家的财政收入主要来自国有部门的税收,利润税、周转税和工资税是主要的税种。这些税占捷克斯洛伐克、波兰税收的近 80%,占匈牙利税收的 50%。由于国有部门的高度集中,政府没有必要发展一种向较为分散的个人或企业征税的能力。中央计划经济下的税制的最大缺陷是企业利润大部分上缴国库,造成了企业对于利润漠不关心,税收对于经济单位的激励作用非常有限。尽管东欧的税制与市场经济国家相比非常原始,但我们不得不承认这一税制在计划经济框架内筹集收入的有效性。

---

① Cheryl W. Gray, Tax Systems in the Reforming Socialist Economies of Europe, WPS 501, World Bank.

(二) 税制改革的主要措施

进入 20 世纪 90 年代以来，东欧的税制改革的目的更加明确，那就是筹集政府运作所需收入，促进生产要素的有效利用，减少收入分配的不平等，简化税务管理和与国际上通行税制接轨。税制改革也是向市场经济过渡总体改革的组成部分。

税制改革的主要措施如下：

1. 减少税种，降低税率。东欧转轨之前税种繁多，税率过高。作为向新税制过渡的第一步，大多数东欧国家减少税种，降低税率。为鼓励私人部门成长，对于私营企业减免税收。

2. 建立类似于西欧的以增值税和所得税为核心的税制，同时对于个别商品征收消费税。增值税因其具有下述特点而受到东欧各国的欢迎：增值税不会扭曲生产与销售；增值税对于外贸的中立性；增值税是政府稳定和灵活的税收来源。[①] 对于转轨经济是否实行所得税，学术界尚存在争论，[②] 但东欧各国都将所得税作为一种主要的税种，所得税包括个人所得税和公司所得税。东欧除匈牙利早在转轨之前的 1988 年就实行新税制外，大部分国家在经济转轨后已实行了以增值税和所得税为核心的税制。

3. 强化税务管理，加强税收征管，打击偷税漏税。转轨中的东欧各国都将加强税务机构建设与提高税务人员素质作为一项重要的任务来抓，以使税务机构与人员能适应市场经济的需要。各国税务机构为了增加财政收入，不使税收流失，加强税收征管，打击偷税漏税。新的税制从原则上看应简化、透明、易于征收，同时应促进效率，兼顾公平。只有这样才能适应市场经济的需求。

(三) 税制改革后的问题

东欧税制改革面临的首要问题是税收的下降。由于经济自由化和国有企业的私有化，加上限制性的宏观经济的政策，国有部门面临着竞争压力和需求约束，不再能够获得廉价的贷款，国有部门税收的下降不可避免，而私人部门尚在成长之中，向国家缴纳的税收是有限的。私人部门倾向于少报收入，也会造成税收的流失。巴尔采罗维奇认为，向市场经济过渡侵

---

① Sijbren Cnossen, Key Questions in Considering a Value-Added Tax for Central and Eastern European Countries, IMF Staff Papers, Vol. 39, No. 2, June 1992.

② C. Mclure, A Simpler Consumption-Based Alternative to the Income Tax for Socialist Economies in Transition, A. Tait, A Not-So-Simple Alternative to the Income Tax for Socialist Economies in Transition, *The World Bank Research Observer*, Vol. 7, No. 2, July 1992.

蚀了税收。① 国有部门税收的下降，而私人部门尚不能取而代之，填补空白，税收的下降不可避免。

税制改革面临的另一个问题是政府为了应付日益增长的支出需要，税收的税率定得过高。税率过高有着负面的影响，税率过高迫使一些经营者为逃避高额税收隐瞒收入，或者参与灰色经济活动。过高税率也提高了劳动成本，影响其经济的国际竞争力。过高的税率迫使许多经营者将其利润更多地用于豪华消费，将其打入成本，而不是用于企业的长期发展。从这个意义上讲，过高的税率对于生产起抑制作用。

税制改革还面临着税务机构和税务人员不能适应市场经济要求的问题。经济转轨后，适应市场经济的会计、审计等制度的建立需要一个过程。改变公民逃税的文化需要时间。科尔内1990年就对东欧的逃税文化进行了分析。他指出："如果某人欺骗国家、掠夺其财富或逃避其义务，人们一般认为这是一种值得赞扬的行为，而不是一种值得羞愧的行为。而那些不从事上述行为的人则被视为容易上当受骗的人……"因此在考虑预算收入时，应当面对许多公民会竭力逃税的现实。② 分散化的纳税主体的纳税意识的普及也需要时间，个人和经济单位适应新的税制也需要一个过程。因此经济转轨之后征税的难度比中央计划经济要困难得多。税务机构及其人员从其知识与素质上看要完全适应变化了的环境仍需要时间。作为一种游戏规则的新税制正式实行并不意味着它能得到很好的执行，提高税务机构及其人员的素质与效率的任务仍很繁重。

经济转轨对于税收的影响也不容忽视。转轨破坏了计划经济下关于企业生产的数量和价格等的信息系统，政府征税不得不依靠新的信息来源，如纳税人的申报，其结果是逃税的可能性增加了；转轨后出现的转轨性衰退侵蚀了税基；转轨后私人企业如雨后春笋般涌现，税务当局不得不面对数目日益增多的不那么友好的纳税人；转轨后纳税人拖欠税款的行为增加了税务机关征税的困难；税收增加与私有化进展并不同步也增加了税务机关的压力。

从东欧预算改革与税制改革的情况看，财政体制的调整仍需要很长的时间。

---

① Leszek Balcerowicz and Alan Gelb, Macropolicies in Transition to a Market Economy: A Three-Year Perspective, Proceedings of the World Bank Annual Conference on Development Economics 1994, World Bank 1995.

② 转引自 Jukka Dirttila, Tax Evasion and Economies in Transition: Lesson from Tax Theory, BOFIT Discussion Papers No. 2, 1999。

第三节　东欧的金融改革

弗里德曼1990年在一篇文章中将稳定的货币体系视为从中央计划经济向市场经济过渡的一项重要内容。诺贝尔经济学奖获得者莫里斯·阿莱也认为市场经济是货币经济，货币稳定是市场经济运行的最重要条件。① 在市场经济中，金融部门在资金的动员、配置、定价和风险分配上起重要作用，而在中央计划经济中金融部门的作用非常有限。从中央计划经济向市场经济过渡需要对金融体制进行改革。如果缺乏一个运作良好的金融体制将会影响、阻碍整个改革进程。

一　中央计划经济下的金融体制

中央计划经济下金融体制具有如下特点：

（一）在计划经济下金融体制完全是被动的，从属于中央计划。麦金农认为，"在实行中央计划型的社会主义经济里，银行体制完全是被动的，因为如果需要确保计划的完成，信贷就可以在利率是零或是不均衡的低利率水平上自动发放贷款"。② 银行对于资源配置没有影响，货币只起核算的作用。利率与资本收益率无关。

（二）存在集中央银行与商业银行于一身的单一的银行，但该银行不从事贴现业务或公开市场业务，对于信贷实行直接管制。对于银行信贷的约束取决于中央宏观决策并落实在财政计划中。③ 个别进行改革的社会主义国家在20世纪80年代建立了两级银行体系。

（三）计划经济国家不存在真正意义上的资本市场以便把政府债券直接卖给非银行公众，公共部门的赤字倾向于由银行体制的直接货币化。④ 既不存在债券市场，也不存在股票市场。银行之外的融资非常有限。

（四）银行是国有的，主要向国有企业提供贷款。国有部门的效益不

---

① ［法］莫里斯·阿莱：《市场经济的货币条件》，载李兴耕等编《当代国外经济学家论市场经济》，中共中央党校出版社1994年版，第13页。
② ［美］罗纳德·麦金农：《经济自由化的顺序——向市场经济过渡中的金融控制》，中国金融出版社1993年版，第1页。
③ ［匈］保罗·缪林、安德拉·索玛利：《中、东欧国家金融改革：成就和问题》，载叶森、王海军主编《经济体制转换的国际比较》，改革出版社1993年版，第44页。
④ ［法］莫里斯·阿莱：《市场经济的货币条件》，载李兴耕等编《当代国外经济学家论市场经济》，中共中央党校出版社1994年版，第13、6页。

佳，形成了数量可观的不能偿还的贷款即呆账。呆账在东欧银行的贷款额占用不小的比例。国有企业既是银行的主要股东，又是主要的存款人和借款人。

二　东欧的金融改革

东欧金融改革的主要措施有如下几个方面：

（一）健全完善银行的金融服务，这些服务包括为完成支付和经营业务创造便利、动员储蓄、风险管理、监督公司管理部门、对信贷进行评估。为完善金融服务，需要建立健全的金融基础结构，明晰产权，引进现代的会计、审计和支付制度，用现代的、市场导向的金融方法培训人员。[①]

（二）制定金融活动的法律和法规，以法律规范金融机构的活动。这些法律包括中央银行法、金融机构法、商业银行法、金融机构破产、抵押法、证券法等。[②]

（三）从单一银行体制向两级银行体制转变，建立了两级银行体制，实现中央银行与商业银行的分离。匈牙利早在1987年就建立了两级银行体系，保加利亚、波兰1989年建立了两级银行体系，捷克斯洛伐克、罗马尼亚于1990年建立了两级银行体制。中央银行具有独立性，不受政治干预的影响。中央银行主要制定国家的货币政策，负责货币发行，确保货币的稳定。中央银行调节信贷和利率，实行灵活的利率，许多国家在转轨后大幅度提高利率，把利率提高到正的水平。波兰、匈牙利等国在立法上规定了中央银行行长的任命与任期，并限制中央银行向政府提供贷款。中央银行的货币管理手段也发生了变化。详尽的信贷分配过程已被直接的或间接的控制手段所取代，如中央银行再融资额度、特定银行的贷款限额、法定存款准备金标准、中央银行的专门存款、国库券和中央银行票据的拍卖等。[③] 中央银行还负责对于商业银行等金融机构的监督与管理。商业银行将基于市场原则进行运作，实行自主经营、自负盈亏。商业银行进行独立的信贷评估和信贷决策，以营利为目的，避免呆账的出现，减少贷款

[①] ［美］杰勒德·卡普里奥、罗斯·莱文：《过渡时期社会主义国家的金融改革》，载《东欧中亚译丛》1994年第4期。

[②] 朱晓中：《金融体系改革》，载赵乃斌、朱晓中主编《东欧经济大转轨》，中国经济出版社1995年版，第129—130页。

[③] V. Sundararajan, Central Banking Reforms in Formerly Planned Economies, *Finance and Development*, March 1992.

风险。

（四）为了促进金融部门的竞争，鼓励私人银行的发展，同时允许外国银行进入，东欧从旧体制中继承了高度集中的银行结构，这种状况在短期内尚难以改变。但是私人银行的发展，外国银行的进入，将对国有银行造成一定的约束，形成一定的竞争压力，迫使国有银行改善其金融服务。时机成熟时，国有银行将实行私有化。自20世纪90年代下半期起，由于外资的进入，东欧国家国有商业银行的私有化进程加快。除在改革进展缓慢的国家（塞尔维亚）外，在大多数东欧国家外资所有的银行获得了主导地位。在捷克和斯洛伐克两国，外资占有压倒性地位。外资银行在中东欧国家银行部门总资产所占的份额大大超过了欧元区的水平（约25%）。大多数东欧国家银行的私有化已经完成。奥地利、意大利、比利时、德国和法国的银行在中东欧国家非常活跃。

（五）发展证券市场，建立股票交易所，以便利用风险资本向银行拒绝提供资金的风险大但有潜在效益的企业提供资本，使所有者对公司的经营进行有效的监督。目前东欧大多数国家都在其首都建立了股票交易所，证券市场成为银行之外吸纳资金的重要渠道。

（六）对于本国货币进行贬值，实行固定或浮动汇率，统一汇率，使本国货币具有国内可兑换性。转轨之初，东欧各国都实行了经常项目的可兑换性，但都对资本项目的可兑换性加以限制，因为担心投机资本的流动可能会扰乱外汇市场和影响国际贸易。

（七）非银行金融部门的发展是金融改革的重要组成部分。东欧在经济转轨之前除了企业间借贷外，几乎没有银行外的融资活动。经济转轨需要发展共有基金、养老基金、保险公司、投资公司等非银行金融中介机构，以作为银行金融活动的必要补充。

（八）解决国有商业银行的呆账是金融改革的重要措施。呆账占东欧银行总贷款的10%—40%，呆账存量占国内生产总值的4%—20%。[1] 按照本国资料，转轨之初，捷克、匈牙利和波兰呆账占总贷款的比例分别为19%、28%和26%，而根据国际货币基金组织的估计，这些数字分别为15%—20%、15%—20%和25%—60%。[2] 呆账存量在稳定化之后不再被

---

[1] Sanjay Dhar and Marcelo Selowsky, Dealing with the Bad Debt Problem in Transition Economies, *Finance and Development*, June 1994.

[2] Peter Dittus, Bank Reform and Behavior in Central Europe, *Journal of Comparative Economics* 19, 1994.

通货膨胀所侵蚀,由于实行正的利率呆账总是在增长。如果不加以解决呆账问题,国有商业银行就不会走向有效经营。东欧解决呆账问题主要有三种方式。一是集中化方式,由政府接管所有呆账,以政府债券、保证金或现金换取呆账,政府接管的企业债务将出售。匈牙利1993年以来展开了以有息政府债券换取呆账的大规模行动。二是分散化方式,由债权银行发挥主导作用,以呆账换取负债企业的股权。波兰以这种方法由9家国有银行对于2000家财务上困难的企业进行了债务重组,将负债企业的债权转换为股权。[①] 三是屈从于负债企业的政治压力,将呆账一笔勾销。罗马尼亚在转轨之初通过了取消呆账的法律。这一做法潜藏着很大的道德风险,加强了糟糕的借贷行为和处在困境中的企业将再被解救的预期。

三 对于东欧金融改革的评价

东欧的金融改革在制度建设上取得了初步的进展,正在逐步走向现代金融制度,但令人遗憾的是金融部门在转轨中在向企业提供融资上所起的作用非常有限。金融改革的一个重要目标是银行应向企业提供良好的金融服务,银行应在向企业提供融资上起主要作用。从目前的情况看,东欧的银行体系不能令人满意。

转轨后的金融部门有了一些结构性的变化,如银行的私有化,特别是外国战略投资者的参与根本改变了银行体系的格局。但是应当承认东欧距建立现代金融部门的目标仍相去甚远。这主要表现在以下几个方面:金融媒介活动处在较低的水平,只占国内生产总值的5%—40%;资产质量差或存在严重的资本不足;服务领域仍很狭窄,特别是非银行的金融活动;不成熟的内部和外部治理结构;无论与发达的工业化国家相比,还是与亚洲和拉美的新兴市场经济国家相比,中东欧的金融中介都是非常薄弱的。

东欧金融改革需要解决呆账存量问题,但更重要的是要保证新的贷款流向有清偿能力的正在增长的企业。前者是存量问题,后者是流量问题。这两个问题密切相关。存量问题的解决有助于满足银行适度的资本要求,而流量问题的解决即促进新增资本的合理配置会为呆账问题的根本解决创造条件。转轨初期东欧国家在解决呆账问题上进行了不少尝试,但并未从根本上解决这一问题,旧的呆账刚解决,又出现了新的欠款,商业银行的

---

① V. Sundararajan, Central Banking Reforms in Formerly Planned Economies, *Finance and Development*, March 1992.

经营仍不能保证新增资本的合理配置。随着外资控制了东欧国家的银行部门，商业银行的公司治理结构已经有实质性的改善。

本章小结

宏观经济稳定化是东欧经济转轨的主要内容之一。由于东欧国家在转轨前存在程度不同的宏观经济问题，个别国家出现了宏观经济的严重失衡，因此宏观经济稳定化具有紧迫性。宏观经济的稳定化不仅有助于消除宏观经济的不稳定，而且有助于为其他领域的改革创造有利的宏观经济环境。

思 考 题

一 名词解释
  1. 宏观经济稳定化
  2. 财政改革
  3. 税制改革
  4. 金融改革
  5. 紧缩政策

二 简答题
  1. 东欧国家宏观经济不稳定的根源何在？
  2. 简述东欧国家宏观经济稳定化的主要措施及其经验。
  3. 简述东欧国家税制改革的主要措施。
  4. 简述东欧国家金融改革的主要措施。

三 论述题
  1. 试论东欧国家的税制改革。
  2. 试论东欧国家的金融改革。

阅读参考文献

  1. [美] 杰勒德·卡普里奥、罗斯·莱文：《过渡时期社会主义国家的金融改革》，载《东欧中亚译丛》1994年第4期。

  2. 朱晓中：《金融体系改革》，载赵乃斌、朱晓中主编《东欧经济大转轨》，中国经济出版社1995年版。

3. ［法］莫里斯·阿莱：《市场经济的货币条件》，载李兴耕等编《当代国外经济学家论市场经济》，中共中央党校出版社1994年版。

4. ［美］罗纳德·麦金农：《经济自由化的顺序——向市场经济过渡中的金融控制》，中国金融出版社1993年版。

5. ［匈］保罗·缪林、安德拉·索玛利：《中、东欧国家金融改革：成就和问题》，载叶森、王海军主编《经济体制转换的国际比较》，改革出版社1993年版。

6. Leszek Balcerowicz and Alan Gelb, Macropolicies in Transition to a Market Economy: A Three-Year Perspective, Proceedings of the World Bank Annual Conference on Development Economics 1994, World Bank 1995.

7. Jukka Dirttila, Tax Evasion and Economies in Transition: Lesson from Tax Theory, BOFIT Discussion Papers No. 2, 1999.

8. Sijbren Cnossen, Key Questions in Considering a Value-Added Tax for Central and Eastern European Countries, IMF Staff Papers, Vol. 39, No. 2, June 1992.

9. C. Mclure, A Simpler Consumption-Based Alternative to the Income Tax for Socialist Economies in Transition, A. Tait, A Not-So-Simple Alternative to the Income Tax for Socialist Economies in Transition, *The World Bank Research Observer*, Vol. 7, No. 2, July 1992.

10. V. Sundararajan, Central Banking Reforms in Formerly Planned Economies, *Finance and Development*, March 1992.

第二十章　东欧国家的经济自由化

内容提要

中央计划经济是一种管制经济，国家无论对于价格，还是外贸及经济活动都实行严格的管制。从计划经济向市场经济的过渡意味着解除管制，实现经济的自由化。本章将对东欧国家的经济自由化进行分析。从东欧经济转轨的现实看，东欧国家都实行了价格的自由化、贸易的自由化和恢复经济活动自由等措施。

第一节　价格自由化与经济转轨

一　价格在不同经济体制中的作用

无论是计划经济国家还是市场经济国家都必须解决资源如何配置的问题。这涉及以下问题：生产什么产品以及生产多少；为生产产品需要什么投入品和技术；产品如何分配；今年的产品如何分配为当年使用的消费品和为增加将来的产出的投资品；如何减少经济的不确定性；在中央计划经济中上述决策是通过中央计划当局做出的，而在市场经济中上述决策是由不同的经济当事人通过市场价格的引导做出的。

在市场经济中，市场价格具有三个重要的功能：价格传递商品稀缺性的信息即关于每种商品相对于其用途是丰裕或不足的信息；价格以适当的方式对于商品的稀缺性做出反应，发挥激励的作用（价格根据一种商品的供给和需求的变化做出不同的反应，当供不应求时，价格上升，当供过于求时，价格下降）；价格将物品的产量在资源的所有者之间进行分配。总之，在市场经济中价格具有信息、激励和分配的功能。

早在20世纪20年代，路德维希·冯·米塞斯就肯定了价格体系在市场经济中的作用。他认为，在一个像我们这样的建立在高度分工基础上的社会,如果没有价格体系是无法维持的。① 弗里德里希·哈耶克1945年在《美国经济评论》上撰文指出,知识和信息是分散的,知识取决于特殊时间和地点环境,实际上属于每个人所有,因而价格机制实际上是一种使用知识的机制。他认为,如果要理解价格制度的真正功能,必须将它视为一种传递信息的机制。② 在市场经济中,价格在引导资源配置中起主导作用。没有价格体系,市场经济显然是难以运行的。

在中央计划经济中,价格并非不存在。但价格在资源配置中所起的作用微乎其微。在古典社会主义经济中,实行全面的指令性计划,忽视并排斥市场经济的作用,商品货币范畴被动地起作用,仅仅作为核算手段而存在。价格并不反映商品的稀缺性,价格严重僵化,而且长期固定不变。价格在资源配置中的合理导向功能丧失殆尽。对于价格实行管制是转轨前东欧中央计划经济国家的一个普遍特点。

价格管制的经济后果是十分严重的。首先,价格管制造成了资源的巨大浪费和经济的低效率;其次,价格管制造成了供给与需求的不平衡,一方面部分商品供过于求,大量积压,另一方面部分产品供不应求,导致了排队、配给、强制替代和黑市经济的盛行。正如匈牙利经济学家科尔内所言,传统的中央计划经济是短缺经济。③ 再次,价格管制造成了大量的过度需求,产生了大量的过量货币,通货膨胀压力增大,直接威胁到宏观经济的稳定。同时价格管制也有严重的政治后果,长期的价格管制使人们误以为价格稳定是经济的铁律,一旦有任何的调价措施出台就会引起政治上的麻烦。波兰20世纪70年代政府调价措施后民众的反应便是明证。

由此可见,价格在不同经济体制中的作用存在很大差异。价格在市场经济中的资源配置中起主导作用,而在中央计划经济中的作用微乎其微,充其量只是核算的手段而已。

二 东欧国家的价格自由化

(一)剧变后的价格自由化

早在剧变之前,一些东欧国家如南斯拉夫、匈牙利和波兰就曾进行过价格改革,但是改革并未产生一个合理的价格体系。剧变后东欧国家将建

---

① [美]莫里斯·伯恩斯坦:《比较经济体制》,中国财政经济出版社1988年版,第54页。
② 李兴耕等编:《当代国外经济学家论市场经济》,中共中央党校出版社1994年版,第10页。
③ [匈]亚诺什·科尔内:《短缺经济学》,经济科学出版社1986年版。

立发达的市场经济体制视为经济转轨的目标模式，经济转轨的要素包括稳定化、自由化和私有化及制度化。价格的自由化便是自由化中一项非常重要的内容。

匈牙利从1988年开始逐步放开了商品的价格。1990年5月后政府继续进行价格自由化进程。到1990年底，除了公共交通和家庭能源的价格外所有的价格都已放开。到1992年90%的商品的价格已放开。

波兰1990年1月1日实行休克疗法，一步到位，放开了90%的商品和劳务的价格。1990—1991年，波兰放开除了公用设施收费、基本药品和住房之外的大多数商品和劳务的价格。

捷克斯洛伐克在中央计划经济时期未进行过价格改革，在1990年开始提高部分商品的官方价格。1991年1月，捷克斯洛伐克全面放开了批发和零售价格，85%的商品的价格被放开。到1991年中期，占国内生产总值90%的商品的价格已经放开。

保加利亚于1991年2月一次性放开了90%的商品的价格。

罗马尼亚以渐进的方式放开价格，分别于1990年11月、1992年5月大幅度调整价格，到1993年底大多数商品的价格已放开。

绝大多数东欧国家在1990年代初就放开价格，实现了价格的自由化。应当强调的是价格改革并不是一种孤立的政策行为，它需要其他改革政策的配套。

（二）价格自由化的条件

纵观东欧的价格自由化进程，下列配套措施对于价格改革的成功是至关重要的。

1. 价格改革需要一个经济自由的环境。在这里经济自由意味着生产者和消费者可以自由进入市场，卖方与买方可以自由地就市场出清的价格进行谈判。如果没有上述的经济自由保证，放开价格只会导致更高的通货膨胀。

2. 价格改革需要竞争政策的支持。东欧国家存在工业结构的垄断问题，如果放开价格这些处于垄断地位的企业会大幅度提高价格，从中牟取暴利。为了遏制垄断，转轨中的东欧实行了不同程度的竞争政策，一些国家通过了反垄断法，对于不公平的竞争做法进行监督。一些国家通过分解大型企业的方式，以打破其垄断。

3. 国际贸易的自由化是促进价格改革的重要因素。开放的国际贸易一方面意味着在国际市场交易的商品的价格接近于国际市场价格，为国内商品的价格体系的合理化提供了一个参照系,另一方面引进国际竞争有助于限制国内企业的垄断行为,是国内竞争政策的必要补充。

4. 取消补贴是消除价格扭曲的重要因素。中央计划经济下存在的对于生产者和消费者价格的大量补贴造成了价格的扭曲。东欧国家在剧变后开始削减或取消价格补贴,这有助于消除价格扭曲,实行价格体系的合理化。

5. 在紧缩的经济环境下国有企业预算约束的硬化是价格改革取得成功的条件。在限制性的宏观经济环境下,企业不可能获得廉价的贷款或税收优惠,企业工资的增长也由于严厉的收入政策受到限制。这有助于国有企业预算约束的硬化,为价格改革创造有利的经济环境。

6. 价格改革也需要社会政策的支持。价格改革牵涉面广,影响到社会各个阶层,尤其是从管制价格到自由价格的过渡不可避免地会引起价格的大幅度上涨。这会对社会中处于不利地位的弱势阶层的生活产生影响。因此需要建立社会保障网,为这些阶层提供必要的支持。东欧国家一般在放开价格后向低收入家庭、多子女家庭、退休者及失业者发放一定的价格补贴。在价格自由化过程中,东欧国家也不是一举放开所有商品或劳务的价格,而是将少部分直接影响国计民生的商品的价格暂时由国家控制,由国家提供一定的补贴,待时机成熟后逐步实行这部分商品价格的市场化。这部分商品涉及食品、能源、公用设施、医疗、儿童保健及其他的社会服务。

由于上述配套措施的支持,价格自由化取得了成效,价格的功能得到了恢复。价格自由化的直接后果是商品供应的增加,排队及短缺的消除。波兰的例子颇为典型。1989年底,严重短缺、黑市猖獗和通货膨胀是波兰主要的经济问题。1990年1月1日,波兰实行休克疗法,一步到位全面放开绝大多数商品的价格。价格放开3周后,农民便将自己生产的食品带到了城市的市场。在价格放开后一到两个月间,华沙大部分的零售贸易从国营商场转向了路边不很正式的市场,装有商品的卡车停在了华沙主要的街道甚至政府机构门前。萨克斯描述了波兰价格自由化后市场的演化。最初马路边上是盛满食品的毯子,到了3月出现了带有桌子的摊位,5月出现了有遮棚的摊位,7月出现了木棚商亭,11月出现了装有冰箱的商亭。[1]正是这些市场的出现大大改善了商品的供应,排队和短缺现象很快消失

---

[1] Jeffrey Sachs, *Poland's Jump to the Market Economy*, The MIT Press, 1993, p. 59.

了,商店的货架上又充满了商品。通货膨胀也得到控制,1月由于放开价格产生了矫正性通货膨胀,通货膨胀率达到了77.3%,2月通货膨胀率下降到15.6%,3月则下降到4.5%。在此后的两年半间,波兰的月通货膨胀率稳定在0—4%之间。波兰的经验表明,放开价格有助于消除短缺,也有利于遏制通货膨胀。其他进行价格改革的东欧国家也有类似的效果。虽然大多数东欧国家以激进的方式放开了价格,但也有少数国家以渐进的方式放开价格。渐进式的放开价格无疑有其局限性,会部分延续价格体系的扭曲,但是只要有适当的配套措施,这种扭曲可以得到降低。匈牙利以渐进的方式放开价格,价格改革后市场供应充裕,价格相对稳定。而罗马尼亚以渐进方式放开价格,由于缺乏适当的配套措施,造成了宏观经济的不稳定。罗马尼亚渐进式的价格改革导致了持续的通货膨胀预期,国有企业通过企业间债务的货币化、补贴以及汇率和利率的扭曲免受市场价格的冲击,再加上政府不能保持紧缩的货币与财政政策,到了1993年中期罗马尼亚几乎滑向了恶性通货膨胀的边缘。

(三)价格自由化在经济转轨中的作用

东欧国家经济转轨的目标模式是市场经济,而市场经济是一种由价格调节社会生产和经济活动的自组织经济,价格则是一种资源配置机制。可以这样说,没有灵活而合理的价格体系就没有市场经济。因此,从计划经济向市场经济过渡价格改革是不可逾越的。

基于东欧国家价格自由化的经验,我们可以指出价格自由化在经济转轨中的作用:

1. 价格自由化有助于恢复价格在资源配置中的主导作用,促进资源的合理配置,为经济运行提供适当的价格信号。

2. 价格自由化有助于消除中央计划经济长期存在的短缺及黑市的盛行,能有效增加供给,改善市场供应。这是价格自由化对于供给的影响。

3. 价格自由化有助于减少经济中的过度需求,遏制通货膨胀,这是价格自由化对于需求的影响。

4. 价格自由化有助于消除经济中缺乏购买力支持的过量货币,能促进宏观经济的稳定,这是价格自由化对于宏观经济的影响。

5. 价格自由化无论是为新产生的私营企业还是转型中的国有企业提供了适当的价格信号,有助于促进企业间的竞争,促进企业预算约束的硬化。这是价格自由化对于微观经济的影响。

第二节 贸易自由化与经济转轨

从管制经济向自由经济的过渡涉及贸易体制的改变，东欧国家贸易体制在转轨后从管制贸易转向自由贸易。东欧国家在经济转轨中都实行了贸易的自由化。贸易自由化是指取消国家对于外贸的垄断，开放国际贸易，取消进出口的数量限制，确立合理的关税水平。贸易体制的变化也涉及汇率制度的变化和本国货币的可兑换性。[①]

一 东欧国家的贸易自由化

东欧国家贸易自由化的主要措施有取消外贸的国家垄断，不同所有制的经济当事人可以自由从事对外贸易；取消进出口的数量限制，降低关税，确立合理的关税水平；使本国货币具有可兑换性。东欧国家在贸易自由化上的举措非常相似，其中东欧经济转轨的"优等生"捷克、匈牙利和波兰的例子颇具代表性。

捷克：1991年，捷克开始取消对外贸易的国家垄断，放开了外贸的经营权。捷克取消了贸易的数量限制，降低了捷克关税，进口关税为5%（1993年20%的进口附加税被逐步取消）。

1993年捷克货币克朗与货币篮子（马克和美元）挂钩。克朗的价格是由每日在捷克国家银行和商业银行间进行的拍卖决定的。1995年，克朗在名义钉住汇率的0.5%的幅度波动，1996年2月克朗被允许在±7.5%的幅度波动。

1995年10月1日生效的外汇法规定了克朗经常项目的完全可兑换性和资本项目的部分可兑换性。按照法律，捷克人有权将克朗兑换成硬通货，以用于购买外国的房地产，捷克公司有权购买外国货币，以在国外进行投资。对于资本流动的限制主要集中在对非居民在捷克购买房地产的限制上。

匈牙利：匈牙利在转轨后对于私营公司的进出口交易有少量的数量限制。一些消费品的进口受"全球配额"的限制。1995年1月，匈牙利按照关税与贸易总协定的新协议取消了农产品进口的数量限制。匈牙利进口

[①] 关于东欧贸易体制变化的详情，可参见吴明新主编的《中东欧12国贸易投资指南》，经济科学出版社2002年版。

许可证和配额已逐步放开，但对于一些工业或"敏感"产品（其中包括纺织品和农产品）仍实行关税保护。

福林的汇率是基于货币篮子。货币篮子的构成进行过多次的调整。1991年12月9日前，货币篮子由11种外国货币构成，以反映匈牙利外贸的货币构成。1991年12月9日—1993年8月2日，货币篮子由同比例的美元和埃居构成。1993年8月2日—1994年5月16日，货币篮子由同比例的美元和马克构成。1994年5月16日之后，货币篮子的构成又发生了变化，其中70%为埃居，30%为美元。

1992年7月1日，匈牙利建立了银行间外汇市场，国家对于外汇经营的垄断被取消。

波兰：1990年，波兰取消了外贸的国家垄断和行政控制，将外贸权扩大到所有经济实体。1990年1月取消了大多数非关税限制措施。关税成为主要的政策手段。除少数产品受许可证、配额等限制外，绝大多数商品的贸易已经放开。1990年6月，4500种商品的进口关税被取消，平均关税税率定为5.5%。

1990年1月，波兰统一了兹罗提的汇率，汇率为1美元兑9500兹罗提。1991年5月17日，汇率安排发生了变化，从钉住美元转向钉住货币篮子，同时兹罗提贬值14.4%。

兹罗提在经常项目上实现了可兑换性。波兰公民可在自由市场自由购买外汇。现在在波兰任何一个货币兑换所便可以自由兑换外汇。1995年年底前，所有出口收入都必须按照官方汇率兑换成兹罗提。1995年12月实施的外汇法规定在波兰注册的外国企业可以在波兰银行开设外汇账户。1999年1月实施的新外汇法进一步确立了兹罗提的可兑换性，除对短期资本交易有一定限制外，经常项目和资本项目实现了可兑换性。

二 贸易自由化在转轨经济中的作用

贸易自由化在转轨经济中的作用主要表现在如下几个方面：

（一）贸易自由化有助于减少国家对于经济的过度干预。在中央计划经济条件下，国家垄断对外贸易，国家的角色是双重的，国家既制定贸易政策，又直接从事贸易。而在向市场经济过渡中，国家不再对对外贸易进行垄断，国家将主要负责制定贸易政策，以为对外贸易发展创造良好的制度环境。

（二）贸易自由化有助于促进竞争，是转轨经济有效的反垄断手段。

东欧国家在经济转轨前存在着程度不同的垄断，一些大型的国有企业在经济中占有垄断地位。随着经济从中央计划经济转向市场经济，中小企业开始成长，但是在短期内中小企业无力挑战大型企业的垄断地位。因此贸易自由化将国际竞争引入到国内经济，对于处于垄断地位的大企业产生了巨大的冲击，迫使大企业进行必要的改造。一些经济学家认为，贸易自由化是转轨经济有效的反垄断手段。

（三）贸易自由化有助于促进经济自由。在计划经济时期，国家垄断对外贸易，只有国有外贸公司才可以从事对外贸易，而非国有经济单位无权从事对外贸易。贸易自由化使得不同所有制的经济当事人获得了从事外贸的权利，对于国有和非国有的厚此薄彼的现象不复存在。对于不同所有制的经济当事人而言，贸易自由化意味着经济自由的扩大，因为它们不仅可以在国内从事经济活动，而且也可以自由地从事对外经济活动。

（四）贸易自由化有助于经济的开放，有助于转轨国家参与国际竞争，并从中受益。贸易自由化是转轨国家从封闭经济走向开放经济的必由之路。贸易自由化将转轨国家卷入了国际竞争的过程中，有助于生产要素的重新组合，有助于利用本国的比较优势，有助于增强本国的国际竞争力。

第三节　经济活动自由恢复的意义

东欧在中央计划经济时期除了个别国家如匈牙利和波兰存在有限的经济自由外，绝大多数国家缺乏经济自由。因为中央计划经济为命令经济，经济活动受到高度的管制。企业的进入和退出都存在着重重壁垒。1990年之后，东欧各国开始进行经济转轨，长期压抑的经济活动自由得到恢复。

东欧国家取消了非国有经济进入市场的行政壁垒，各种所有制的企业可自由进入市场，个人或企业从事经济活动的自由因而得以扩大。与之相联系，东欧国家还采取了如下举措：承诺要缩小政府规模，减少政府对于经济的过多干预；形成有助于企业经营的良好的法律环境，保护产权；企业可获得外汇，并可自由从事外贸；减少繁文缛节，为新企业的建立创造便利条件。

经济活动自由对于转轨经济的意义何在呢？

首先，经济活动自由的恢复促进了遭到长期压抑的企业家精神的复苏，中小企业获得了前所未有的发展机遇。正如匈牙利科学院教授佐坦·

罗曼所言:"随着体制的变化,各国的企业及中小企业分别以不同的速度开始了引人注目的增长。禁令和各种各样的障碍一被消除,私营小企业就开始随着人们自我工作、自己当老板的意识觉醒以及对增加收入的渴望,迅速地蔓延和增加起来。"[1] 1990年经济转轨后东欧国家中小企业增长的速度非常快,到1992年10月,捷克斯洛伐克共有中小企业120万家,波兰有120万家,保加利亚和罗马尼亚有20万家。1030万的匈牙利甚至有560万家企业。波兰中小企业发展非常快,到1998年有200万家企业从事零售商业、建筑业和轻型制造业。这些中小企业促进了产量的提高,有助于创造就业机会。[2] 按照科沃德克的看法,中小企业发展对于转轨过程有下列意义:中小企业的生产规模更为灵活,一旦实行自由化,中小企业会很快做出供给反应,适应市场的需要;中小企业是私人资本增长的真正来源;中小企业的管理人员的技能能够适应市场经济的需要。[3]

其次,经济活动自由的恢复为私营经济的发展创造了条件,促进了私营经济部门的发展。经济自由的恢复有助于新生的私有经济的崛起。波兰有200万个企业,平均每19个波兰人就有一家企业。波兰私有经济占国民生产总值的75%,为70%的劳动力提供了就业,79%的出口来自私营企业。东欧其他国家私营经济部门的增长也很显著。

再次,经济活动自由的恢复有助于促进竞争,有助于国有企业的改造。经济活动自由的恢复为不同所有制的进入创造了公平的制度环境,不同所有制的企业可以在自由的非歧视性的经济环境中互相竞争。由于竞争的加剧,计划经济中的宠儿国有企业风光不再,面临着严峻的竞争压力,国有企业不得不进行自我改造。因为国有企业私有化已成为东欧经济转轨的主要政策,所以非国有经济的增长也是促进国有企业私有化的一个重要因素。

最后,经济活动自由有助于建立充满活力的市场经济。经济活动自由是市场经济的基础之一,如果没有经济活动自由,经济当事人无法做出选择,经济当事人无法进入市场,很难想象会有充满生机与活力的市场经济。在东欧从中央计划经济向市场经济的过渡中,经济活动自由的恢复具

---

[1] [匈]佐坦·罗曼:《中东欧中小企业的优势和弱点》,载中国国际贸易促进会与世界中小企业协会编《世界中小企业大会"中小企业走向2000年"演讲集》,1993年3月。

[2] Poland's Successful Transition, OECD Observer, April 10, 2000.

[3] Grzegorz Kolodko, Transition to a Market Entrepreneurship: The Systemic Factors and Policy Options, Paper for thr UNU/WIDER Project, 1999.

有里程碑意义，它是东欧国家从管制经济转向自由经济不可逾越的阶段。经济活动自由是东欧国家建立充满活力的市场经济的必要条件，而非充分条件。

综上所述，东欧国家通过经济自由化实现了从管制经济向自由经济的过渡。东欧国家在转轨之初就实行了价格的自由化、贸易的自由化并恢复了经济活动的自由。经济自由化的主要作用在于可以解决长期困扰计划经济的两个问题即激励问题和信息问题[①]。经济自由化因此为资源的有效配置创造了有利条件。东欧国家转轨的实践表明，经济的自由化是促进经济增长的重要因素。没有经济的自由化，就不可能实现持续的经济增长。

本章小结

经济的自由化是东欧国家经济转轨的主要内容之一。东欧国家在转轨初期实行了价格的自由化和贸易的自由化，从而实现了资源配置机制的市场化。经济自由化的主要作用在于可以解决长期困扰计划经济的两个问题即激励问题和信息问题，为资源有效配置创造有利条件。

思 考 题

一 名词解释
  1. 市场经济
  2. 价格
  3. 价格自由化
  4. 贸易自由化
  5. 经济活动自由
二 简答题
  1. 简述市场经济中价格的功能。
  2. 简述价格自由化在经济转轨中的作用。
  3. 简述贸易自由化在经济转轨中的作用。
  4. 简述经济活动自由在转轨经济中的意义。

---

① World Bank, *From Plan to Market*, *World Development Report 1996*, Oxford University Press, p. 22.

三　论述题

1. 试论价格在不同经济体制中的作用。
2. 论经济活动自由在转轨经济中的意义。

阅读参考文献

1. 吴明新主编：《中东欧 12 国贸易投资指南》，经济科学出版社 2002 年版。

2. ［匈］佐坦·罗曼：《中东欧中小企业的优势和弱点》，载中国国际贸易促进会与世界中小企业协会编《世界中小企业大会"中小企业走向 2000 年"演讲集》，1993 年。

3. ［匈］亚诺什·科尔内：《短缺经济学》，经济科学出版社 1986 年版。

4. ［美］莫里斯·伯恩斯坦：《比较经济体制》，中国财政经济出版社 1988 年版。

5. Grzegorz Kolodko, Transition to a Market Entrepreneurship: The Systemic Factors and Policy Options, Paper for thr UNU/WIDER Project, 1999.

6. Jeffrey Sachs, *Poland's Jump to the Market Economy*, The MIT Press, 1993.

7. Poland's Successful Transition, OECD Observer, April 10, 2000.

8. Jaleel Ahmad, Trade Liberalization in Eastern European Countries and the Prospects of their Integration into the World Trading System, Center for Economic Studies Working Paper, University of Munich, No. 164.

9. D. Lipton, J. D. Sachs, Creating a Market Economy in Eastern Europe: The Case of Poland, Brookings Papers on Economic Activity 1 (1990).

10. C. B. Hamilton, L. A. Winters, G. Hughes, A. Smith, Opening up international trade with Eastern Europe, *Economic Policy*, Vol. 7, No. 14, 1992.

第二十一章 东欧国家的私有化

内容提要

东欧经济转轨的目标模式是建立以私有制为基础的市场经济,因此,东欧各国将私有化作为国有企业改造的主要手段,掀起了在人类社会经济史无前例的大规模的私有化浪潮。本章将对东欧国家私有化战略、私有化的进展与问题等进行分析。

第一节 东欧国家的私有化战略

一 经济转轨前的所有制状况

东欧在第二次世界大战之后成为苏联的势力范围,以高度集中的计划经济为特征的苏联模式也移植到了东欧。东欧国家仿效苏联,在实行大规模的国有化之后,建立了庞大的国有经济部门。经过数十年的苦心经营,国有经济的规模日益扩大,经营范围更是无所不包,渗透于整个社会经济生活之中。东欧国家工业生产的90%甚至更多是由国有部门进行的,服务部门也主要由国家控制,除波兰(第二次世界大战后波兰保留了农业的私人经营)外,农业也主要是国有的。东欧国家的合作部门也具有准国有色彩。表21-1可以反映国有部门在整个经济中的规模。从表21-1中我们可以看出,东欧国家国有经济的规模大大高于发达的市场经济国家。

表21-1　　国有部门规模的国际比较　　[占总产量的比例(%),年度不同]

捷克斯洛伐克(1988年)97.0	法国(1982年)16.5
东德(1982年)96.5	意大利(1982年)14.0
苏联(1985年)96.0	西德(1982年)10.7
波兰(1985年)81.7	英国(1983年)10.7
匈牙利(1984年)73.6	丹麦(1974年)6.3
中国(1984年)73.6	美国(1983年)1.3

资料来源:Branko Milanovic(1991)。

如果庞大的国有部门效率很高、充满活力，这也无可非议。但东欧的问题是存在一个低效率的国有部门，虽然东欧不乏成功的国有企业。一些东欧国家如南斯拉夫、匈牙利和波兰在共产党统治时期进行了有限的市场取向的经济改革，但回天无力，没有从根本上解决国有企业效绩不佳的问题。另一些国家阿尔巴尼亚、保加利亚和罗马尼亚则顽固拒绝经济改革，国有部门继续负病运行。国有部门低效率使得东欧在世界经济中的地位不断下降。当亚洲"四小龙"奋起直追，实现经济起飞时，东欧则成了早期工业时代的博物馆。

东欧国家的私人部门羽翼未丰，而且受到各种限制。只有很少部门的私营服务部门在东德的国有化过程中幸存下来。波兰、匈牙利的经济改革允许私人经营，但是弱小的私人部门仍受到行政壁垒、税法、投入品短缺、外汇短缺和缺乏贷款的限制，私营经济仍是社会主义经济中的丑小鸭。私营企业在经营中举步维艰，困难重重，面临着比国有企业更大的风险。为了获得必需的投入品，私营企业不得不贿赂国有企业的经理和有关的政府官员。而中央计划经济并不允许企业破产，也缺乏企业进入和退出的适当程序。政府总是以总保险公司的身份出现，以拯救濒临破产的经营不佳的国有企业。转轨之前，私人部门的产值在波、匈占国内生产总值的14%，在保加利亚占9%，在捷克斯洛伐克占3.1%，在罗马尼亚占2.5%。庞大的低效率的国有部门与弱小的受到种种限制的私人部门并存是东欧经济转轨前所有制状况的基本特点。

二　东欧私有化的目标

东欧国家的私有化既有其经济目的，又有其社会政治目标。

东欧国家的私有化有其经济上的考虑，目的在于通过私有化，明确产权界定，改变东欧经济效率低下的状况，缩短与西欧的经济差距，与迎接欧洲政治一体化乃至世界经济一体化的挑战。具体而言，东欧国家的私有化有以下三个经济目标：其一，提高经济效益。中央计划经济下国有企业绩效不佳的根本原因在于国有资产的经营中缺乏资产约束，产权界定不明晰。国有制成了"无主所有制"，国有经济成了无人负责的经济，国有企业的经理关心的仅是个人的升迁，而对于国有资产的长期增值漠不关心。剧变之后东欧的执政者确信，通过私有化实现国有资产的重组，可达到明确产权界定，提高经济效益的目标。一方面，国有企业的私有化可以减少企业冗员，杜绝原料和能源的浪费，从而提高生产效率，另一方面，在国有企业私有化中应运而生的企业家在存在反映相对稀缺的价格的条件下，在没有生产和贸易管制、没有企业进入和退出壁垒的条件下，将追逐利润，提高效率，从而实现资源的优化配置。其二，广泛公平地扩大产权。在中央计划经济中，尽管总体保持了收入的相对平等，但是短缺的存在养肥了一批黑市交易者和徇私舞弊的政府官员，传统体制的受益者又成为国有企业私有化的潜在受益者，它们手中握有大量来路不正的资金，国有企业的私有化显然对他们有利。东欧国家在私有化中不得不兼顾绝大多数、缺乏资金的民众，力求使每一个公民都成为国有资产的新主人，以广泛公平地扩大产权。其三，增加财政收入。几乎所有东欧国家在经济转轨初期都存在严重的财政赤字。为了遏制通货膨胀，中央银行不再通过发行货币的方式来弥补预算赤字。经济转轨后为建立社会保障网等的支出剧增，而税制改革还不能立刻带来滚滚财源。因此，东欧国家的政府希望通过国有企业的私有化增加政府的财政收入。

东欧国家的私有化也有政治上的考虑。新上台的执政力量意识到，私有化对于建立市场经济是必需的，而市场经济有助于保证东欧新生的脆弱的政治体制的稳定。中产阶级随着私人部门的壮大而崛起，有助于社会结构的稳定。正是在这个意义上，英国学者马丁·麦卡利称东欧的私有化是一种具有政治动机的行为。[①]

值得注意的是东欧国家非常强调私有化的速度。强调私有化速度的理由是在一个国有企业居主导地位的经济中不会产生适当的激励机制。由于激励方面的原因，需要尽可能快地实现国有企业的私有化。

三 东欧私有化的类型

东欧私有化就其主体、对象及具体方式而言，有着不同的分类。

（一）从私有化的主体看，可分为"来自上边的私有化"和"来自下边的私有化"（亦称自发私有化）。"来自上边的私有化"是指国家作为所有者暂时将国有资产集中在国家手中，然后再将资产出售或分配给私人，在这里私有化的主体是国家。"来自下边的私有化"是指企业作为国有资产的实际所有者，决定将资产出售给某人以及决定以何种方式出售。这里企业是私有化的主体。东欧国家私有化初期，自发私有化发展很快，匈牙利、波兰尤为引人注目。但这种私有化方式实际上只有利于本企业管理部

[①] Matin Mccauley, Privatization in Czechoslovakia, *Soviet Analyst*, 17 April 1991.

门与工人的利益，它往往不考虑国家的利益，追求有利于自己的资产分配，因而造成了国有资产的流失。后来波兰政府制定了相关的法律，为自发私有化设置了法律上的障碍，从而禁止了自发私有化。匈牙利则通过国有企业的创办机构对这一进程进行控制。从东欧私有化的现实看，"来自上边的私有化"占了上风。

（二）从私有化对象看，可分为大私有化和小私有化。大私有化是指对于大型国有企业的私有化，这些企业主要集中在国有工业部门，小私有化是指对中小型国有企业实行私有化，这些企业主要集中在国有商业和服务部门。大私有化较为困难，小私有化较为容易。目前东欧各国小私有化已经完成，大私有化仍在进行之中。

（三）从私有化方式看，世界银行的布兰考·米拉诺维奇将其分为三类：内部私有化、外部私有化和无偿分配。他对这三种方式的分析有独到见解，启人深思。[①]

内部私有化是指将股票出售给本企业的经理和职工，其优点在于易于操作，而且在效益较好的企业较受欢迎。其缺点有三：一是内部私有化具有自发性，如果管理部门牢牢控制了企业委员会，它就可以通过贿赂、强制或操纵信息等手段，使工人接受有利于管理部门的私有化方案；二是内部私有化只有利于盈利状况好的企业的工人，而那些亏损企业的工人以及国家行政机构以及社会服务部门的工作人员则一无所获；三是内部私有化不会给国家带来任何收入，而且带给企业的收入也是相当有限的，因为管理部门及工人宁愿接受一种无偿分配或象征性收费的选择。在东欧国家，管理层收购（Management Buyout）与管理层职工收购（Management and Employee Buyout）成为受欢迎的私有化方式。

外部私有化是股票可向任何人出售。其优点在于国家以现实价格出售企业可以从中获取收入。但是外部私有化也有三个缺点。一是在缺乏资本市场的条件下如何确定股票的最低价格，而低于国家确定的最低价格，国家将拒绝出售。二是外部私有化只有利于社会中的富有阶层，只有他们才会从中获取资本收益，这会引起社会的反对，因为这些富有阶层拥有的资本多半与过去有联系，而且大多是从半合法和非法经营活动中获取的。三是外部私有化是一个缓慢的过程，英国的私有化便是佐证。

---

① Branko Milanovic, Privatization in Post-communist Societies, *Communist Economies and Economic Transformation*, Vol. 3, No. 1, 1991.

无偿分配就是将股票免费分给全体公民。其优点有二：一是有助于确保中央计划经济国家长期存在的社会平等，二是能够保证迅速地私有化。缺点则有三：第一，无偿分配使国家得不到任何收入，国家将蒙受损失。第二，无偿分配使持股人的收入与其持股企业的实绩缺乏联系。第三，无偿分配使股权过于分散，而缺乏居支配力的股东，使得所有者不能有效地对管理部门实行监督。

此外，重新私有化在一些东欧国家也很盛行。重新私有化是指国家将国有化中及其他原因被没收的财产归还给原来的主人或他们的继承人。如果因为国家已对原有财产进行了改造不能归还，则要做出相应的赔偿。[①] 以上对于东欧私有化的分类尚不能完全概括东欧私有化的现实，国外一些学者如莫里斯·伯恩斯坦就此曾作了详尽的讨论。[②] 世界银行对于不同私有化方式的得失利弊进行了分析，表明没有十全十美的私有化方式（见表21-2）。事实上，东欧国家在大中型企业私有化中使用了不同的方式，只不过侧重点不尽相同（见表21-3）。

表 21-2　　　　　　　　大企业不同私有化道路的权衡

方式＼目标	更好的公司治理	速度与可行性	更好地获得资本与技能	更多的政府收入	更为公平
向外部所有者出售	+	-	+	+	-
经理和职工收购	-	+	-	-	-
平等的凭证私有化	?	+	?	-	+
自发私有化	?	?	-	-	-

资料来源：From Plan to Market, *World Development Report 1996*, Oxford University Press, 1996.

[①] 重新私有化或称退赔是指将社会主义时期国有化被没收的财产退还给原来的主人或其继承人。在许多中东欧国家，重新私有化成为一种政策选择。保加利亚、捷克斯洛伐克和斯洛文尼亚都通过了退赔法，退赔的力度很大，涉及土地、住房和企业等。罗马尼亚对农业土地进行实物退赔，而匈牙利则对被剥夺财产的原主人和其继承人发放可以购买私有财产的补偿券。重新私有化在东欧也是颇有争议的，有学者认为重新私有化有助于私营部门的发展，而有学者认为退赔使私有化更为复杂化，退赔产生的产权争议造成了其他私有化方式的不确定性。

[②] Morris Bornstein, Privatisation in Eastern Europe, *Communist Economies and Economic Transformation*, Vol. 4, No. 3, 1992.

表21-3　　　　东欧国家大中型企业私有化的主要方式

国家	直接出售	凭证	管理层与职工购买
阿尔巴尼亚	n.a.	次要	主要
波黑	次要	主要	n.a.
保加利亚	主要	次要	n.a.
克罗地亚	n.a.	次要	主要
捷克	次要	主要	n.a.
爱沙尼亚	主要	次要	n.a.
马其顿	次要	n.a.	主要
匈牙利	主要	n.a.	次要
拉脱维亚	主要	次要	n.a.
立陶宛	次要	主要	n.a.
波兰	主要	n.a.	次要
罗马尼亚	次要	n.a.	主要
斯洛伐克	主要	次要	n.a.
斯洛文尼亚	n.a.	次要	主要
俄罗斯	次要	主要	n.a.
乌克兰	次要	n.a.	主要
白俄罗斯	n.a.	次要	主要

注：n.a. 为不适用。

资料来源：European Bank of Reconstruction and Development data。

四　东欧私有化的步骤

东欧国家私有化的步骤如下：

（一）立法准备。在经济转轨阶段，通过有关国有企业改造的法律对于保障私有化的秩序是相当重要的。在立法方面，匈牙利走在了东欧国家的前列。早在1988年10月议会就通过了《经济结社法》，允许国有企业转变为股份公司。1989年6月又通过了《改造法》，确立了私有化的程序。1992年8月又制定了一些与私有化相关的法律。南斯拉夫1988年又通过了《企业法》，该法试图限制工人自治，同时允许将自治企业改造为股份公司。1989年12月通过的《社会资产法》试图规定社会所有制的产权，并规定了资产出售的程序。波兰议会1990年7月30日通过了《国有财产私有化法》，明确规定了私有化的步骤与方法。捷克斯洛伐克议会

1991年2月通过了《私有化法》。罗马尼亚也于1991年7月通过了《贸易公司私有化法》。保加利亚私有化法几易其稿，终于在1992年获得通过。斯洛文尼亚1992年也通过了私有化法。马其顿1993年通过了《社会所有制企业改造法》。1996年5月，南斯拉夫联盟通过了《社会所有制财产改造法》，1997年塞尔维亚共和国通过了《私有化法》，1999年黑山也通过了《私有化法》。除私有化法外，东欧国家还制定了相应的配套法规，如商法、公司法、反垄断法和破产法等。

（二）建立机构。根据世界其他国家的经验，东欧各国相继成立了负责私有化的机构。波兰1990年7月建立了所有制改造部，全权负责私有化事宜。匈牙利负责国有企业私有化的国家财产局，1990年3月正式开始运作。1992年匈牙利又成立了国有资产控股有限公司，以不同方式参与私有化进程。捷克斯洛伐克在开始私有化时，在联邦一级未设私有化部，由经济部和工业部负责私有化，而捷克和斯洛伐克两共和国分别成立了各自的私有化部。这两个共和国的私有化部后来成为两个独立国家的私有化部。罗马尼亚、保加利亚都设立了私有化署。德国东部的私有化主要由托管局负责。

（三）具体实施。东欧国家的私有化分两步走：首先将国有企业改造为股份公司，股份公司一般为国家所有。将国有企业改造为股份公司通常被称为"商业化"或"公司化"。新的股份公司是自主经营单位，并以利润最大化为其经营目标。其次将股份公司以各种方式出售给私人或机构投资者，以实现国有企业的私有化。德国东部和匈牙利以外部私有化为主，波兰、捷克、罗马尼亚则是外部私有化、内部私有化和无偿分配三种方式并用。

（四）配套推进。私有化并不是一个孤立的政策问题，它需要其他政策的配套。这包括：适当的宏观经济政策、合理的价格体系、稳定的汇率、货币的可兑换性以及金融市场的发展等。东欧在经济体制转变中致力于实现宏观经济的稳定，同时实行经济自由化。金融市场的发展是影响私有化进展的重要因素。没有一个运行良好、发育健全的发达的金融市场，私有化的推进显然是成问题的。目前东欧各国从两个方面入手：一是创建能够按照效率标准利用储蓄、评估风险和分配资金的市场取向的银行体系，建立二级银行体系，强调中央银行的独立性，鼓励发展私人银行；二是培育资本市场，发展股票交易所。

五 东欧国家的私有化战略

东欧各国私有化战略的制定都考虑到了经济转轨时本国的政治、经济和社会状况。因而各国的私有化各具特色。我们将就较为典型的德国东部（原民主德国）、波兰、捷克斯洛伐克、匈牙利和罗马尼亚的所有战略进行比较分析。

（一）德国东部。德国东部的私有化是由一个强大的拥有实权的政府机构——托管局负责，托管局兼有与东欧其他国家不同的政府机构（如计划、工业、财政、劳动和私有化部）的职能。依托强大的国家行政权力实行国有企业的私有化是德国东部私有化的一个主要特点。

早在两德统一之前的1990年3月，当时的民德政府就成立了托管局，目的在于把国有企业改造成股份公司，实现国有企业的公司化。同年6月，新选出的人民议院通过了《国有财产私有化法》，正式将私有化列入托管局的议事日程。随着东西德国10月3日的统一，托管局成为联邦政府机构，负责对于德国东部拥有三百多万就业人口的国有企业的私有化，并对国有企业的经营进行监督。托管局成了世界上最大的工业资产所有者。托管局不仅负责国有企业的整顿和私有化，而且设立了投资银行，为东部的企业和个人提供贷款。此外，托管局还参与托管股份公司的领导，托管局有权决定股份公司的领导人选，并委派专家管理股份公司或指导公司的私有化。

托管局主导下的德国东部私有化有如下几个特点：

1. 对于不同类型的企业实行区别对待的政策。对于那些经济绩效良好、商业前景看好的企业，托管局迅速将其出售，令其私有化；对于那些经营不佳、亏损严重但是经过改造之后仍有前途的企业，托管局对其进行整顿，并给予资金上的扶持，待机出售；对于那些经营不佳、亏损严重，即使经过改造也无前途的企业，托管局对其强行关闭。

2. 国有企业的出售要通盘考虑。托管局在出售国有企业时既要考虑这些企业在整个国家经济中的地位及影响，又要考虑这些企业的产品在国内外市场上的竞争力，还要考虑企业私有化之后对于工业布局以及就业的可能影响。

3. 为了加速私有化而拆散大型国有企业。德国东部国有企业规模庞大，投资者购买意愿低下，影响了私有化的速度。托管局为了加速私有化，将许多大型股份公司拆散为数个公司，分别进行出售。此举确实刺激了许多大中型企业的私有化。托管局在这一行动中把316个大型联合企业拆散为8500个企业，以后又拆散为1.4万个企业。

4. 对国有企业的购买者进行严格审核。托管局根据以下四项标准对国有企业的购买者进行评价：买主提出的报价是否合理；买主是否有购买企业后长期的商业计划；买主是否将向私有化的企业提供投资；买主是否许诺保持现有的就业或创造新的就业机会。如果购买者涉嫌进行房地产投机或试图消除潜在的竞争者，购买者的报价则不予考虑。托管局还要审查购买者的资信状况以及经营经验。

5. 鼓励国有企业的职工和经理购买本企业，成为本企业的股东。德国东部的私有化由于有强大的国家的支持，进展较快。到1995年1月1日，托管局已完成历史使命，正式解散，这标志着德国东部私有化的完成。

应当注意的是，德国东部的私有化是在依托西部雄厚的行政资源和财政资源的条件下进行的，私有化的速度之快超出了人们的预料。但是在德国统一10年后，东部企业的状况仍不容乐观。尽管有大量的投资，但仍有约一半的东部企业亏损，生产率远低于西部的水平，失业率高达18%。在过去几年间，国家阻止了150家大型私人企业的破产。[1] 这表明指望私有化立竿见影实现效率的提高是不切实际的幻想。

（二）波兰。波兰国有企业私有化有两种主要方式：一是资本私有化即把国有企业改造为股份公司，然后使股份公司的股票进入股票市场，这一方式一般适用于大中型国有企业的私有化。二是通过撤销的方式实行私有化，把国有企业撤销，然后再出售企业的资产，这一方式一般适用于经营不佳、经过改造仍难以起死回生的企业，这些企业大都是中小型企业。由于私有化进展缓慢，波兰所有制改造部于1991年6月提出了颇为新颖的大众私有化计划，这一争议很大的计划终于在1993年4月获议会批准得以通过。这就是《关于建立国民投资基金会及其私有化法》。

这一大众私有化的主要内容是：

1. 由所有制改造部选择实行私有化的国有企业，并获得企业财务状况的信息。这些企业为大中型企业，涉及冶金、机械、精密机械、化工、电子、造纸、食品、建筑、交通设备制造等部门。波兰共选择了512家国有企业参与该计划。

2. 国家以股份公司形式建立国民投资基金会，对属于国库的股份公司的资产进行管理。国民投资基金将成为参加全面私有化的股份公司的股票的拥有者。国家通过公开招标以竞争方式选择基金管理公司（由波兰和外

---

[1] Was it worth it? Business Central Europe, November 1999.

国的财团组成）。由国家投资基金与基金管理公司签订为期10年的基金管理协定。基金管理公司的主要任务是确保国家投资基金资产的增值。国家也以竞争方式选择国家投资基金的监事会成员。

3. 参加全面私有化的企业的股票将分配给国民投资基金会，每个企业股份的27%以相等的份额分配给每一个基金会，33%将只分配给一个基金会，15%将无偿分配给本企业的职工，25%仍由国库所有，用于建立社会保险和养老基金。

4. 向年满18岁的波兰公民发放相同份额的股权证（大众股权证），这种股权证可兑换为国民投资基金会的股票。原来波兰打算向公民免费发放股权证，后来决定象征性收费，收费相当于公民一个月工资的10%。国民投资基金会的股票将在华沙股票交易所交易，公民可以选择股票的买进或卖出。

波兰的大众私有化计划具有以下特点：首先，波兰的大众私有化计划将国有资产的转让与国有企业的改造结合起来。波兰的大众私有化计划包含着国有资产转让的因素，波兰的成年公民以及纳入该计划的国有企业的职工成为部分国有资产的所有者，而且更重要的是该计划包含着通过委托管理对国有企业进行改造的机制。这与捷克和俄罗斯等国的大众私有化计划形成了鲜明对照。其次，波兰的大众私有化计划将国有企业的改造与资本市场的发育结合起来。波兰的大众私有化计划实行之后产生了三种证券：股权证、国有企业的股票和国家投资基金的股票。这三种证券的上市流通有助于促进资本市场的发展和国有企业的资产重组。再次，波兰的大众私有化计划将国有企业的改造与社会保障制度的改革结合起来。参加大众私有化计划的国有企业必须将其股份的25%交给国库，用于建立社会保障基金与养老基金。这有助于基金管理公司对国有企业进行有效的改造。

世界银行的一些研究人员认为，波兰的大众私有化计划不同于捷克，波兰的计划强调通过国家干预建立金融中介机构，并使其公民的风险分散化。[1]

波兰的大众私有化计划从20世纪90年代中期开始推行，涉及国有资产的约10%。波兰的一些经济学家认为，这种私有化方式未达到改善公

---

[1] Ira W. Lieberman Edited, Mass Privatization in Central and Eastern Europe and the Former Soviet Union: A Comparative Analysis, The World Bank, Washington D. C., 1995.

治理结构的效果。①

（三）捷克。解体之前的捷克斯洛伐克为了加快本国的国有企业私有化进程，提出了投资券私有化计划。1993 年 1 月捷克与斯洛伐克分离之后，捷克仍继续了原联邦政府的私有化方案。

投资券私有化方式的主要内容是：凡在捷克斯洛伐克有永久居住权的公民均有权以 1000 克朗（约 1 美元合 29 克朗）的价格购买一份投资券。该投资券合 1000 个投资点。经注册后公民可将投资券向一家或数家公司作形式上的投资，以投资券换取公司的股票，成为公司的股东。每 100 点可换 3 股，每个公民可获得 30 股。投资券的持有人可亲自或委托自然人或法人代表其行使其投资权，也可以委托经政府审核成立的私有化投资基金会进行投资。投资券持有人相应地成为基金会的股东，或获得基金会的股票。以投资券换取股票是一个复杂的过程。如果一个公司的股票供过于求，股票价格就下降。如果股票求大于供，股票价格就上升。经过数次的投资券拍卖，投资券就相应成为具有不同价格的股票。在拍卖过程中很可能会出现同样投资点的投资券换取的股份相差很大的情况。

捷克的投资券私有化计划旨在通过投资券的拍卖过程形成国有企业股票可以自由流动的资本市场，进而完成通过市场对国有资产进行评估的过程。这一计划最大的特点是试图通过国有企业私有化培育资本市场。与波兰的大众私有化比较起来，捷克斯洛伐克的私有化方式是自下而上的，试图通过拍卖投资券逐步形成以股票交易所为核心的资本市场，这种思路接近于英美模式，而波兰则试图通过银行等金融组织指导、监督企业，这一思路更接近于日德模式。②

捷克斯洛伐克（1993 年之后捷克继续该计划，斯洛伐克则终止了投资券私有化计划）的投资券计划取得了很大的进展。经过六轮拍卖，到 1994 年 11 月该计划已经完成，只有 37% 的股份未售出，只有 0.6% 的投资点未被利用。捷克的投资券私有化于 1995 年结束。

捷克的私有化计划在其推行之初，并没有引起质疑。1996 年，当时的总理克劳斯称捷克的转轨已告结束，捷克的经济已正常化。但是到 1997 年、1998 年人们才开始关注捷克私有化的效果，因为 1997 年捷克受到了金融危机的冲击，1998 年捷克经济出现下滑。

---

① Barbara Blaszczyk, Moving Ahead: Privatization in Poland, http://www.cipe.org/.
② ［美］戴维·斯塔克：《几个东欧国家私有化的情况》，载《东欧中亚译丛》1992 年第 5 期。

现在看来，捷克的投资券私有化所造成的所有制结构妨碍了有效的公司治理结构的形成，阻碍了企业的重组。匈牙利经济学家科尔内认为，捷克将分散在数百万凭证所有者手中的资产重新集中在投资基金手中，而投资基金与国有大型商业银行相联系。这样的所有制结构不能建立有效的公司治理结构，企业的改造过程也遭到了拖延。①

（四）匈牙利。匈牙利国有企业私有化也有其独特之处，其主要特点有以下四个：

1. 产权重组的分散化：在国有企业改造中一些国有企业的经理、专业人员和技术工人成立了股份公司和有限责任公司，其余的股份来自其他的股份公司和有限责任公司以及银行。这些新成立的公司所有权比较分散，也被称为混合所有权。

2. 重视投资银行和咨询公司在私有化中的作用：国家财产局在私有化中与约20家投资银行和咨询公司进行合作，这些投资公司和咨询公司相互竞争，就实行私有化的国有企业的资产评估、信贷安排和招标购买提出建议。

3. 多种私有化方式并用：匈牙利国有企业私有化有多种方式：自发私有化、职工股份所有计划、公开拍卖等。其中自发私有化颇有争议，许多人认为此举会鼓励经理舞弊和滥用权力，但政府为了加速国有企业的改造，仍在1991—1992年间授权小企业的经理与国家财产局指定的咨询公司合作进行私有化。职工股份所有计划鼓励通过长期贷款计划购买国有企业。此外，匈牙利还有鼓励小投资者购买股份的计划。

4. 国有资产控股公司监督管理尚未私有化的国有企业：1992年匈牙利根据《管理国家暂有财产法》，成立了国有资产控股公司。该控股公司负责尚未私有化的国有企业的经营，在对企业进行评估之后可以决定改造或出售国有企业。国有资产控股公司接管了160家大型国有企业，资产总值为120亿美元。

匈牙利在经济转轨之前的经济改革对于经济转轨有着良好的影响，尤其是经济改革中灵活务实的传统。这也反映在国有企业的改造上不拘泥于一种方式，实行多种方式的并用。从匈牙利私有化的实践看，将国有企业出售给外资是匈牙利私有化的一个重要特点。这反映了作为高负

---

① Janos Kornai, Ten years After "The Road to a Free Economy": The Author's Self-evaluation, ABCDE, The World Bank, April 2000, Washington.

债国家的匈牙利的灵活做法，即以出售国有企业所获得的硬通货收入偿付外债。

（五）罗马尼亚。1991年7月罗马尼亚议会通过了《贸易公司私有化法》规定了贸易公司私有化的方案（罗马尼亚贸易公司含义较为宽泛，包括生产、贸易、服务领域建立的公司，贸易公司由原来的国有企业改组而成）。

所有贸易公司在资产评估之后将资产总额的30%上交国家私有化署，这部分资产将由国家私有化署组建的五个私有制基金会以所有权证书的形式免费分配给每一个到1990年12月31日止年满18岁的罗马尼亚公民。每个公民将获得五个基金会的五份所有权证书，并因此成为基金会的股东，可以从基金会领取股息。所有权证书必须在5年内换成其他形式的有价证券，所有权证书的持有者可以用证书购买贸易公司的股票或换成贸易公司的股票。私有制基金会将在5年期满后结束使命，成为互助基金会，那些尚未换成股票的所有权证书将成为互助基金会的股票。贸易公司其他70%的资产将通过出售的方式进行私有化。罗马尼亚成立了国家所有制基金会，它是全国贸易公司70%资产的股东，负责国有贸易公司的私有化，通过出售国有资产不断减少国家在贸易公司所占的股份。无偿分配与有偿出售是罗马尼亚私有化的主要特点。此外，罗马尼亚还有向本公司职工和经理以优惠价格出售资产的计划。

第二节 私有化的进展、问题与经验

一 东欧私有化的进展

中小企业的私有化进展顺利，大多数东欧国家小私有化已经完成。但大型企业的私有化相对缓慢，比当局预计的要缓慢得多。德国东部是唯一的例外。德国东部以西部强大的经济实力和高效的行政管理能力为依托，由托管局负责的私有化已经完成。捷克由于改革派政府在改革政策上的始终不渝和民众对于改革政策广泛的社会支持，私有化进展之快在东欧是首屈一指的。国有企业的私有化也导致了私有化企业劳动生产率的提高（见表21-4）。从私人部门占国内生产总值的比重看，2006年东欧国家私人部门占国内生产总值的比重在55%—80%之间。绝大多数东欧国家的私人部门已在经济中占主导地位（见表21-5）。

表21-4　东欧转轨国家劳动生产率的变化（%）（1992—1995年）

	私有化企业	国有企业
保加利亚	12.4	-1.4
捷克	8.6	-2.6
匈牙利	6.0	3.2
波兰	7.5	1.4
罗马尼亚	1.0	-0.5
斯洛伐克	7.8	-4.1
斯洛文尼亚	7.2	1.8
平均	7.2	-0.3

资料来源：世界银行，世界银行技术报告，第368号。

从总体上看国有企业私有化取得了重大进展，而新产生的私人部门的发展成为刺激私有化的重要因素。国有企业的私有化和私人部门的发展成为私有化并行不悖的两个方面。表21-5表明私人部门在经济转轨之后已有了很大的发展。东欧国家的实践表明，私有化在增加国家财政收入的作用是非常有限的（见表21-6）。但是私有化对于外国直接投资的影响是正面的。私有企业更容易成为西方企业的合作伙伴，有助于降低交易成本；私有化促进了企业家精神的发展，有助于增强当地市场的竞争性，吸引外资；私有化本身也会为外资参与企业并购和合资创造机会。

表21-5　2006年中期私人部门占国内生产总值的比例（%）

国家	私人部门占GDP的比例	国家	私人部门占GDP的比例
阿尔巴尼亚	75	波兰	75
保加利亚	75	罗马尼亚	70
克罗地亚	60	斯洛伐克	80
捷克	80	斯洛文尼亚	65
匈牙利	80	塞尔维亚	55
波黑	55	马其顿	65

资料来源：EBRD Transition Report，2006。

表 21-6　东欧国家私有化的收入［占 GDP 的百分比（%）］

国家\年份	1990	1991	1992	1993	1994	1995	1996	1997	1998
阿尔巴尼亚	0.0	0.0	1.0	0.7	1.2	0.1	0.2	0.3	0.2
保加利亚	0.0	0.0	0.0	0.0	0.0	0.0	0.0	3.2	0.9
捷克	—	—	0.0	0.7	1.6	1.1	0.2	0.4	0.4
匈牙利	0.0	0.1	0.8	0.4	0.8	3.1	3.9	3.1	0.4
波兰	0.0	0.2	0.4	0.8	0.3	0.3	0.5	1.5	—
斯洛文尼亚	0.0	0.0	0.0	0.0	0.0	0.4	0.4	0.5	0.0

资料来源：国际货币基金组织。

二　东欧私有化的问题

尽管东欧存在着有利于私有化的因素，[①] 但在转轨初期私有化的进展并不顺利，存在的问题可归结为以下几点：

（一）巨额的国有资产与资本短缺的矛盾制约了私有化的进展，使得迅速的私有化成为不可能。据报道，波兰有800亿美元的国有资产要出售，如果完全由本国公民购买，至少需要25年。蓝条委员会的报告认为，匈牙利国有资产的票面价值为约2万亿福林，而匈牙利每年可用于购买国有资产的私人储蓄为不到200亿福林，如果完全靠私人购买需要100年。解体之前的捷克斯洛伐克国有企业资产为2.5万克朗，但居民存款只有2680亿克朗。上述数字表明，如果以常规的方式，迅速的私有化是不可能的。居民手中的储蓄不足是东欧私有化的一个不利因素。外国资本是东欧私有化可以利用的资本来源，外资确实在匈牙利等商业前景看好的国家发挥了重要作用。但在动荡的巴尔干国家由于投资风险高，外国资本不可能在国有企业的私有化中发挥大的作用。

（二）缺乏发达的资本市场体制影响了私有化的速度，也给国有资产的评估造成困难。在缺乏发达的资本市场的条件下，准确的评估实际上是不可能的。资产评估的一个问题是：资产定值过高，会使买者望而却步，资产定值过低，则会使国家蒙受损失。波兰采取协商的方法评估资产，匈牙利最初或者由企业委员会确定资产价值，或者通过拍卖来确定资产价

[①] 瑞侠威：《东欧趋向市场的体制转轨：私有化、产业重组和企业家精神》，载《经济社会体制比较》1992年第6期。

值,后来允许国际上主要的咨询公司和投资公司参与资产评估。解体之前的南斯拉夫按核算价值或估算来评估资产价值。我们很难说这些方式是完善的,但它却是缺乏发达的资本市场条件下的一种替代。

(三) 国有工业部门长期形成的利益集团在经济转轨中试图维护既得利益,阻止国有工业部门的改造。东欧国有工业集中了30%—40%的就业人口,长期以来奉行苏联的发展模式,在其发展中形成了利益集团,即被称为"铁三角"的工人、管理人员和政府官员之间的联盟。[1] 他们希望国有部门维持现状,要求对国有工业部门提供保护和补贴,满足国有工业企业提高工资的要求。他们担心国有企业私有化使他们的利益受到损害,因此在国有企业改造中他们往往会抵制和阻碍这一进程。

(四) 私有化中出现的社会公平问题可能会延缓私有化进程。中央计划经济下的黑市交易者和个别官员是国有资产的潜在买主。以捷克斯洛伐克为例,在经济转轨之初1/3的个人储蓄掌握在5%的居民手中。[2] 在经济不景气、投资风险高的条件下,国有资产可接受的价格水平不会太高,从而使那些从前的官员、黑市交易者从中牟取暴利。这会引起社会的不满,使人们对于私有化的公平性产生怀疑。国有企业的经理掌握了大量的有关企业内部信息,他们可以操纵信息,在私有化中进行不公平交易,追求有利于自身的资产分配。自发私有化在许多情况下一直是一个腐败的过程。[3] 波兰人对于私有化的态度在近年来也发生了变化。波兰国库部长卡赤玛雷克在2001年8月指出:"社会对私有化的接受程度是1990年以来最低的,只有20%的人认为私有化是一件好事。"[4] 2002年5月由TNS OBOP进行的一项调查也表明,波兰民众对私有化的看法是负面的。关于私有化对于经济的影响,87%的被调查者认为私有化的影响不好,7%的被调查者认为其影响是好的,7%的被调查者认为难说。关于如何描述私有化,41%的被调查者选择"掠夺",33%的被调查者选择"低价出售",18%的被调查者选择"出售",8%的被调查者选择"难说"。可见,如何实行公平交易,制止私有化过程中的徇私舞弊行为,是东欧各国政府面临的一个棘手

---

[1] Jeffrey D. Sachs, Crossing the Valley of Tears in East European Reform, *Challenge*, September-October 1991.

[2] M. Claudon and T. Gutner Edited, *Comrades Go Private: Strategies for Eastern European Privatization*, New York University Press, 1992, p. 105.

[3] Ibid., p. 17.

[4] *Warsaw Business Journal*, December 17, 2002.

问题。

（五）失业人口剧增以及社会贫困的扩大有可能削弱对于私有化的社会支持。早在剧变之前，东欧就存在贫困问题。根据布兰考·米拉诺维奇对 1978—1987 年间东欧贫困问题的研究，波兰的贫困率从 9.2% 上升到了 22.7%，南斯拉夫的贫困率从 17.5% 上升到 24.8%，匈牙利的贫困率一直徘徊在 13%—15% 之间。① 经济转轨之后东欧国家的失业率上升到 12%—15%，只有捷克失业率保持在 4% 的低水平。尽管在衡量转轨后的贫困率上存在一些问题，贫困人口的增长和社会不平等的加剧却是不争的事实。② 上述状况可能会削弱人们对于体制转轨的社会支持，从而使私有化更为艰难。看来建立适当的社会保障网将有助于私有化的顺利进行。

三　东欧国家私有化的经验

东欧国家的私有化提出了哪些值得思考的可以借鉴的经验教训呢？

（一）在东欧国家特定的制度条件下，仓促的私有化与仓促的国有化一样代价颇高、风险颇大。东欧国家国有企业都占主导地位，私营经济发展不足。在经济转轨前，匈牙利 6% 的工业资产由私人所有，波兰 20% 多的工业产量由私人企业生产。其他东欧国家在 1990 年之前几乎没有私人企业。国有企业大型化，而且具有自然垄断色彩，这表明大型国有企业尚需实行非垄断化。东欧 90% 的企业有职工 100—25000 人，而这样大的企业在西方很少。小企业在东欧很少，它只提供了 3% 的就业，而经济合作与发展组织成员国的小企业则提供了 50% 以上的就业。国有资产的巨大规模以及资本供给的不足表明私有化是一个漫长的过程。现在的问题并不存在是否加快国有企业改造的进程，而在于如何加快。在缺乏政治、经济准备的条件下仓促行事，只会引起混乱，使产权重组受阻。一些国家在私有化的速度上很快，但私有化企业并没有形成有效的公司治理结构，并没有明显的效率改进。

（二）东欧国家在私有化中忽视了对国有企业的改造和预算约束的硬化，使经济转轨付出了很大的代价。英国私有化的经验表明，在竞争的条件下，对国有企业的改造同样会达到提高效率的目的。经济转轨之后，由

---

① Branko Milanovic, Poverty in Eastern Europe in the Years of Crisis, 1978 to 1987: Poland, Hungary and Yugoslavia, *The World Bank Economic Review*, Vol. 5, No. 2, 1991.

② Branko Milanovic, A Cost of Transition: 50 Million New Poor and Growing Inequality, *Transition*, Vol. 5, No. 8, October 1994, The World Bank.

于放开价格、开放国际贸易,竞争的经济环境已基本形成。匈牙利已意识到过去那种试图出售国有企业而不对其进行改造的做法已不适宜。波兰也认识到将国有企业置之死地而后生的政策不是一种明智的选择。在可预见的将来新成长的私人部门将与传统的国有部门长期并存,在上述情况下显然有必要加强对国有企业的改造,将国有企业置于严格的预算约束之下,同时果敢地切断政府与企业间千丝万缕的"父爱主义"联系。

(三)东欧国家在适宜的顺序上倾向于先出售经济效绩好的国有企业,经济效绩差的企业则无人购买,留在了政府之手。由于私人部门羽翼未丰,国有部门仍是主要的税收来源。为鼓励私人部门的发展,私人部门往往成为税收优惠的对象。将经济效绩好的国有企业率先私有化意味着国家财政收入的流失,而经济效绩差的国有企业又难以向国家提供足够的税收,这会对政府产生很大的财政压力,使本已捉襟见肘的财政状况更加恶化。

(四)国有企业私有化之后并不会万事大吉,已私有化的企业仍面临如何建立适当的公司治理结构的问题。在东欧的转轨经济中许多企业转入了内部人控制即由经理与职工控制企业,外部约束机制很弱,银行等金融机构或许能在对企业监督上发挥作用。[①] 这需要银行改革与企业改革的配套进行,单方面的改革不会起作用。在动荡的巴尔干地区,由于国家的虚弱,私人产权难以得到有效的保护。

(五)由于东欧国家特定的经济政治条件的制约,私有化不能不具有自身的特点。由于居民储蓄不足,而且缺乏金融意识,东欧实行了大规模分配国有资产的计划,尽管加拿大等国也有过类似的做法,但规模较小。1989年美国劳联、产联向波兰推销过职工股份所有计划,波兰事实上接受了这一计划,最初坚决拒绝这一计划的匈牙利在1992年8月也通过了赞同职工股份所有计划的法律,这反映了东欧各国工人的影响力并未因制度转变而减弱。从东欧的现实看,私有化的方式都不是单一的。在许多东欧国家,管理层收购(MBO)和管理层与职工收购(MEBO)等私有化方式得到利用。

(六)对东欧国家来说,最重要的是要形成竞争性的产权结构。东欧国家社会主义经济改革之所以失败,一个重要的原因就是忽视了形成竞争

---

① [日]青木昌彦、钱颖一主编:《转轨经济中的公司治理结构:内部人控制和银行的作用》,中国经济出版社1995年版。

性的产权结构,对私人部门横加限制,而对经营不善的国有企业加以保护。目前这一状况已有所改变,一些新自由主义的政治家甚至强调要将私有化作为唯一的政策选择,但东欧经济政策的主流并未受这种思想的左右,许多东欧国家打算把国有部门减少到与西方市场经济国家相当的比例。具有国有、私有等多种所有制之间相互竞争的产权结构对于经济效绩的提高是有益的。

东欧私有化无论从规模、目标以及影响上都是史无前例的。智利花了15年的时间使占国内生产总值25%的国有企业实现了私有化,英国花了8年时间使占国内生产总值4.5%的国有企业私有化。而东欧在过去十几年私有化取得了重大的进展,其速度之快举世公认。以波兰为例,目前私有经济占国民生产总值的75%,私营部门为70%的劳动力提供了就业,出口的79%来自私营企业。东欧国家的所有制结构已经发生了重大变化,已形成了私有制主导的市场经济体制。

本章小结

东欧经济转轨的目的是建立以私有制为基础的市场经济体制。经过18年的转轨,东欧国家的所有制结构发生了深刻变化,实现了从公有制主导的经济向私有制主导的经济的转变。与发达国家和发展中国家私有化的进展相比,东欧国家私有化进展非常之快出乎意料。东欧国家利用了不同的私有化方式,在私有制改造中积累了丰富的经验。

思 考 题

一 名词解释
　　1. 私有化
　　2. 大私有化
　　3. 小私有化
　　4. 自发私有化
　　5. 内部私有化
二 简答题
　　1. 简述东欧国家私有化的目标。
　　2. 简述东欧国家不同的私有化方式。
　　3. 简述东欧国家私有化的经验教训。

4. 试述东欧国家私有化的进展。

三　论述题

1. 试论东欧私有化的进展与问题。
2. 试论东欧国家私有化与其他地区私有化的异同。

阅读参考文献

1. ［日］青木昌彦、钱颖一主编：《转轨经济中的公司治理结构：内部人控制和银行的作用》，中国经济出版社 1995 年版。

2. 瑞侠威：《东欧趋向市场的体制转轨：私有化、产业重组和企业家精神》，载《经济社会体制比较》1992 年第 6 期。

3. ［美］戴维·斯塔克：《几个东欧国家私有化的情况》，载《东欧中亚译丛》1992 年第 5 期。

4. Ira W. Lieberman Edited, Mass Privatization in Central and Eastern Europe and the Former Soviet Union: A Comparative Analysis, The World Bank, Washington D. C. , 1995.

5. Janos Kornai, Ten years After "The Road to a Free Economy": The Author's Self-evaluation, ABCDE, The World Bank, April 2000, Washington.

6. Branko Milanovic, Poverty in Eastern Europe in the Years of Crisis, 1978 to 1987: Poland, Hungary and Yugoslavia, *The World Bank Economic Review*, Vol. 5, No. 2, 1991.

7. Branko Milanovic, A Cost of Transition: 50 Million New Poor and Growing Inequality, *Transition*, Vol. 5, No. 8, October 1994, The World Bank.

8. Jeffrey D. Sachs, Crossing the Valley of Tears in East European Reform, *Challenge*, September – October 1991.

9. M. Claudon and T. Gutner Edited, *Comrades Go Private: Strategies for Eastern European Privatization*, New York University Press, 1992.

第二十二章　东欧经济转轨：进展、问题、经验与趋势

内容提要

东欧国家自1990年以来开始了从计划经济向市场经济的转轨。本章将着重阐述东欧国家经济转轨的进展与问题，分析经济转轨的经验，并指出经济转轨的趋势。

第一节　东欧经济转轨的进展

1989年东欧剧变后，东欧国家从政治精英到普通民众无不兴高采烈，人们憧憬着美好的未来，希望制度转变能实现经济的起死回生。1990年1月1日，波兰率先实行休克疗法，开启了东欧经济转轨的先河，从此以稳定化、自由化和私有化为核心的"华盛顿共识"风靡东欧，成为东欧主导的经济政策思潮。十多载过去了，东欧国家的经济体制实现了从计划经济向市场经济的过渡，但也付出了高昂的代价（经济衰退和失业），人们预期的经济奇迹并没有出现。东欧国家在跨越了"眼泪之谷"之后，到2000年实现了普遍的增长。东欧国家间在经济实绩上的分化日益明显，中欧国家与东南欧国家间的差距愈来愈大，斯洛文尼亚宣称其转轨已经完成，已不再需要国际金融组织的财政援助，而塞尔维亚则刚刚开始摆脱半管制经济的市场化进程，需要大量的国际援助。国际学术界开始对东欧的经济转轨进行反思，关于"后华盛顿共识"的讨论一度非常热烈。

东欧国家经过20年的转轨，可以说已经不同程度建立起了市场经济的框架。迄今为止，已有4个东欧国家成为经济合作与发展组织的正式成员国，这在一定程度上是对这些东欧国家经济转轨成果的承认。1995年，捷克成为第一个加入经合组织的东欧国家，1996年匈牙利和波兰相继加入该组织，2000年斯洛伐克成为该组织的成员国，斯洛文尼亚目前正在申请加入。2004年5月，波兰、匈牙利、捷克、斯洛伐克和斯洛文尼亚成为欧盟的正式成员国，2007年1月罗马尼亚和保加利亚加入了欧盟。从整

体上看，东欧的经济转轨取得了重大进展，这些进展突出体现在以下几个方面。

一 经济改革设计上更加现实

东欧在剧变之初存在许多幻想，现在这些幻想不复存在。剧变之初的欣喜若狂已被谨慎理智的思考所取代。一位匈牙利学者指出了制度转变初期的三个幻想：市场无所不能；私有化可以解决一切问题；体制转变后西方援助会大量涌入，情况会立即变好。上述幻想的破灭反映在体制设计上更加现实，这主要表现在三个方面：一是在资源配置机制市场化的同时，注重国家干预，强调国家对于经济的宏观控制；二是在推进私有化的同时，注重现有国有企业的改造，强调其他方面的市场改革；三是在吸引外资、争取外援的同时，把经济体制转换看成是一个内部变化的过程，强调经济体制自下而上的变化。

二 建立市场经济所需要的法律制度

市场经济是一种法律规范的经济制度，需要一系列法律制度的支持。东欧各国基本上都通过了新的宪法、公司法、商业法、合同法、反不正当竞争法、预算法、银行法、破产法、私有化法、证券法、外国投资法等，适合市场经济的法律框架已基本就位。

三 通过紧缩政策基本实现了宏观经济的稳定

东欧各国在经济转轨中都实行了程度不同的紧缩的货币与财政政策，试图通过减少补贴、削减开支、提高利率、抑制需求、取消税收优惠等措施来实现宏观经济的均衡。东欧国家通过上述措施控制了通货膨胀，其中波兰、南斯拉夫1990年激进的稳定化计划取得了很大的成功，控制住了高达四位数的恶性通货膨胀。南斯拉夫1993年通货膨胀达到了创纪录的百分之一百万，这种恶性通货膨胀的高纪录在战时经济的历史上也是罕见的。1994年初，曾任世界银行顾问、年逾古稀的德·阿夫拉莫维奇执掌了南斯拉夫中央银行大权，着手稳定宏观经济。他以南斯拉夫的黄金储备为基础，发行新的第纳尔，确定第纳尔与马克的兑换率为1∶1，同时南斯拉夫实行严格的紧缩政策。结果南斯拉夫恶性通货膨胀的势头迅速得到遏制，价格迅速得到稳定。但到了1995年，价格稳定受到威胁。东欧的经验表明，严格的紧缩的货币与财政政策有助于遏制恶性通货膨胀。在恶性通货膨胀的宏观经济环境下不可能实现经济增长。宏观经济的稳定化是有利于经济增长的重要因素，这已被东欧经济从衰退走向复苏的事实所证明。东欧绝大多数国家的通货膨胀率目前仍为两位数，这对于转型国家而言仍然很高，因此东欧宏观经济的稳定化仍有许多事情可做。

四 通过放开价格、放开外贸实现了经济的自由化

东欧国家除匈牙利以渐进方式实现了价格与贸易的自由化外，都以激进的方式一步到位，全面放开了90%的商品和劳务的价格，同时取消了进口的数量限制，解除了大部分商品出口的数量限制。迄今为止，东欧国家90%的商品和劳务的价格已放开，价格已成为引导资源配置、影响企业行为的重要信号。贸易自由化有助于引进竞争，打破垄断，同时有利于利用本国的比较优势，促进本国竞争力的提高。

五 通过本国货币贬值实现了本国货币的国内可兑换性

东欧国家通过大幅度的货币贬值，使定值过高的本国货币的汇率接近于平行市场的汇率，实现了本国货币的国内可兑换性。在转轨经济中，汇率成为宏观经济的稳定器，汇率的稳定促进了宏观经济的稳定。

六 所有制改造取得了重大进展

东欧中小企业的私有化进展迅速，已经完成，而国有大型工业企业的私有化也取得了进展。东欧国家私有化的方式是多样的，基本上是外部私有化、内部私有化与无偿分配三种方式并用。目前新产生的私人部门发展迅速，成为促进私有化的一个重要因素。经济转轨以来，私人部门在国内生产总值中所占比例有大幅度的提高。根据欧洲开发与重建银行公布的数字，1994年中期，私人部门占国内生产总值的比例：捷克为65%，波兰、匈牙利、斯洛伐克为55%，阿尔巴尼亚为50%，保加利亚、克罗地亚为40%，罗马尼亚、马其顿为35%，斯洛文尼亚为30%。而到了1998年，私人部门占国内生产总值的比例：匈牙利为80%，捷克、斯洛伐克和阿尔巴尼亚为70%，波兰为65%，克罗地亚为55%，保加利亚为50%。到2006年，捷克、斯洛伐克和匈牙利为80%，波兰、阿尔巴尼亚和保加利亚为75%，罗马尼亚为70%，斯洛文尼亚和马其顿为65%，克罗地亚为60%。

七 金融改革取得重大进展

东欧金融改革的主要内容是：保证中央银行的独立性；将中央银行与商业银行的职能分开，建立二级银行体系；发展股票市场。中央银行主要负责发行货币，制定货币政策，保持货币的稳定。中央银行通过对商业银行的再贴现率调节市场，监督商业银行的运作。商业银行主要负责商业贷款。东欧中央银行的独立性通过立法保障得到了加强。中央银行没有义务解决政府的赤字，为政府的赤字提供融资，预算赤字只能通过资本市场来解决。中央银行相对于政府是独立的，它不再受政府政策的左右；它相对于企业也是独立的，它不能成为任何经营体的所有者，也不能向企业提供贷款。目前东欧的股票市场的发展虽处于初始阶段，但已引起国际金融界的重视。股票交易额虽然不大，但已成为企业吸纳资金的重要渠道。20世纪90年代下半期东欧国家加快了将国有商业银行出售给外国战略投资者的步伐。如波兰政府对外资开放银行业，外资可参与银行部门的改造。波兰的银行部门成为东欧地区效率和稳定的典范。除在改革进展缓慢的国家（塞尔维亚）外，外资所有的银行在大多数中东欧国家获得了主导地位。在捷克和斯洛伐克两国，外资占有压倒性地位。外资银行在中东欧国家银行部门总资产中所占的份额大大超过了欧元区（约25%）。大多数国家银行的私有化已经完成。

八 实行了以所得税和增值税为核心的税制

东欧国家的税制改革的方向是建立一种简化、中立、透明的税制，这种税制就是类似于西欧的以所得税和增值税为核心的税制。

第二节 东欧经济转轨的问题

一 公共财政持续危机

经济转轨时期政府收入的锐减与支出需要的猛增是转轨经济面临的共同问题。东欧各国面临程度不同的预算赤字，而预算赤字不能像以前以政府发行货币的方式解决，只能通过发行政府债券的方式解决。公共财政的危机无疑会对于依赖政府财政的公共部门产生影响，教育、文化、科研、卫生保健、公共交通及其他的公共服务部门受害最大，因为政府无力为这些部门提供适当的经费，无力为工作人员提高工资。这就是东欧国家频繁发生公共部门职工罢工事件的主要原因。已入盟国家除斯洛文尼亚外，面临着控制预算赤字的艰巨任务。

二 私有化存在许多问题

私有化过程中因缺乏监督而产生了营私舞弊等行为，造成了国有资产流失，损害了政府经济政策的信誉。外资参与私有化也产生了一些问题，这主要体现在外资对民族工业的发展产生的不利影响，部分外资购买国有企业后将其关闭，以自己的产品挤占东欧的市场。东欧的经验表明，私有化并不是解决经济问题的灵丹妙药，国有企业私有化后尚面临着如何建立适当的公司治理结构的问题。东欧许多企业在私有化后转入了内部人控制即由经理和职工控制企业，外部的约束机制很弱。一些企业在私有化后由国有商业银行所建立的投资基金控制，这些企业的改造可能要耗费银行的大量资金，产生新的呆账问题。捷克凭证式私有化的不成功便是明证。捷克的凭证式私有化虽然便于操作，兼顾了社会公平，但投资基金对企业的控制并没有导致有效的公司治理结构的形成，反而延缓了企业的改造。波兰和匈牙利国有企业的改造和私有化导致了相对有效的产权制度的形成。产权制度的变革与转轨的绩效存在着因果联系，欧洲经济委员会1999年对于一些转轨国家劳动生产率变化的统计数字在一定程度上证明了这一点。欧洲经济委员会认为，1998年匈牙利的劳动生产率比1989年高36%，波兰的劳动生产率比1989年高29%，而捷克的劳动生产率仅比1989年高6%。

三 通货膨胀与失业是东欧值得关注的宏观经济问题

一些东欧国家曾长期保持着两位数的通货膨胀率。通货膨胀不仅会危及宏观经济的稳定，而且对于经济增长也有不利的影响。只有在通货膨胀率低于经济增长率时，社会条件才会有决定性的改变。2000年罗马尼亚和南斯拉夫的通货膨胀率依然很高。目前大多数东欧国家的失业率为两位数，失业率的居高不下不仅造成了人力资源的浪费，而且加重了脆弱的社会保障体系的负担。到2000年，整个东欧地区的失业率的平均水平为15%，个别国家如马其顿高达近45%。

四 金融改革滞后一度成为转轨经济面临的突出问题

银行在转轨初期并未在企业融资中起到很大的作用，斯坦利·费舍尔认为转轨经济面临一个鸡生蛋还是蛋生鸡的问题：如果银行向不健全的企业贷款，银行是不健全的；而没有外部的融资，企业就不能获得发展。转轨经济中贷款仍然很稀缺，而且主要是短期贷款，商业银行尚未有效运作。国有商业银行继承了大量的呆账，大量呆账的存在影响了国有银行的经营。尽管一些东欧国家尝试了一些不同的方式来解决呆账问题，但都未能最终解决这一问题，而且这些方式都不能保证新的呆账不会产生。商业银行与中央银行分离后还是发放了许多错误的信贷。捷克转轨后10年积累的不良资产相当于其1999年国内生产总值的1/3。商业银行在转轨时期不愿意进行贷款，而愿意购买无风险、高利率的政府债券。金融媒介的无效率仍是东欧的突出问题。在经济转轨时期，东欧出现过程度不同的金融危机，如1996年4月保加利亚的货币危机、1997年捷克的货币危机以及阿尔巴尼亚金字塔式投资计划的破产。

五 社会保障体系不足以应付日益增加的失业和逐渐扩大的贫富差距

重建社会保障体系是经济转轨的一项重要任务，因为原有的社会保障体系不能对付新出现的问题。尽管东欧国家在建立适合市场经济的社会保障体系上做了不少工作，但目前的社会保障不足以应付失业及贫困问题。东欧国家的失业率除捷克外，都达到了两位数。政府不得不向这些失业者提供失业津贴。失业以及收入差距的扩大使一些人陷入了贫困，贫困人口迅速扩大。人口日益老龄化，领取养老金的人数剧增。以波兰为例，领取养老金的人占成年人口的比例为32%，占劳动力的比例为48%。匈牙利1000多万人口中领取养老金的人为300万。目前东欧的社会福利体制尚不能有效地向那些处在社会边缘的弱势阶层提供帮助，部分社会福利支出过于慷慨，给予了那些并不需要帮助的人。东欧面临着两方面的问题，一方面现有的社会保障的支出不能得到公平、有效的使用，另一方面政府财政困难使得政府不能向社会保障网提供足够的资金。

六 税收难以满足政府的财政需要

尽管实行了新的税制，但税收仍不能满足政府的财政需要。东欧私人经济发展迅速，但私人部门的纳税与其实际地位并不相称。波兰私人部门占国内生产总值的50%，但其税收只占财政收入的不足10%。税率高迫使私人企业千方百计把各种费用打入成本，以减少交税。黑市经济也屡禁不止，偷税漏税现象严重。国际货币基金组织的研究人员认为，大多数东欧国家地下经济的产出占 GDP 的 20% 以下。而罗马尼亚地下经济的产出在 1998 年占 GDP 的 49%。部分失业者在领取失业津贴的同时打黑工。税收申报尚存在许多漏洞，加上税收稽查不利，国家税收大量流失。

第三节 经济转轨的经验

东欧正致力于从中央计划经济向市场经济过渡，而我国正在致力于建立社会主义市场经济，虽然两者在目标模式上不尽相同，但仍可以互相借鉴对方的改革经验，因为经济改革旨在解决传统的中央计划经济存在的积弊，对问题的不同解决方式对双方都有启迪意义。

一 东欧经济转轨经验教训

东欧经济转轨有哪些经验教训可以汲取呢？

经济转轨的目标模式不是自由市场经济，而是具有一定程度国家干预的市场经济。自由市场经济只是某些政治家的梦呓，而不是当今的现实。世界上并不存在完全放任的市场经济，市场经济国家都有不同程度的国家干预。虽然国家在转轨经济中的作用已大为降低，那种计划经济事无巨细的全能干预不复存在，但国家仍起着十分重要的作用。在经济转轨中，国家是经济改革的推动者、市场经济秩序的建立者及基础设施的主要提供者。国家在经济转轨中的作用必须有利于经济的市场化，而不是相反。在经济转轨中必须警觉借干预之名行反对市场化之事的倾向。

二 东欧经济转轨战略选择的启示

（一）经济转轨战略的选择必须从国情出发。激进改革（休克疗法）与渐进改革时的选择与改革时的国情很有关系。一般而言，改革之初发生了剧烈的政治变动、社会上改革的阻力很大、宏观经济状况严重恶化（出现了恶性通货膨胀等）的国家可以选择休克疗法，以激进方式进行经济转轨，而改革之初政治变动相对和缓、社会上改革阻力不大、宏观经济状况相对稳定的国家可以选择渐进改革的战略。

（二）无论实行激进改革还是进行渐进改革，经济改革都是全面的、配套的。经济转轨的四个要素：稳定化、自由化、私有化与制度化对于实行激进改革与渐进改革的国家没有什么不同。经济体制是一个相互关联的系统，牵一发而动全身，经济改革需要经济体制各部分的相互协调互相配合。

（三）渐进改革付出的社会代价不一定比激进改革的代价小。匈牙利实行了渐进改革，经济增长姗姗来迟，转轨几年来国内生产总值下降的程度与波兰不相上下。匈牙利1990—1993年国内生产总值下降了20%，而波兰1990—1991年间国内生产总值下降了近20%，1992年经济便开始增长。罗马尼亚实行渐进式改革，渐进式地放开价格导致了持续的通货膨胀预期。国有企业通过企业间债务、补贴及汇率、利率的扭曲免受市场价格的冲击，同时当局也不能保持紧缩的货币与财政政策的连续性，到了1993年中期，经济出现了滑向恶性通货膨胀的可能。罗马尼亚的例子表明渐进改革存在着潜在的风险。

三　东欧实现宏观经济稳定化的启示

（一）宏观经济的稳定化是有助于经济增长的重要因素。东欧的经验表明，稳定化有助于增长。在一个高通货膨胀的宏观经济环境下不可能有高质量的经济增长。

（二）传统的经济稳定化手段即减少预算赤字、控制货币供应，以汇率作为名义稳定器在转轨经济中会发挥作用，但是必须以其他的手段作为补充，如工资控制等，因为工资增长过快是计划经济国家宏观经济不稳定的一个重要原因。人们一般认为这些稳定化措施只有在发展中国家的政策改革中才会见效，波兰等国的实践表明这些措施在遏制恶性通货膨胀，实现宏观经济稳定上非常有效。

（三）紧缩的财政与货币政策是经济转轨初期宏观经济政策的核心。如果在微观经济基础的改造未取得实质进展的情况下放松紧缩政策，那将会威胁到宏观经济的稳定。

四　经济自由化有助于促进资源合理配置

经济的自由化有利于资源的合理配置，有利于市场主导的竞争经济秩序的形成。经济自由化能够迅速地消除短缺，增加商品供应。科尔内将短缺视为软预算约束的结果，而经济转轨之后软预算约束并未根本改变，放开价格及外贸便带来了短缺的消除。看来短缺除与软预算约束有关外，还与价格管制、缺乏自由的经济环境有关。开放的国际贸易无疑是促进竞争的手段，但在实行贸易自由化时应制定有关的国内幼稚产业的保护政策，适当的产业政策对于促进本国竞争力的提高是非常重要的。

五 东欧国有企业改造的启示

（一）东欧的经验表明，虽然大中型国有企业的私有化不可能一蹴而就，但是对于国有企业实行迅速的公司化是可行的，公司化有助于国有企业预算约束的硬化。在经济转轨中忽视现有国有企业的改造和预算约束的硬化，使经济转轨付出了很大的代价。

（二）私人部门的发展与国有企业的私有化是东欧经济转轨并行不悖的两个方面。从某种程度上看，前者比后者更为重要，加速私人部门的成长比国有企业的私有化成本更小，而私人部门的成长正是促进国有企业私有化的重要刺激因素。

（三）东欧国家在私有化的优先顺序上倾向于向出售经济绩效好的企业，经济绩效差的企业则无人购买，最后留在了政府之手，这对政府的财政状况造成了很大的压力。

（四）国有企业改造旨在达到明确产权、提高效率的目的。明确产权并不会万事大吉，产权需要得到有效的保护，在这一方面国家起着重要的作用。在东欧，部分私有化的国有企业转入了内部人控制，已私有化的企业仍面临如何建立可行的公司治理结构的问题。

六 经济转轨需要建立适应市场经济的社会保障体制

这种社会保障体制不能过于慷慨，否则不仅会给预算造成很大压力，而且会鼓励懒惰，不利于工作激励。社会保障体制应向经济转轨中的那些处于不利地位的弱势阶层提供最低程度的救助。波兰1990年实行了过于慷慨的养老金指数化制度，同时规定职工在获得养老金时可以工作。其结果是社会保障补贴占总预算的比例从1989年的13%增长到1993年的28%，养老金支出从1988年占国内生产总值的7%增长到1993年的15%。因此社会保障体制必须现实、可行，同时兼顾公平原则。

七 经济转轨无疑要付出一定的社会成本

指望不付任何社会成本轻而易举获得转轨的社会收益是一种不切实际的幻想。经济转轨后东欧国家出现了严重的经济衰退，证实了一些经济学家关于经济增长呈现J曲线的看法：即经济在增长之前将出现下降。失业率从无到有，大幅度上升，社会贫困迅速扩大。转轨成本的承受不可能是均衡的。经济体制的转变伴随着社会阶层利益的受损与受益。东欧经济转轨的受益者是新生的企业家、国有企业的管理阶层、技术工人、部分较快地适应了制度转变的知识分子,而受损者则是失业工人、养老金领取者、非熟练工人、公共部门的职员等。在经济转轨时期人们对于良好的政策也可能会做出不当的反应,这与人们不健全的心态有关。在一个转型的社会中人们的社会行为并不总是成熟的。虽然大多数人在得失兼有的制度转变中得大于失,但人们对于所得往往熟视无睹,而对于所失则斤斤计较。在经济转轨时期人们对于改革抱有过高的预期,似乎制度转变后一切都会迅速改观。人们对于改革的预期越高,失望就越大。

八 在向市场经济过渡中必须注重人才

一方面要避免人力资源的浪费,另一方面要注意与人有关的问题。一些公共部门如教育、文化、科研等机构的优秀人才在市场经济冲击下纷纷改行,造成了人力资源的浪费。一些东欧学者认为向市场经济过渡中最大的浪费是人才的浪费,而人才是国际竞争力的重要因素。经济转轨涉及人的行为、价值观、思维方式的变化,因此必须注重人的问题,通过知识、教育使人们意识到经济转轨的目的、方向和可能的经济社会后果,以增强人们对于体制转换的承受力,更好地适应体制的变化。

第四节 东欧经济转轨的趋势

一 宏观经济管理从直接管理转向间接管理

经济体制的转轨需要进行宏观经济管理体制的改革。国家对于经济的直接管理应转向间接管理,以财政、货币、税收等间接手段管理经济。在新体制中国家不是通过直接或间接行政手段来控制经济运行,而是以相对规范的宏观政策工具影响经济运行。在宏观经济政策执行中将更为规范、灵活,在转轨初期实行的紧缩政策由于微观经济改造的进展会有所放松,以后会随经济环境的变动选择紧缩或松弛的宏观经济政策。

二 从管制价格走向自由价格

从管制价格走向自由价格将释放出初期遭压抑的市场力量,使市场在资源的配置上起主要作用。第二次世界大战后世界经济史表明,凡是压制市场力量的国家,经济就缺乏活力,经济发展落后,人民生活得不到改善,而那些充分利用了市场力量的国家或地区的经济则充满活力,经济发展迅速，人民的福利得到了很大的改善。价格体系的合理化有助于创造竞争的经济环境，有助于生产要素的合理配置。从长远看，它将促进经济发展，提高经济效益，增进人民福祉。

三　从封闭贸易走向开放贸易

东欧剧变之前东欧国家的贸易主要面向经互会成员国，与西方国家的贸易额非常有限。这种封闭的贸易环境不利于提高经济的竞争力，使得东西欧经济差距越拉越大。国际经验表明，一个开放的经济与一个封闭的经济相比提供了更多地从国际贸易中获取比较利益的机会。东欧国家实行了贸易自由化，目前正致力于与欧洲经济的一体化，同时正在恢复与前经互会国家的贸易联系，以使东欧经济融入世界经济之中。一个开放的贸易环境不仅有益于东欧分享国际劳动分工的好处，同时又是促进东欧经济增长的重要因素。

四　从货币不可自由兑换转向货币自由兑换

本国货币定值过高与本国货币不可自由兑换是计划经济的积弊。东欧国家为了实行货币自由兑换创造了一些条件，这些条件包括：本国货币贬值，使汇率合理化；保持适当的外汇储备；实行健全的宏观经济政策；创造竞争的环境，使经济当事人对于市场价格的刺激做出反应；取消贸易管制。东欧国家在转轨初期实现了本国货币的国内可兑换性（即本国居民可自由持有货币资产，并可将本国货币兑换成外币资产），实现了经常项目的可兑换性。到20世纪90年代末，东欧国家虽然并没有完全开放资本账户可兑换性，但在资本项目的控制有所放宽。虽然资本交易的可兑换性存在一定风险（经常项目不平衡对于宏观经济的不利影响及资本外流），但从长远看东欧将与国际惯例接轨，实行完全的货币自由兑换体制。这将有助于东欧吸引外国投资，参与国际资本市场的竞争。

五　从国有制经济占主导地位的所有制结构向私有制为主导的所有制结构转变

经济转轨之前，东欧国有制占主导地位，国内生产总值的65%—90%是由国有部门创造的，而工业化国家平均只有10%，发展中国家也只有15%。到1998年，东欧私人部门占国内生产总值的比例有大幅度的上升，私人部门占国内生产总值的比例为60%—75%。从长远看，国有部门占国内生产总值的比例将下降到20%左右。国有企业的私有化与私人部门的发展将使东欧出现私有制占主导地位的所有制结构。

六 从以重工业为主的经济结构向以轻工业及服务业为主的经济结构转换

东欧在经济转轨前重视重工业的发展，忽视轻工业、服务业的发展，形成了畸形的产业结构。经济转轨后经济结构开始调整，过度发展的重工业不得不收缩，轻工业及服务业需要加快发展。目前轻工业及服务业的发展正在成为推动经济增长的主要力量。从长远看，东欧将形成轻工业、服务业主导的产业结构。

七 从不健全的金融财税体制向健全的金融财税体制转换

经济转轨后东欧进行了金融及财税体制的改革，但与其他改革措施相比，这方面的改革明显滞后，而且新形成的体制也是不健全的，仍需进行进一步的改革。进一步改革之后，中央银行的独立性必须得到真正的保证，商业银行必须按照市场法则运行，并参与经济的重建，新的税制应当满足政府的公共财政需要以及其他公共政策目标，同时政府应建立严格的支出控制制度。只有这样，才能保证金融、财税体制的健全性。

八 从过于慷慨的全面的社会保障体制向严格的、目标导向的、适度的、兼顾公平及效率原则的社会福利体制转换

过于慷慨的全面的社会保障体系使那些不需要帮助的人获得了帮助，而那些真正需要帮助的人却得不到充分的帮助。在设计社会保障体制上应避免这种倾向，一些东欧国家如波兰在经济转轨中深受其害。而在一个可行的社会保障体系中，获得社会保障的条件必须是严格的，必须具有一定的目标即只向那些经济转轨中处于不利地位的弱势阶层提供帮助，而且这种帮助必须是适度的，过度的帮助会鼓励懒惰，这种适度主要体现在帮助的金额及时间上的有限性。新的社会保障体系必须坚持效率从优、兼顾公平的原则。这就是东欧国家社会福利体制改革的趋势。

第五节 东欧经济的前景

经济转轨的目的在于提高经济效益，促进经济增长。转轨与发展是东

欧经济的两大主题。在分析了东欧经济转轨的进展、问题、经验及趋势之后,我们将简要分析一下东欧经济发展的前景。

东欧在经济转轨中经历了严重的经济衰退,生产大幅度下降。科尔内称之为转轨性衰退。东欧经济衰退有以下三个原因:其一,经济衰退是经济转轨后政府、企业及家庭经济行为变化的结果。政府实行限制性的货币与财政政策,不再以补贴等方式维持亏损企业的生存;企业在这种宏观经济环境下限制投资饥渴,约束经济扩张冲动,硬化预算约束,不再维持一些无销路的产品的生产;家庭不再囤积商品,对其消费行为进行限制。其二,经济结构的调整迫使过去在产量份额中占很大比例的重工业收缩,造成了工业产量的大幅度下降。其三,外部经济条件的恶化是造成衰退的一个重要因素。经互会的解散使东欧丧失了经互会市场,贸易条件趋于恶化,而贸易转向又不可能立即实现。总之,经济衰退是经济转轨的必然的副产品。

但值得庆幸的是,到1994年大部分东欧国家都走上了经济复兴之路,摆脱了经济衰退,实现了经济增长。导致东欧经济复苏的因素很多,主要有以下三个因素:其一,东欧国家非国有部门的成长异常迅速,已成为东欧经济增长的重要来源;其二,外资的流入成为刺激东欧经济增长的重要因素,尤其是匈牙利吸引了流入该地区的一半的外资;其三,贸易关系的调整也有助于经济复苏。东欧正致力于恢复与前经互会国家的贸易联系,与西欧经济的一体化的加速,与西方贸易的增长有助于经济复苏。从经济衰退走向经济复苏表明东欧已跨越了萨克斯所称的"充满眼泪的河谷",走上了经济发展的健康之路。

从长远来看,东欧经济发展的前景看好。做出这样乐观的估计有如下理由:制度转变后新的经济体制的逐渐形成及完善为经济发展提供了制度条件;私人部门的崛起,已经成为东欧经济新的增长点,国有部门向私人部门的转移也是私人部门发展的重要因素;经济结构调整的加快将形成一些新兴产业,这些新兴产业将带动经济增长;东欧经济与西欧经济乃至与世界经济的一体化,东欧参与国际市场竞争,是有利于东欧经济发展的重要因素;东欧在地理上接近西欧,发展与西欧的贸易联系具有独特的优势,东欧劳动力价格相对于西欧便宜,对于外国投资具有吸引力;市场经济文化的普及,人们对于制度转轨承受力的增强,适应市场经济的人才资源开发也是有利于经济发展的重要因素。欧盟的扩大对于转轨中的东欧国家是千载难逢的历史机遇,如果利用得当,可以促进东欧国家的经济发展，缩小与西欧发达国家的发展差距。

本章小结

东欧国家经过 20 年的经济转轨，在经济转轨上取得了重大进展，已建立了市场经济的基本框架。在经济转轨过程中东欧国家面临着许多的问题，积累了丰富的经验。东欧国家在转轨后经历了转轨性衰退，已走上经济增长之路。制度转变后新的经济体制的逐渐形成及完善为经济发展提供了制度条件，欧盟的扩大为东欧国家提供了千载难逢的历史机遇。从长远来看，东欧经济发展的前景看好。

思 考 题

一 简答题
 1. 简述东欧经济转轨的进展与问题。
 2. 简述东欧经济转轨的经验。
 3. 简述东欧经济转轨的趋势。
 4. 简述东欧经济发展的前景。

二 论述题
 1. 试论东欧的经济转轨。
 2. 试论东欧经济转轨的趋势。

阅读参考文献

1. Jeffrey Sachs, *Poland's Jump to the Market Economy*, The MIT Press, 1993.
2. Janos Kornai, *The Socialist System*, Princeton University Press, 1992.
3. Alan Gelb, and Cheryl Gray, The Transformation of Economics in Central and Eastern Europe: Issues, Progress and Prospects, The World Bank, 1991.
4. Michael P. Clandon and Tamar L. Gutner, *Comrades Go Private: Strategies for Eastern European Privatization*, New York University Press, 1992.
5. Kornai, Janos, Highway and Byway, *Studies on Reform and Post-communist Transition*, Cambridge, Massachusetts, The MIT Press, 1995.

6. John Eatwell, Michael Ellman etc. , Transformation and Integration: Shaping the Future of Central and Eastern Europe, IPPR Report, 1995.

7. World Bank, *From Plan to Market*, World Development Report 1996, Oxford University Press, 1996.

8. Pickles, John, and Smith, Adrian (eds.), *Theorizing Transition: The Political Economy of Post-communist Transformation*, Routledge, 1997.

9. Padma Desai (eds.), *Going Global: Transition from Plan to Market in the World Economy*, The MIT Press, 1997.

10. Weimer, D. , *The Political Economy of Property Rights: Institutional Change and Credibility in the Reform of Centrally Planned Economies*, Cambridge University Press, 1997.